Kohlhammer

Mirja Kutzer / Ilse Müllner /
Annegret Reese-Schnitker (Hrsg.)

Heilige Texte

Verständigungen zwischen Theologie und Kulturwissenschaft

Verlag W. Kohlhammer

Die Drucklegung des vorliegenden Bandes wurde gefördert durch:

GEFÖRDERT VOM
Bundesministerium für Bildung und Forschung

PRONET²
PROfessionalisierung durch VerNETzung

KATHOLISCHE KIRCHE
BISTUM FULDA

1. Auflage 2023

Gesamtherstellung: W. Kohlhammer GmbH, Stuttgart

Print:
ISBN 978-3-17-037695-3

E-Book-Format:
pdf: 978-3-17-037696-0

Inhaltsverzeichnis

Vorwort

Mit dem Thema *Heilige Texte* eröffnet das Institut für Katholische Theologie der Universität Kassel eine Trilogie, die sich dem Konzept der Heiligkeit anhand dreier Wirklichkeitsbereiche annähert: *Heilige Texte, Heilige Räume und Heilige Zeiten.* So kommen wir dem religionswissenschaftlich und theologisch bedeutsamen Begriff der Heiligkeit nahe und schaffen gleichzeitig einen Begegnungsraum. Alle drei Bände sind so angelegt, dass ihre Herkunft in der Katholischen Theologie in ihren verschiedenen Disziplinen – biblisch, systematisch, praktisch – sichtbar bleibt, dass sie aber auch ausgespannt sind hin zu anderen christlichen Konfessionen, den monotheistischen Schwesterreligionen Judentum und Islam sowie dem weiten Feld der Kulturwissenschaften. Diese interdisziplinären Brückenschläge gelingen dadurch, dass Wissenschaftler_innen aus unterschiedlichen Forschungsfeldern als Beitragende zu den Sammelbänden gewonnen werden konnten. Dabei geschieht auch eine Rückwirkung von den anderen Disziplinen hin zur Katholischen Theologie, deren Diskursfähigkeit wir mit diesem Projekt weiter stärken wollen. Als kulturwissenschaftlich geprägt und als interreligiös ausgerichtet versteht sich die hier praktizierte Theologie, insofern sie eine dialogfähige christliche Theologie repräsentieren will.

Begonnen hat das Vorhaben mit einer Ringvorlesung im Wintersemester 2018/19. Dass das vorliegende Sammelwerk dennoch erst jetzt erscheint, dass ausgerechnet der Band zu den *Heiligen Räumen* ohne die Begegnung im Hörsaal auskommen musste und dass die Ringvorlesung zu *Heiligen Zeiten* im Wintersemester 2022/23 als erste wieder in Präsenz stattfinden wird, geht auf die Umstände zurück, die unser aller Leben in den letzten Jahren massiv geprägt haben. Die Corona-Pandemie hat auch viele akademische Gepflogenheiten unterbrochen, wir sind dankbar, dass wir den Band trotz widriger Bedingungen fertig stellen konnten.

In einem solchen Unternehmen gilt es, vielfach Dank zu sagen. Unser erster Dank gilt natürlich den Beiträger_innen, die bereit waren, sich mit ihren Vorträgen und Artikeln einzubringen. Institutionelle Unterstützung kommt aus dem Projekt Theologische Interdisziplinarität und Interreligiöse Bildung in der Ausbildung von Religionslehrer_innen, das von 2015–2023 im Rahmen des vom BMBF geförderten Projekts PRONET (Professionalisierung durch Vernetzung) finanziert wird. Einen namhaften Zuschuss zu den Druckkosten hat uns das Bistum Fulda zukommen lassen – vielen Dank hier vor allem an Bischof Dr. Michael Gerber.

Diese Förderung hat es uns möglich gemacht, mit wissenschaftlichen und studentischen Mitarbeiter_innen gemeinsam an diesem Band zu arbeiten. Wir danken Kathinka Fuhrmann, Dorothea Günther, Anne Hofmann, Tina Krasenbrink, Raphael Schlehahn und Johannes Thüne. Außerdem geht unser Dank an den Kohlhammer-Verlag, insbesondere an Florian Specker und Sebastian Weigert vom Lektorat Theologie, die all unsere großen und kleineren Fragen mit Geduld beantwortet und uns in der Gestaltung der Druckvorlage unterstützt haben.

Wir hoffen, Sie mit diesem ersten Band neugierig machen zu können, so dass Sie auch in Richtung der *Heiligen Räume* (erscheint 2023) und *Heiligen Zeiten* (erscheint 2024) die Augen offen halten werden.

Mirja Kutzer Ilse Müllner Annegret Reese-Schnitker

Heilige Texte – eine Hinführung

Mirja Kutzer, Ilse Müllner

Das Phänomen *Heilige Texte* bildet den Ausgangspunkt für die Überlegungen, die in diesem Band zusammengestellt sind. Eine Ringvorlesung an der Universität Kassel hat Wissenschaftler_innen theologischer und kulturwissenschaftlicher Fachgebiete zusammengeführt, um darüber nachzudenken, wie das Medium Text das Heilige strukturiert, was Texte zu heiligen macht, wie sich das in ihrer Materialität und sprachlichen Form niederschlägt und welche Wirkungen diese Texte in den Gemeinschaften entfalten, die sich auf sie beziehen. Im Fokus stehen die monotheistischen Religionen Judentum, Christentum und Islam, wobei die christlichen Traditionen basierend auf der Bibel als heiligem Text den Schwerpunkt bilden – was damit zusammenhängt, dass das Projekt vom Institut für Katholische Theologie der Universität Kassel initiiert worden ist.

Mit der Heiligkeit von Texten nehmen wir ein Bündel von Phänomenen in den Blick, durch die Texten in einem religiösen Kontext besondere Autorität zugeschrieben wird. Um der Breite des Gegenstands gerecht zu werden, grenzen wir *Heilige Texte* für das Konzept dieses Bandes zunächst nicht von anderen Zuschreibungen wie etwa dem Kanonischen, dem Normativen, dem Autoritativen oder schlicht dem in einem religiösen Kontext Wichtigen ab. Auch wenn der Begriff des *Heiligen Textes* divergent bis widersprüchlich verwendet wird, so erscheint er uns doch als heuristische Kategorie wegen seiner allgemeinen Plausibilität und dem weiten Feld, das er religionswissenschaftlich umfasst, unaufgebbar.[1] Entsprechend fungiert *Heilige Texte* hier als Sammelbezeichnung, um dann anhand konkreten Materials und differenzierterer Fragestellungen einzelne Aspekte dieses Oberbegriffs stärker zu profilieren und hervorzuheben. Dabei wird kein Anspruch auf eine vollständige Erkundung des Phänomens oder eine umfassende Begriffsbildung erhoben. Eher geht es darum, Schlaglichter auf Heilige Texte zu werfen, wie sie uns in unterschiedlichen religiösen und von Religionen geprägten Kontexten begegnen, um von dort aus eine weitere Entwicklung des Begriffs zu ermöglichen. Damit wollen wir auch der Beobachtung gerecht werden, dass die durch die Religionswissenschaft geprägte Rede von *Heiligen Schriften* problematisch ist, weil sie einen gemeinsamen Nenner postuliert und die großen Unterschiede zwischen den Religionen überdeckt.

---

1 Vgl. zum Begriff „Heilige Schriften" Rüpke 2015, 199f.

> Es bedarf daher einer Achtsamkeit gegenüber den theologischen und religiös-praktischen Unterschieden, um den von der Religionswissenschaft geprägten Begriff auch aus der Binnenperspektive von Religionen angemessen zu verstehen.[2]

Um den Begriff vorab dennoch näher zu qualifizieren, ist auf die Kategorisierung hinzuweisen, die Aleida und Jan Assmann entwickelt haben. Sie unterscheiden zwischen klassischen, kanonischen und heiligen Texten. Während klassische Texte die zentralen Bezugspunkte einer Kultur bilden, sind heilige und kanonische Texte eher in einem religiösen Rahmen zu verorten. Der Aspekt des Heiligen betont Invariabilität, Ritual und Rezitation. Kanonizität hingegen setzt auf Aneignung, Verstehen und Übersetzung.[3] Diese Differenzierung meint oftmals nicht verschiedene Gegenstände, sondern hebt unterschiedliche Aspekte der Normativität von Texten hervor. Die heiligen Schriften des Judentums, Christentums und Islams sind nicht entweder heilig oder kanonisch, sondern werden je nach Kontext in den Religionen eher unter dem Gesichtspunkt des Rituellen, Invariablen oder von Übersetzung und Transformation wahrgenommen. Daneben gibt es Bibel auch im Sinn der – nach Assmann – klassischen Literatur, wenn biblische Inhalte, Motive, Figuren oder auch das Konzept *Bibel* selbst in Kunst und Literatur als Inspirationsquelle herangezogen werden.[4] Auch wenn einige Beiträge in diesem Band mit dieser Begriffsbestimmung arbeiten und sie durchaus kritisch mit dem untersuchten Material in Verbindung bringen,[5] so ist sie doch nicht für alle Artikel verbindlich. Sie ist aber leitend für die Auswahl der Beiträger_innen und Themen.

Dabei verbindet sich in diesem Sammelband eine eher deskriptive, kulturwissenschaftliche Herangehensweise, die das Heilige als textliche Diskursformation betrachtet, mit einer genuin theologischen Perspektive, die mit der Erfahrbarkeit des Heiligen rechnet und sich aus der Bindung an eine bestimmte religiöse Tradition heraus versteht. Insofern sich die hier verhandelten Heiligen Texte einer religiösen Perspektive verdanken, ist der theologische Zugang für eine kulturwissenschaftliche Herangehensweise von Relevanz. Umgekehrt ist auch die Theologie verwiesen auf die Methoden und Aufmerksamkeiten, wie sie in den letzten Jahren und Jahrzehnten unter dem weiten Dach der Kulturwissenschaften entwickelt wurden. Denn das Heilige gibt es nicht „absolut, abgezogen von allem anderen".[6] Für den Menschen zugänglich ist es nur denkbar, insofern es sich im Sichtbaren und kulturell Gedeuteten manifestiert. Dabei gehört zu dieser kulturwissenschaftlichen Aufmerksamkeit nicht zuletzt eine besondere

---

2 Tautz, in diesem Band, 229f. Auf Beiträge innerhalb dieses Bandes wird in den Fußnoten mit dem Nachnamen des Autors bzw. der Autorin und ggf. der entsprechenden Seitenzahl verwiesen.

3 Vgl. Assmann 1992, 94f.

4 Vgl. Mauz, Laakmann, Greif, in diesem Band.

5 Vgl. Maier, Müllner, Petersen, in diesem Band.

6 Wenzel, in diesem Band, 169.

Beachtung von Medialität. Medien sind nie sinn-neutral, nie bloße Träger von Informationen, die unabhängig von ihnen gewonnen würden. Die Formen und Strukturen, die sie anbieten, sind vielmehr ihrerseits sinnproduktiv. Wenn in den Beiträgen dieses Bandes Texte im Fokus stehen, so geht es immer auch um die besondere Form des Mediums. Wie organisiert und strukturiert das spezielle Medium Text Manifestationen des Heiligen?

Darin lassen sich die hier gebotenen Perspektiven auf Heilige Texte entlang von zwei Leitfragen gruppieren: (1) Was macht das Heilige mit dem Text? Und (2) was macht der Text mit dem Heiligen? Die erste Frage ist stärker kulturwissenschaftlich orientiert. Sie zielt auf Techniken der Abgrenzung zwischen heiligen und profanen Texten, auf Prozesse und Strategien der Zuschreibung von Autorität, auf spezifische Umgangsweisen mit Heiligen Texten. Die zweite Frage ist primär theologisch motiviert. Sie nimmt die Texte als Medium in den Blick, das in einem dialektischen Prozess von Abgrenzung und Nähe die Beziehung des Menschen zum Göttlichen moduliert.

I. Was macht das Heilige mit dem Text?

Heilige Texte wird also in diesem Sammelband als Oberbegriff für normative Texte religiöser Gemeinschaften verstanden – seien sie gemäß der oben genannten Kategorisierung klassisch, heilig oder kanonisch. Insofern die Heiligen Texte in Judentum, Christentum und Islam auf unterschiedliche Weisen kanonisiert sind, ist es an dieser Stelle wichtig, einen Blick auf den Begriff des Kanons zu richten.

Textgestalt: Kanon

Der Kanon bezeichnet eine Sammlung von Schriften (oder anderen Medien), die für eine bestimmte (religiöse) Gemeinschaft als verbindlich gelten. Dieser weiten Definition wird niemand widersprechen. Doch wenn man ins Detail geht, entsteht Klärungsbedarf. Anstatt das Attribut *kanonisch* global zu- oder abzusprechen, schlagen wir vor, eine Reihe von Kriterien zu formulieren, die einen Kanon ausmachen, die aber nicht immer *in toto* von jeder einzelnen Sammlung normativer Texte realisiert werden müssen. Dazu gehören:

- eine Sammlung von Schriften, deren *Umfang* definiert ist
- die Festlegung der *Reihenfolge* der Schriften
- die Fixierung einer *Textgestalt*
- die Zuschreibung von *Autorität*, oftmals von göttlicher *Offenbarung*

- existenzielle *Bedeutsamkeit* für die Mitglieder der Gemeinschaft, die sich auf diese Texte beziehen
- Zuschreibung von *Normativität* im Hinblick auf Wirklichkeitsverständnis und Handlungsorientierung
- das *explizite Verbot*, „etwas hinzuzufügen oder wegzunehmen", das in der Kanon- bzw. Wortsicherungsformel zum Ausdruck kommt (vgl. Dtn 4,2; 13,1 u. a.)

Diese Aufschlüsselung des Begriffs in verschiedene Kriterien, die nicht alle durchgängig realisiert sein müssen, reagiert auf eine Erkenntnis, welche die hier versammelten Beiträge verbindet. Die Selbstverständlichkeit, mit der auch in der theologisch informierten Umgangssprache vom Heiligen Text als einem verbindlichen, in seiner Textgestalt fixierten Bestand gesprochen wird, stößt angesichts der Vielfalt der für die religiösen Gemeinschaften normativen Texte immer wieder an ihre Grenzen. So unterscheiden sich z. B. Judentum, Christentum und Islam hinsichtlich der Sprachbindung. Während diese für den Koran und auch die Tora im gottesdienstlichen Kontext gegeben ist, arbeitet das Christentum erstens mit mehreren antiken Sprachtraditionen und zweitens in der Folge auch mit weiteren volkssprachlichen Übersetzungen – und auch der Umgang mit Übersetzungen ist konfessionell unterschiedlich ausgeprägt. Anordnung und Reihenfolge der Texte in Bibel und Koran haben in den religiösen Traditionen unterschiedliche Strukturprinzipien: Chronologie, Bedeutsamkeit, die Abbildung von Autorisierungsprozessen etc. Damit differieren auch die Reihenfolgen der biblischen Bücher in Judentum und Christentum, erst recht das Verständnis davon, was Offenbarung ist. Für die christliche Tradition bleibt allerdings festzuhalten, dass sie von Anfang an eine Bibel in zwei Teilen kanonisiert hat. Für das frühe Christentum waren jüdische autoritative Texte *die Schriften*, sie bilden den ersten Teil der christlichen Bibel.[7]

In den letzten Jahren ist die scharfe Grenze zwischen Mündlichkeit und Schriftlichkeit in Bezug auf die Bibel und andere normative religiöse Texte zunehmend aufgeweicht worden, sodass das Zusammenwirken der beiden Textmodalitäten stärker hervorgetreten ist.[8] Schriftlichkeit löst Mündlichkeit nicht einfach ab, sondern wirkt mit ihr zusammen, oftmals als Stütze mündlicher Performanz. In jedem Fall trägt die Schriftlichkeit von Texten dazu bei, dass diese aus ihrer Ursprungssituation gelöst werden können, zeitlich und räumlich transportabel und von Personen unabhängig werden. Das Verhältnis von normativem Text und Auslegung wird auf diese Weise komplexer, sodass der

---

7 S. zur „zweigeteilten Einheit der christlichen Bibel" Dohmen / Stemberger 1996, 14–20. Auf die Diskussionen um den Stellenwert des Alten Testaments, die im letzten Jahrzehnt wieder in Auseinandersetzung mit Positionen des Berliner Systematikers Notker Slenczka geführt wurden, kann hier nicht eingegangen werden. Es sei hier nur hingewiesen auf Dohmen 2017 (Lit.!); Liss 2015; Schwienhorst-Schönberger 2015.

8 Vgl. u. a. Carr 2015.

schriftliche Kanon nicht mehr allein steht, sondern den Kommentar hervorbringt.

> Ein Kanon – eine Sammlung von Schriften, die zu einem abgegrenzten Textbestand führt –, steht nicht allein, man spricht schnell von Primär-, Sekundär- oder gar Tertiärkanones, von Schriften, von Kommentaren, die sich auf die erstgenannte Textgruppe, den eigentlichen Kanon, beziehen, aber selbst wiederum eine hohe Verbindlichkeit für die entsprechende religiöse Tradition gewinnen.[9]

Sichtbar wird diese Mehrfachkanonisierung unter anderem in den jüdischen Bibelausgaben, in denen neben dem biblischen Text die entsprechenden Auslegungen wichtiger jüdischer Kommentatoren wie Rashi, Ibn Ezra u. a. abgedruckt sind.[10] Doch die Verbindung von Mündlichkeit und Schriftlichkeit weist auch auf eine Instabilität des Heiligen Textes hin, auf Variationsmöglichkeiten im Vortrag, in der Performanz und in der Auslegung.

Textgestalt: Sprache

Oft stellt sich sowohl in der theologischen als auch in der kulturwissenschaftlichen Bezugnahme auf *heilige Texte* die Frage nach dem Urtext. Die jeweils gegenwartssprachlichen Übersetzungen differieren teilweise in erheblichem Maße. Da liegt es nahe, nach einer Urgestalt des autoritativen Textes zu suchen. Doch *der* Urtext ist nicht so einfach festzustellen, wie wir es manchmal denken. Diese Erkenntnis, die grundsätzlich für alle biblischen Bücher gilt, macht *Christl Maier* im vorliegenden Band eindrücklich anhand des Jeremiabuchs deutlich. Das liegt erstens an der sprachlichen Gestalt eines Bibeltexts, der mehrere antike Übersetzungen kennt, die wiederum selbst gemeindliche Verbindlichkeit erlangt haben. Zweitens gibt es für die biblischen Schriften verschiedene Textzeugen auch in den einzelnen Sprachen, so dass gegebenenfalls jeweils mehrere hebräische und griechische Versionen ein und desselben Textes überliefert sind.

Die Fixierung der Textgestalt der christlichen Bibel ist nicht in dem Maß vorgenommen worden, wie das für das Judentum und den Islam gilt, wo mit der Kanonisierung auch die Fokussierung auf eine Sprache – hebräisch bzw. arabisch – und eine (konsonantische) Textgestalt gegeben ist. Dass es auch in der jüdischen und in der islamischen Tradition Diskussionen um die Textgestalt gibt, zeigen Arbeiten zur Textgeschichte der hebräischen Bibel und des Korans. Der Islamwissenschaftler Thomas Bauer hat ausführlich dargestellt, wie sehr der vormoderne Islam auf Ambiguitätstoleranz setzt und dass diese wesentlich mit der Textgestalt des Korans zu tun hat. Diese ist zwar im Konsonantenbestand fixiert, die Vokalisierung und Betonung allerdings, die im mündlichen Vortrag

---

9 Rüpke 2015, 194.

10 Vgl. Liss, in diesem Band.

zur Geltung kommen, sind schriftlich nicht festgelegt und im letzten auch nicht fixierbar.[11] Das führt zu einer Vielgestaltigkeit des Korans in der Spannung von Schriftlichkeit und Mündlichkeit, die sowohl als Bereicherung wie auch als Ärgernis wahrgenommen werden kann.

Die in diesem Zusammenhang von Thomas Bauer aufgeworfene Frage „Spricht Gott mit Varianten?“[12] kann auch an den Bibeltext gestellt werden. Denn nicht nur gilt es für die Bibel zu fragen, von welcher Gemeinschaft jeweils die Rede ist, da sowohl zwischen Judentum und Christentum als auch innerhalb der christlichen Konfessionen massive Unterschiede in Anzahl und Anordnung der kanonisierten Bücher bestehen.[13] Dazu kommt, dass die historischen Prozesse auf dem Weg zur Kanonisierung langwierig und komplex sind und man apokryph gewordene Schriften nicht nur historisch, sondern auch theologisch als Teil christlicher Identitätsbildung ernst zu nehmen hat. Die apokryph gewordenen Schriften, mit denen sich *Silke Petersen* in vielen Publikationen und auch in diesem Sammelband auseinandersetzt, sind in Material und Gestalt zunächst nicht von jenen Schriften zu unterscheiden, die später innerhalb der christlichen Bibeln ihren Platz gefunden haben.

> Alle diese Handschriften zeigen äußerlich, dass sich in ihnen das Selbstverständnis von Gruppierungen spiegelt, die sich selbst als christlich verstanden haben. Dies sollten wir ernst nehmen.[14]

Verschiedene parallele Überlieferungen jüdischer und christlicher Texte machen die Frage nach *dem* Urtext kompliziert. Seitdem in der hellenistischen Epoche der Bedarf gewachsen ist, die autoritativen hebräischen Schriften ins Griechische zu übersetzen, wurden beginnend mit der Tora-Übertragung der Septuaginta die (nachmals) biblischen Texte übersetzt. Im antiken Judentum und Christentum wurden zur Septuaginta weitere Übersetzungen hinzugefügt. Deren Autorität beruht darauf, möglichst nahe an die hebräische Vorlage heranzukommen. Das zeigt etwa die Legende des Aristeas-Briefs, nach der 72 Gelehrte voneinander unabhängig durch Übersetzen dieselbe Textgestalt hervorgebracht haben. Diese Übereinstimmung gilt als Zeugnis der Inspiration. Origenes allerdings ist sich bereits der Tatsache bewusst, dass die verschiedenen griechischen Übersetzungen einerseits von deutlichen Unterschieden geprägt sind und andererseits alle den Anspruch erheben, dem hebräischen Ausgangstext nahe zu kommen. Deshalb stellte er in Form einer Synopse mehrere Übersetzungen nebeneinander und ermöglichte auf diese Weise einen Vergleich der Fassungen.[15]

---

11 Vgl. Bauer ^{4}2015, 62.

12 Vgl. ebd., 54–114.

13 Zu einem historischen Überblick über die verschiedenen Kanonanordnungen s. Brandt 2001.

14 Petersen, in diesem Band, 112.

15 Vgl. Schenker 2014, 360f.

Seitdem gelten in vielen Kirchen mehrere Textgestalten und Sprachen als autoritativ.

Der Rückgriff auf die hebräischen und griechischen Texte des Alten und Neuen Testaments geschieht wissenschaftlich verantwortet. Doch wir besitzen kein „Original“, sondern nur verschiedene Versionen, Abschriften und Übersetzungen der einzelnen Passagen.

> Klar wurde durch jahrhundertelange textkritische Forschung: Es gibt nicht das eine Original der Schrift. Nicht einmal von einem einzigen biblischen Buch existiert ein normatives, ursprüngliches Exemplar. Die Schrift gibt es nur im Plural von Abschriften der Abschriften der Abschriften ihrer jeweiligen Bücher.[16]

Die wissenschaftlichen Ausgaben, die dem hebräischen Alten Testament und dem griechischen Neuen Testament zugrunde liegen, sind nach zwei prinzipiell unterschiedlichen Vorgehensweisen erstellt. Die Biblia Hebraica Stuttgartensia (BHS), derzeit noch die einzige vollständige wissenschaftliche hebräische Bibelausgabe, ist eine *diplomatische* Textausgabe. Ihr liegt eine einzelne Urkunde zugrunde: der Codex Leningradensis, eine originale Bibelhandschrift aus der Gelehrtenfamilie Ben-Ascher, die im 11. Jhdt. n. Chr. in Alt-Kairo angefertigt worden war. Varianten zu dieser Handschrift werden in einem sogenannten textkritischen Apparat dargeboten, der Haupttext richtet sich aber nach dem einen mittelalterlichen Codex und ist oftmals nicht der anzunehmende älteste Text des biblischen Buchs. Demgegenüber ist die wissenschaftliche Ausgabe des griechischen Neuen Testaments eine *eklektische* Textausgabe.[17] Sie legt nicht eine einzelne Handschrift zu Grunde, sondern stellt die nach dem Vergleich von etwa 5500 Handschriften[18] erfolgte textkritische Entscheidung dar, die möglichst nahe an das Original herankommt. Das Novum Testamentum Graece bietet also einen wissenschaftlich sensibel erarbeiteten und verantworteten griechischen Text, der allerdings in der Antike so nicht vorgelegen hat, sondern eine Rekonstruktion aus den Zeugnissen der Textüberlieferung ist.

Auf der Basis der hebräischen, griechischen (und früher auch: lateinischen) Bibeln werden die Übersetzungen in die Sprachen der Gegenwart hinein vorgenommen. Christliche Bibeln liegen in etwa 700 Sprachen vor,[19] für das Neue Testament allein kommen noch etwa 1500 weitere Sprachen hinzu.

---

16 Alkier 2021, 11.

17 S. dazu Fischer 2018, 1.1. Sowohl die BHS als auch die im Entstehen begriffene *Biblia Hebraica Quinta* (BHQ) und die *Hebrew University Bible* (HUB) arbeiten nach dem Prinzip der diplomatischen Edition. Für die hebräische Bibel wird allerdings mit der *Hebrew Bible: A Critical Edition* (HBCE) der Versuch einer eklektischen Edition unternommen. Ebd., 1.2.–1.5.

18 Vgl. Alkier 2010, 35.

19 Vgl. Global Scripture Access Report 2017 der United Bible Societies: 674, Zugriff am 17.10.2022 (https://www.unitedbiblesocieties.org/wp-content/uploads/2018/03/GSAR-2017_UK_ brochure_final_lowres_spreads.pdf); Wycliff Global Alliance 2020: 704, Zugriff

> Dieser Befund zeigt bereits, dass die Bibel, jedenfalls in christlicher Sicht, nicht in einer „heiligen" Sprache – oder in zwei „heiligen" Sprachen – existiert, sondern prinzipiell in jede Sprache übersetzt werden kann, ohne dass damit ein Bedeutungsverlust verbunden wäre. Die Bibelwissenschaften orientieren sich gegenwärtig nicht deshalb an den Originalsprachen der Bibel Hebräisch bzw. Aramäisch und Griechisch, weil diese als „heilige" Sprachen angesehen werden, sondern weil der Bedeutungsgehalt der biblischen Texte durch philologische und historische Analyse möglichst genau für die Gegenwart erhoben werden soll[20].

Doch an welche Textgestalt fühlen wir Christ_innen uns gebunden? Welche Sprache, welcher Stil, welche Redewendungen fühlen sich „biblisch" an? Die Beantwortung dieser Frage hat wahrscheinlich einerseits mit liturgischer Praxis und kultureller Identität, andererseits mit dogmatischen Entscheidungen zu tun. Auch die Konfessionalität spielt eine Rolle, wiederum wohl mehr in der Form von Gewohnheit und Stil denn in der Reflexion auf kirchenamtliche Entscheidungen. Im deutschen Sprachraum ist das Deutsch der Lutherbibel in einem Maß prägend, dass es unmittelbar eine Assoziation zu religiösem Sprechen herstellt, selbst wenn jemand nicht aus der Bibel zitiert, sondern diesen Stil imitiert. Das gilt sowohl für die literarische Imitation des Bibeldeutschen, etwa in Stefan Heyms vielbeachtetem Roman *Der König-David-Bericht*[21], als auch für die gesprochene Sprache. Diese nimmt oftmals Begriffe, Satzstellungen oder Floskeln aus dem Deutsch der Lutherbibel auf. Martin Luthers Bibel hat aber nicht nur die religiöse Sprache, sondern die Entwicklung der deutschen Sprache insgesamt geprägt, was in Darstellungen der Sprachgeschichte des Deutschen hervorgehoben wird. Dabei geht es sowohl um den Stil als auch um Wortschatz und grammatische Aspekte.[22] Das ist allerdings eine deutschsprachige Perspektive, die für andere Sprachräume nur analog oder auch ganz anders zu beschreiben wäre. Sowohl die bibel- als auch die kulturwissenschaftlichen Überlegungen führen also dahin, dass man eine rigorose Bindung der Zuschreibung des Heiligen oder Kanonischen an die Wortlautbindung in Bezug auf die christliche Bibel nicht vertreten kann.

> Denn es gibt keinen feststehenden, ursprünglichen Wortlaut eines biblischen Buches, sondern von Beginn an verschiedene Textfassungen[23].

---

am 17.10.2022 (https://www.wycliffe.net/wp-content/uploads/2020/10/2020_Scripture_Access_Statistics_EN_corrected.pdf).

20 Schmid / Schröter 2019, 378.

21 Vgl. Heym 1984; s. dazu aus exegetischer Sicht Dietrich 2016.

22 Vgl. Gardt 2016, 51; s. a. Besch 2014.

23 Maier, in diesem Band, 47f.

Textgestalt: Materialität

Da wir uns in Bezug auf Heilige Texte häufig auf den Inhalt fokussieren, neigen wir dazu, die Materialität der Texte, ihre Performanz und soziale Verortung zu übersehen – ein Sachverhalt, auf den *Hanna Liss* nicht müde wird hinzuweisen und den sie auch in ihrem Beitrag für diesen Band entfaltet. Die Dynamik von Mündlichkeit und Schriftlichkeit, das Material, auf dem Texte niedergeschrieben werden, die Gestaltung von Rollen, Büchern und in den letzten Jahrzehnten zunehmend digitalen Bibliotheken: Das Materielle des Heiligen Textes wird meist übersehen, ist aber für die Religionen, die sich auf autoritative Schriften beziehen, durchaus signifikant. So ist etwa im Prozess der Kanonwerdung der biblischen Schriften der Übergang von der Rolle zum Codex bedeutsam und dann wiederum die Erfindung des Buchdrucks, der Einfluss auf die Stabilisierung der Anordnung biblischer Bücher genommen hat. Während im Judentum noch länger auf Rollen geschrieben wurde, hat das Christentum von Anfang an mit Codices gearbeitet, die zunächst einzelne Schriften, dann auch Sammlungen etwa von Briefen oder Evangelien beinhalteten. Die Festlegung von Umfang und Anordnung der jüdischen und christlichen Kanones erfolgte allerdings zunächst nicht im Medium einzelner Buchsammlungen, sondern in Form theologischer Diskurse.[24]

Heilige Bücher werden hergestellt, auf besondere Weise gestaltet, sie werden an ausgewählten Orten aufbewahrt, ausgestellt und rituell inszeniert. Die Tora-Rolle in der Synagoge, das Evangeliar im katholischen Gottesdienst, die Haus- oder Altarbibel in den evangelischen Kirchen, das Koran-Exemplar: Die Heiligkeit des Textes ist oft nicht nur an dessen Inhalt, sondern auch an dessen materielle und performative Präsenz gebunden. Zugespitzt formuliert Joachim Kügler: „Die Heiligkeit des Textes kommt notfalls sogar völlig ohne Verstehen aus."[25] Er greift damit die Assmansche Unterscheidung von heiligem und kanonischem Text auf, wonach der Aspekt des Kanonischen auf Vermittlung und Verstehen zielt, das Heilige eher auf die Performanz. Wenn man mit der Tora-Rolle tanzt oder ein Evangeliar in der Prozession voranträgt, dann geht es nicht primär um den Inhalt, sondern um die materielle Gestalt des Textes, der als heiliger verehrt wird. Wenn im jüdischen Gottesdienst aus der hebräischen Tora-Rolle vorgelesen wird, ohne dass alle Gottesdienstteilnehmer_innen diese Sprache verstehen, dann präsentiert die rituelle Tora-Lesung „das Buch in Form und Inhalt als antik, sozusagen: in der Zeit stehengeblieben!"[26] Daneben lesen die Teilnehmer_innen des synagogalen Gottesdiensts aus einem gedruckten Exemplar mit, das auch Kommentare enthalten kann – so dass der Fokus auf die materielle Präsenz durch das inhaltliche Verstehen begleitet und gestützt wird.

---

24 Vgl. Schmid / Schröter 2019, 22–28.
25 Vgl. Kügler 2020.
26 Liss, in diesem Band, 154.

Dieses Beispiel zeigt, dass Materialität und Inhalt keine einander ausschließenden Aspekte des Heiligen Textes sind. In den Religionen und jenen Gesellschaften, die durch sie geprägt sind, gibt es weitere performative Akte, in denen sowohl Materialität als auch Inhalt eine Rolle spielen. In Gottesdiensten, in denen das Evangeliar feierlich hereingetragen wird, findet auch eine Lesung und Auslegung der biblischen Texte statt. Die besondere Ausstattung der hebräischen Bibelhandschriften des Mittelalters kennt mit den *masora figurata* bildliche Gestaltungselemente, die sich sowohl auf den Bibeltext selbst als auch auf dazugehörige Kommentare beziehen können.[27] Die Heilige Schrift als materielles Artefakt spielt auch in politischen Kontexten eine Rolle, etwa bei der Präsidialinauguration in den USA. Auch hier gehen Inhalt und materielle Präsenz eine Verbindung ein. Aus der Bibel wird in beinahe allen Ansprachen der Präsidenten des 20. und beginnenden 21. Jahrhunderts zitiert – das ist der inhaltliche Aspekt. Dazu kommt ein prominenter Platz für die Heilige Schrift als Gegenstand im Rahmen der Zeremonie zum Amtseid.[28] Die Präsenz der Bibel unterstützt hier sowohl den politischen Anspruch der Präsidenten als auch – durch den Rückgriff auf die Lincoln-Bibel sowohl durch Barack Obama als auch durch Donald Trump – die Traditionslinie, in der die Präsidenten stehen. Das Ritual kommt ohne den Inhalt des biblischen Textes aus, ist aber als Performanz verständlich.

In westlich geprägten Gesellschaften wird der Begriff *Bibel* zudem als Inbegriff des verbindlichen Textes gebraucht. Ein oberflächlicher Blick in den Buchgroßhandel ergibt alleine drei Koch-Bibeln, mindestens fünf Häkel-Bibeln, eine Heimwerker-Bibel und sechs Garten-Bibeln. *Bibel* steht hier für ein Buch, das Grundlegendes in einem bestimmten Feld vermittelt und dessen Inhalt Verbindlichkeit und tendenziell Vollständigkeit beansprucht. Dass mit der Übernahme der Bezeichnung *Bibel* keine Affirmation des Christlichen oder auch nur Religiösen einhergehen muss, zeigt in besonders eindrücklichem Maß *Jörn Laakmann* in diesem Band anhand der *Mao-Bibel*, eine Bezeichnung, die als Strukturzitat verstanden werden kann. Die „Worte des Vorsitzenden Mao Tse-tung“ werden Ende der 1960er Jahre in einem kleinformatigen, roten Buch publiziert und in verschiedene Sprachen übersetzt. Das Buch „wurde, in nicht einmal einem Jahrzehnt, in etwa einer Milliarde (!) Exemplaren gedruckt und ist wohl nach der ‚Bibel‘ das weltweit meistgedruckte Buch.“[29] In den ausgehenden 1960er und beginnenden 1970er Jahren hat die Zuschreibung des Biblischen an die Sammlung von Aussprüchen Maos sogar zu einem Rebound-Effekt geführt, als Jesusworte in derselben Aufmachung publiziert wurden. Diese Rückwirkung der Rezeptionsgeschichte auf die Wahrnehmung normativer Texte selbst ist immer wieder zu beobachten und sie kann entweder als Bereicherung des autoritativen Textes

---

27 Vgl. ebd., pass.

28 Vgl. Ehrenkrook 2020, 206.

29 Laakmann, in diesem Band, 264.

angesehen werden[30] oder aber als Abfall und Entfernung. Letzteres geschieht vor allem dann, wenn die Qualität des göttlichen Ursprungs mit Unveränderlichkeit und sogar Einstimmigkeit in Verbindung gebracht wird.

Heiliger Text und göttlicher Ursprung

Die biblischen Bücher wurden nicht als solche konzipiert, komponiert und verfasst, sondern sind erst im Lauf der Zeit zu autoritativen, dann biblischen Texten geworden. Damit ein Text von einer Gemeinschaft anerkannt wird, muss diese ihm im Sinn einer externen Autorisierungsstrategie Normativität für die Gemeinschaft zuschreiben. Diese externe Strategie trifft aber auf Züge des Textes selbst, die dessen Stellenwert befördern. Dazu gehören z. B. die Präsenz Gottes als redende und handelnde Figur, der Rückgriff auf in der Gemeinde anerkannte Autoritäten und die Darstellung des Textes selbst als besonders eng mit dem Göttlichen verbunden und damit in prophetischer Mittlerfunktion.

> It is fairly safe to say that when investigating the process of how biblical writings became biblical – that is, how their authority as normative writings came about – both perspectives need to be taken into account. An authoritative text is first and foremost a text that is considered to be authoritative by a certain community, but an authoritative text also needs some features in and of itself that bring a community to consider it authoritative. Therefore the factors of textual production and reception play a role in a text's becoming authoritative.[31]

Externe und interne Autorisierungsstrategien gehen dabei Hand in Hand, oftmals durch Zuschreibung eines göttlichen Ursprungs. Diese Zuweisung kann sich auf ein zum jeweiligen Text externes Buch beziehen oder autoreferentiell auf das Schriftstück oder einen Teil desselben. Dass solche Vorgänge von Autorisierung eines Textes bereits innerbiblisch vorgenommen werden, zeigt *Ilse Müllner* am Beispiel von 1 Kön 22, der Erzählung von der Auffindung eines Tora-Buchs bei Arbeiten am Jerusalemer Tempel. Aber auch in der Tora selbst werden Textstücke mit Gott als ihrem Urheber in Verbindung gebracht.

Als kardinales Beispiel für eine solche Autorisierungsstrategie kann die Übergabe der Gesetzestafeln an Mose gelten, wie sie in den Büchern Exodus (31–34) und Deuteronomium dargestellt ist. Thematisiert ist hier ein Übergang von mündlicher Gesprächssituation – Gott und Moses am Berg Horeb – zur Schriftlichkeit. Das Gespräch wird überlieferungsfähig, indem es zunächst in Steintafeln, dann in breit ausformulierte Gesetzestexte überführt wird. Darin wird eine (als ursprünglich dargestellte) Gesprächssituation ebenso wie die Bindung an

30 So z. B. Exum 2019.
31 Schmid 2020, 9.

den (vorgestellten) Urheber der Texte überschritten.[32] Die Urheberschaft des Gesetzes ist komplex und fundiert die Autorität des heiligen Textes. Mose erhält die Tafeln, die von Gott selbst geschrieben wurden, und bringt sie in ihrer Materialität zum Volk. Seine Vermittlungsfunktion erschöpft sich aber nicht in der Übergabe der Tafeln, sondern beinhaltet Anweisungen für das öffentliche Lesen des heiligen Textes und die generationenübergreifende und für alle Mitglieder des Volks instruktive Auslegung (Dtn 31,9–13). Die Offenbarung materialisiert sich in dieser Urszene darin, dass Gott selbst nicht nur ein, sondern sogar – nach der Zerstörung der ersten Tafeln im Zorn über das goldene Kalb – ein zweites Mal mit dem eigenen Finger die Gesetze auf die Tafeln schreibt.

> Nachdem der HERR aufgehört hatte, zu Mose auf dem Berg Sinai zu sprechen, übergab er ihm die zwei Tafeln des Bundeszeugnisses, steinerne Tafeln, beschrieben vom Finger Gottes. (Ex 31,18 EÜ 2016)

Das Schreiben Gottes hebt die auf dem Sinai übergebenen Tafeln über alle anderen Texte hinaus und begründet ein unüberbietbares Verhältnis Gottes zu diesem Schriftstück, das in der Verbindung zwischen dem Text und dem Körper Gottes besteht. Mose schreibt nicht auf Tafeln, sondern auf eine Schriftrolle, auf der allerdings das göttliche Schreiben zum Thema gemacht wird. Diese gestufte Zuschreibung göttlicher Autorität begründet textintern die Bedeutsamkeit der Tora und ihrer Gesetze. So geht am Ende des Buchs Deuteronomium die Autorität des Mose nicht nur auf seinen politischen Nachfolger Josua, sondern – in ihrer Mittlerfunktion – auch auf die Tora über.

Indem der mündliche Text verschriftlicht wird, ist er aus seiner räumlichen, zeitlichen und personellen Ursprungssituation herausgelöst und kann für weitere Kontexte der Gemeinschaft verbindlich gemacht werden. Dabei spielt es eine eminent wichtige Rolle, dass die Übergabe der Tora außerhalb des Landes Israel erfolgt. Die Extraterritorialität der Tora steht für ihre Universalität und macht sie übertragbar auch in jene historischen Kontexte hinein, in denen Israel nach dem babylonischen Exil (587–539 v. Chr.) und insbesondere nach der Zerstörung des Zweiten Tempels durch die Römer (70 n. Chr.) nicht mehr oder nur noch teilweise im Land lebt. Diese Extraterritorialität der Offenbarung steht bildhaft für das migrantische Schicksal Israels.[33]

Diese Urszene der Offenbarung und ihre im Verschriftlichungsvorgang sowie in der Extraterritorialität angelegte Universalisierungstendenz macht die Tora auch offen für eine christliche Rezeption, die an der Gestalt des Mose und an der von ihm verkörperten Gottesbindung anknüpfen kann. Ebenso wie andere zeitgenössische jüdische Ausleger setzt sich auch Paulus mit der Bedeutung der Tora für seine Gemeinschaft auseinander. Dabei greift er, wie *Andrea Taschl-*

---

32 Zu einer dreifachen Entgrenzung (Räumlichkeit, Zeitlichkeit, Universalisierung) aufgrund der Textwerdung vgl. Ricœur 1974, 27–29.

33 Vgl. Markl 2021, 278f.

Erber in einer intertextuellen Lektüre von 2 Kor 3 herausarbeitet, auf die in Ex 31–34 erzählte Kommunikationssituation und die darin beschriebene Rolle des Mose zurück. Zwar ist die Tora-Rezeption des Paulus nicht konfliktfrei und verweist auf Auseinandersetzungen mit Juden und Jüdinnen innerhalb sowie außerhalb der Jesusbewegung.

> Dennoch ist Mose bzw. der von ihm personifizierte „alte Bund" bleibende Basis – welche divergierende Rezeptionen eröffnet. Dies gilt auch angesichts heutiger Stimmen, die eine kanonische Geltung des „Alten Testaments" in Frage stellen.[34]

Heiliger Text und Auslegung

Die Autorität Heiliger Texte ist nicht losgelöst von ihrer Übersetzbarkeit und den damit verbundenen kulturellen Transformationsprozessen zu denken. Der verbindliche Text bedarf der Auslegung, seine Geltung beruht darauf, dass er sich in andere kulturelle und religiöse Kontexte als seinen ursprünglichen hinein transformieren lässt. Die Übersetzungsarbeit wird unter anderem in weiteren literarischen Texten geleistet, wie *Andreas Mauz* im vorliegenden Band anhand des Jesus-Romans zeigt. Dieser transformiert auf seine Weise biblische Texte und will selbst wiederum ausgelegt werden, denn Interpretationsbedürftigkeit gilt für alle Literatur als solche. Doch mit Blick auf das Wort Gottes lassen sich weitere anthropologische und theologische Begründungen für interpretierende Transformationsprozesse benennen. Da Gott sich in Zeit und Welt hinein offenbaren will, muss das biblische Wort Gottes in je neue Zeiten hinein zum Klingen gebracht werden.[35]

Normative religiöse Texte sind darauf angewiesen, dass sich ihre Plausibilität in je neuen Zusammenhängen immer wieder erweist und dass sie für Menschen von existenzieller Bedeutung bleiben. Alle kanonischen Schriften müssen in die jeweils neuen historischen Kontexte hinein übersetzt werden, damit sie ihr Angebot der Artikulationshilfe für Erlebtes wahrmachen können.

> In den biblischen Texten und den in ihnen aufgehobenen Erfahrungen spiegelt sich also ein doppelter Vorgang: Sie sind einerseits ein Speicher von gelungenen und gescheiterten Taten und Praktiken und transportieren darüber auch Maßstäbe. [...] Sie drängen andererseits zum Handeln und brauchen die Akzentuierung, also den Vollzug durch die Konkretion.[36]

Solche Übertragungs- und Plausibilisierungsprozesse sind bereits innerbiblisch in der Redaktionsgeschichte der Schriften nachweisbar und sie setzen sich in der Rezeptionsgeschichte der Texte fort. Schon in der Entstehungsgeschichte der

---

34 Taschl-Erber, in diesem Band, 90.
35 Vgl. Nicklas 2021, 35f.
36 Schambeck, in diesem Band, 219.

biblischen Schriften spiegeln sich Prozesse der Aktualisierung wider, da die Literargeschichte der Bibel und der Kanonisierungsprozess zwar nicht zusammenfallen, sich wohl aber überschneiden. Die biblischen Bücher wurden nicht als „biblisch" konzipiert, sondern sie sind im Lauf der Zeit zu kanonischen Schriften geworden.[37] Trotzdem lässt sich an der Entstehungsgeschichte der Bücher erkennen, dass ihre Inhalte, Motive, Figuren und Konzepte in dem Sinn autoritativ waren, als dass man sie immer wieder an neue Gegebenheiten angepasst hat. Die literargeschichtliche Bibelwissenschaft der letzten Jahrzehnte hat sich zunehmend von einer Suche nach dem ältesten und also scheinbar ursprünglichsten Text gelöst und die Redaktionsgeschichte der Texte, das heißt: ihre Wachstumsgeschichte, ernstgenommen. Jede rekonstruierbare Schicht eines biblischen Textes muss in einem Kommunikationskontext plausibel gemacht werden können. Dadurch kommen die Transformationsprozesse, die bereits an den biblischen Schriften selbst ablesbar sind, zum Vorschein. Und es wird deutlich, dass zentrale Inhalte wie das Exodus-Motiv oder die Reich-Gottes-Botschaft in unterschiedliche historische Kontexte und Kommunikationsgemeinschaften hinein je neu gesprochen werden. Literargeschichte und Rezeptionsgeschichte stehen in Kontinuität zueinander. Die Pluralität der biblischen Schriften, wie sie etwa in der Vierzahl der Evangelien entgegentritt, setzt eine weitere Vielzahl an Deutungsangeboten frei. Dazu gehören sowohl theologische Auslegungen als auch künstlerische Rezeptionen. Diese stehen in der Spannung von intellektueller und künstlerischer Freiheit einerseits und einer Bindung an vorgegebene Inhalte andererseits, die insbesondere durch die Zuschreibung des Heiligen an den Ausgangstext auch einem „mehr oder weniger rigiden Reinheitsgebot"[38] unterliegt.

> Die kanonische Geltung der biblischen Schriften, die Überzeugung, dass die Bibel als Heilige Schrift ein oder das einzige maßgebliche Zeugnis des „Wortes Gottes" darstellt, muss mit einer gesteigerten Aufmerksamkeit für literarische Aneignungen biblischer Stoffe einher gehen.[39]

So ist es also für eine Auslegungsgemeinschaft wichtig, ihre Aussagen immer wieder an die kanonischen Texte rückzubinden. Nur so kann der normative Text – in welcher Fassung auch immer – ein kritisches Potential gängigen Lesarten gegenüber entfalten. Steht das denn so in der Bibel, wie wir es in Erinnerung haben? Stammen diese oder jene Aussagen aus dem Koran? Oder sind die Aussagen Teil einer Auslegungsgeschichte, die sich in der (religiösen) Kultur niedergeschlagen hat? Alle religiösen Gemeinschaften, die sich an Heilige Texte gebunden wissen, stehen vor der Herausforderung, diese Texte in die jeweilige Gegenwart hinein sprechen zu lassen, ohne ihre Ursprünge zu verraten. Dazu dienen

---

37 Vgl. Schmid 2020, 5–7 (Lit.!).
38 Mauz, in diesem Band, 243.
39 Ebd.

hermeneutische Reflexionen, die den Ursprung mit der aktuellen Gegenwart zu vermitteln suchen. Insbesondere da, wo der Heilige Text als Wort Gottes gilt, muss besondere theologische Achtsamkeit an den Tag gelegt werden, um den feststehenden Wortlaut mit dem unabgeschlossenen Verstehen zu verbinden. Dazu können Prinzipien dienen, in denen die Grundlagen der Offenbarung aufscheinen, wie etwa *Barmherzigkeit* und *Gerechtigkeit* im Koran.

> Die Exegese kann in diesem Sinne danach fragen, an welchen Stellen die Barmherzigkeit und Gerechtigkeit durch die sozio-kulturellen und historischen Umstände zur vollen Entfaltung und an welchen sie eben noch nicht zur vollen Entfaltung gekommen ist und wie sie die vom Koran angestoßenen Prozesse in einer ständigen, an die Lebenswirklichkeit der Menschen gebundenen Exegese fortdenken kann. Deshalb können bei der Auslegung des Korans immer tiefere Dimensionen von Barmherzigkeit und Gerechtigkeit entdeckt werden, ohne sie je auszuschöpfen. In diesem Sinne ist die Auslegung ein offener Prozess; das Verständnis des Textes kann nie als abgeschlossen erachtet werden.[40]

Sowohl die Entstehung Heiliger Texte als auch ihre Gewinnung von Autorität für eine bestimmte Gemeinschaft und die immer wieder neu zu aktualisierenden Plausibilitäten ihrer Inhalte sind prozesshaft zu denken. Sie stellen Beziehungen her: der Heiligen Texte zu anderen Texten, die sie kommentieren oder von denen sie sich abgrenzen, der Mitglieder der Gemeinschaft untereinander – und zwar synchron wie diachron und schließlich der Gemeinschaftsmitglieder mit dem Göttlichen.

II. Was macht der Text mit dem Heiligen?

Heilige Texte gewinnen ihre Eigenart also über eine Abgrenzung, die ihnen gegenüber anderen Texten eine besondere Qualität zumisst – nämlich „heilig" zu sein, ohne dass die Kriterien für diese Abgrenzung einheitlich oder eindeutig wären. Gemäß dem Verständnis der Religionsgemeinschaften, die Heilige Texte überliefern, sind Autorisierungsstrategien und Überlieferungsformen, die diese Abgrenzung produzieren, keine bloßen Diskursformationen. Vielmehr gewinnen die Texte ihre Eigenart durch die Zuschreibung, dass sie einen Zugang zum Heiligen herstellen. Das Heilige manifestiert sich vermittelt durch den Text und führt zu der Frage, wie das spezielle Medium des Textes Manifestationen des Heiligen strukturiert.

---

40 El Omari, in diesem Band, 138f.

Abgrenzung und Sakramentalität

Was für heilige Texte angebbar ist, hat Mircea Eliade für das Heilige generell beschrieben und damit eine einflussreiche Bestimmung des Heiligen vorgelegt: „daß es den Gegensatz zum Profanen bildet".[41] Diese Bestimmung, die Eliade aus seiner philosophisch orientierten Auseinandersetzung mit kulturhistorischen Äußerungsformen des Heiligen gewinnt, spiegelt auch die Bedeutungsgeschichte des deutschen Wortes „heilig" wider, mit dem das griechische Wort ἅγιος (*hagios*) und vor allem das lateinische *sanctus* wiedergegeben wurden. Sowohl dem lateinischen *sanctus* (von *sancire* – abgrenzen) wie dem griechischen ἅγιος (von ἅζομαι, *hazomai,* sich scheuen) liegt die Vorstellung der Abgrenzung und Aussonderung zugrunde – des heiligen Bezirks, der der Verfügung entzogen ist und der vor Verletzung oder profaner Berührung geschützt werden muss.[42] Dieses Bedeutungsfeld fließt ein in das Wort „heilig", das ursprünglich so viel wie „eigen" bedeutete und damit das anzeigen konnte, was der Gottheit „zu eigen" ist.

Das als „heilig" Abgegrenzte markiert gemäß der weiteren ebenso einflussreichen Bestimmung Eliades den Einbruch des „gänzlich anderen" in die Welt.[43] Das „gänzlich andere" bleibt gleichwohl das, was sich im Sichtbaren und kulturell Gedeuteten manifestiert. Das Heilige ist „für uns" nur, insofern es sich zeigt: in Orten, Räumen, Texten, Zeiten, Personen etc., die dann „heilig" genannt werden und als Medien der Hierophanie vom Nicht-Heiligen, vom Profanen abgegrenzt werden. Das Heilige steht so, wenn auch von ihm unterschieden, in Kontinuität zum Profanen: in der „Koppelung ‚heilig – profan' wird das Heilige vom Profanen her erschlossen. [...] Das Heilige wird hier von der Welt her verstanden, nicht absolut, sondern relativ zur Welt."[44]

Dabei ist es in den monotheistischen Religionen keineswegs selbstverständlich, Heiligkeit durch Abgrenzung zu bestimmen. Insofern in ihnen Gott als Schöpfer und damit als Ursprung alles Seienden gedacht ist, besitzt über diese Ursprungsrelation grundsätzlich *alles* eine Verbindung zu Gott als dem Heiligen schlechthin. Dergestalt weist prinzipiell die gesamte Schöpfung eine grundlegende Sakramentalität auf – eine Zeichenfunktion, die auf das ganz Andere, den Schöpfer, verweist und diesen Ursprung gleichzeitig präsent setzt. Heiligkeit ist außerdem eine Zielbestimmung des Menschseins, ein Weg, sich dem Göttlichen zu nähern. Israel ist zur *imitatio dei* aufgerufen: *Erweist euch als heilig und seid heilig, weil ich heilig bin.* (Lev 11,44)

---

41 Eliade 1984, 14.

42 Lanczkowski 1985, 695.

43 Vgl. Eliade 1984, v. a. 14f.; 42.

44 Wenzel, in diesem Band, 169.

Etwas im Gegensatz zu anderem als „heilig" zu bezeichnen, macht „Heiligkeit" zur Wertaussage und die Aufforderung der Heiligung zum ethischen Imperativ: Nicht alles verweist in gleicher Weise auf Gott als den Heiligen schlechthin. Die Ursprungsrelation kann mehr oder weniger ausgeprägt, sie kann gänzlich verdunkelt sein – nicht zuletzt hervorgerufen durch fortgesetzte und Struktur gewordene Freiheitsentscheidungen des Menschen, wie sie die Kategorie der (Erb-)Sünde bezeichnet. Die Trennung von *fanum* und *profanum* ist damit räumlicher Ausdruck einer grundsätzlichen Ambivalenz des Irdischen.

Sakramentalität wie Abgrenzung – ohne beides wäre das Heilige nicht manifest – kommen nicht aus ohne Texte, verstanden im Sinne eines weiten Textbegriffs: Es gibt das Heilige nicht ohne Vermittlung, nicht ohne das Interpretative und damit nicht ohne Texturen, die Wirklichkeit lesbar machen. Diese Texturen, die sich um das Heilige gruppieren, produzieren Abgrenzungen vom Profanen, indem sie Schwellen und Differenzen markieren, oder machen das Angebot, eine Verweisfunktion des Material-Irdischen wahrzunehmen. Sie organisieren subjektive Einstellungen, strukturieren die Einnahme von Perspektiven, evozieren Emotionen und regeln Verhaltensweisen. Auch eine Entzogenheit des Heiligen wird wiederum textlich vermittelt, womit das Heilige gleichzeitig einen Diskurs über die Begrenztheit des Textlichen/Kulturellen provoziert.[45] In dieser Angewiesenheit auf textliche/kulturelle Deutung ist die Abgrenzung von Heiligem und Profanem nie absolut. Als etwas, das der kulturellen Verfügung entzogen vorgestellt wird, ist das manifest gewordene Heilige doch nicht anders ausdrückbar als wiederum im Kulturellen.

Poetik

Der Text nun im engeren Sinne – als sprachlicher, Schrift gewordener oder jedenfalls überlieferungsfähiger Text – bedeutet für das Heilige die Möglichkeit der Entgrenzung. Im Gegensatz zum räumlich vorgestellten *fanum* ist das Heilige nicht mehr gebunden an einen Ort, sondern prinzipiell überall dort zugänglich, wohin der heilige Text gelangt. Dies ist mitunter aus der Not geboren. So ist die Entstehung des Judentums als Textreligion nicht zuletzt Reaktion auf die Zerstörung des herodianischen Tempels 70 n. Chr. durch die Römer.[46] Das rabbinische Judentum knüpft damit an eine Bewegung an, die bereits im Anschluss an das babylonische Exil zu beobachten war und die zentrale Inhalte der Tora selbst extraterritorial außerhalb des Heiligen Landes verortet. Dieser Übergang von räumlich gebundenem Kult zum Text konnte sich deshalb vollziehen, weil die bereits vorhandene Textsammlung der Bibel ermöglichte, dass an die Stelle des Kultes ein *Lesen vom Kult* treten konnte. Dies wurde auch dadurch befördert, dass

[45] Vgl. Neri, Kutzer, in diesem Band.
[46] Vgl. Landthaler, in diesem Band, 202.

es *in* dieser Textsammlung bereits eine Reflexion auf religiös motivierte Textlichkeit und auf ein textualisiertes Offenbarungsgeschehen gibt. Die Übergabe der Gesetzestafeln an Moses ist kardinales Beispiel dafür. Dabei geht die Schriftwerdung mit räumlichen wie zeitlichen Entgrenzungen einher (s.o.), in denen eine mündliche Gesprächssituation ebenso überschritten wird wie der intentionale Horizont des Autors. Darin ermöglicht die Textwerdung die Übertragung in andere Räume und Zeiten und bildet die Ausrichtung auf ein prinzipiell grenzenloses Publikum. Zwischen einem universalen Anspruch des Heiligen, wie sie Gott in den monotheistischen Religionen zukommt, und der Textlichkeit der Religion besteht so ein enger Zusammenhang.

Die Voraussetzung der Universalisierung liegt aber nicht in der Textlichkeit allein, sondern auch in der Poetizität heiliger Texte, die als textliches Phänomen Voraussetzungen dafür schafft, dass diesen Texten Offenbarungsfunktion zugeschrieben werden kann. So geht mit der Verschriftlichung eine Dynamik einher, die sich als Poetisierung/Fiktionalisierung beschreiben lässt und die eine Besonderheit des Realitätsbezugs meint.[47] Losgelöst von der Situation ihrer Entstehung und gerichtet an ein prinzipiell grenzenloses Publikum, erschöpfen sich heilige Texte nicht in einer Bezeichnungsfunktion. Kaum einem von ihnen geht es allein oder auch nur primär darum, denotierend zu berichten, was denn einst gewesen ist. Vielmehr sind sie ausgerichtet auf Aneignung, die vermittelt wird über die „Welt des Textes". Als poetische Texte gewinnen Heilige Texte ihren Realitätsbezug so nicht (allein) dadurch, dass sie „hinter sich" auf Realität verweisen, sondern dadurch, dass die „Welt des Textes" mit der „Welt des Lesers" in Kontakt tritt und durch diesen Kontakt die Art und Weise, die Welt zu verstehen und in ihr zu handeln, beeinflusst, wird. In ihnen „offenbart sich" etwas, das den Blick auf Welt (neu) zu strukturieren vermag und darin Einfluss nimmt auf Identitäten und Handlungsweisen.

Diese Texte als „heilig" zu qualifizieren, bedeutet wiederum: Die über die Texte eröffneten Möglichkeiten, die Welt zu lesen und auch sich selbst zu verstehen, werden nicht als (allein) menschengemacht vorgestellt, sondern dem Göttlichen zugeschrieben, wobei die Verbindungen zwischen dem Heiligen und dem Menschengemachten sehr unterschiedlich gedacht sein können und auch in den Texten selbst reflektiert werden. Paul Ricœur hat in dieser Reflexion auf einen Ursprung die Besonderheit der biblischen Texte gegenüber allgemein poetischen ausgemacht. Sie kreisen in einer vielstimmigen Nennung um Gott, der als „Geheimnis" gleichzeitig die Grenze des Textlichen markiert.[48] Diese Besonderheit ist freilich nicht absolut. Heilige Texte wurden und werden auch als bloß poetische Texte gelesen. Zwar gibt es Züge des Textes, die eine (göttliche) Autorisierung stützen (s. o.). Doch gibt es keine Merkmale, die *zwingen* würden, Texten einen Sonderstatus zuzuschreiben, sie als inspiriert anzusehen, ihnen

---

47 Vgl. Kutzer 2006, 212–214; Dies. 2020, 389f.

48 Vgl. Ricœur 1981, 45–79; Ricœur 2008, 41-83.

den Charakter von religiöser Offenbarung zuzumessen. Der Text wird erst dort zum „heiligen" Text, wo dies zu einer entsprechenden Lesehaltung führt – dieser Text ist *mir,* ist *uns* heilig.

Subjektverwiesenheit – Medialität

In dieser Poetizität eignet dem Heiligen Text eine Orientierung hin auf Subjektivität, die dem Heiligen generell zukommt und die ihren Ausdruck in einem Akt des Widerspruchs findet: Was *mir* „heilig" ist, ist „nicht verwertbar, verbrauchbar, zirkulierbar, reproduzierbar"[49] und damit in der Logik des Benutzens/Verwertens grundlegend wertlos. In dieser Bindung an das Subjekt liegt gleichzeitig ein Impetus gegenüber Umgangsweisen mit dem Heiligen, die es vom Subjekt distanzieren, etwa durch autoritäre/lehramtliche Sakralisierung oder durch Betrachtung als bloße Diskursformation. Als Erlebtes ist das Heilige nicht reduzierbar auf etwas außerhalb des Subjekts Liegendes, objektiv Gegebenes, den überlieferten Text. Es wird aber auch nicht als vom Subjekt produziert erlebt. Das Heilige wird erfahren als etwas Fremdes/ein anderer im eigenen Selbst.

Was *Knut Wenzel* in seinem Beitrag im Rekurs auf Hölderlin beschreibt, bestimmt auch die epochale Charakterisierung des Heiligen bei Rudolf Otto. Dem Religionshistoriker ging es um eine universale Bestimmung des Religiösen, die er entsprechend in einer Gegebenheit verankert, der größtmögliche Allgemeinheit zuzusprechen ist: der Subjektivität des Menschen. Er situiert das Heilige in einer Besonderheit des religiösen Gefühls, die er in einer Ableitung aus dem lateinischen Wort *numen* auch als „numinose Gemüts-gestimmtheit"[50] bezeichnet. Diese Gemütsgestimmheit als ein ursprüngliches und darum „nur durch sich selbst bestimmbares Datum im Seelischen"[51] ist – entgegen dem von Friedrich Schleiermacher postulierten „Gefühl schlechthinniger Abhängigkeit" – nicht aus dem eigenen Selbst ableitbar. Vielmehr ist sie Reaktion auf etwas dem Selbst Fremden, hervorgerufen durch ein Empfinden von Geringheit gegenüber der Übermächtigkeit eines Tremendum. Diesem Gefühl schreibt Otto den Charakter der Unmittelbarkeit zu, ohne dass er eine Medialität – gar eine textliche – in den Blick nimmt. Gegenüber dem numinosen Gefühl bleibt der Text etwas Nachträgliches, das es gleichzeitig verstellt. Denn dem sprachlichen Verstehen eignet eine „dämpfende, abschwächende Wirkung"[52], die so weit gehen kann, dass die

---

49 Wenzel, in diesem Band, 170.

50 Otto 1963, 7.

51 Ebd., 19.

52 Ebd., 31.

textbasierten systematisierenden „Auswalzungen des religiösen Grundvorganges ... ihn selber zugleich platt walzen und schließlich austreiben."[53]

Tatsächlich verhält sich der Text gewissermaßen gegenläufig zu einem *mysterium fascinosum et tremendum*. Das Mysterium als Text bedeutet gerade kein Schließen des Mundes, wie es die Wortbedeutung der Wurzel *my* suggeriert und damit die Reaktion meint auf eine Erfahrung, die sich dem sprachlichen Zugriff entzieht.[54] Als diskursives Medium ist der Text wie kein anderes ausgerichtet auf Verstehen und darin gerade nicht numinos, auch wenn bestimmte Formen der Sakralisierung Heiliger Texte von einer Inhaltlichkeit weitestgehend absehen können (s. o.). Das Heilige als Mysterium begegnet im Text als Erzähltes, als Erinnertes, als Angesprochenes. Dies schaltet den Charakter des Irrationalen nicht automatisch aus – man denke etwa an die Ambiguität von Schauen und Hören, die das Offenbarungsereignis in Ex 19–24 (s. v. a. Ex 20,18) kennzeichnet.[55] Vielmehr erwächst daraus der Anspruch an den Text, in der sprachlichen Verarbeitung die Unableitbarkeit und damit Entzogenheit des numinosen Gefühls mitzusagen. Dazu bedarf es nach Otto einer analogischen Sprache, die die begrifflichen Grenzen offenhält und mit Ähnlichkeiten statt mit Identifikationen/Definitionen arbeitet.[56] Die daraus resultierende prinzipielle Metaphorik bzw. Poetik Heiliger Texte liegt so nicht allein in der (funktionalen) Entgrenzung hin zu einer universalen Ausrichtung. Sie ist auch der begrifflichen Nichtfasslichkeit des Empfindens geschuldet, in dem sich das Selbst nicht präsent ist.

In den Texten der Prophetie wie der christlichen Mystik, insbesondere der Frauenmystik, sind es nicht zuletzt Körperbilder, so der Beitrag von *Mirja Kutzer*, die das Heilige in eine Spannung aus Verstehen und Nicht-Verstehen setzen, über die im Text wiederum kommuniziert wird. Der Körper steht hier einerseits für die Bindung des Wortes/Textes an ein Subjekt, das in seiner Körperlichkeit ebenso konkret wie unvertretbar und legitimierende Instanz des Textes ist. Gleichzeitig wird dem Text dadurch ein Moment des Konstruktiven/Poetischen eingeschrieben: Er ist Reaktion auf eine Körpererfahrung, die tief ins Vorsprachliche hineinragt. Diese Erfahrung kann durch Sprache nicht abgebildet, gleichwohl zur Darstellung gebracht werden.

Entgegen der von Rudolf Otto suggerierten Unmittelbarkeit der Erfahrung sind die Texte der Erfahrung aber nicht allein nachträglich. Sie gehen ihr auch voraus. In ihrer Poetizität vermögen sie das in Gang zu setzen, was Julia Kristeva einen „metaphorischen Sog"[57] genannt hat. Sie laden ihr Publikum dazu ein, sich

---

53 Ebd., 31.

54 Vgl. Krämer 1981, 1099.

55 Vgl. Sommer 2015, 30–45.

56 „Diese ‚die und die' Gefühlsbestimmtheit müssen wir versuchen anzudeuten, indem wir sie wieder durch Entsprechungen und Entgegensetzungen verwandter Gefühle und durch symbolisierende Ausdrücke zugleich anklingen zu lassen versuchen." Otto 1963, 13.

57 Kristeva 2019, 263f.

vermittelt über die Lektüre auf den Text zu übertragen, die dort vorstrukturierten Subjektpositionen und Perspektiven einzunehmen und seinerseits (Körper)Erfahrungen zu machen – eine Dynamik, die „bis in die vorreflexiven, subjektkonstituierenden Dynamiken des Selbst reicht und das Subjekt prozessualisiert."[58] Der heilige Text, der als Komplex aus sprachlichen Zeichen seine Medialität plakativ vor sich herträgt, unterstreicht so eine Vermitteltheit der Erfahrung des Heiligen. Ihr Ziel finden Heilige Texte damit wiederum nicht in ihrer Inhaltlichkeit, sondern dort, wo sie ihrerseits beim Publikum Erfahrungen des Heiligen auszulösen vermögen, oder ein Angebot machen, diese zu artikulieren.[59] In diesem Sinne hat das Zweite Vatikanische Konzil Offenbarung beschrieben: Insbesondere vermittelt über das biblische Wort nimmt Gott Gemeinschaft mit den Menschen auf.[60]

Legitimierungen

Diese Subjektorientierung schreibt dem Heiligen Text eine personale und relationale Struktur ein, die seiner Verdinglichung entgegenläuft. Als Medium des Heiligen, das auf subjektive Aneignung zielt, kommt ihm kein Objektstatus zu, dessen Autorität durch Institutionen garantiert und legitimiert werden könnte. Er bedarf, gemäß der zentralen These *Marcello Neris* in diesem Band, eines „körperlichen Außen", in dem der Text eine Glaubenserfahrung ermöglichen kann. Dass die biblischen Texte ihre Autorität entsprechend nicht aus sich selbst heraus gewinnen, besitzt im Neuen Testament eine christologische Grundlegung: Jesus schrieb „kein einziges Wort"[61] und hat so keinen Text letztgültig legitimiert. Vielmehr sind die Texte Reaktionen auf das Christus-Ereignis im Lichte einer Glaubenserfahrung und wollen auch den Späteren diese Glaubenserfahrung vermitteln, indem sie einen Zugang zum Christus-Ereignis schaffen.

In dieser Ereignis-Struktur tritt neben die rein horizontal-zeitliche Notwendigkeit der Übersetzung Heiliger Texte in spätere Zeiten hinein eine vertikal-theologische, die gleichzeitig eine Infragestellung chronologischer Linearität bedeutet. Ist das Christus-Ereignis zu verstehen als Einbruch der messianischen Zeit Gottes und bedeutet so eine Unterbrechung der fortschreitenden Zeitlichkeit, so besteht die Aufgabe des Textes darin, dieses Ereignis in die Geschichte hinein zu vermitteln, was wiederum nur als Unterbrechung chronologischer Linearität denkbar ist. Dies macht es prinzipiell unmöglich, die Autorität des Textes durch Konservierung, durch chronologische Unveränderlichkeit zu behaup-

58 Kutzer, in diesem Band.
59 Vgl. auch Schambeck, in diesem Band, 219-221.
60 Vgl. Dei verbum.
61 Neri, in diesem Band.

ten. Wenn der Anspruch des Heiligen Textes aus dem Zusammenspiel von autoritativem Text und legitimierendem körperlichen Textaußen erwächst, so spiegelt sich in dem Zueinander dieser beiden Pole auch die Spannung zwischen chronologischer Zeit (dem überlieferten, bewahrten Text) und messianischer Zeit (in der subjektiven, durch Interpretation ermöglichten Aneignung des Textes als dem Einbruch einer „anderen Zeit").

Geschichte und Vermittlung

In dieser eigentümlichen vertikalen wie horizontalen Offenheit (beides meint eine Zeitlichkeit) erweist sich das textvermittelte Heilige als eingeschrieben in die Geschichte und die jeweiligen Kontexte und Kulturen. Will der Heilige Text seine Bedeutsamkeit bewahren, macht dies die Übersetzung – von der einen geschichtlich-kulturellen Situation in die andere – notwendig (s.o.). Die Wege, eine Kulturgebundenheit der Manifestation des Heiligen nicht nur texttheoretisch, sondern auch theologisch anzuerkennen, sind in den Religionsgemeinschaften durchaus verschieden. Anders als die Bibel in Christentum und Judentum gilt der Koran im Islam als direktes Wort Gottes, das dem Propheten eingegeben wurde, so dass dieser als Autor radikal hinter dem Wort zurücktritt. In einer feministisch-befreienden Perspektive argumentiert *Dina el Omari* in diesem Band, dass diese Verbalinspiration eine Kulturgebundenheit nicht ausschließt: Denn Gott hat sein Wort in einer Weise gesprochen, dass es für Menschen der damaligen Zeit verstehbar war und auf Fragen und Probleme ihrer Zeit reagierte. Wird die Interpretation für andere Zeiten so grundsätzlich ermöglicht, so stellt sich in der Folge die Frage ihrer Kriterien. Was macht eine solche Interpretation, die immer Kontinuität und Bruch bedeutet, zu einer gelungenen und legitimen Transformation? Hier treten innere Kriterien der Texttradition (im Koran etwa Barmherzigkeit, Gerechtigkeit) neben äußere Kriterien, die etwa den moralischen Überzeugungen der Gegenwart (z. B. Geschlechtergerechtigkeit) entstammen.

Darin verweist diese Übersetzungsarbeit, die die Aneignung des Schrift gewordenen Textes in der jeweiligen Zeit möglich machen soll, zurück auf Mündlichkeit. Es bedarf eines gelebten Diskurses, der die Aneignung des Textes im konkreten Leben unterstützt. Dieser gelebte Diskurs wiederum ist geprägt von einer Bindung an Gemeinschaft: an Religionsgemeinschaften, die das Zueinander von Schriftlichkeit und Mündlichkeit organisieren. Ebenso setzt er Orte voraus, wo dieses gemeinschaftsgebundene Zueinander thematisiert, praktiziert und auch kritisch reflektiert werden kann. Ein solcher Ort ist – das zeigen die religionspädagogischen Beiträge in diesem Band – der Religionsunterricht aller Religionen und Konfessionen und mit ihm die Disziplin der Religionspädagogik, die sowohl auf die theoretische Notwendigkeit wie die praktischen Möglichkeiten einer Auseinandersetzung mit Heiligen Texten reflektiert.

Darin bearbeitet sie für den Lernort Schule Themen, die für den Umgang mit Heiligen Texten in pluralen Gesellschaften generell von Interesse sind.

So ist grundsätzlich zu fragen, welchen Sinn zum einen die Auseinandersetzung mit den überlieferten Texten der Religionsgemeinschaften haben kann und wie notwendig es zum anderen überhaupt ist, sich in einer weitgehend säkularen Gesellschaft mit dem Heiligen auseinanderzusetzen. Beides ist zu beantworten angesichts der fragilen Autorität Heiliger Texte, über deren Lesart als Zeugnisse göttlicher Offenbarung oder als „bloß" poetische bzw. historische Texte wiederum die subjektive Aneignung entscheidet. Ein Umgang mit Heiligen Texten kann so nur in einer Weise erfolgen, die für den Religionsunterricht selbstverständliche Grundlage geworden ist – in einer strikten Subjektorientierung sowie in der Suche nach einem Resonanzraum, der das Lesen etwa biblischer Texte auch jenseits religiöser Überzeugungen sinnvoll erscheinen lässt.

Mirjam Schambeck argumentiert einen solchen Resonanzraum in Auseinandersetzung mit Hans Joas' *Die Macht des Heiligen*. Biblische Texte können als „kulturelle Vorräte und Artikulationsformen"[62] darin unterstützen, allgemein menschliche Erfahrungen der Selbsttranszendenz, in denen Einzelne wie Sozietäten sich als passiv in ihrer Totalität ergriffen erleben, zu deuten und zum Ausdruck bringen. Die starken Bilder der Bibel, ob zu den Erfahrungen von Glück, Verdanktsein, Staunen oder auch zu den bedrückenden Widerfahrnissen der Zerbrechlichkeit, Verwundbarkeit, ja Vergänglichkeit des Lebens können zu Angeboten werden, das Erlebte in Sprache und damit in Form zu bringen. Insofern müssen sie – und das ist sowohl eine Begründung als auch eine Aufgabe biblischen Lernens – auch erinnert und im kollektiven Gedächtnis wachgehalten werden. In ihrer über die Religionsgemeinschaften vermittelten Verbindlichkeit drängen Heilige Texte zudem über die Artikulation hinaus hin zum Handeln und vermögen, die kritische Ausbildung eines ethischen Ideals zu unterstützen.

Dabei ist es gemäß einer wesentlichen These *Bruno Landthalers* gerade die Anerkennung der Textlichkeit einer Religion, die auch die Pluralitätsfähigkeit befördert. Wenn Schülerinnen und Schüler wahrnehmen, dass die für die Religionsgemeinschaften verbindlichen Texte ausgelegt werden müssen und dies in unterschiedlichen Kontexten in durchaus verschiedener Weise geschieht, sensibilisiert dies sowohl für die innere Pluralität der Bibel als auch für die innerjüdische wie interreligiöse Pluralität von Auslegungstraditionen. „Pluralität, auch religiöse Pluralität, kann ohne Text nicht ausgehalten werden, da nur der Text es zulässt, immer auch anders verstanden werden zu können."[63]

In eine ähnliche Richtung zielt der Beitrag von *Monika Tautz* in ihrem Plädoyer, sich mit Heiligen Texten vermittelt über zeitgenössische Literatur auseinanderzusetzen. Sie verweist dabei insbesondere auf literarische Darstellungen einer im Alltag gelebten Rückbindung an Religion, in der sich wiederum vielfältige

---

62 Schambeck, in diesem Band, 219.
63 Landthaler, in diesem Band, 213.

„Be-Deutungen" spiegeln, die Heilige Text im Leben von Menschen annehmen können. Dabei zeigt Tautz anhand eines Briefromans von Lena Goralek die besonderen Qualitäten von Literatur als einem Medium, das von institutionellen Verbindlichkeiten weitgehend befreit ist. *Lieber Mischa* bietet Subjektpositionen an, in denen Religionen und Kulturen ineinander übergehen, und so in den gegenwärtigen Kontexten von Migration und kultureller Pluralität einen Beitrag leisten, hybride Identitäten sowohl auszubilden als auch zu verstehen. Gleichwohl vermag das Buch in seinen Alltagserzählungen eine bleibende Wirksamkeit überlieferter Texte darzustellen und so zu zeigen, „[d]ass religiöse Identität dabei aber nicht beliebig ist, dass Inhalte sich in der Form gemeinsam tradierter und gelebter Religiosität zeigen, dass auch eine ‚Kulturjüdin' jüdisch-religiös ist".[64]

Sowohl der Lernort Schule als auch zeitgenössische Literatur machen deutlich, dass in der Pluralität der gegenwärtigen Situation die Rezeptionsgemeinschaft Heiliger Texte nicht identisch ist mit den Religionsgemeinschaften und die Aneignung auch jenseits von oder in Kritik an autoritativen Instanzen geschieht. Als *Great Code* (Northrop Frye) sind sie Bestandteil des kulturellen Gedächtnisses, so dass auf sie auch jenseits normierender Ansprüche zurückgegriffen werden kann, nicht zuletzt in künstlerischer Produktion. Insofern der Rückgriff auf Heilige Texte in unterschiedlichen Abstufungen dennoch auch eine Auseinandersetzung mit Normativität ist – in positiver Bezugnahme ebenso wie als Kritik – geht die Wirksamkeit Heiliger Texte über die Definition des „Klassischen" hinaus. Gleichzeitig machen gerade die Bezugnahmen der Popkultur in ihren Techniken des Zitierens, Collagierens, Sampelns und Remixens sowie ihrem ausgeprägten antiautoritären Impetus die Aneignung in extremer Weise subjektiv wie komplex. *Stefan Greif* arbeitet dies in diesem Band heraus:

> Allein die Zusammenschau ihrer künstlerischen Ausdrucksformen und Medien erfasst jene Vielfalt eines Widerstands, der etablierte Wahrnehmungsweisen um alternative Deutungsofferten erweitert. Ohne diesen ‚Komplexitätszuwachs' ließe sich die für den Pop konstitutive Aufwertung des selbstständig urteilenden Publikums nur schwerlich durchhalten.[65]

In dieser vielfältigen und komplexen Aneignung wird auch die Bedeutung des Begriffsbestandteils „heilig" fluide. Die Texte können, müssen aber keineswegs als „heilig" in dem Sinne verstanden werden, dass sie als Manifestationen des „ganz anderen" in diese Welt gelesen werden. Sie bleiben – möglicherweise – „heilig" in einem Sinn, wie es Richard Rorty für allgemein poetische Texte postuliert hat. Sie sind, in affirmativer wie kritischer Auseinandersetzung, „etwas, das dazu beigetragen hat, uns zu den Menschen zu machen, die wir sind".[66]

---

64 Tautz, in diesem Band, 240.
65 Greif, in diesem Band, 288.
66 Rorty 2003, 59.

Literatur

Alkier, Stefan (2010): Neues Testament (UTB basics 3404), Tübingen u. a.

Alkier, Stefan (2021): Sola Scriptura als engagierte Leseanweisung – eine evangelische Perspektive, in: Ders. / Karakolis, Christos / Nicklas, Tobias (Hg.): Sola Scriptura ökumenisch (Biblische Argumente in öffentlichen Debatten 1), Paderborn, 9–32.

Assmann, Jan (1992): Das kulturelle Gedächtnis. Schrift, Erinnerung und politische Identität in frühen Hochkulturen, München.

Bauer, Thomas ([4]2015): Die Kultur der Ambiguität. Eine andere Geschichte des Islams, Berlin.

Besch, Werner (2014): Luther und die deutsche Sprache. 500 Jahre deutsche Sprachgeschichte im Lichte der neueren Forschung, Berlin.

Brandt, Peter (2001): Endgestalten des Kanons. Das Arrangement der Schriften Israels in der jüdischen und christlichen Bibel (Bonner biblische Beiträge 131).

Carr, David M. (2015): Orality, Textuality, *and* Memory: The State of Biblical Studies, in: Schmidt, Brian B. (Hg.): Contextualizing Israel's sacred writing. Ancient literacy, orality, and literary production (Ancient Israel and its literature number 22), Atlanta, Georgia, 161–174.

Dietrich, Walter (2016): Stefan Heyms Ethan ben Hoshaja und der Hauptverfasser der Samuelbücher, in: Dietrich, Walter (Hg.): The Books of Samuel. Stories – History – Reception History. Congress Volume Leuven 2014, Leuven, 3–38.

Dohmen, Christoph (2017): Zwischen Markionismus und Markion. Auf der Suche nach der christlichen Bibel. Aktualität einer scheinbar zeitlosen Frage, in: Biblische Zeitschrift 61.2, 182–202.

Dohmen, Christoph / Stemberger, Günter (1996): Hermeneutik der Jüdischen Bibel und des Alten Testaments (Kohlhammer-Studienbücher Theologie 1,2), Stuttgart.

Ehrenkrook, Jason von (2020): The Inaugural Bible: Presidential Rhetoric and the Politics of Scripture, in: Journal of the Bible and its Reception 7.2, 205–240.

Eliade, Mircea (1984): Das Heilige und das Profane. Vom Wesen des Religiösen, Frankfurt am Main.

Exum, J. Cheryl (2019): Art as Biblical Commentary. Visual Criticism from Hagar the Wife of Abraham to Mary the Mother of Jesus (Library of Hebrew Bible / Old Testament studies).

Fischer, Alexander Achilles (2018): Art.: Bibeltext / Textkritik (AT), in: Alkier, Stefan u. a. (Hg.): Das wissenschaftliche Bibellexikon im Internet (www.wibilex.de), Zugriff am 23.04.2022.

Gardt, Andreas (2016): Zwischen den Zeilen. Linguistische Analyse biblischer Texte, in: Klumbies, Paul-Gerhard / Müllner, Ilse (Hg.): Bibel und Kultur. Das Buch der Bücher in Literatur, Musik und Film, Leipzig, 51–77.

Heym, Stefan (1984): Der König David Bericht. Roman, Frankfurt am Main.

Krämer, Helmut (1981): Art. „Mysterion", in: Balz, Horst / Schneider, Gerhard (Hg.): Exegetisches Wörterbuch zum Neuen Testament 2, Stuttgart, 1098-1105.

Kristeva, Julia (2019): Geschichten von der Liebe (Aus dem Französischen von Wolfram Beyer und Dieter Hornig), Berlin.

Kügler, Joachim (2002): Moses, Jesus und der kleine Prinz? Die Bibel als Heilige Schrift des Gottesvolkes, in: Bibel und Kirche 57.4, 188–192.

Kügler, Joachim (2020): Verehren statt hinhören? Liturgie als Gefahrenzone für die Bibel, in: Bibel heute 222.2, 14–15.

Kutzer, Mirja (2006): In Wahrheit erfunden. Dichtung als Ort theologischer Erkenntnis (ratio fidei 30), Regensburg.

Kutzer, Mirja (2020): Fiktionalität und Theologie. In: Missinne, Lut / Schneider, Ralf / van Dam, Beatrix (Hg.), Grundthemen der Literaturwissenschaft: Fiktionalität, Berlin 2020, 380–408.

Lanczkowski, Günter (1985): Art. „Heiligkeit I – Religionsgeschichtlich", in: Theologische Realenzyklopädie 14, 695–697.

Liss, Hanna (2015): An der Sache vorbei. Eine jüdische Sichtweise zum Streit um Notger Slenczka und das Alte Testament, in: Zeitzeichen 9, 42–44.

Markl, Dominik S. J. (2021): Media, Migration, and the Emergence of Scriptural Authority, in: Zeitschrift für Theologie und Philosophie 143, 261–283.

Nicklas, Tobias (2021): Alle müssen für alle interpretieren und jeder kann irren – eine römisch-katholische Perspektive, in: Alkier, Stefan / Karakolis, Christos / Nicklas, Tobias (Hg.): Sola Scriptura ökumenisch (Biblische Argumente in öffentlichen Debatten 1), Paderborn, 33–54.

Otto, Rudolf (1963): Das Heilige. Über das Irrationale in der Idee des Göttlichen und sein Verhältnis zum Rationalen, München.

Ricœur, Paul (1974): Philosophische und theologische Hermeneutik (aus dem Französischen übersetzt von Konrad Stock), in: Ders. / Jüngel, Eberhard (Hg.): Metapher. Zur Hermeneutik religiöser Sprache. Mit einer Einführung von Pierre Gisel, München, 24–45.

Ricœur, Paul (1981): Gott nennen, in: Lévinas, Emmanuel / Casper, Bernhard (Hg.): Gott nennen. phänomenologische Zugänge, Freiburg / München, 45–79.

Ricœur, Paul (2008): An den Grenzen der Hermeneutik. Philosophische Reflexionen über die Religion (Herausgegeben, übersetzt und mit einem Nachwort versehen von Veronika Hoffmann), München.

Rorty, Richard (2003): Der Roman als Mittel zur Erlösung aus der Selbstbezogenheit (Aus dem Amerikanischen von Andrew James Johnston), in: Küpper, Joachim / Menke, Christoph Menke (Hg.): Dimensionen ästhetischer Erfahrung (Suhrkamp-Taschenbuch Wissenschaft 1640), Frankfurt a. M., 49–66.

Rüpke, Jörg (2015): Heilige Schriften und Buchreligionen. Überlegungen zu Begriffen und Methoden, in: Bultmann, Christoph u. a. (Hg.): Heilige Schriften. Ursprung, Geltung und Gebrauch (Aschendorff-Paperbacks), Münster, 191–204.

Schenker, Adrian (2014): Die Kirche liest das Alte Testament in mehreren Textgestalten und Übersetzungen. Folgen für Schriftgebrauch, Exegese und Theologie, in: Lehmann, Karl/Rothenbusch, Ralf (Hg.): Gottes Wort in Menschenwort. Die eine Bibel als Fundament der Theologie (Quaestiones disputatae 266), Freiburg i. Br., 359–366.

Schmid, Konrad (2020): Textual Authority in Ancient Israel and Judah. Factors and Forces of its Development, in: Nicklas, Tobias / Schröter, Jens (Hg.): Authoritative Writings in Early Judaism and Early Christianity. Their Origin, Collection, and Meaning (Wissenschaftliche Untersuchungen zum Neuen Testament), Tübingen, 5–21.

Schmid, Konrad / Schröter, Jens (2019): Die Entstehung der Bibel. Von den ersten Texten zu den heiligen Schriften, München.

Schwienhorst-Schönberger, Ludger (2015): Die Rückkehr Markions, in: Internationale katholische Zeitschrift Communio 44, 286–302.

Sommer, Benjamin D. (2015): Revelation and Authority. Sinai in Jewish Scripture and Tradition (The Anchor Yale Bible Reference Library), New Haven and London.

Welchen Text nennen wir „heilig“? Die vergebliche Suche nach dem Urtext am Beispiel des Jeremiabuches

Christl M. Maier

Nach allgemeinem Verständnis sind „Heilige Schriften“ Texte, die normativ für eine bestimmte Religion sind; sie spielen eine zentrale Rolle im Gottesdienst, im Kult oder Ritual und gelten als Selbstmitteilung Gottes oder zumindest als göttlich legitimiert. Ihr Wortlaut steht fest bzw. gilt überwiegend als unveränderbar. Für das Christentum ist die Bibel, das Alte und das Neue Testament, solch ein heiliger Text.

Die wissenschaftliche Auslegung versteht die Bibel zunächst als Sammlung kontingenter, d. h. zeitbedingter, in konkreten Situationen von Menschen verfasster Texte, die Glaubenserfahrung zum Ausdruck bringen. Die im deutschen universitären Kontext überwiegend angewandte historisch-kritische Bibelauslegung versucht, die Texte aus ihrem historischen Entstehungskontext heraus zu interpretieren und ist darin ein Kind des Humanismus und der Aufklärung.[1] Sie entwickelte ihr methodisches Instrumentarium im 18.–20. Jahrhundert in Analogie zu den Sprach- und Geschichtswissenschaften.[2]

Die Kategorie „heilige Schrift“ ist daher differenziert zu betrachten. Hier hilft die von Aleida und Jan Assmann im Rahmen der Funktionsbestimmung von Schriftlichkeit und Schrift erarbeitete methodologische Unterscheidung zwischen klassischen, heiligen und kanonischen Texten weiter.[3]

Klassische Texte begründen die kulturelle Identität einer Gruppe oder Epoche. Sie normieren Bildung und werden nach ästhetischen oder ethischen Kriterien ausgewählt, wobei verschiedene Gruppen eine unterschiedliche Auswahl von Texten treffen können. Entscheidend ist die Vorbildfunktion klassischer Texte, da sie öfter als andere gelesen, zitiert und imitiert werden.[4]

Heilige Texte sind, so Jan Assmann, „eine Art sprachlicher Tempel, eine Vergegenwärtigung des Heiligen im Medium der Stimme. Der heilige Text verlangt

---

1 Vgl. den Überblick über die Entwicklung der christlichen Bibelauslegung in Bitter 2006.

2 Die Methodenschritte werden gut erläutert in Vette 2008; sie werden ganz analog auch auf das Neue Testament angewendet.

3 Vgl. Assmann / Assmann 1987; Assmann ^{5}2005, 91–97.

4 Vgl. Assmann ^{5}2005, 92–93.

keine Deutung, sondern rituell geschützte Rezitation unter sorgfältiger Beachtung der Vorschriften hinsichtlich Ort, Zeit, Reinheit usw."[5] Dabei ist die Wörtlichkeit des Textes entscheidend, nicht sein Sinn oder seine Deutung. Strenggenommen können heilige Texte nicht übersetzt werden – weder in eine andere Sprache noch in eine andere Zeit.

Kanonische Texte schließlich formulieren allgemeinverbindlich die normativen Werte einer Gemeinschaft. Die Kanonisierung von Texten geht stets einher mit einer Zensur, d. h. dem Ausschluss anderer, eben nicht verbindlicher Texte. Durch Kanonisierung wird der Wortlaut des Textes zwar festgelegt. Normiert wird jedoch der als verbindlich verstandene Sinn des Textes. Neben den kanonischen Text tritt deshalb notwendigerweise der Kommentar, der seinen unveränderbaren Wortlaut jeweils neu erschließt und aktualisiert: „Kanonische Texte können nur in der Dreiecksbeziehung von Text, Deuter und Hörer ihren Sinn entfalten."[6] Diese bei wachsendem zeitlichen, kulturellen und gesellschaftlichen Abstand schwierige Vermittlung des normativen Textsinns in die gelebte Wirklichkeit tritt als „Sinnpflege" neben die Institution der „Textpflege", die einer wortlautgetreuen Überlieferung der Textgestalt verpflichtet ist.[7] Pointiert formuliert Jürgen Ebach: „*Klassische* Texte bedürfen des gebildeten Publikums, *heilige* des Priesters oder vergleichbarer Rezitator_innen, die ihn (sic) zu Gehör bringen, *kanonische* der Schriftgelehrten bzw. der Interpretationen, die ihn auslegen."[8]

In Deutschland kann die Bibel immer noch als klassischer Text, als Bildungsgut, verstanden werden, auch wenn sie diese Stellung in weiten Bevölkerungskreisen bereits verloren hat. Immerhin ist sie noch mehr als jede andere Literatur ‚abrufbar', zumindest was ihre bekanntesten Gestalten und Geschichten betrifft. Das wird z. B. in der Werbung und der Parodie deutlich, die mit Anspielungen auf biblische Worte und Bilder arbeiten, weil sie offenbar immer noch einem breiteren Publikum verständlich sind.[9]

Als ein im engeren Sinn heiliger Text, bei dem es auf die Zitation mehr ankommt als auf das Verstehen oder Deuten, gilt die Bibel sowohl im mitunter abwertenden Urteil kirchenferner Menschen als auch bei sog. ‚Fundamentalist_innen'. Beide Gruppen erkennen zwar durchaus eine Spannung zwischen Aussagen der Bibel und ihrer eigenen Lebenswirklichkeit. Die Kirchenfernen ziehen daraus die Konsequenz, dass die Bibel veraltet, für heutige Diskussionen und

---

5 Ebd., 94.

6 Ebd., 95.

7 Vgl. Assmann / Assmann 1987, 12–15.

8 Ebach 1997, 102; Hervorhebung im Original.

9 Jüngstes Beispiel ist ein Beitrag der ZDF-Satiresendung „Heute-Show" vom 6.12.2019: Kevin Kühnert wird als derjenige bezeichnet, der daran scheiterte, die SPD aus ihrer Unterdrückung in der GroKo zu führen. Er wird als junger Mose in wallendem Gewand mit ausgestrecktem Arm dargestellt mit dem Untertitel „Let my people go!". Vgl. https://www.zdf.de/comedy/heute-show, Minute 4:55 (11.12.2019).

Lebensentwürfe unbrauchbar sei. Fundamentalistische Gruppen dagegen halten an biblischen Aussagen fest, um sich nicht in der Vielfalt der Meinungen zu verlieren. Für sie hat die Zitation der heiligen Schrift die Funktion der Identitätssicherung, wenngleich auch sie bereits eine Auslegung des Textes vornehmen. In gewissem Sinn verwenden auch die christlichen Gemeinden die Bibel als eine identitätsstiftende heilige Schrift, wenn die Texte im Gottesdienst rezitiert werden. Was wäre ein Gottesdienst an Heiligabend ohne Verlesung der Geschichte von Jesu Geburt im Stall nach Lk 2,1–20?

In kirchlicher Predigtpraxis und theologischer Wissenschaft wird die Bibel aber vor allem als kanonischer Text aufgefasst und damit betont, dass kein biblischer Text für sich selbst spricht, sondern erläutert, in heutige Lebens- und Vorstellungswelt übersetzt werden muss. Dabei spielt der Horizont der Auslegenden, ihre Weltsicht, eine entscheidende Rolle. Dass eine solche Auslegung ein angemessener Gebrauch der biblischen Aussagen ist, zeigt die Beobachtung, dass Texte bereits innerhalb der Bibel in einem jahrhundertelangen Prozess der Änderung, Fortschreibung und Kommentierung entstanden sind, bevor sie kanonisiert wurden.[10] Aus dem letzten Punkt ist auch abzuleiten, dass es nicht die eine, einzig gültige Auslegung eines bestimmten Bibeltextes geben kann. Im Gegenteil: Es gibt konkurrierende, einander sogar widerstreitende Auslegungen, die dennoch alle sinnvoll sind, weil sie auf eine bestimmte Adressatengruppe und einen bestimmten Anlass zielen. Die Bibel ist also alles zugleich: klassischer, heiliger und kanonischer Text. Offensichtlich überschneiden sich für die Bibel die von Aleida und Jan Assmann unterschiedenen Kategorien, je nach dem, für wen bzw. für welche Gruppe die Bibel Bedeutung gewinnt.

Diese einführenden Überlegungen könnten nun so verstanden werden, als gäbe es einen im Wortlaut feststehenden Bibeltext. Allerdings ist diese Annahme allenfalls ein frommer Wunsch, denn tatsächlich liegen uns die ursprünglich auf Hebräisch und Griechisch verfassten biblischen Texte in verschiedenen Fassungen vor und die Suche nach dem sog. Urtext, dem ursprünglich einmal verfassten Ausgangstext, erweist sich als vergeblich. Das wird im Folgenden anhand von Textbeispielen aus dem Jeremiabuch zu zeigen sein: Neben der Tatsache, dass jede Bibelübersetzung bereits eine Interpretation darstellt (1), lässt sich anhand antiker Handschriften eine Vielfalt an Textvarianten nachweisen (2), deren Entstehung aus im Jeremiabuch erkennbaren Hinweisen auf Schreiber und Schreibprozesse (3) erklärt werden kann. Was diese Befunde für die Frage nach der Heiligkeit des Textes austragen, wird am Ende dargestellt werden (4).

---

[10] Zu diesem Prozess vgl. Fischer 2009, 24–27. Zur Dreiteilung der Hebräischen Bibel in Tora, Propheten und Schriften und deren zeitlich gestufte Anerkennung als autoritative Schriften vgl. van der Toorn 2007, 233–264.

1. Bibelübersetzung als Interpretation

Zum 500. Jubiläumsjahr der Reformation hat die Evangelische Kirche in Deutschland im Jahr 2017 eine neue Ausgabe der Lutherbibel eingeführt. Der Reformator Martin Luther hatte, in Zusammenarbeit mit anderen Gelehrten, die Bibel, das griechische Neue Testament und die hebräischen Schriften, in die deutsche Sprache übersetzt und mit dieser Übersetzung sprachprägend gewirkt.[11] Nach der Ausgabe letzter Hand von 1545 wurde Luthers Übersetzung immer wieder revidiert und an den jeweiligen Sprachgebrauch angepasst, zuletzt 1984. Die neue Revision von 2017 greift in vielen Fällen – gegen die modernisierenden Revisionen des 20. Jahrhunderts – wieder verstärkt auf die Sprache Luthers zurück. Sie dient damit ausdrücklich der Identitätsstärkung der lutherischen Gemeinden.[12]

Auch die römisch-katholische Kirche hat 2016 eine neue Version der sog. Einheitsübersetzung publiziert.[13] Die evangelisch-reformierte Landeskirche des Kantons Zürich wartete bereits 2007 mit der neuen Zürcher Bibel in der Tradition Zwinglis auf. Außerdem ist an den Aufruhr zu erinnern, den die Publikation der Bibel in gerechter Sprache im Jahr 2006 entfachte, deren Übersetzer_innen aus Wissenschaft und Kirchen es gewagt hatten, die alten Texte in eine Sprache zu fassen, die gendergerecht und nicht antijudaistisch ist und die die sozialen Lebenswelten hinter den Texten deutlich zum Ausdruck bringt.[14] Aus den zahlreichen anderen, gruppenspezifisch orientierten Übersetzungen ist noch die BasisBibel erwähnenswert, die auf postmoderne Lesegewohnheiten ausgerichtet ist, deshalb nur Sätze mit max. 16 Wörtern und nur einem Nebensatz enthält sowie eine Vernetzung für elektronische Medien bietet.[15]

Alle diese Bibelausgaben werden vermarktet mit Stichworten wie „das Original" (Lutherbibel), „Orientierung am Urtext" (Einheitsübersetzung), „größtmögliche Nähe zu den jeweiligen Sprachen der Ausgangstexte" (Zürcher), „dem Ursprungstext gerecht" (Bibel in gerechter Sprache) und „Nähe zum Urtext" (BasisBibel). Wer einen beliebigen Vers der Bibel in diesen Ausgaben vergleicht,

---

11 Zu Vorläufern, Umständen und Übersetzungsverständnis der Bibelübersetzung Luthers vgl. Schneider 2014; Lange 2014.

12 Vgl. die Beschreibung auf https://www.die-bibel.de/ueber-uns/unsere-uebersetzungen/lutherbibel-2017/wasistneu/aenderungen/ (11.12.2019); ausführlicher: Kähler 2016, 223–231.

13 Neuerungen werden erläutert in Brockmöller 2017; Bibel und Kirche 72.2 (2017) „Die neue Einheitsübersetzung".

14 Vgl. https://www.bibel-in-gerechter-sprache.de/das-echo/aufnahme-in-der-oeffentlichkeit/ (11.12.2019); zu den hermeneutischen Prämissen vgl. Bibel in gerechter Sprache [4]2011, Einleitung sowie die Beiträge von Leutzsch und Kuhlmann in Kuhlmann [4]2007, 16–35, 77–98; Köhler 2012, 368–397.

15 Vgl. die Beschreibung https://www.die-bibel.de/ueber-uns/unsere-uebersetzungen/basisbibel/ (11.12.2019) und den Aufsatz von Jahr 2014.

wird jedoch feststellen, dass er sehr verschieden klingen kann und einen durchaus unterschiedlichen Sinn entfaltet. Wie kann das aber sein, wenn alle Übersetzer_innen den Urtext übersetzen?

Dafür gibt es mindestens zwei Gründe: Erstens ist jede Übersetzung eine Interpretation, weil sich kein Satz 1:1 von einer in eine andere Sprache übersetzen lässt. Was für moderne Sprachen gilt, trifft umso mehr auf eine Übersetzung aus einer antiken Sprache und Lebenswelt für heutige Leser_innen zu. Zweitens gibt es – wie ich am Beispiel des Jeremiabuches zeigen werde – *den* Urtext nicht, schon gar nicht als quasi vom Himmel gefallenen, reinen Text. Stattdessen wurden verschiedene Fassungen biblischer Schriften mit zahlreichen Varianten im Detail überliefert.

Am auffälligsten ist auch für einen breiten Kreis von Leser_innen, dass der Umfang des Alten Testaments in der römisch-katholischen Tradition größer ist als in der protestantischen, was sich durch einen Vergleich der Inhaltsverzeichnisse von Luther- und Einheitsübersetzung leicht feststellen lässt. Martin Luther rechnete nur diejenigen Texte zum alttestamentlichen Kanon, die zu seiner Zeit in Hebräisch vorlagen. Demgegenüber geht der römisch-katholische Kanon auf die lateinische Übersetzung der hebräischen und einiger griechischer Schriften zurück, die der Kirchenvater Hieronymus gegen Ende des 4. Jahrhunderts erstellte. Sie wurde später *Vulgata*, „die Allgemeingültige“, genannt und 1546 auf dem Konzil von Trient zur maßgeblichen Ausgabe der Schrift der römisch-katholischen Kirche erklärt.[16] Die Vulgata enthält im Alten Testament einige Schriften, die ursprünglich griechisch verfasst wurden, z. B. Judit, Tobit, Weisheit Salomos, das Buch Baruch, zwei Makkabäerbücher und Zusätze zu Ester und Daniel. Diese in protestantischer Tradition häufig als *Apokryphen*, d. h. „verborgen, versteckt“ bezeichneten Schriften hatte Luther als „der Heiligen Schrift nicht gleich gehalten und doch nützlich und gut zu lesen“[17] erklärt. Inzwischen werden sie aber auch in der Lutherbibel standardmäßig abgedruckt und einige wurden für die Revision 2017 sogar vollständig neu aus dem Griechischen übersetzt.

Diese zusätzlichen Schriften und einige weitere sind bereits in der Septuaginta, der griechischen Übersetzung hebräischer Schriften, enthalten. Seit dem dritten Jahrhundert v. Chr. wurden nämlich in der bedeutenden jüdischen Gemeinde Alexandrias zunächst die fünf Bücher Mose ins Griechische übertragen.[18] Der Prozess der Übersetzung der weiteren hebräischen Schriften zog sich dann bis zum zweiten Jahrhundert n. Chr. hin. Das ist einer der Gründe dafür, dass diese griechische Übersetzung zwar in den fünf Büchern Mose relativ einheitlich ist, in den weiteren Schriften aber unterschiedlichen Übersetzungsmaximen

---

16 Das Dekret wurde in der 4. Sitzung des Konzils am 8.4.1546 beschlossen; Text in Denzinger / Hünermann [37]1991, Nr. 1506–1508, 497–498.

17 Die Bibel nach Martin Luthers Übersetzung 2017, 941; vgl. auch Rösel 2016.

18 Vgl. Ziegert / Kreuzer 2012, 1.

folgt – von fast wortwörtlich bis hin zu einer auf den Sinn des Ausgangstextes gerichteten Übertragung in gutes Griechisch.[19] Es liegen heute also für jedes Buch der Hebräischen Bibel mindestens drei verschiedene antike Fassungen vor: der hebräische Text sowie eine griechische und eine lateinische Übersetzung (von den Übersetzungen in Altlateinisch, Syrisch, Koptisch, Äthiopisch und Armenisch einmal abgesehen).

2. Der Handschriftenbefund

Welcher Text liegt nun den genannten deutschen Bibelübersetzungen des Alten Testaments zugrunde? Es ist die wissenschaftliche Ausgabe der Biblia Hebraica, seit 1967 herausgegeben von der deutschen Bibelgesellschaft Stuttgart, daher als Biblia Hebraica Stuttgartensia (BHS) bezeichnet. Sie enthält den vollständigen Text einer einzelnen Handschrift aus dem Jahre 1008, die aufgrund ihres Fundorts in Leningrad bzw. St. Petersburg meist *Codex Leningradensis* genannt wird.[20] Dieses als Buch gebundene, mittelalterliche Manuskript weist, da es ursprünglich von Hand abgeschrieben wurde, Textfehler, Verschreibungen und gelegentlich unklare Stellen auf, die mittels Vergleich mit anderen Handschriften sowie den griechischen und lateinischen Übersetzungen durch die Herausgeber im wissenschaftlichen Apparat am unteren Ende jeder Druckseite notiert und ggf. korrigiert werden. Auch die Textanordnung geht auf die Herausgeber zurück.

Das Hebräische wurde zunächst nur mit Konsonanten geschrieben, und dennoch wussten die Menschen, wie es auszusprechen war, weil sie Texte einander laut vorlasen und so deren Bedeutung mündlich weitergaben.[21] Da Aramäisch das Hebräische als gesprochene Sprache bereits seit dem 5.–4. Jahrhundert v. Chr. zunehmend verdrängte, setzte früh eine Textpflege ein, die auf die Bewahrung des Wortlauts des autoritativen Textes zielte. Nach dem Ende des Zweiten Tempels im Jahr 70 n. Chr. arbeiteten die jüdischen Gelehrten an der Standardisierung des hebräischen Konsonantentextes. Sie notierten z. B. lange Vokale mit Hilfe von Vokalbuchstaben und besondere Schreibungen durch Zeichen am Textrand. Aber selbst diese Standardisierung führte nicht zur endgültigen Festlegung des kanonisch gewordenen Textes. Im 8.–10. Jahrhundert n. Chr. fügten die sog. Masoreten[22] schließlich Vokalzeichen, Akzente und weitere Lesehil-

---

19 Vgl. ebd., 5.1–5.3.

20 Vgl. das Vorwort der Biblia Hebraica Stuttgartensia (^{2}1984), I.

21 Zu Mündlichkeit und Schriftkultur vgl. Carr 2015, 11–17.

22 Die Bezeichnung geht auf das hebräische Wort masorah „Überlieferung“ zurück, das für Bemerkungen zur Textsicherung am äußeren und unteren Rand des Manuskripts gebraucht wurde. Vgl. Fischer 2009, 46–50.

fen in den Text ein.[23] Aufgrund der Arbeit dieser jüdischen Gelehrten des Mittelalters wird der im Codex Leningradensis und der BHS überlieferte Text *Masoretischer Text* (MT) genannt.

Der Codex Leningradensis und der einige Jahrzehnte jüngere Codex von Aleppo waren lange Zeit die ältesten bekannten hebräischen Bibelhandschriften. Daneben gab es die sog. Rabbinerbibel, eine Ausgabe des hebräischen Textes mit den Kommentaren der wichtigsten jüdischen Gelehrten seit dem Ende des ersten Jahrhunderts, die erstmals 1524 in Venedig gedruckt wurde. Das heißt: Obwohl die Texte der Hebräischen Bibel aus dem ersten Jahrtausend vor Christi Geburt stammen, gab es materialiter nur Handschriften dieser Texte, die über 1000 Jahre später geschrieben worden waren und Drucke, die sogar eineinhalb Jahrtausende jünger waren. Da der Codex Leningradensis im Wesentlichen denselben Text wie die Rabbinerbibel enthält, meinten die Wissenschaftler_innen zunächst, die hebräische Texttradition sei relativ homogen von einer Art Urtext ausgegangen, der beim Abschreiben möglichst genau reproduziert worden sei.[24]

Das änderte sich mit dem Fund der Schriftrollen von Qumran im Jahr 1947 grundlegend. In der judäischen Wüste nahe des Toten Meeres fand ein Beduine in einer Höhle einen Tonkrug mit Schriftrollen, die er einem Händler in Jerusalem verkaufte. Wie sich herausstellte, war die Rolle um die 2000 Jahre alt und dank des Wüstenklimas nicht zerfallen.[25] Nach systematischer Suche fanden sich in mehreren Höhlen nahe den Resten einer antiken Siedlung Hunderte von hebräischen Schriftrollen, darunter biblische Texte, aber auch Bibelkommentare und weitere Schriften einer Gemeinschaft, die auf kultische Belange besonderen Wert legte. Obwohl die ursprüngliche Deutung, diese Gruppe der „Essener" habe in bewusster Abgrenzung zu Jerusalem in dieser Siedlung gelebt und die Rollen dort angefertigt, inzwischen umstritten ist, zeigt die Fundlage in den Höhlen, dass die Schriftrollen kurz vor dem Eintreffen der römischen Truppen, die im Jahre 70 Jerusalem zerstörten, in den Höhlen versteckt worden waren.[26]

Aus Qumran stammt z. B. eine nahezu vollständige Rolle des Jesajabuches aus Leder (1QJes[a]). Sie ist mehr als sieben Meter lang, wurde um 100 v. Chr. geschrieben und diente vielleicht als Musterhandschrift.[27] An den im Internet einsehbaren Fotos ist gut zu erkennen, dass häufig über der Zeile oder zwischen den Spalten Textkorrekturen vorgenommen wurden, die auf verschiedene Schreiber zurückgehen.[28] Vom Jeremiabuch hingegen sind nur sechs Fragmente aus Qumran erhalten. Selbst noch an diesen fragmentarischen Stücken lassen

---

23 Vgl. ebd., 33–46.

24 Vgl. ebd., 86–89. Diese generelle These ist heute nicht mehr haltbar, sondern muss jeweils für die einzelne Schrift auf Basis eines detaillierten Vergleichs von MT und LXX erst überprüft werden. Vgl. Aejmelaeus 2007, 104.

25 So die Findungslegende, vgl. Fischer 2009, 68.

26 Vgl. ebd., 69–74.

27 Vgl. Steudel 2009, 2 mit Abbildung 4.

28 Vgl. https://www.ao.net/~fmoeller/qumdir.htm (11.12.2019).

sich jedoch Korrekturen und Nachträge in kleinerer Schrift zwischen den Zeilen erkennen.[29]

Auch von der griechischen Übersetzung des hebräischen Textes, der Septuaginta (LXX), existieren antike Handschriften. Eine der berühmtesten ist der 1844 von dem Leipziger Gelehrten Konstantin von Tischendorf (1815–1874) im Katharinenkloster am Sinai entdeckte Codex Sinaiticus.[30] Er enthält große Teile des Alten Testaments, zwei weitere Schriften und eine vollständig erhaltene Handschrift des Neuen Testaments – letztere ist die bisher älteste bekannte Abschrift.[31] Der Codex stammt aus dem 4. Jahrhundert.

Übrigens enthält die wissenschaftliche Ausgabe des Neuen Testaments, mittlerweile in der 28. Auflage erschienen, nicht den Text einer einzelnen Handschrift. Dieser griechische Text ist anders als die BHS das Produkt jahrzehntelanger mühevoller Kleinarbeit von Eberhard und Erwin Nestle, Barbara und Kurt Aland sowie deren Mitarbeiter_innen.[32] Sie haben alle verfügbaren griechischen Handschriften und Papyrus-Fragmente (derzeit ca. 5000) Wort für Wort verglichen, bewertet und für jeden Vers die bestbezeugte Lesart abgedruckt. Der Text des sog. Nestle-Aland, der den modernen deutschen Bibelübersetzungen zugrunde liegt, ist ein Mischtext aus vielen Handschriften.

Anhand der heute noch greifbaren, antiken hebräischen, griechischen und lateinischen Handschriften kann die textkritische Arbeit nachweisen, dass der sog. „Urtext" eine Wunschvorstellung ist: Für das Alte Testament existierten durch die Praxis des Abschreibens der hebräischen Texte von Hand und durch deren Übersetzung ins Griechische bereits kurz nach der Abfassung verschiedene, voneinander abweichende Fassungen.[33] Auch die Texte des Neuen Testaments liefen in verschiedenen griechischen Fassungen um, die im Wortlaut an vielen Stellen voneinander abwichen.

Vom Jeremiabuch, das den Namen eines Propheten aus Juda an der Wende vom 7. zum 6. vorchristlichen Jahrhundert trägt, existieren sogar zwei deutlich unterschiedliche Fassungen, die im Folgenden genauer vorgestellt werden. Am Jeremiabuch lässt sich zeigen, dass sich die Schreiber[34] der Antike nicht bloß als

---

29 Vgl. die wissenschaftliche Edition in der Reihe Discoveries in the Judaean Desert, Bd. XV = Ulrich 1997, 145–205.

30 Vgl. Ziegert / Kreuzer 2012, 3.1.1.

31 In einem Gemeinschaftsprojekt der British Library, der Russischen Nationalbibliothek, des Katharinenklosters und der Universitätsbibliothek Leipzig wird diese Handschrift online zur Ansicht bereitgestellt; vgl. http://www.codexsinaiticus.org (11.12.2019).

32 Vgl. Novum testamentum Graece [28]2015, 1*–7*.

33 Zu Methodik und Vorgehen der Textkritik vgl. Fischer 2009, 187–204.

34 Ich verwende hier bewusst die maskuline Pluralform, weil der Schreiberberuf im antiken Israel wahrscheinlich nur von Männern ausgeübt wurde. Nach Schätzungen van der Toorns (2007, 10–11) konnten nur 5–10% der Bevölkerung lesen und schreiben, die entsprechende Ausbildung war in der Regel nur Oberschichtsangehörigen zugänglich, darunter vielleicht einige wenige Frauen am Königshof. In einer Namensliste von Rückkehrer_innen aus dem Exil werden zwar בני־הספרת [*bene-hassoferet*] (Esra 2,55) erwähnt, was

Abschreiber und das heißt, Bewahrer der Tradition, verstanden, sondern auch als Ausleger der Texte, die sie überlieferten. Sie hielten sich nicht an die Mahnung aus Dtn 4,1; 13,1, dem einmal offenbarten Wort Gottes nichts hinzuzufügen und nichts wegzunehmen.[35]

3. Schreibprozesse im Jeremiabuch

Das Jeremiabuch handelt im Wesentlichen von der Zerstörung Judas und Jerusalems durch einen „Feind aus dem Norden“ (Jer 1,14; 4,5–7). Der Untergang wird von Jeremia angekündigt, von Volkes Stimme beklagt (4,13.19) und von Gottes Stimme mit dem Ungehorsam des Volkes (4,18) und dessen Verehrung fremder Gottheiten erklärt (7,9–15). Die verschiedenen Stimmen im Jeremiabuch reden wild durcheinander, obwohl die Einleitung am Buchanfang den gesamten Text als Jeremias Worte, die Gott ihm aufgetragen hat, bezeichnet (1,1–2.9). Immer wieder kann man von einem Auftrag Gottes an Jeremia lesen, diese oder jene Worte zum Volk zu sagen und es finden sich einige längere Reden des Propheten, in denen er das Volk mit harschen Worten ermahnt und zur Umkehr auffordert. Die Kapitel 26–45 des hebräischen Textes enthalten Erzählungen über den Propheten, wie er angefeindet und um seiner Botschaft willen verfolgt wird, aber auch einige Heilsworte.

Im Blick auf die Frage, wer denn das Jeremiabuch geschrieben habe, findet sich eine interessante Erzählung in Jer 36. Dort befiehlt Gott dem Propheten, alle Worte, die er ihm bisher aufgetragen habe, dem Schreiber Baruch zu diktieren, damit dieser sie auf eine Schriftrolle schreibe. Jeremia und Baruch machen es so. Diese Schriftrolle gelangt nun über mehrere Stationen und Hände zu dem gerade amtierenden König Jojakim. Als dieser sich die Rolle laut vorlesen lässt, erschrickt er gar nicht über diese Ankündigungen massiven Unheils, sondern lässt die Rolle abschnittsweise auseinanderschneiden und im Kohlefeuer seines Palastes verbrennen. Das Ansinnen des Königs, die Unheilsworte einfach durch Verbrennen der Rolle zu vernichten, schlägt jedoch fehl, denn der letzte Vers des Kapitels lautet:

> Jeremia nahm eine andere Rolle und gab sie Baruch, dem Sohn des Nerija, dem Schreiber, und nach dem Diktat Jeremias schrieb dieser darauf alle Worte der Schrift, die Jojakim, der König von Juda, im Feuer verbrannt hatte, und viele ähnliche Worte wurden ihnen hinzugefügt. (Jer 36,32)

---

mit „Söhne der Schreiberin“ übersetzt werden könnte. Der Parallelvers in Neh 7,57 und die griechische Übersetzung beider Stellen versteht סופרת [*soferet*] aber, dem Kontext gemäß, als Eigenname.

35 Zur sog. Kanonformel, ihrer altorientalischen Herkunft und ihrer (Nicht-)Anwendung durch jüdische Schreiber vgl. Levinson 2006.

Auf der zweiten Rolle finden sich also neben den Worten Jeremias noch weitere, ähnliche Worte. Die passivische Formulierung „wurden ihnen hinzugefügt" vermeidet es, die Verfasser dieser weiteren Worte zu nennen. Die Erzählung in Jer 36 wird überwiegend als Hinweis darauf gedeutet, dass diejenigen, die das Buch überlieferten, also die Schreiber, die es immer wieder abschrieben, selbst Worte hinzufügten, d. h. die Worte Jeremias fortschrieben, und zwar durchaus entsprechend dem, was Jeremia selbst gesagt hatte.[36] Mit diesem Satz haben sich die unbekannten späteren Tradenten gewissermaßen selbst ein Denkmal gesetzt.

Ein Vergleich des hebräischen mit dem griechischen Text des Jeremiabuches ergibt, dass letzterer ungefähr 16%, immerhin ca. 3000 Wörter, kürzer ist.[37] Gleichzeitig stellen die Expert_innen fest, dass die Übersetzung ins Griechische sehr genau und bis in die Abbildung hebräischer Formen und Satzstrukturen strikt am Ausgangstext orientiert ist (isomorph), d. h. ihre hebräische Vorlage im Grunde Wort für Wort und ohne Rücksicht auf den griechischen Satzbau wiedergibt.[38] Diese Akribie in der Wiedergabe des Ausgangstextes widerspricht der bisherigen Annahme, die Übersetzer hätten ihre Vorlage häufig gekürzt und an 49 Stellen Wörter versehentlich ausgelassen.[39] Vielmehr lässt sich nachweisen, dass die griechische Übersetzung auf eine kürzere hebräische Vorlage zurückgeht, die ein früheres Textstadium bezeugt, also älter ist als der uns heute vorliegende hebräische Text.[40] Diese griechische Übersetzung des Jeremiabuches entstand neuesten Studien zufolge vor dem Ende des zweiten Jahrhunderts v. Chr.,[41] beruht aber auf einer hebräischen Vorlage, die wahrscheinlich schon vorher nach Alexandria gelangte.[42] Danach sind beide Textfassungen unabhängig voneinander weiter gewachsen, wobei der Zuwachs im hebräischen Text bedeutend größer war.[43] Die zusätzlichen 16% kommen zustande durch einige zusätzliche Abschnitte (10,6–8.10; 17,1–4; 29,16–20; 33,14–26; 39,4–13), durch Doppelüberlieferung von wortgleichen Passagen (z. B. 6,13–15 = 8,10b–12) und durch punktuelle Ergänzungen. Hinzugefügt wurden z. B. Namen, Titel und Ortsangaben sowie einige neue Kapitel-Einleitungen (Jer 2,1–2a; 7,1–2a; 16,1; 27,1; 46,1; 47,1).[44]

In den beiden Fassungen des Jeremiabuches finden sich die an fremde Völker adressierten Worte Jeremias an verschiedenen Stellen und in abweichender Reihenfolge: im griechischen Text in der Mitte des Buches (als Kapitel 26–31), im

36 Vgl. Wanke 2003, 337; Stipp 2015b, 405–407; Maier 2019, 360–361.
37 Nach der Schätzung von Tov 1997, 265.
38 Vgl. Stipp 1994, 20; 57–58; Aejmelaeus 2002, 461; Pietersma / Saunders 2007, 876.
39 So Vonach 2011, 2703–2704.
40 Mit Stipp 1994, 90-91; Aejmelaeus 2002, 460; Stipp 2019, 4.
41 Vgl. Finsterbusch / Lange 2017, 1146.
42 So Aejmelaeus 2002, 460.
43 Vgl. Stipp 1994, 152–165.
44 Stipp 2015a, 61.

hebräischen aber am Buchende (Kapitel 46–51).[45] Die unterschiedliche Platzierung dieser Fremdvölkerworte (immerhin sechs Kapitel von insgesamt 52) führt zu zwei verschiedenen Ausrichtungen der Gesamtkomposition. Abgesehen von der später an beide Fassungen angehängten Erzählung über die Zerstörung Jerusalems (Jer 52) endet die griechische Fassung mit einem Heilswort für Baruch, den Schreiber der Worte Jeremias (JerLXX 51,31–35 = JerMT 45,1–5). In der masoretischen Fassung dagegen bildet die ausführliche Unheilsweissagung gegen Babylon den Höhepunkt des Buches (JerMT 50–51), so dass Gottes Gericht bei Juda beginnt, dann die fremden Völker erfasst, zuletzt aber Vergeltung am Feind aus dem Norden übt, der Juda und Jerusalem zerstörte.

Die Jeremia-Fragmente aus Qumran stimmen einmal mit dem Masoretischen Text überein, ein andermal mit der mutmaßlichen Vorlage der griechischen Übersetzung, gelegentlich auch mit keinem der beiden.[46] Beispielsweise enthält das Fragment von 4QJer[a] viele Korrekturen gemäß dem Masoretischen Text, z. T. wurden einzelne Wörter nachgetragen oder Buchstaben von der Lederrolle abgeschabt und durch andere ersetzt.[47] In den Spalten drei und vier weist die Handschrift eine Lücke auf, denn das Ende der Rede Jeremias gegen den Tempel (7,30–8,3) fehlt darin. Diesen mit 12 Zeilen relativ langen Text hat ein zweiter Schreiber mit einer deutlich anderen Handschrift zwischen den Zeilen und Spalten nachgetragen. Warum wurde der Abschnitt ausgelassen? Nun, der erste Schreiber könnte nach einer Pause versehentlich bei einer späteren Zeile des Textes weitergeschrieben haben oder er hat ihn vergessen, weil danach dasselbe Wort stand wie weiter vorn und er beim Abschreiben in der Zeile verrutschte – solche Schreibfehler begegnen bei hebräischen Handschriften häufig. Eine zweite Möglichkeit ist, dass die Vorlage des ersten Schreibers die letzten 12 Zeilen der Tempelrede gar nicht enthielt.[48] Tatsächlich verstärken Jer 7,30–8,3 inhaltlich die Vorwürfe gegen das Volk, die bereits vorher im ersten Teil der Rede verlauteten. 7,31–33 nennen die Opferstätte Tofet im Ben-Hinnomtal, die auch in Kap. 19 und 35 als falscher Kult verworfen wird; 7,34 kündigt das Ende aller Jubelrufe in einem Satz an, der fast wortgleich auch in 16,9; 25,10 und 33,11 begegnet. Es ist also gut möglich, dass es sich hier nicht um einen Abschreibfehler, sondern um eine bewusste Erweiterung der Rede gegen den Tempel handelt. Der zweite Schreiber betätigte sich gewissermaßen als Ergänzer und Ausleger des überlieferten Textes.

Im ersten Buchteil sorgten die Tradenten des hebräischen Textes für eine stärkere Strukturierung des Textes, indem sie den Kapiteln zwei und sieben Einleitungen hinzufügten, die den Blick der Leser_innen auf bestimmte Kommunikationssituationen lenken. So identifiziert der explizite Redeauftrag an Jeremia,

---

45 Vgl. Stipp 2019, 9–16.

46 Vgl. Tov 1997, 266–272.

47 Vgl. die Tabelle in Ulrich u. a. 1997, 153.

48 Ulrich u. a. 1997, 152, 154 halten jedoch einen Schreibfehler für wahrscheinlicher.

die folgenden Worte Jerusalem zu Gehör zu bringen (2,1–2a), die sonst namenlose Adressatin der Gerichtsrede. Die Einleitung in 7,1–2a verortet Jeremias Ankündigung, der Jerusalemer Tempel werde zerstört werden (7,2b–15), direkt im Tor des Tempelareals und gestaltet sie zu einer Rede im Tempel aus. Durch die Doppelüberlieferungen von Versen ergeben sich im Masoretischen Text außerdem Echos, die bestimmte Aussagen in der Erinnerung der Leser_innen verstärken. Die im zweiten Buchteil zahlreich hinzugesetzten Titel, Namen und Gottesbezeichnungen schließlich erzeugen bei den Leser_innen den Eindruck, hier würde über die Ereignisse genauestens Bericht erstattet.

Am Beispiel einer längeren zusätzlichen Passage in der jüngeren, masoretischen Texttradition lässt sich zeigen, dass bereits die antiken Textfassungen auf Auslegungsvorgänge verweisen. Im Kontext von Worten Jeremias gegen die judäischen Könige findet sich in Jer 23,1–4 ein Weheruf Gottes über die Hirten, die die Schafe seiner Weide zugrunde richten und zerstreuen. Mit den Hirten sind die Könige gemeint, denn im Alten Testament ist der König für den Schutz und das Gedeihen des Volkes zuständig wie ein Hirte für seine Schafe. Gott kündigt an, dass er die Hirten bestrafen und nun selbst seine Herde wieder sammeln werde. In 23,5–6 kündigt er das Kommen eines neuen Königs an:

> Siehe, es kommen Tage, Spruch des HERRN, da lasse ich für David einen gerechten Spross auftreten, der wird als König herrschen und einsichtig handeln und Recht und Gerechtigkeit üben im Land. In seinen Tagen wird Juda gerettet werden, und Israel wird sicher wohnen. Dies aber ist sein Name, mit dem er genannt wird: „Der HERR ist unsere Gerechtigkeit (*zidkenu*)!"

Diese Verheißung eines gerechten Sprosses für David, d. h. eines Königs aus Davids Geschlecht, hat sich zunächst wohl auf König Zidkija bezogen, dessen Name so ähnlich klingt wie צדקנו [*zidkenu*] „unsere Gerechtigkeit".[49] Weil sich Zidkija im Verlauf seiner Regierung jedoch, wie seine Vorgänger, vom babylonischen König losgesagt hatte, wurden sein Königtum und die Hauptstadt Jerusalem im Jahr 587 v. Chr. durch die Babylonier zerstört. In der Zeit danach, während des Exils vieler Judäer_innen in Babylonien, wurde der Spruch zur Verheißung eines künftigen Königs umgedeutet und noch später zu einer messianischen Weissagung, die dem Volk einen Retter aus der Not ankündigt. Dieser Text findet sich sowohl in der hebräischen als auch in der griechischen Fassung des Jeremiabuches.

In Jer 33,14–16 wird das Heilswort von 23,5–6 erneut aufgegriffen, aber leicht verändert:

> Siehe, es kommen Tage, Spruch des HERRN, da löse ich das gute Wort ein, das ich dem Haus Israel und dem Haus Juda zugesagt habe. 15 In jenen Tagen und in jener Zeit werde ich für David einen Spross der Gerechtigkeit sprossen lassen, der wird Recht und Gerechtigkeit üben im Land. 16 In jenen Tagen wird Juda gerettet werden, und Jerusalem wird sicher wohnen; und so wird man es nennen: „Der HERR ist unsere Gerechtigkeit!"

---

49 Vgl. Heckl 2006, 190–193.

Die Ankündigung „ich löse das gute Wort ein“ bezieht sich auf die Weissagung von Jer 23,5–6, die dann leicht verändert zitiert wird. Aus dem „gerechten Spross“ ist nun ein „Spross der Gerechtigkeit“ geworden, aber er tut immer noch dasselbe wie der erste, nämlich im Land für Recht und Gerechtigkeit zu sorgen. Während nach Jer 23,6 aber der Spross selbst den neuen Namen, der Gottes Gerechtigkeit lobt, erhält, wird dieser Name in 33,16 nun Jerusalem verliehen. Damit ist der davidische Spross in Jer 33 nicht mehr König nach eigenem Recht, sondern nur noch Mittler für Jerusalems Heil. Jerusalem selbst erhält den neuen Namen und wird so zum Raum der Gerechtigkeit, die Gott wirkt.[50]

Diese zweite Weissagung fehlt allerdings in der griechischen Fassung, denn Jer 33,14–26 ist ein Abschnitt, der einen Überschuss im Masoretischen Text bildet. Es ist höchst unwahrscheinlich, dass die griechischen Übersetzer eine so wichtige Verheißung übersahen oder einfach wegließen. Vielmehr stellt Jer 33,14–16 eine bewusste Erweiterung des hebräischen Textes dar. Die Schreiber wiederholten die Verheißung von 23,5–6 und interpretierten sie durch kleine Änderungen des Wortlauts neu. Jer 33,14–16 ist also ein Beispiel dafür, wie dem Jeremiabuch „noch ähnliche Worte wie diese“ zugefügt wurden. Die Tradenten des hebräischen Jeremiatextes verstanden sich als Ausleger der alten Worte, als berufene Nachfolger des Schreibers Baruch, befugt, den Worten Jeremias ähnliche neue Worte hinzuzufügen und so für ihre Zeitgenossen, die in spät-nachexilischer Zeit lebten, Gottes Worte weiter lebendig zu halten.

Abschließend komme ich nun auf die Frage zurück, was diese Befunde für die Heiligkeit des Textes austragen.

4. Schlussfolgerung: Die Bibel als „heiliger“ Text?

Wenn nach allgemeinem Verständnis und nach der Assmann’schen Definition für heilige Texte der Wortlaut entscheidend ist, wenn *heilig* also „unantastbar“ heißt, so fallen die biblischen Texte offenkundig nicht in diese Kategorie. Denn es gibt keinen feststehenden, ursprünglichen Wortlaut eines biblischen Buches, sondern von Beginn an verschiedene Textfassungen, die sich im Falle des Jeremiabuches stärker unterscheiden, aber in allen Schriften kleine Varianten ausbilden. Die Schreiber der Texte haben, wie aus antiken Handschriften ersichtlich, Worte und Versteile nachgetragen, gelegentlich Fehler gemacht und diese wieder verbessert. Daher ist die Suche nach einem Urtext, in dem man erwartet, noch die Stimme Gottes unverstellt zu vernehmen, vergeblich. Die biblischen Texte wurden von Menschen verfasst, abgeschrieben und erweitert; die verschiedenen Hände sind teilweise in den Handschriften noch erkennbar.

---

50 Vgl. die ausführliche Interpretation in Maier 2017.

Das Jeremiabuch enthält nicht nur Worte des Propheten Jeremia, sondern auch Erzählungen über Jeremias Schicksal und in Kap. 36 sogar eine Legitimationserzählung für die Fortschreibung des Buches durch spätere Tradenten. Jer 36 zufolge schrieb Baruch Jeremias Worte auf eine Schriftrolle und anonyme Nachfolger des Schreibers ergänzten diese um ähnliche Worte. Diese Schreiber verstanden sich als Schriftgelehrte, als inspirierte Ausleger einer Glaubenstradition, die die Identität des Volkes Israel sichert und dessen Geschichte mit Gott für folgende Generationen bewahrt. Im Sinne der beiden Assmanns könnte der biblische Text seit Beginn der Überlieferung insofern als „kanonisch" bezeichnet werden, als er Richtschnur für weitere Auslegungen war und nach wie vor ist. Geht es einerseits um die Textpflege – die möglichst genaue Weitergabe des vorliegenden Textes – so andererseits auch um die Sinnpflege, die eine jeweils neue Interpretation angesichts veränderter historischer Situationen hervorbringt. Gerade solche Fortschreibungen zeigen, wie bedeutsam ein Text war und dass man ihn nicht einfach durch einen neuen ersetzen konnte.

In einer vergleichbaren Spannung wie die antiken Schreiber und Schriftgelehrten stehen Übersetzer_innen und Exeget_innen auch heute. In den Bibelübersetzungen versuchen sie den hebräischen Text so gut wie möglich in die heutige Sprache und Lebenswelt zu übertragen. Auch sie tun das im Blick auf die Leser_innen, die die biblischen Texte im Lichte der alten Tradition verstehen und auf ihr eigenes Leben und ihren Glauben beziehen sollen. Sie arbeiten dabei in Übersetzungskommissionen, damit mögliche Fehler einer einzelnen Person von anderen entdeckt werden und die gesammelte Kompetenz der Übersetzer_innen zum Tragen kommt.

Heutige Exeget_innen legen die biblischen Texte sowohl mit Blick auf deren historische Entstehungsbedingungen als auch mit Blick auf heutige Leser_innen aus. Als Universitätsprofessorin unterrichte ich Studierende in Hermeneutik und Methodik der Bibelauslegung, um sie selbst zur Auslegung zu befähigen und gleichzeitig zur Schriftgelehrsamkeit anzuleiten. Die biblischen Texte gelten dabei nicht als heilig im Sinne von unantastbar und nur wörtlich zitierbar, sondern als kanonisch, d. h. als normative Richtschnur für die eigene Identität als Christ_innen des 21. Jahrhunderts. Die intensive Beschäftigung mit diesen Texten ist als Sinnpflege zu verstehen, die auf heutige Fragen von Glauben und Zusammenleben und auf eine Auslegung der Texte für die derzeitige historische und kulturelle Situation zielt.

Die wissenschaftliche Auslegung biblischer Texte ist also nicht Ausdruck einer Kritik an der Bibel, sondern im Gegenteil Ausdruck ihrer Wertschätzung. Die „Heiligkeit" der Bibel und ihre Autorität als klassischer und kanonischer Text liegen in ihrer geschichtlichen Gestalt als menschliches Zeugnis von Glaubenserfahrung, die es immer wieder neu zu erschließen gilt.

Literatur

Aejmelaeus, Anneli (2002): Jeremiah at the Turning Point of History. The Function of Jer. XXV 1–14 in the Book of Jeremiah, in: Vetus Testamentum 52, 459–482.

Aejmelaeus, Anneli (2007): What Can we Know About the Hebrew *Vorlage* of the Septuagint?, in: Dies. (Hg.): On the Trail of the Septuagint Translators: Collected Essays, Leuven, 71–106.

Assmann, Jan / Assmann, Aleida (1987): Kanon und Zensur, in: Dies. (Hg.): Kanon und Zensur. Beiträge zur Archäologie der literarischen Kommunikation II, München, 7–27.

Assmann, Jan (⁵2005): Das kulturelle Gedächtnis. Schrift, Erinnerung und politische Identität in frühen Hochkulturen, München (Erstauflage 1992).

Die Bibel nach Martin Luthers Übersetzung (2017): Jubiläumsausgabe, Stuttgart.

Bibel in gerechter Sprache (⁴2011): Bail, Ulrike u. a. (Hg.), Gütersloh (Erstauflage 2006).

Bibel und Kirche 72.2 (2017): Zeitschrift des Katholischen Bibelwerks, Stuttgart.

Biblia Hebraica Stuttgartensia (²1984): Elliger, Karl / Rudolph, Wilhelm (Hg.), Stuttgart.

Bitter, Stephan (2006): Bibelauslegung, Epochen der christlichen, in: Alkier, Stefan u. a. (Hg.): Das wissenschaftliche Bibellexikon im Internet (www.wibilex.de), Zugriff am 09.12.2019.

Brockmöller, Katrin (Hg.) (2017): Was ist neu an der neuen Einheitsübersetzung? Stuttgart.

Carr, David M. (2015): Schrift und Erinnerungskultur. Die Entstehung der Bibel und der antiken Literatur im Rahmen der Schreiberausbildung (Abhandlungen zur Theologie des Alten und Neuen Testaments 107), Zürich.

Denzinger, Heinrich / Hünermann, Peter (Hg.) (³⁷1991): Kompendium der Glaubensbekenntnisse und kirchlichen Lehrentscheidungen, Freiburg i. Br. u. a.

Ebach, Jürgen (1997): Gott im Wort. Drei Studien zur biblischen Exegese und Hermeneutik, Neukirchen-Vluyn.

Finsterbusch, Karin / Lange, Armin (2017): Zur Textgeschichte des Jeremiabuches in der Antike, in: Theologische Literaturzeitung 142, 1137–1152.

Fischer, Alexander A. (2009): Der Text des Alten Testaments. Neubearbeitung der Einführung in die Biblia Hebraica von Ernst Würthwein, Stuttgart.

Heckl, Raik (2006): „Jhwh ist unsere Gerechtigkeit“ (Jer 23,5f.). Überlieferungsgeschichtliche Erwägungen zu Jer 21–24*, in: Lux, Rüdiger / Waschke, Ernst-Joachim (Hg.): Die unwiderstehliche Wahrheit. Studien zur alttestamentlichen Prophetie. FS Arndt Meinhold (Arbeiten zur Bibel und ihrer Geschichte 23), Leipzig, 181–198.

Jahr, Hannelore (2014): Die BasisBibel. Herausforderungen einer Bibelübersetzung im digitalen Zeitalter, in: Lange, Melanie / Rösel, Martin (Hg.): „Was Dolmetschen für Kunst und Arbeit sei“. Die Lutherbibel und andere deutsche Bibelübersetzungen. Beiträge der Rostocker Konferenz 2013, Leipzig, 315–329.

Kähler, Christoph (2016): Erfahrungen bei der Revision der Lutherbibel, in: Käßmann, Margot / Rösel, Martin (Hg.): Die Bibel Martin Luthers. Ein Buch und seine Geschichte, 214–232.

Köhler, Hanne (2012): Gerechte Sprache als Kriterium von Bibelübersetzungen. Von der Entstehung des Begriffs bis zur gegenwärtigen Praxis, Gütersloh.

Kuhlmann, Helga (Hg.) (⁴2007): Die Bibel – übersetzt in gerechte Sprache? Grundlagen einer neuen Übersetzung, Gütersloh.

Lange, Melanie (2014): Zwischen Philologie und Theologie. Zum Übersetzungsverständnis von Sebastian Münster und Martin Luther, in: Dies. / Rösel, Martin (Hg.): „Was Dolmetschen für Kunst und Arbeit sei“. Die Lutherbibel und andere deutsche Bibelübersetzungen. Beiträge der Rostocker Konferenz 2013, Leipzig, 59–82.

Levinson, Bernard M. (2006): „Du sollst nichts hinzufügen und nichts wegnehmen“ (Dtn 13,1). Rechtsreform und Hermeneutik in der Hebräischen Bibel, in: Zeitschrift für Theologie und Kirche 103, 157–183.

Maier, Christl M. (2017): From Zedekiah to the Messiah. A Glimpse at the Early Reception of the Sprout, in: Baden, Joel u. a. (Hg.): Sibyls, Scriptures, and Scrolls. John Collins at Seventy, vol. 2 (Journal of the Study of Judaism Supplements 175.2), Leiden u. a., 857–873.

Maier, Christl M. (2019): Von Schreibern und ihren Lügengriffeln im Jeremiabuch, in: Michel, Andreas / Rüttgers, Nicole K. (Hg.): Jeremia, Deuteronomismus und Priesterschrift. Studien zur Literatur- und Theologiegeschichte des Alten Testaments, FS Hermann-Josef Stipp (Arbeiten zu Text und Sprache im Alten Testament 105), St. Ottilien, 355–367.

Novum testamentum Graece ([28]2015): Aland, Barbara / Aland, Kurt (Hg.), begr. v. Eberhard und Erwin Nestle, Stuttgart.

Pietersma, Albert / Saunders, Marc (2007): Jeremias, in: Pietersma, Albert / Wright, Benjamin G. (Hg.): A New English Translation of the Septuagint and the Other Greek Translations Traditionally Included under That Title, Oxford.

Rösel, Martin (2016): „Nützlich und gut zu lesen". Die Apokryphen der Lutherbibel, in: Käßmann, Margot / Ders. (Hg.): Die Bibel Martin Luthers. Ein Buch und seine Geschichte, Leipzig, 136–150.

Schneider, Nikolaus (2014): Luthers Arbeit an der Bibelübersetzung. Ein Beispiel reformatorischen Theologie-Treibens, in: Lange, Melanie / Rösel, Martin (Hg.): „Was Dolmetschen für Kunst und Arbeit sei". Die Lutherbibel und andere deutsche Bibelübersetzungen. Beiträge der Rostocker Konferenz 2013, Leipzig, 11–26.

Steudel, Annette (2009): Art. Qumran-Handschriften, in: Alkier, Stefan u. a. (Hg.): Das wissenschaftliche Bibellexikon im Internet (www.wibilex.de), Zugriff am 11.12.2019.

Stipp, Hermann-Josef (1994): Das masoretische und alexandrinische Sondergut des Jeremiabuches. Textgeschichtlicher Rang, Eigenarten, Triebkräfte (Orbis Biblicus et Orientalis 136), Freiburg / Göttingen.

Stipp, Hermann-Josef (2015a): Zur aktuellen Diskussion um das Verhältnis der Textformen des Jeremiabuches, in: Ders. (Hg.): Studien zum Jeremiabuch. Text und Redaktion (Forschungen zum Alten Testament 96), Tübingen, 57–82.

Stipp, Hermann-Josef (2015b): Baruchs Erben. Die Schriftprophetie im Spiegel von Jer 36, in: Ders. (Hg.): Studien zum Jeremiabuch. Text und Redaktion (Forschungen zum Alten Testament 96), Tübingen, 381–408.

Stipp, Hermann-Josef (2019): Jeremia 25–52 (Handbuch zum Alten Testament I/12,2), Tübingen.

Tov, Emanuel (1997): Der Text der Hebräischen Bibel. Handbuch der Textkritik, Stuttgart.

Ulrich, Eugene C. u. a. (1997): Qumran Cave 4 – X: The Prophets (Discoveries in the Judaean Desert XV), Oxford.

Van der Toorn, Karel (2007): Scribal Culture and the Making of the Hebrew Bible, Cambridge/London.

Vonach, Andreas (2011): Jeremias / Ieremias / Jeremia, in: Karrer, Martin / Kraus, Wolfgang (Hg.): Septuaginta Deutsch. Erläuterungen und Kommentare zum griechischen Alten Testament, Band 2, Stuttgart, 2696–2814.

Vette, Joachim (2008): Art. Bibelauslegung, historisch-kritische (AT), in: Alkier, Stefan u. a. (Hg.): Das wissenschaftliche Bibellexikon im Internet (www.wibilex.de), Zugriff am 11.12.2019.

Wanke, Gunther (2003): Jeremia. Teilband 2: Jeremia 25,15–52,34 (Zürcher Bibelkommentar 20.2), Zürich.

Ziegert, Carsten / Kreuzer, Siegfried (2012): Art. Septuaginta (AT), in: Alkier, Stefan u. a. (Hg.): Das wissenschaftliche Bibellexikon im Internet (www.wibilex.de), Zugriff am 11.12.2019.

Das gefundene Buch und die geliehene Stimme (Selbst)Autorisierungsstrategien biblischer Texte

Ilse Müllner

1. Autoritative Schriften

Ist der Kanon ein Produkt der nachbiblischen Tradition? Oder geschieht Kanonbildung Schritt für Schritt bereits während der Entstehungszeit der biblischen Schriften? Die Auseinandersetzung um diese Frage wird kontrovers geführt. Für die einen ist die Kanonbildung ein Geschehen, das sich in den Schriften selbst abzeichnet.[1] Für andere ist „Kanon" für die Literatur des Zweiten Tempels (6. Jhdt. v. u. Z. bis 1. Jhdt. n. u. Z.) ein anachronistischer Begriff, der nachbiblische Kategorien dort einträgt, wo davon noch gar nicht die Rede sein kann.[2] Diese Diskussion wirft immer wieder die Frage nach der Begrifflichkeit auf. Wenn man unter „Kanon" nicht nur die *Autoritätszuschreibung* an eine Schrift und damit die *Anzahl* der biblischen Bücher, sondern auch die Fixierung ihrer Text*gestalt* und erst recht eine verbindliche *Anordnung* von Schriften versteht, dann wird man eher der zweiten Position zuneigen und den Kanon für ein nachbiblisches Phänomen halten. Aus christlicher Sicht stellt sich dann aber die Frage, ob es einen Kanon biblischer Schriften in diesem Sinn überhaupt je gegeben hat. Denn die Textgestalt ist in keiner christlichen Gemeinschaft in dieser Absolutheit fixiert worden. Es existieren Bibelübersetzungen in vielen verschiedenen Sprachen; und diesen liegen wissenschaftlich begründete Rekonstruktionen von „Urtexten" zu Grunde – aber eben kein einzelner in seinem Bestand für *das Christentum* fixierter Text. Wer von „Kanon" spricht, muss immer auch dazu sagen, auf die Schriften welcher Gemeinschaft sich der Begriff bezieht. Denn die Gemeinschaftsbindung gehört konstitutiv zum Kanonprinzip. Das Christentum bringt verschiedene Kanones in Anzahl, Anordnung und Textgestalt hervor, weil etwa äthiopische, orthodoxe, römisch-katholische und evangelische Christ_innen sich darin voneinander und auch vom Judentum unterscheiden. So gehören die Bücher Judit, Weisheit, Tobit, Sirach, Baruch, die Makkabäerbücher und einige Zusätze zu anderen Büchern zum katholischen, nicht aber zum evangelischen

[1] S. z. B. die Zuschreibung einer hermeneutischen Funktion an die Schlusstexte der Kanonteile in Hieke 2013a oder Zenger / Frevel [9]2016, 25–28. Vgl. auch Ballhorn 2007; Steins 2003.

[2] S. z. B. Mroczek 2017, 114–189; Schmid / Schröter 2019, 63–69.

Kanon. Der äthiopische Kanon besteht aus 81 Büchern und ist so in keiner anderen als der äthiopischen Kirche kanonisiert. Dennoch teilen die Kirchen miteinander sowohl das Konzept *Bibel* als auch deren Zweiteilung in Altes und Neues Testament sowie die allermeisten Schriften. Mit dem Judentum teilen die christlichen Kirchen den Großteil des Alten Testaments, wenn auch in verschiedenen Anordnungen.

Wenn man aber von der exakten Textgestalt absieht, unter Kanonisierung eine „besondere Form von Verschriftlichung“[3] versteht und den Begriff auch auf den *Prozess* bezieht, der zu einer zunehmenden Zuschreibung von Autorität an eine Gruppe von Schriften in einer bestimmten Gemeinschaft führt, dann sind solche Vorgänge schon an den biblischen Texten selbst ablesbar. Biblische Gestalten wie Mose oder David werden zunehmend mit Autorität aufgeladen – und das bereits in den biblischen Schriften selbst, nicht erst durch die Rezeptionsgeschichte. Motive können als Autoritätsargumente eingesetzt werden; die Erinnerung an das Exodusereignis dient der ethischen Motivation. Und schließlich werden Texte selbst als solche benannt und wird z. B. *das Buch der Tora* gefunden, vorgelesen, ausgelegt und aufbewahrt (s. u.).

Autoritative Motive und Figuren bewegen sich durch die Tradition und ziehen dabei immer mehr Inhalt an sich, was sie nicht – wie man es aus historistischer Perspektive vermuten könnte – kleiner macht, sondern ihnen immer mehr Gewicht verleiht. Die Autorität solcher Motive zeigt sich darin, dass sie immer neu in unterschiedliche Kontexte hinein übersetzt werden, dass also die Gemeinschaft diese Traditionen bewahrt, indem die Motive aktualisiert und verändert werden. Das geschieht etwa mit dem Exodusmotiv, das im Laufe der Zeit immer neue Befreiungs- und Aufbruchserfahrungen, oftmals aber auch nur die Hoffnung auf das Ende von Unterdrückung an sich bindet.[4] Als Gestalt ist David zu nennen, der vom König über ein im altorientalischen Kontext eher unbedeutendes Reich zur messianischen Hoffnungsgestalt und zum Sänger aller Psalmen Israels avanciert.[5] Doch natürlich sind auch Mose, Salomo, Maria, die Mutter Jesu, Maria von Magdala, Paulus u. a. Figuren, an die immer mehr Inhalte angelagert werden. Textproduktion, Kanonisierung und Rezeptionsgeschichte lassen sich dann nicht mehr säuberlich voneinander trennen, weil Auslegung und Aktualisierung schon zum Prozess der Textproduktion dazugehören, ebenso wie die Autorisierung von Schriften Spuren in diesen Schriften selbst hinterlassen hat. Hier wäre z. B. an die mehrstufige Davidisierung des Psalters zu denken, die David sowohl in Psalmencorpora als auch vor allem in die Überschriften einschreibt.[6]

---

3 Assmann 2000, 82.

4 Vgl. Ederer / Schmitz 2017; Neuber 2018.

5 Vgl. Mroczek 2017, 51–85; Kleer 1996.

6 Vgl. Hossfeld / Zenger 2010; Weber 2015.

Doch nicht nur Motive und Gestalten, sondern auch Texte selbst können bereits im innerbiblischen Diskurs verbindliche Geltung erlangen. Die Zuschreibung eines autoritativen Status kann implizit oder durch explizite Thematisierung des Bezugstexts geschehen. Als Beispiel für die implizite Zuschreibung von Autorität an die Tora soll das Rutbuch herangezogen werden. Es evoziert eine Identifikation seiner Protagonistin mit wichtigen Gestalten aus der Tora, die teilweise namentlich genannt werden (Rut 4,11b–12 in Anspielung an Gen 30 und Gen 38):

> JHWH mache die Frau, die in dein Haus kommt, wie Rahel und Lea, die zwei, die das Haus Israel aufgebaut haben. Handle tüchtig in Efrata und komm zu Ansehen in Betlehem! Dein Haus gleiche dem Haus des Perez, den Tamar dem Juda geboren hat, durch die Nachkommenschaft, die JHWH dir aus dieser jungen Frau geben möge. [7]

Außerdem greift das Rutbuch mit seinem erzählten Inhalt auf zahlreiche Tora-Gebote zurück, um diese aktualisierend zum Wohl der Protagonistinnen des Rutbuchs auszulegen. Kreativ verknüpft es das Rechtsinstitut des Levirats (Schwagerehe: Dtn 25,5–10) mit dem der Lösung (Lev 25,23–25), um in der Kombination dieser beiden Vorschriften das ökonomische Auskommen sowohl von Rut als auch von Noomi zu sichern. Deshalb kann man dieses Buch mit Recht als schriftauslegende literarische Erzählung, als „Vorform eines halachischen Midrasch"[8] bezeichnen. Solche impliziten intertextuellen Referenzen machen deutlich, dass in der nachexilischen Abfassungszeit des Rutbuchs die in der Tora gesammelten Texte als autoritative Weisungen verstanden wurden, die in je neuen Kontexten – durchaus kontrovers (vgl. zur Mischehenfrage Esra/Neh) – auszulegen sind. An keiner Stelle im Rutbuch aber wird die Tora oder ein bestimmter Text daraus im Sinn eines expliziten Verweises zur Sprache gebracht; die Bezugnahmen sind implizit und können über semantische, inhaltliche und strukturelle Verbindungen erschlossen werden.

Im vorliegenden Beitrag aber soll es nicht zentral um implizite Vernetzungen, sondern um das Thematisieren von autoritativen Texten als solche gehen. Damit meine ich biblische Texte, die auf (andere) biblische Texte rekurrieren und sie in ihrer Textualität zum Thema machen. Dazu werden einige biblische Texte in den Fokus rücken, die mit metatextuellen Begriffen *(das Buch, die Tora etc.)* auf (andere) Texte in ihrem materiellen Vorhandensein Bezug nehmen. Texte können geschrieben, vorgelesen, zerstört, wiedergefunden, ja sogar gegessen werden. Oft bleibt unklar, auf welche Größe exakt Bezug genommen wird, wenn eine Schrift zum Thema gemacht wird. Auch der Begriff *Tora* ist in dieser Hinsicht mehrdeutig, will man sich nicht der Projektion späterer Verhältnisse

---

7 Wenn nicht anders angegeben, dann orientieren sich die biblischen Zitate an der Einheitsübersetzung von 2016. Neben kleineren syntaktischen Anpassungen, wenn das Zitat sich innerhalb eines Satzes im Fließtext befindet, wird der Gottesname mit dem Tetragramm JHWH wiedergegeben anstelle der Übersetzung mit „der HERR".

8 Fischer 2001, 81–85, 84.

in den alten Text hinein bedienen. Es gibt drei Grundfiguren solcher Bezugnahmen:

1. *Intertextueller Bezug:* Der eingespielte Text ist ein anderer als jener, der auf ihn anspielt. Ein prominentes Beispiel ist 2 Kön 22–23; die Auffindung eines *Buchs der Weisung* und die Lesung der Tora in Neh 8.
2. *Mise en abyme:* Der thematisierte Text ist mit dem Gesamttext gleichzusetzen, in dem er zum Thema gemacht wird: Deuteronomium, s. v. a. Dtn 1,5; 31,9. Diese Figur steht nahe an der Metonymie, unterscheidet sich von ihr aber durch den Umfang des Texts, der zum Thema gemacht wird.
3. *Metonymischer Bezug:* Der thematisierte Text ist ein Ausschnitt aus jenem Text, in dem er zum Thema gemacht wird: der Dekalog Ex 20,1–17 und Dtn 5,1–22.

Mischformen sind ebenso möglich wie Verschiebungen im Lauf der Auslegungstradition, in dem sich der Textumfang vergrößern und wie im Fall des Konzepts „mündliche Tora" auch Texte integrieren kann, die zum Zeitpunkt der Entstehung des bezugnehmenden Texts noch nicht existiert haben (und auch noch nicht als existent gedacht worden waren).

2. Intertextueller Bezug: Die Auffindung des Buches in 2 Kön 22–23

Wenn Jan Assmann mit der These Recht hat, dass der kanonische Text sowohl die Autorität des Königs als auch die Heiligkeit des Tempels ablöst,[9] dann kann 2 Kön 22 als narrative Inszenierung der Trias von Text, König und Tempel gelten. Allerdings ist das Verhältnis zwischen den dreien in dieser Erzählung komplexer als das einer Ablösung. Eher wird man von einer wechselseitigen Bestärkung der Autorisierung sprechen können – wobei der Text in der Tat über den beiden anderen Kategorien steht.

Das Buch der Weisung (ספר התורה, *sefær hattōrāh,* 2 Kön 22,8.11) ist gewissermaßen die Hauptfigur in dieser Erzählung, die einerseits den Tempel hervorhebt und ihn andererseits zum Nebenschauplatz erklärt. Gleiches geschieht mit dem König, der zwar als zentraler Handlungsträger seine soziale Macht ausspielt, gleichzeitig aber in seinem Handeln diesem Buch verpflichtet, ja sogar unterworfen ist und damit definitiv nicht die mächtigste Figur dieser Geschichte darstellt.

Die Erzählung handelt von Renovierungsarbeiten im Jerusalemer Tempel, bei denen *das Buch der Weisung* gefunden wird. Der Fund wird sofort dem König Joschija gemeldet, der nach der Lektüre durch den Schreiber Schafan umgehend

9 Vgl. Assmann 2000, 83–87; 98f.

Bußriten vollzieht. Offenbar löst der Inhalt in Joschija die Erkenntnis massiven Fehlverhaltens aus:

> Geht und befragt JHWH für mich, für das Volk und für ganz Juda wegen dieses Buches, das aufgefunden wurde! Der Zorn JHWHs muss heftig gegen uns entbrannt sein, weil unsere Väter auf die Worte dieses Buches nicht gehört und weil sie nicht getan haben, was in ihm niedergeschrieben ist. (2 Kön 22,13)

Der Inhalt wird nicht wiedergegeben, die Reaktion Joschijas ist der einzige Hinweis darauf, dass das Buch bzw. die Schriftrolle Verhaltenskodices enthalten muss – was auch der Grundbedeutung des Begriffs *Tora* (Weisung) entspricht. Zudem wird das Buch mit JHWH in Verbindung gebracht und mit einem intergenerationellen Zusammenhang, der in der Schuld der Väter, für die Joschija büßend Verantwortung übernimmt, seinen Ausdruck findet.

Hat schon die unmittelbare Reaktion des Königs auf die Authentizität des Buchs hingewiesen, so wird diese doch noch einmal in Frage gestellt und von einer weiteren Instanz, der Prophetin Hulda, erneut bestätigt (2 Kön 22,14–20). Hulda gilt in dieser Erzählung als religiöse Autorität, zu der König Joschija Abgesandte schickt, um eine göttliche Botschaft einzuholen.

> Da gingen der Priester Hilkija, Ahikam, Achbor, Schafan und Asaja zur Prophetin Hulda. Sie war die Frau Schallums, des Sohnes Tikwas, des Sohnes des Harhas, des Verwalters der Kleiderkammer, und wohnte in Jerusalem in der Neustadt. Die Abgesandten trugen ihr alles vor und sie gab ihnen diese Antwort: So spricht JHWH, der Gott Israels: Sagt zu dem Mann, der euch zu mir geschickt hat: So spricht JHWH: Ich bringe Unheil über diesen Ort und seine Bewohner, alle Drohungen des Buches, das der König von Juda gelesen hat. Denn sie haben mich verlassen, anderen Göttern geopfert und mich durch alle Werke ihrer Hände erzürnt. Darum ist mein Zorn gegen diesen Ort entbrannt und er wird nicht erlöschen. Sagt aber zum König von Juda, der euch hergesandt hat, um JHWH zu befragen: So spricht JHWH, der Gott Israels: Durch die Worte, die du gehört hast, wurde dein Herz erweicht. Du hast dich vor JHWH gedemütigt, als du vernahmst, was ich über diesen Ort und seine Bewohner gesprochen habe: dass sie zu einem Bild des Entsetzens und zum Fluch werden sollen. Du hast deine Kleider zerrissen und vor mir geweint. Darum habe ich dich erhört – Spruch JHWHs. Ich werde dich mit deinen Vätern vereinen und du sollst in Frieden in deinem Grab beigesetzt werden. Deine Augen sollen all das Unheil nicht mehr sehen, das ich über diesen Ort bringen werde. Sie berichteten dies dem König. (2 Kön 22,14–20)

Auch Hulda beschreibt weder genauer, um welches Buch es sich handelt, noch was darin steht. Auch ihre Botschaft ist ganz auf die Konsequenzen konzentriert: Unheil für das Volk, das sich vor allem gegen das Erste Gebot vergangen hat, Barmherzigkeit aber für den König, der angesichts der Botschaft des gefundenen Buchs sein Herz hat erweichen lassen. Das Herz ist in der hebräischen Anthropologie der Sitz des Verstandes, des Willens und der ethischen Erkenntnis. Im Gegensatz zum *harten Herzen des Frevlers* (Spr 12,10) ist das *weiche Herz* fähig zur Einsicht auch in die Schuldhaftigkeit des eigenen Verhaltens und das des Volks.

Die Lektüre *des Buchs der Weisung* löst offenbar unmittelbar moralische Erkenntnis aus, sie führt zu einem Verstehen, das sich nicht auf intellektuelles Erfassen beschränkt, sondern sofort in Handlung mündet.

In einem dritten Schritt muss die Haltungsänderung kommuniziert und religionspolitisch umgesetzt werden. Die Worte *des Buches des Bundes* (ספר הברית, *sefær habbᵉrīt*, 2 Kön 23,2.21) werden dem ganzen Volk – der Merismus *Jung und Alt* (2 Kön 23,2) betont die Vollständigkeit – vorgelesen. Darauf folgt das, was in die Forschung unter dem Titel *Joschijanische Kultreform* eingegangen ist. In Übereinstimmung mit der Zentralisierungsforderung des Deuteronomiums (Dtn 12) lässt Joschija alle Heiligtümer außerhalb Jerusalems vernichten und konzentriert den JHWH-Kult auf Jerusalem, der allerdings ebenfalls einer Läuterung unterzogen werden muss. Auch das geschieht im Dienst des ersten Gebots, da die in 2 Kön 23 beschriebenen rituellen Praktiken sich auf andere Gottheiten, auf *den Baal, die Aschera und das ganze Heer des Himmels* richten. Diese Fokussierung des Kults ganz auf JHWH gehört zu einer vorexilischen Bewegung innerhalb des polytheistischen Systems, die zunehmend auf eine ausschließliche Bindung an JHWH als den Gott Israels (Monolatrie) hinausläuft und schließlich zum ausformulierten Monotheismus führt, in dem die Existenz anderer Gottheiten geleugnet wird (Dtn 4,35 u. a.). Im deuteronomistisch geprägten Beurteilungsschema der Könige Israels und Judas nimmt Joschija auf der Basis dieser kultischen Reformen eine Sonderstellung ein, denn „er tat, was JHWH gefiel, und folgte ganz den Wegen seines Vaters David, ohne nach rechts oder links abzuweichen" (2 Kön 22,2).

In der Geschichte der Kultreform unter König Joschija spielt die Auffindung des Buchs eine zentrale Rolle. Bis heute wird diskutiert, worum es sich bei diesem *Buch der Weisung* bzw. *Buch des Bundes* gehandelt haben könnte. Aus heutiger Sicht ist zunächst darauf hinzuweisen, dass der Begriff *Buch* unangemessene Vorstellungen evoziert. Lange vor der Entwicklung eines aus Blättern gebundenen Codex haben wir es bei ספר eher mit einer Rolle zu tun. Welchen Umfang der Schrift hat man sich hier vorzustellen? Aufgrund der sachlichen Parallelen zwischen den Kultgesetzen des Deuteronomiums und der Joschijanischen Reform, die mit der Auffindung *des Buchs der Weisung* legitimiert wird, hat bereits W. M. L. de Wette Anfang des 19. Jahrhunderts das in 2 Kön 22 gefundene Buch mit dem Deuteronomium identifiziert,[10] eine These, die sich in Abwandlungen bis heute hält. Gegenwärtig geht man aber nicht von dem uns vorliegenden fünften Buch der Tora aus, sondern von einem auf Rechtstexte konzentrierten Ur-Deuteronomium, das wahrscheinlich als JHWH-Gesetz und noch nicht als Tora des Mose formuliert gewesen war.[11]

Wichtiger aber als der Umfang des gefundenen Buchs ist im vorliegenden Zusammenhang die ihm zentral zugeschriebene Funktion der Legitimierung des

---

[10] Vgl. De Wette 1805, 14.

[11] Vgl. Braulik 2016, 165.

königlichen Vorgehens. Diese Autorität hat das Buch nicht aus sich heraus, sondern durch die Beglaubigung der Prophetin Hulda, mit der das Buch in ein Wechselverhältnis eintritt.

> Das neu aufgefundene Gesetzesbuch legitimiert die Prophetin, und die Prophetin legitimiert das neu aufgefundene Gesetzesbuch. Hulda wird damit nicht nur zur Nachfolgerin im Moseamt, durch die der ideale König nach Dtn 17 das Gotteswort erfragt. Sie kanonisiert auch gleichsam das Dtn, indem sie bezeugt, daß die Worte des Gesetzesbuches eintreffen werden, weil sie die Worte JHWHs sind.[12]

Vergleichbare Vorgänge der Auffindung einer in Vergessenheit geratenen Schrift sind im Alten Orient mehrfach bezeugt, oftmals an heiligen Orten wie unterhalb der Füße einer Götterstatue. Auch die Funktion der Legitimierung ungewöhnlichen Vorgehens, wie sie in 2 Kön 22–23 festzustellen ist, ist aus anderen altorientalischen Dokumenten bekannt.[13] König Joschija bedient sich der Autorität einer Schrift, um gegenüber den *Priestern und Propheten* (2 Kön 23,2) sein Handeln zu legitimieren. Oftmals wird in diesem Zusammenhang von kanonischen Texten gesprochen. In Anbetracht der Komplexität des Begriffs und der fast eintausend Jahre andauernden Entwicklung eines kanonischen Corpus bin ich an dieser Stelle etwas zurückhaltender und spreche lieber von Autorisierung eines Texts, deren Spuren sich in dieser Erzählung abgezeichnet haben. Auch der Terminus „proto-kanonisch"[14] kann für die hier entfalteten Beobachtungen hilfreich sein. Wie schon im Zusammenhang mit der Prophetin Hulda ist auch in der Verbindung von König und Torarolle die Autorisierungsbewegung wechselseitig.

Dass ein König die Unterstützung der autoritativen Schrift braucht, ist ein im Kontext altorientalischer Herrschaftsideologie bemerkenswerter Vorgang. Denn gewöhnlich ist es der König als „*nomos empsychos*"[15], der die Rechtstexte durch die Autorität seines Amts in Kraft setzt. Auf diesem Hintergrund unterscheidet Jan Assmann zwischen dem Rechtsbuch als Wissensspeicher und dem Gesetzesbuch, das verbindliche Vorschriften formuliert und auf Anwendung ausgerichtet ist.

> Wo es einen König gibt, zu dessen Hauptaufgaben es gehört, Gesetze zu erlassen und in Kraft zu setzen, braucht man kein Gesetzesbuch; im Gegenteil: das würde die legislative Kompetenz des Königs in ungebührlicher Weise einschränken. Das Gesetzesbuch ersetzt daher in gewisser Weise den König. Und genau dies ist der Punkt. Die Tora tritt an die Stelle des altorientalischen Rechtskönigtums.[16]

---

12 Fischer 2002, 181.

13 Vgl. Na'aman 2011, 49–53.

14 Markl 2020, pass.

15 Assmann 2000, 84.

16 Ebd., 85.

Besonders eindrücklich wird die Bindung des Königs an die Tora durch die in Dtn 17 formulierte Verpflichtung, dass jeder Herrscher sich an der Tora zu orientieren hat, damit er *das Volk nicht nach Ägypten zurückbringe* (Dtn 17,16):

> Und wenn er seinen Königsthron bestiegen hat, soll er sich von dieser Weisung, die die levitischen Priester aufbewahren, auf einer Schriftrolle eine Zweitschrift anfertigen [lassen]. Sein Leben lang soll er die Weisung mit sich führen und in der Rolle lesen, damit er lernt, JHWH, seinen Gott, zu fürchten, alle Worte dieser Weisung und diese Gesetze zu bewahren, sie zu halten, sein Herz nicht über seine Brüder zu erheben und von dem Gebot weder rechts noch links abzuweichen, damit er lange als König in Israels Mitte lebt, er und seine Nachkommen. (Dtn 17,18–20)

Die Machtfülle des Herrschers wird zurückgebunden an die göttliche Autorität, die sich in der Tora verkörpert. Die Trias von König, Tora und Prophetie verankert eine implizite und zum Wesen des israelitisch-judäischen Königtums gehörende Machtkritik.[17]

3. *Mise en abyme:* Die Selbstreflexivität der deuteronomischen Tora

Während 2 Kön 22–23 zu dem von ihm eingespielten *Buch der Weisung* bzw. *Buch des Bundes* in einem (nicht eindeutig zu bestimmenden) intertextuellen Verhältnis steht, ist der Rückgriff von Dtn 17 auf *diese Weisung* (התורה הזאת, *hattōrāh hazzōt*) etwas komplexer. Wie auch an anderen Stellen nimmt das Buch Deuteronomium auf eine *Tora* Bezug, deren Teil sie ist oder die sie ganz verkörpert, so dass es sich um die selbstreferenzielle rhetorische Figur der *mise en abyme* handelt. Wenn Dtn 17 auf *die Tora* verweist, um sie als auch für den König verbindlichen Text zu autorisieren, dann handelt es sich wahrscheinlich um eine nachexilische Eintragung, die der Sache nach das Deuteronomistische Geschichtswerk 1 Sam 1–2 Kön 25 prägt.[18] Der König ist an die Tora gebunden; sein Verhalten ist externen Maßstäben unterworfen, die sich unter dem Titel *Gerechtigkeit* zusammenfassen lassen. Die Unterwerfung des Königs unter die Autorität der Tora geht allerdings über eine inhaltliche Verbindlichkeit hinaus in die Materialität des Texts hinein: Der König soll ein zweites Exemplar der Tora (δευτερονόμιον, *deuteronomion*, „Zweitgesetz“) auf eine Rolle schreiben, darin lesen und daraus lernen. Ebenso wie Mose wird auch der König hier als Schreiber und damit als Teil einer Elite dargestellt. Auch wenn die meisten Übersetzungen davon sprechen, dass der König diese Zweitschrift anfertigen *lässt*, so ist sowohl in der hebräischen als auch in der griechischen und lateinischen Texttradition

---

17 Vgl. Müllner 2021.

18 Vgl. Otto 2016, 1487.

der König *Subjekt* des Schreibens. Er wird so in eine Reihe mit Josua und Esra gestellt, als Schreiber der Tora neben den Erstverschrifter Mose gesetzt und „dem Ideal eines Tora-frommen Schriftgelehrten der nachexilischen Zeit unterworfen“[19]. Der Tora-Bezug in Dtn 17 weist auf Dtn 1,5 zurück und auf Dtn 31,9 nach vorne – in beiden Fällen wird eine Autoreferenz hergestellt, die die Autorität des Buchs unterstützt. Diese Verweise sprechen dagegen, die Tora von Dtn 17 auf die im Buch Exodus verschriftete Sinaitora zu beziehen. Vielmehr passt das Königsgesetz Dtn 17 zu den rechtshermeneutischen Überlegungen des Dtn, wonach der Zeitpunkt der Erstverschriftung vor der Landnahme situiert ist und die Abschrift des Königs von dieser in Moab angefertigten Erstschrift im Land Israel selbst stattfindet.[20]

Neben der Rede von der Zweitschrift für den König muss auch der Schluss des Deuteronomiums in den Blick genommen werden, will man die Autorisierungsstrategien dieses Buchs verstehen. Denn das Ende des Deuteronomiums, das zugleich das Ende der Tora darstellt, markiert die radikale Grenze zwischen der mosaischen und der nachmosaischen Epoche, die nicht zufällig an der Grenze des Verheißungslandes situiert ist. Der Tod des Mose stellt die Gemeinde vor die Herausforderung des Abschieds sowohl von der politischen Führungsgestalt von Ägypten bis an die Grenze des Verheißungslandes als auch von der Vermittlungsgestalt, dem größten aller biblischen Propheten. Wenn jeder Tod eines Herrschers eine prekäre Situation darstellt, weil die Übergabe an die nächste Herrschergestalt geregelt werden muss, so ist der Tod des Mose noch weitaus bedeutender. Hier geht es nicht um die eine oder andere Persönlichkeit, sondern um die Struktur als solche, um die im Propheten Mose verkörperte Verbindung zwischen JHWH und Israel. Die letzten Kapitel des Deuteronomiums sind deshalb „als kulturtheoretische Urszene“[21] gestaltet, in der die Figur Mose in den Text übergeht. Bereits in Dtn 1,1 wird das Folgende als Stimme des Mose ausgewiesen und damit im Unterschied zu den anderen Büchern der Tora als Sammlung von Mosereden stilisiert, die dieser am Tag seines Todes gehalten hat. Das Ineinander der göttlichen Stimme, der Stimme des prophetischen Mose und der Erzählstimme (1) ist eine der drei Strategien, mit denen das Deuteronomium seine eigene Autorität herstellt und sichert – neben (2) der Forderung nach textueller Stabilität in der „Kanonformel“ (4,2; 13,1) und anderen Rezeptionsanweisungen und (3) deiktischen Signalen, die eine Verbindung zwischen dem Wir der erzählten Zeit und dem jeweiligen Du der Leser_innen herstellen.[22]

> Deuteronomy’s claim to ‚authorial‘ authority is constructed through three interrelated voices, as it is presented as Moses‘ teaching of divine revelation, mediated through the voice of an authoritative narrator. Moses’ authority comes from his status as the people’s

[19] Ebd., 1488.
[20] Vgl. ebd.
[21] Weidner 2016.
[22] Vgl. Markl 2020, 429–432.

> leader and saviour [...]. While Moses quotes the Decalogue as direct revelation to the people (5,6–21), his teaching of "statutes and ordinances" (6,1; 12,1) is grounded in a revelation given exclusively to himself (5,22–31). The narrator's voice, finally, echoes the style of Moses' teaching, and is interwoven into the Mosaic discourse so that it is laden with 'quasi-Mosaic' authority.[23]

Zur Stabilisierung dieser mosaischen Autorität gehört, dass Mose nicht nur als mündliche Stimme im Text präsent ist (Dtn 1,1.9; 3,18 u. a.), sondern auch als Schreibender. Mose selbst schreibt die Tora auf – und der Text, den er schreibt, ist derjenige, der diesen Akt der Verschriftung beschreibt. Hier wird die Figur der *mise en abyme* deutlich. Diese ist eine Verletzung narrativer Ebenenhierarchie und damit ein Sonderfall der Metalepse. Der Begriff leitet sich aus der Heraldik ab, wo oftmals auf einem Wappen dasselbe Wappen verkleinert abgebildet wird, so dass die Abbildung eigentlich unendlich fortgesetzt werden müsste – wie wenn man zwischen zwei Spiegeln steht. In der Literatur spricht man von *mise en abyme*, „wenn der Erzähltext in sich selbst gespiegelt wird"[24], wenn also etwa das Schreiben des Texts selbst zum Thema der Erzählung gemacht wird. Das ist im Buch Deuteronomium der Fall: Moses Schreiben ist selbstreferentiell auf den Text der Tora bezogen; er schreibt sein eigenes Schreiben.

Diese Verschriftungstheorie wird besonders deutlich in Dtn 31,9–13 herausgearbeitet. Unmittelbar darauf folgt die Ankündigung seines Todes (31,14), was wiederum den Zusammenhang vom Tod des Mose und der Verschriftung der Tora hervorhebt, was mit dem von Aleida Assmann geprägten Begriff der *„Exkarnation"*[25] beschrieben werden kann. Das Deuteronomium greift hier eine Erzählfigur auf, die auch in Ex 24,3–8 mit Moses Verschriftung des Bundesbuchs entfaltet wird:

> Mose schrieb diese Weisung auf und übergab sie den Priestern, den Nachkommen Levis, die die Lade des Bundes JHWHs trugen, und allen Ältesten Israels. Mose gebot ihnen: In jedem siebten Jahr, in einer der Festzeiten des Brachjahres, beim Laubhüttenfest, wenn ganz Israel zusammenkommt, um an der Stätte, die JHWH erwählen wird, vor dem Angesicht JHWHs, deines Gottes, zu erscheinen, sollst du diese Weisung vor ganz Israel laut vortragen. Versammle das Volk – die Männer und Frauen, Kinder und Greise, dazu die Fremden, die in deinen Stadtbereichen Wohnrecht haben –, damit sie zuhören und auswendig lernen und JHWH, euren Gott, fürchten und darauf achten, dass sie alle Bestimmungen dieser Weisung halten! Vor allem ihre Kinder, die das alles noch nicht kennen, sollen zuhören und lernen, JHWH, euren Gott, zu fürchten. Das sollt ihr so lange tun, wie ihr in dem Land lebt, in das ihr jetzt über den Jordan hinüberzieht, um es in Besitz zu nehmen. (Dtn 31,9–13)

---

23 Ebd., 429–430.

24 Lahn / Meister 2008, 91.

25 Assmann 1993.

Mose bevorstehender Tod gibt dem Verschriftungsvorgang den hermeneutischen Rahmen; die Tora des Mose wird nach seinem Tod die Funktion des Offenbarungsmittlers (Dtn 5,23–30) übernehmen und an der Stelle des Mose das Volk über den Jordan ins Verheißungsland begleiten.[26] Damit gehen die beiden zentralen Funktionen des Mose – Prophetie und politische Führung – nicht nur an weitere Gestalten der Geschichte Israels über (vgl. Dtn 31,23), sondern auch an die Tora als Text. Mit der rhetorischen Figur der *mise en abyme*, der Verschriftung durch die Figur des Mose selbst, wird gleichzeitig die Autorität des Mose hervorgehoben und sein Tod kompensiert. Denn der Text der Tora wird schon vor seinem Tod so eng an Mose als Person gebunden, dass er ihn nach dessen Tod zu ersetzen vermag. Die Autorität des Propheten geht auf den von ihm geschriebenen Text über. Mose als Mittlergestalt wird eng an Gott herangerückt, Mose als Schreiber wird zunehmend mit der Tora identifiziert, Mose ist „der Mann, der zum Buch wurde".[27]

4. Metonymie: Die Tafeln vom Sinai

Mose rückt durch die Aktivität des Schreibens nahe an Gott heran. Denn die Verschriftungsnotiz in Dtn 31,9, in der Mose das Subjekt des Schreibens der Tora ist, steht in enger Verbindung mit den Verschriftungsnotizen des Dekalogs in Form der ersten und der zweiten Tafeln (Dtn 5,22; 10,4; vgl. Ex 31,18; 32,15–16; 34,1.28). Kein anderer biblischer Text sagt von sich, er sei von Gott selbst geschrieben – dem Dekalog kommt also in der Inszenierung durch den Text der Tora selbst besondere Autorität zu. Die Form der Verschriftung steigert diesen Gedanken sogar. Gott schreibt nicht mit einer Feder oder einem Keil, sondern mit seinem eigenen Finger, Gott nutzt also seinen eigenen Körper, um diesen Text zu materialisieren.[28] Das Material ist ebenfalls ungewöhnlich: nicht Tierhaut, nicht Papyrus, sondern Stein, was – paradoxal zur Zerstörung der ersten Tafeln durch Mose in Reaktion auf das goldene Kalb (Ex 32,19) – besondere Haltbarkeit verheißt. Offenbarung und Schriftlichkeit einerseits und Gott, der Prophet und die Schreiber andererseits sind eng miteinander verbunden.

> [...] I call revelation a 'scribal construct.' It will be clear by now that this expression was not intended to mean that scribes invented the notion of revelation as such; their invention was rather in the nature of a radical transformation. They used the concept of revelation as an epistemological category to qualify a body of literature. By identifying revelation with a circumscribed group of texts, the scribes shifted the focus of the concept. Until then revelation had been understood as an interaction between superhuman beings

---

26 Vgl. Otto 2017, 2112.

27 Dohmen 2011, bes. 129–136.

28 Vgl. Markl 2021, 278, mit Rekurs auf Rémi Brague.

> and human individuals in which the former imparted knowledge to the latter; in the concept developed by the scribes, revelation became an object rather than an interaction: it was coterminous with a set of texts.[29]

Wenn auch nur für einen kleinen Bereich der Tora, den Dekalog, der dadurch besonders herausgehoben wird, so ist doch auch Gott als Schreiber dargestellt. Offenbarung und Schriftlichkeit werden damit in ein enges Verhältnis zueinander gebracht. Das spiegelt die Kultur einer Schreiberelite wider, die ein schriftorientiertes Konzept von Offenbarung entwickelt und Gott sogar direkt in die Position des Schreibenden bringt. Gott als Schreiber und sein Prophet, der in das Buch hinein verewigt wird, sind die Figuren, die der Schrift höchste Autorität verleihen.

5. Autoritative Texte zwischen Bewahrung und Veränderung

Durch die Textualisierung wird die Offenbarung zum Objekt und ist nicht mehr so sehr Interaktion – so Karel van der Toorn (s. o.). Doch die Qualität der Offenbarung als Beziehungsgeschehen ist nicht verloren gegangen, weder innerbiblisch noch im nachbiblischen Judentum und im Christentum. Alle in den vorangegangenen Ausführungen behandelten Texte zeigen, dass die innerhalb der Bibel als autoritativ angesehenen Texte davon leben, mit Menschen in Interaktion zu treten bzw. durch sie erst lebendig gemacht werden. Die Texte in ihrer Materialität reichen nicht aus, um als autoritative und später kanonische Schriften angesehen zu werden. Die Offenbarung braucht nicht nur die Verschriftlichung, um dann sozusagen in einem Depot verschwinden zu können. Der autoritative Text muss sich immer wieder neue Stimmen leihen, um zu Gehör gebracht zu werden. Die Geschichte vom verlorenen und wiedergefundenen Buch der Tora kann dafür als Gleichnis gelesen werden. Der unter dem Tempel verschüttete Text ist vergessen, sprachlos. Erst die Stimme des Schreibers, der diese Tora zuerst für sich selbst und dann dem König vorliest (2 Kön 22,8.10), ermöglicht dem Text Offenbarung zu sein.

Das festgelegte Set von Texten muss aktualisiert werden, um weiterhin lebendige Sprache des Göttlichen zu bleiben. Wie wir in Dtn 31,9–13 gesehen haben, gehören der Vortrag der Tora und ihre handelnde Umsetzung zum Konzept des *Buchs der Weisung* wesentlich hinzu. An diese Vorstellung knüpft der Entwurf eines Wortgottesdiensts an, wie er in Neh 8 unternommen wird. Esra/Nehemia macht mehrere schriftliche Dokumente zum Thema: „Das Buch entwirft eine

29 Van der Toorn 2009, 231.

umfängliche ‚Welt der Schriftlichkeit'."[30] Dazu gehören neben königlichen Schreiben der Perser auch Texte der judäischen Tradition, auf die man sich beruft. In der Diskussion um die „Reichsautorisation" der Tora als Teil der persischen imperialen Politik nimmt das Buch Esra/Nehemia deshalb eine wichtige Stellung ein. Diese vergleichsweise finale Formierung der Tora in der Perserzeit wird als wesentlicher Schritt auf dem Weg zur Kanonisierung der biblischen Schriften angesehen.

> Mit ihr wurde zum ersten Mal in der Geistesgeschichte des Alten Orients ein Gesetzeskorpus losgelöst von einem König als maßgebliche Größe etabliert und nach und nach so rezipiert: Normative Instanz war im Alten Orient der König, Gesetze boten ihm Hilfestellung bei der Entscheidungsfindung, banden ihn dabei aber nicht. Die perserzeitliche Tora war der erste Gesetzestext der Levante, der für sich selbst Verbindlichkeit beanspruchte.[31]

Mehrere Dokumente belegen, dass die persische Regierung ein dezentrales Konzept der Herrschaftsstabilisierung verfolgte, indem sie lokale Normen autoritativ unterstützte und für einen jeweiligen beschränkten Bereich in Kraft setzte. Auch für die Zusammenstellung und Autorisierung der Tora für die Provinz Juda ist ein solcher Vorgang anzunehmen, wenngleich umstritten ist, wie stark der Anstoß der persischen Zentralinstanz für die Sammlung und Autorisierung der Tora anzusetzen ist.[32] Auch wenn die Vielfalt der Schriftbezüge in Esra/Nehemia nicht auf die Promulgation der Tora zu reduzieren ist,[33] so nimmt doch das Vorlesen der Tora in Neh 8 eine besondere Stellung in der Inszenierung der Schriftautorität ein. Die Umstände sind bemerkenswert: Das Volk versammelt sich und bittet den Schriftgelehrten Esra, „das Buch mit der Weisung des Mose zu holen" (Neh 8,1). Lesung, Unterweisung und Auslegung finden also auf Veranlassung des Volks hin statt.[34]

Die ausdrückliche Bezugnahme auf „das Buch mit der Weisung des Mose" weist darauf hin, dass es sich um ein schriftliches Dokument (ספר, *sefær*) handelt. Die Tora wird aber nicht nur vorgelesen, sondern auch erklärt, „sodass die Leute das Vorgelesene verstehen konnten" (Neh 8,8). Die Erläuterungen werden von einer ganzen Gruppe von Menschen gegeben, sie bleiben nicht auf die eine Person Esra zentriert. Zweierlei wird hier deutlich: Erstens, dass die verbindlichen Texte zu Gehör gebracht werden müssen. Textualität und Performativität sind kein Widerspruch, sondern die Performanz durch das Vorlesen gehört zur

---

30 Häusl 2011, 175.

31 Schmid / Schröter 2019, 169f.

32 Die Quellen und die Diskussionslage fasst Bortz 2019 sehr gut zusammen.

33 S. v. a. Häusl 2011.

34 Nur nebenbei sei bemerkt, dass ausgerechnet dieser Vers in der katholischen Leseordnung, wo Neh 8 am 3. Sonntag des Lesejahres C zu Gehör kommen soll, weggelassen wird. Beginnt man – wie es die Leseordnung vorsieht – mit Neh 8,2, geht die Initiative vom „Priester Esra" aus. Diese unzulässige Reduktion tilgt das Volk Gottes als Subjekt, das das Hören der Tora einfordert und allererst initiiert. Vgl. dazu Hieke 2013b, 83, Anm. 5.

Schrift von Anfang an dazu. Zweitens verweist dieser Abschnitt auf die Auslegungsbedürftigkeit und Auslegbarkeit autoritativer Texte. Sobald ein Traditionsprozess in einen zunehmend verbindlichen Text hinein gerinnt, verlangt dieser Text nach aktualisierender Auslegung und Erklärung, die nur in einer Gemeinschaft vollzogen werden kann. Kanonisierung – um den Gedanken von Jan Assmann aufzugreifen – ist gerade nicht die Fixierung von Sinn, sondern der Impuls zu Weitergabe der Texte und Aktualisierung ihrer Bedeutung. Diese je neue Vergegenwärtigung kann ebenso mit Autorität verbunden werden wie die ursprüngliche Gabe der Tora. Wenn im traditionellen Judentum die schriftliche *und* die mündliche Tora am Sinai gegeben sind, dann ist die Auslegung kein Verfallsprodukt, sondern Teil der Offenbarung. Sie kann, ja sie muss, über den Ursprungssinn des Texts hinausgehen, wie es die bekannte Geschichte von Mose im Lehrhaus des Rabbi Akiva (2. Jhdt. n. u. Z.) ins Bild setzt:

> R. Jehuda sagte im Namen Rabhs: Als Moše in die Höhe stieg, traf er den Heiligen, gepriesen sei er, dasitzen und Kränze für die Buchstaben winden. Da sprach er zu ihm. Herr der Welt, wer hält dich zurück? Er erwiderte: Es ist ein Mann, der nach vielen Generationen sein wird, namens Aqiba b. Joseph; er wird dereinst über jedes Häkchen Haufen über Haufen von Lehren vortragen. Da sprach er vor ihm: Herr der Welt, zeige ihn mir. Er erwiderte: Wende dich um. Da wandte er sich um und setzte sich hinter die achte Reihe; er verstand aber ihre Unterhaltung nicht und war darüber bestürzt. Als jener zu einer Sache gelangte, worüber seine Schüler ihn fragten, woher er dies wisse, erwiderte er ihnen, dies sei eine Moše am Sinai überlieferte Lehre. Da wurde er beruhigt. (bMenachot 29b)[35]

Mose versteht also seine eigene Tora nicht, kann sich aber über diese Irritation beruhigen, als deutlich wird, dass diese auch noch so diffizilen Auslegungen Teil des göttlichen Plans, „eine Moše am Sinai überlieferte Lehre“ seien.[36]

6. Die Performativität der Texte

Bereits in der Bibel selbst und dann in der jüdischen und christlichen Tradition ist die Autorisierung und spätere Kanonisierung von Schriften immer mit Performanz und Aktualisierung verbunden; Bibel als Objekt und als Teil einer Interaktion bilden keine Gegensätze,[37] sondern gehen Hand in Hand. Nirgends in den biblischen Schriften wird der Text als materielles Artefakt verehrt. In zentralen Szenen des Torabezugs (Dtn 31; 2 Kön 22–23; Neh 8) geht es immer um performatives Vorlesen, Auslegen und deutendes Handeln.

Auch dort, wo der materielle Text als Schriftstück zum Thema gemacht wird, ist er von der Lektüre abhängig; der König soll sein „Deuteronomium“

35 Zit. n. Goldschmidt 2002.

36 Vgl. Ehrlich 2004, 34.

37 Anders Häusl 2011, 187–193, bes. 193, im Anschluss an Thomas Willi.

sowohl selbst schreiben als auch „alle Tage seines Lebens“ (Dtn 17,19) darin lesen. Das Wort für „lesen“ ist קרא *(qārāʾ)*, was auch „rufen“ bedeutet und die mündliche Qualität des Lesens in Erinnerung hält. Das Verb kommt in allen hier erwähnten Texten (Dtn 17; 31; 2 Kön 22–23; Neh 8) mehrfach vor. Sowohl *hamiqra* als jüdische Bezeichnung für die hebräische Bibel als auch das Wort *Koran* lassen sich auf diesen Begriff zurückführen, der die mündliche Performanz der heiligen Texte erinnert.

Die scharfe Gegenüberstellung von Schriftlichkeit und Mündlichkeit ist auch dem innerbiblischen Textbefund nicht angemessen. Viel eher gehen Schreiben, Vorlesen und Deuten ineinander über – die Texte werden in Szene gesetzt. Dies entspricht dem historischen Befund einer engen Verschränkung von Oralität und Literalität, einem *„oral-written-interface“*[38], die den gesamten Alten Orient durchzieht. Der schriftliche Text ist eher eine Partitur für den mündlichen Vortrag als ein abgeschlossenes Ganzes. Von daher ist auch kein gesellschaftlicher Übergang von einer mündlichen zu einer schriftlichen Kultur zu konstruieren, wie es in der Religions- und Mentalitätsgeschichte häufig geschehen ist. Demgegenüber steht ein Ansatz, der das Wechselverhältnis von Mündlichkeit und Schriftlichkeit betont.

> Orality and writing technology are joint means for accomplishing a common goal: accurate recall of the treasured tradition. [...]
> Scribal recollection of early traditions was ensured partly through teaching students to read and reproduce written copies of the key traditions. Nevertheless, the aim of the educational process was ultimately the scribe's memorization of the cultural tradition and cultivation of his (or occasionally her) ability to perform it. To use a metaphor from computers, the main point in ancient cultures was not the written texts. They were floppy disks. The point was using such texts, such 'disks,' to transfer the software – key cultural traditions – from one generation of scribal administrators an elite leaders to another.[39]

Die Verschriftlichung dient einerseits als Gedächtnisstütze und bietet andererseits durch die Materialisierung der Traditionsinhalte die Möglichkeit ihrer Veränderung. Denn die in ihrer schriftlichen Form stabilisierten Inhalte sind von Anfang an – also noch im Prozess der Entstehung der biblischen Texte selbst – Aktualisierungs- und Auslegungsprozessen unterworfen. Auf den ersten Blick erscheinen diese Vorgänge paradox, verbinden wir doch eher Mündlichkeit mit Flexibilität und Schriftlichkeit mit Erstarrung. Doch offenbar brauchen Kulturen eine angemessene Balance von Bewahren und Verändern, von Stabilität und Flexibilität, von Kontinuität und Bruch. Die Schriftlichkeit von Traditionsinhalten gibt allererst die Möglichkeit, einen Speicher zu fixieren und die Auslegung zu fördern. Schriftliche Dokumente, insbesondere solche, die in einer kanonischen Form geronnen und verbindlich gemacht sind, erzeugen eine Gleichzeitigkeit, die sich über jahrtausendelange Zeitspannen erstreckt, und damit die „Illusion

38 Carr 2005, 4–8.
39 Ebd., 7.9.

einer zeitlosen Gesprächssituation“[40] herstellt. In diesem stetigen Gespräch bleibt der schriftlich fixierte Text weitgehend stabil, während die nachfolgenden Generationen ihre je neuen Ansprüche und Fragen an ihn formulieren. Die Stabilität des Texts wird etwa in der Wortsicherungsformel betont, in der Forderung, nichts hinzuzufügen oder wegzunehmen (vgl. Dtn 4,2; 13,1; Koh 3,14 u. a.). Gleichzeitig hat jede religiöse Tradition nur dann Bestand, wenn es ihr gelingt, je neue Anforderungen aufzunehmen und darin sich einerseits dem fixierten Kanon anzupassen und ihn andererseits zu überschreiten.[41] So zeigt der Begriff der Tradition zwei voneinander abhängige Gesichter:

> Wenn wir ihn vom Standpunkt von Gedächtnis und Erinnerung aus betrachten, wie es z. B. Maurice Halbwachs getan hat, dann erscheint er als der Gegensatz zum Gelebten, Verkörperten und Kommunizierten und als der Inbegriff des in symbolischen Formen ausgelagerten und von Institutionen verwalteten Wissens. Wenn wir ihn dagegen vom Standpunkt der Schrift aus betrachten wie in der jüdischen und der katholischen Tradition, dann erscheint er als der Gegensatz des schriftlich Fixierten und der Inbegriff des an lebendige Träger gebundenen, inkarnierten Wissens. Der Begriff der Tradition changiert zwischen diesen beiden Extremen der Erinnerung und der Schrift.[42]

Der Veränderungsprozess ist den kanonischen Texten nicht nachträglich, sondern bereits Teil ihres Entstehungsprozesses. Bereits innerhalb der Tora selbst gibt es nicht nur *eine* Gesetzessammlung, sondern deren *drei* (Bundesbuch Ex 20,22–23,33, Heiligkeitsgesetz Lev 17–26 und die deuteronomische Gesetzessammlung Dtn 12–26), die sich im Einzelnen voneinander unterscheiden. Und selbst der von Gott selbst geschriebene Dekalog liegt mit Ex 20 und Dtn 5 in zwei unterschiedlichen Versionen vor. Kanon und Veränderung bedingen einander, der Kanon ist von Anfang an kreativ. Mit den Veränderungen des Sinns entwickeln sich auch die Gemeinschaften weiter, so dass jede auf eine autoritative Schrift bezogene religiöse Gemeinschaft „bereits als Transformation einer früheren Gemeinschaft, der der Kanon diente“[43], gelten kann. Es empfiehlt sich daher Textualisierung und Kanonisierung nicht als zwei voneinander getrennte Epochen anzusehen, sondern als Phasen in einem kontinuierlichen Prozess. So ist die Auslegung kein dem Kanon gegenüber sekundäres Phänomen – weder zeitlich noch im Blick auf die Bedeutung.[44] Dasselbe gilt für die Bezugnahme auf den autoritativen Text. Auch sie ist bereits der Bibel selbst eingeschrieben, lange schon bevor die Texte Bibel wurden.

---

40 Assmann 2000, 100.
41 Vgl. Levinson 2012, 18.
42 Assmann 2000, 81.
43 Levinson 2012, 7.
44 Vgl. ebd., 21.

Literatur

Assmann, Aleida (1993): Exkarnation. Über die Grenze zwischen Körper und Schrift, in: Huber, Jörg / Müller, Alois M. (Hg.): Raum und Verfahren (Interventionen 2), Basel/Frankfurt a. M., 159–181.

Assmann, Jan (2000): Fünf Stufen auf dem Weg zum Kanon. Tradition und Schriftkultur im alten Israel und frühen Judentum, in: Ders.: Religion und kulturelles Gedächtnis. Zehn Studien, München, 81–100.

Ballhorn, Egbert (2007): Das historische und das kanonische Paradigma in der Exegese. Ein Essay, in: Ders. / Steins, Georg (Hg.): Der Bibelkanon in der Bibelauslegung. Methodenreflexionen und Beispielexegesen, Stuttgart, 9–30.

Bortz, Anna Maria (2019): Art. Reichsautorisation, in: Alkier, Stefan u. a. (Hg.): Das wissenschaftliche Bibellexikon im Internet (www.wibilex.de), Zugriff am 28.07.2021.

Braulik, Georg (^{9}2016): Das Buch Deuteronomium, in: Zenger, Erich / Frevel, Christian (Hg.): Einleitung in das Alte Testament (Kohlhammer Studienbücher Theologie 1.1), Stuttgart, 152–182.

Carr, David M. (2005): Writing on the Tablet of the Heart. Origins of Scripture and Literature, Oxford.

De Wette, Wilhelm Martin Leberecht (1805): Dissertatio critico-exegetica qua Deuteronomium a prioribus Pentateuchi libris diversum, alius cuiusdam recentioris auctoris opus esse monstratur, Jena.

Dohmen, Christoph (2011): Mose. Der Mann, der zum Buch wurde (Biblische Gestalten 24), Leipzig.

Ederer, Matthias / Schmitz, Barbara (2017): Exodus. Interpretation durch Rezeption (Stuttgarter Biblische Beiträge 74), Stuttgart.

Ehrlich, Carl S. (2004): Die Bibel im Judentum. Bemerkungen zum Torakommentar von Plaut, in: Ders.: Bibel und Judentum. Beiträge aus dem christlich-jüdischen Gespräch, Zürich, 31–46.

Fischer, Irmtraud (2001): Rut (Herders Theologischer Kommentar zum Alten Testament), Freiburg i. Br.

Fischer, Irmtraud (2002): Gotteskünderinnen. Zu einer geschlechterfairen Deutung des Phänomens der Prophetie und der Prophetinnen in der Hebräischen Bibel, Stuttgart.

Goldschmidt, Lazarus (2002): Der babylonische Talmud. Band I-XII, Darmstadt (Erstauflage 1929–1936).

Häusl, Maria (2011): „Eine Schriftrolle, darin ist geschrieben" (Esr 6,2). Zur Bedeutung der Schriftlichkeit im Buch Esra/Nehemia, in: Gaß, Erasmus (Hg.): „Ich werde meinen Bund mit euch niemals brechen!" (Ri 2,1). Festschrift für Walter Groß zum 70. Geburtstag (Herders biblische Studien 62), Freiburg i. Br., 175–194.

Hieke, Thomas (2013a): Jedem Ende wohnt ein Zauber inne ... Schlussverse jüdischer und christlicher Kanonausprägungen, in: Ders. (Hg.): Formen des Kanons. Studien zu Ausprägungen des biblischen Kanons von der Antike bis zum 19. Jahrhundert (Stuttgarter Bibelstudien 228), Stuttgart, 225–252.

Hieke, Thomas (2013b): Worauf es bei der Wortverkündigung ankommt. Der „ideale Wortgottesdienst" von Nehemia 8, in: Bibel und Kirche 68.2, 82–86.

Hossfeld, Frank L. / Zenger, Erich (2010): Überlegungen zur Davidisierung des Psalters, in: Dahmen, Ulrich (Hg.): Juda und Jerusalem in der Seleukidenzeit. Herrschaft – Widerstand – Identität (Festschrift für Heinz-Josef Fabry; Bonner Biblische Beiträge 159), Göttingen, 79–90.

Kleer, Martin (1996): „Der liebliche Sänger der Psalmen Israels". Untersuchungen zu David als Dichter und Beter der Psalmen (Bonner Biblische Beiträge 108), Bodenheim.

Lahn, Silke / Meister, Jan Christoph (2008): Einführung in die Erzähltextanalyse, Stuttgart.

Levinson, Bernard M. (2012): Der kreative Kanon. Innerbiblische Schriftauslegung und religionsgeschichtlicher Wandel im alten Israel, Tübingen.

Markl, Dominik (2020): The Ambivalence of Authority in Deuteronomy: Reaction, Revision, Rewriting, Reception, in: Cristianesimo nella storia 41, 427–461.

Markl, Dominik (2021): Media, Migration, and the Emergence of Scriptural Authority, in: Zeitschrift für Theologie und Philosophie 143, 261–283.

Mroczek, Eva (2017): The Literary Imagination in Jewish Antiquity, Oxford.
Müllner, Ilse (2021): Tora – Prophetie – Königtum. Machtkritik aus dem Ersten Testament, in: Reisinger, Doris (Hg.): Gefährliche Theologien. Wenn theologische Ansätze Machtmissbrauch legitimieren, Regensburg, 16–34.
Na'aman, Nadav (2011): The „Discovered Book“ and the Legitimation of Josiah's Reform, in: Journal of Biblical Literature 130.1, 47–62.
Neuber, Carolin (Hg.) (2018): Der immer neue Exodus. Aneignungen und Transformationen des Exodusmotivs (Stuttgarter Bibelstudien 242), Stuttgart.
Otto, Eckart (2016): Deuteronomium 12,1–23,15 (Herders Theologischer Kommentar zum Alten Testament), Freiburg i. Br. u. a.
Otto, Eckart (2017): Deuteronomium 23,16–34,12 (Herders Theologischer Kommentar zum Alten Testament), Freiburg i. Br. u. a.
Schmid, Konrad / Schröter, Jens (2019): Die Entstehung der Bibel. Von den ersten Texten zu den heiligen Schriften, München.
Steins, Georg (2003): Der Bibelkanon als Denkmal und Text. Zu einigen methodologischen Aspekten kanonischer Schriftauslegung, in: Auwers, J.-M. / De Jonge, H. J. (Hg.): The Biblical Canons (Bibliotheca Ephemeridum theologicarum Lovaniensium 163), Leuven, 177–198.
Van der Toorn, Karel (2009): Scribal Culture and the Making of the Hebrew Bible, Cambridge, Mass.
Weber, Beat (2015): Das königlich-davidische Danklied 2 Samuel 22 / Psalm 18 im Kontext von Psalm 1–18. Eine (proto)kanonische Lesung vom Ende der Samuelbücher her zum Anfangsbereich des Psalters hin, in: Attard, Stefan / Barbiero, Gianni (Hg.): „Canterò in eterno le misericordie del Signore“ (Sal 89,2). Studi in onore del prof. Gianni Barbiero in occasione del suo settantesimo compleanno (Analecta biblica Studia 3), Rom, 187–204.
Weidner, Daniel (2016): Der Tod und der Text. Dtn 34 als kulturtheoretische Urszene, in: Klumbies, Paul-Gerhard / Müllner, Ilse (Hg.): Bibel und Kultur. Das Buch der Bücher in Literatur, Musik und Film, Leipzig, 9–33.
Zenger, Erich / Frevel, Christian ([9]2016): Heilige Schrift der Juden und der Christen, in: Dies. (Hg.): Einleitung in das Alte Testament (Kohlhammer-Studienbücher Theologie 1.1), Stuttgart, 11–36.

(K)ein Ende des „Alten Bundes"? Paulinische Schrifthermeneutik in 2 Kor 3

Andrea Taschl-Erber

Welche Bedeutung hat das „Alte Testament"[1] für Christ_innen?[2] – Wie lässt sich diese fundamentale Frage im Horizont des 1. Jh. beantworten, mit Blick auf die aus unterschiedlichen Kontexten stammenden Anhänger_innen Jesu? Welche Rolle spielen die Schriften Israels in neutestamentlichen Texten,[3] wie wird die „Tora"[4] ausgelegt? Inwieweit besitzt sie identitätsstiftende Relevanz für neutestamentliche Verfasser- und Adressat_innenkreise? Lässt sich gemäß dem Standpunkt traditioneller Exegese aus den Paulusbriefen etwa ein Abschied vom „Gesetz" herauslesen?

Eine wirkmächtige Rezeption erzielte die Auslegung des Paulus[5] in *2 Kor 3–4*. Plastisch tritt die im Lauf der Jahrhunderte dominant gewordene antijudaistische Interpretationslinie – mit ihren fatalen Folgen–[6] in der typischen mittelalterlichen Ikonographie der (in Bezug auf Christus verblendeten) Synagoge vor

---

1 Zur Diskussion um die Benennung des ersten Kanonteils der christlichen Bibel s. Zenger 2012.

2 Siehe zur Debatte, die sich angesichts der Infragestellung von dessen kanonischer Geltung durch Slenczka 2013, 83–119, entzündete, z. B. Liss 2015; Schwienhorst-Schönberger 2015; 2016; Hartenstein 2016; Tück 2016; Gerhards 2017; Langer 2017; Oeming 2017.

3 Hier verweise ich hinsichtlich der grundlegenden Zielrichtung auf meine Habilitationsschrift: Schriftauslegung im Neuen Testament – Angelpunkt für „the Parting of the Ways"? Fallstudien zur Rezeption alttestamentlicher Traditionen, Motive und Figuren (Graz 2017).

4 Zum komplexen und variierenden Konzept von „Tora" (nicht schlechthin identisch mit einem fixen Textkorpus, neben der Sinai-Tora oder dem Pentateuch auch im Sinne eines weiteren Offenbarungsbegriffs verwendet) in der Zeit des Zweiten Tempels siehe z. B. Zenger 1996; Tiwald 2014, 295–314; Gillmayr-Bucher / Häusl 2017.

5 Durchaus in der Ambivalenz von *Genitivus subiectivus/obiectivus* zu verstehen.

6 Vor dem Hintergrund alter und neuer Antisemitismen ist stets auch auf eine entsprechende Verantwortlichkeit antijudaistischer Auslegung neutestamentlicher Texte hinzuweisen. Als der Vortrag im Rahmen der Ringvorlesung am 14.11.2018 in unmittelbarer zeitlicher Nähe zum 80-jährigen Gedenken des Novemberpogroms (9./10. November 1938) gehalten wurde, zeigte sich angesichts des Attentats auf eine Synagoge in Pittsburgh am 27.10.2018 eine erschreckende Aktualität. Am 9. Oktober 2019 ereignete sich an Jom Kippur ein (versuchtes) Attentat auf eine Synagoge in Halle, das wiederum Menschenleben forderte. Die Kette antisemitisch motivierter Gewalttaten ist bis in die Gegenwart nicht abgerissen.

Augen, wie sie, klassischer Substitutionstheologie entsprechend, beispielsweise am Südportal des Straßburger Münsters zu sehen ist.[7]

Abbildung 1: Ecclesia mit Krone, Bildrechte: Claude Truong-Ngoc (https://commons.wikimedia.org/w/index.php?curid=19005458).

Abbildung 2: Synagoge mit verbundenen Augen, Bildrechte: Vassil, Public Domain (https://commons.wikimedia.org/w/index.php?curid=1749243).

Während die gekrönte Ecclesia, mit dem Kelch als Zeichen des „Neuen Bundes“ (vgl. 1 Kor 11,25 etc.) in der Hand, stolz ihr Haupt hebt, trägt die Synagoge, mit

7 Vgl. auch Wacker 2018.

dem „Gesetz“ in der Hand als Symbol des „Alten Bundes“, eine Binde über den Augen (vgl. 2 Kor 4,4; außerdem Röm 11,7–10), ihre Lanze ist zerbrochen.

Die herkömmliche Auslegung trägt in den Text einen schon vollzogenen Bruch mit Israel durch Christus als „Ende“ des „Alten Bundes“ (so noch in der alten Einheitsübersetzung von 1980 zu lesen, deren Interpretation bis zumindest 2016 die Lesart dominierte) ein. Eine solche Position ist im Horizont des christlich-jüdischen Dialogs unhaltbar geworden. Aber wie ist mit den Aussagen in 2 Kor 3–4 umzugehen, die scheinbar eine solche Sicht suggerieren?

Da es wesentlich auf die hermeneutische Brille ankommt, mit der heute die entsprechenden Texte gelesen werden, wird im Folgenden einleitend der *hermeneutische Rahmen der neueren Paulusperspektive* abgesteckt (1.), bevor (2.) eine *intertextuelle Analyse von 2Kor 3* als midraschähnlicher Relektüre alttestamentlicher Prätexte erfolgt (auch über die klassischen Referenztexte Ex 34; Jer 31; Ez 36 hinaus). Dabei ist Paulus des Weiteren in zeitgenössischer jüdischer Schriftauslegung zu verorten: Wo werden Rezeptionslinien fortgeschrieben, wo weicht er ab? Die intertextuelle Lektüre rekurriert auch auf andere (unumstrittene) Paulusbriefe als diskursiven Rahmen für z. B. die Gesetzestheologie. In der Schlussbilanz (3.) erhebt sich die *Frage heutiger Tragfähigkeit der paulinischen Schrifthermeneutik.*

1. Einleitung

1.1 Paulus receptus / Paul the Jew

Angesichts alter und neuer Antijudaismen gilt es den *jüdischen* Horizont neutestamentlicher Autor_innen immer wieder neu herauszustellen und gegenüber einem einschlägig interpretierten *Paulus receptus*, der in Abgrenzungsdiskursen gegenüber (zugleich konstruierter) „jüdischer Identität“ instrumentalisiert wurde, „Paul the Jew“[8] auf der Spur zu sein. – Dies betrifft gerade auch Stellen, die offenbar eine antijüdische Sicht suggerieren und diese in der Rezeptionsgeschichte haben wirkmächtig werden lassen. Gemäß der (mittlerweile nicht mehr ganz so neuen) *New Perspective*[9] wird Paulus ja nicht mehr im Gegensatz oder Gegenüber, sondern *innerhalb* des Judentums – oder besser: pluraler *Judaismen*[10] im

---

[8] So der Titel des von Gabriele Boccaccini und Carlos A. Segovia herausgegebenen Bandes, basierend auf dem Nangeroni Meeting des jüdisch-christlichen Enoch Seminars 2014 in Rom. Siehe z. B. auch Boyarin 1994 oder Tiwald 2008.

[9] Siehe Dunn 2005.

[10] Die im Deutschen sperrige plurale Formulierung (siehe auch „Judentümer“) ist in der englischsprachigen Literatur mittlerweile geläufig („Judaisms“). Vgl. etwa Neusner, u. a. 1987.

1. Jh. – verortet.[11] Wenn Paulus sich als Jude versteht,[12] jüdisch denkt und lebt, sind also auch die paulinischen Texte vor diesem Hintergrund zu lesen – *innerhalb* jüdischer Traditionen und nicht *gegen* sie –, auch wenn die Position des „Apostels der Völker“ in Konflikt mit *anderen* jüdischen Sichtweisen geriet, und zwar auch *innerhalb* der Jesusbewegung, wo andere Vertreter_innen und Gruppen um die Auflösung jüdischer Identität – oder ihrer Sicht davon – fürchteten.

1.2 *Identitätsdiskurse in der paulinischen ekklesia: Parting of the Ways?*

Gerade auch in den Gegnerkonstruktionen paulinischer Texte spiegeln sich solche diskursiven Prozesse im Ringen um die Identität der sich im Namen Jesu versammelnden Gemeinschaft. In einer radikal universalen Perspektive, die sich etwa aus ersttestamentlichen prophetischen Visionen speist, inkludiert die paulinische *ekklesia* in die messianische *jüdische* Bewegung zunehmend Menschen aus *nichtjüdischen* Kontexten, die einen wichtigen Teil der Briefadressat_innen ausmachen. Aber die paulinische *ekklesia* ist nicht *ohne* jüdische Anhänger und Anhängerinnen Jesu zu denken, wie etwa an Gal 3,28 sichtbar wird, wo Paulus auf eine *Synthese* von Ἰουδαῖοι und Ἕλληνες abhebt – in Aufhebung einer hierarchisierenden Differenzierung (nicht der Differenz als solcher). In paulinischen Gemeinden begegnen einander Menschen jüdischer und nichtjüdischer Herkunft – mit allen Herausforderungen bezüglich einer diese verbindenden Mahlgemeinschaft. Wie es in der Jesusbewegung mit klassischen jüdischen Identitätsmarkern für „die aus den Völkern“ steht, ist Gegenstand intensiver Debatten in den paulinischen Briefen.

Erst *retrospektiv* lassen sich allerdings zwischen „jüdisch“ und „christlich“ Grenzen ziehen, die aus späteren Identitätsbildungsprozessen in wechselseitiger Abgrenzung resultieren. Eine anachronistische „Trennung der Wege“ ist daher nicht in die neutestamentlichen Texte einzutragen.[13] So wird auch das gegenüber dem Substitutionsmodell angemessenere Paradigma eines „Parting of the Ways“[14] angesichts des dahinter stehenden *frame* linearer bzw. punktueller Entwicklungen kritisch hinterfragt.[15] Im 1. Jh. (und auch noch weit darüber hinaus)

---

11 Fredriksen 2014, 51, formuliert schlaglichtartig: „The paradigm shifted from Paul *against* Judaism to Paul *and* Judaism. That perspective is shifting yet again, from Paul *and* Judaism to Paul *within* Judaism.“

12 Vgl. Phil 3,5; Gal 1,13–14; Röm 11,1.

13 Aus der Perspektive des jüdischen Paulus verweist die Redeweise von „altem“ und „neuem Bund“ auch nicht auf einen simplen Gegensatz von jüdisch versus christlich.

14 Siehe bes. Dunn 1992; Ders. ^{2}2006 (1991).

15 Vgl. z. B. Himmelfarb 1993, 47–61; Lieu 1994, 101–119; Becker / Reed 2003; Reinhartz 2006, 280–295; Nicklas 2015, 35–47.

sind Identitätskonstruktionen *fließend*, auch wenn die sich im NT spiegelnden Diskurse Anhaltspunkte für spätere „Border Lines"[16] bieten.

Vor diesem Hintergrund möchte ich in einer textbasierten Detailuntersuchung von 2 Kor 3 (mit zum Verständnis nötigen Querverweisen zum damit in Verbindung stehenden Anfang von 2 Kor 4) einige Aspekte des vielschichtigen Textes erörtern, ohne in diesem Rahmen eine umfassende Exegese liefern zu können, unter der leitenden Frage: Wie lässt sich 2 Kor 3 in einem jüdischen oder „jüdisch-christlichen" Kontext des 1. Jh. lesen?

2. Intertextuelle Analyse von 2 Kor 3

2.1 Der Brief Christi: Tafeln aus Stein – Herzen aus Fleisch (V. 1–3)

Im größeren Kontext der Verteidigung seines apostolischen Dienstes betont Paulus, dass er nicht – „wie manche" – konventionelle Empfehlungsschreiben nötig hat (V. 1): „Unser Brief seid ihr" (V. 2), spricht er seine Adressat_innen an. Damit wechselt er auf die metaphorische Ebene. Dieser *Brief* wird nicht in herkömmlicher Weise, mit den üblichen und auf die üblichen Materialien geschrieben und doch, in universaler Entgrenzung, „von allen Menschen erkannt und gelesen" (im Griechischen ein Wortspiel: γινωσκομένη καὶ ἀναγινωσκομένη). Das sichtbare Zeugnis der Existenz der korinthischen *ekklesia* in ihrer pneumatischen Lebendigkeit (der Brief wird in V. 3 „durch den Geist des lebendigen Gottes" geschrieben) legitimiert den Apostel. Mit der Gegenüberstellung von physischem Brief und Briefmetapher unterscheidet Paulus bereits eingangs die Ebene des buchstäblich Geschriebenen und die pneumatische Ebene, die seiner *diakonia*, seiner Beauftragung, entspricht.

In V. 3 differenziert er: Tatsächlich handelt es sich um einen Brief *Christi*, den er in dessen Auftrag besorgt bzw. *übermittelt*. Mit dem Verb διακονέω, das samt den substantivischen Derivaten der Wortwurzel διάκονος, διακονία, die im Folgenden auftauchen, auf Boten- und Vermittlungsdienste in beauftragter Funktion verweist,[17] wird das Leitthema der *diakonia* des Apostels in 2 Kor 3 eröffnet.[18]

Diese wird vor der Folie des paradigmatischen *Mittlers* Mose skizziert. Denn die *steinernen Tafeln*, mit denen Paulus am Ende von V. 3 das Bildfeld erweitert

---

16 So der Titel des einflussreichen Werkes von Boyarin 2004.

17 Siehe dazu die Studie von Hentschel 2007.

18 Siehe 2 Kor 3,3 (διακονηθεῖσα); 3,6 (διακόνους); 3,7–9 (ἡ διακονία, wiederaufgenommen in 4,1: τὴν διακονίαν ταύτην).

(ἐγγεγραμμένη [...] οὐκ *ἐν πλαξὶν λιθίναις*),[19] beziehen sich eindeutig auf die – in der Griechischen Bibel stereotyp so bezeichneten – Gesetzestafeln, die Gott Mose auf dem Sinai übergibt (Ex 31,18; vgl. Dtn 9,9–11) und mit denen jener vom Berg herabsteigt (Ex 32,15–16). Nach der Episode mit dem Goldenen Kalb soll Mose in Ex 34 die zerschmetterten ersten Tafeln erneuern. In der Gottesgegenwart auf dem Berg schreibt er in Ex 34,28 (in Dtn 10,4 ist es JHWH)[20] auf die Tafeln – die nun als Tafeln *des Bundes* (in der Septuaginta [LXX]: ἐπὶ τῶν πλακῶν *τῆς διαθήκης*) bezeichnet werden – „die zehn Worte", τοὺς δέκα λόγους (siehe die Wendung τὰς *λιθίνας πλάκας διαθήκης* in Dtn 9,9.11)[21]. Mit den steinernen Tafeln ist also bereits vorwegnehmend[22] der Bundesgedanke eingespielt.

Wenn der Brief „durch den Geist des lebendigen Gottes" statt „auf die Tafeln aus Stein" „auf/in Herzen aus Fleisch als Tafeln" geschrieben wird (vgl. zum Bild Spr 7,3)[23], wird wie in Jer 31 (38 LXX) dem (gebrochenen)[24] Sinaibund der *neue Bund*, die διαθήκη καινή gegenübergestellt, wo Gott die Tora „auf/in ihr(e) [i. e. der Israelit_innen] *Herz(en)*" schreibt (Plural in V. 33 LXX: ἐπὶ *καρδίας* αὐτῶν γράψω[25]).

Die „Herzen aus Fleisch" (καρδίαις σαρκίναις) wie auch der „Geist" lassen wiederum an Ez 11,19/36,26–27 denken: Bei der Sammlung Israels aus den Völkern gibt Gott seinen *Geist* (LXX: *πνεῦμα* καινὸν δώσω) und tauscht „das Herz *aus Stein*" (LXX: τὴν καρδίαν τὴν *λιθίνην*) durch ein „*Herz von Fleisch*" (LXX: *καρδίαν σαρκίνην*) – damit sie Gottes Anordnungen und Rechtsvorschriften erfüllen (11,20/36,27).

---

19 In Folge der zuerst erwähnten Tinte als Schreibmaterial wäre ja Papyrus für einen Brief zu erwarten. Aufgrund der Verschiebung im Bildfeld erhebt sich die Frage, welche Rolle die steinernen Gesetzestafeln im vorliegenden Kontext für den Autoritätsausweis der von Paulus anvisierten Konkurrenz spielen.

20 Um die Tafeln als „Werk Gottes" auszuweisen (Ex 32,16 LXX: καὶ αἱ πλάκες *ἔργον θεοῦ* ἦσαν), treten auch in Ex ähnliche Sprachformen zu Tage: Ex 31,18 LXX bezeichnet die Tafeln als τὰς δύο πλάκας τοῦ μαρτυρίου, *πλάκας λιθίνας* (wieder aufgenommen in 32,15) *γεγραμμένας* τῷ δακτύλῳ τοῦ θεοῦ („die zwei Tafeln des Zeugnisses, *steinerne Tafeln, beschrieben* mit dem Finger Gottes"), Gottes Schrift ist in 32,16 *auf die Tafeln* (LXX: *ἐν* ταῖς *πλαξίν*) eingraviert. Ebenso kündigt Gott in Ex 34,1 (par. Dtn 10,1–2) an, auf die neuen δύο *πλάκας λιθίνας* die Worte, die auf den ersten Tafeln (*ἐν* ταῖς *πλαξίν*) standen, zu schreiben (γράψω).

21 Hier vor der Episode mit dem Kalb.

22 Von der Struktur her ist der Text dadurch gekennzeichnet, dass sich am Ende der einzelnen Abschnitte (3,3.6.11.18; 4,6) jeweils „*leitsatzartige Formulierungen* mit Überschriftcharakter" (Theobald 1982, 170) finden, die mit Motivvorwegnahmen das nächste Thema vorankündigen (im Lesefluss aber zunächst Fragen offen lassen). Mit den darauf folgenden „Zäsuren markierenden ‚*Gelenkversen*'" (ebd.) wird überleitend der vorangegangene Gedanke rekapituliert und eine neue Argumentationsfigur eröffnet (3,4.7.12; 4,1.7).

23 Hier als Imperativ: „achte meine Gebote, und du wirst leben [...] (Spr 7,2) [...], schreib sie auf die Tafel deines Herzens (V. 3 LXX: [...] ἐπίγραψον δὲ ἐπὶ τὸ πλάτος τῆς καρδίας σου)".

24 Philo, De vita Mosis 2,271 bezeichnet das Volk als blind (τυφλός).

25 Im Jer-Zitat in Hebr 8,10: ἐπιγράψω.

Die in Stein gemeißelte Tora wird in der neuen *diatheke*[26] als neuer „(Heils-) Setzung“ bzw. „Verfügung“ natürlich nicht ungültig, sondern durch die Verinnerlichung kann sie tatsächlich verwirklicht werden.

Paulus sieht in dem (von ihm übermittelten) *auf die Herzen geschriebenen*[27] pneumatischen „Brief Christi“ – als Dokument der Leben spendenden Wirkung des Geistes (als eschatologischer Gabe) in der Gemeinde – die prophetischen Verheißungen mit ihrem um das Herz kreisenden Motivfeld der neuen διαθήκη (in einer über das buchstäbliche Israel hinausgehenden Perspektive) erfüllt.

Entsprechend wendet er in Röm 2 Jer 31,33 in einem inkludierenden Vorstellungszusammenhang auf die Völker an:

> (14) wann immer nämlich Völker (ἔθνη), die das Gesetz nicht haben (τὰ μὴ νόμον ἔχοντα), von Natur aus (φύσει, analog zum stoischen Naturgesetz) das [Geforderte] vom Gesetz (τὰ τοῦ νόμου) tun (ποιῶσιν), sind diese, obwohl sie das Gesetz nicht haben, sich selbst Gesetz: (15) welche anzeigen, dass das ‚Werk‘ (verbal als Wirken im Sinn von: die Praxis) des Gesetzes (τὸ ἔργον τοῦ νόμου) *in/auf ihre Herzen geschrieben* (γραπτὸν ἐν ταῖς καρδίαις αὐτῶν) ist [...].

Im Horizont der Tora-Diskurse in der Periode des Zweiten Tempels kann das keineswegs statische Konzept von νόμος, „Gesetz“ (der Begriff taucht in 2 Kor 3 nicht auf, mit der Figur des Mose und den Bundestafeln aber ist das Thema präsent[28]), als Manifestation des Willens Gottes (vgl. Röm 2,18), *weit* gefasst sein.

In Röm 2,26–27 geht es ähnlich um „die Unbeschnittenheit aus der Natur“ (ἡ ἐκ φύσεως ἀκροβυστία), „die physische Unbeschnittenheit“, „die das Gesetz *erfüllt*“ (τὸν νόμον *τελοῦσα*).[29] Röm 2,29 spricht metaphorisierend von einer „Beschneidung des *Herzens*“ (περιτομὴ *καρδίας*), „durch den *Geist*, *nicht* dem *Buchstaben* nach“ (ἐν *πνεύματι οὐ γράμματι*, vgl. dazu 2 Kor 3,6). Die Vorstellung der Herzensbeschneidung kann u. a. auf Dtn 30,6 rekurrieren, im Rahmen der letzten Verfügungen des Mose beim Moabbund (vgl. außerdem etwa Dtn 10,16; Jer 4,4; Jub 1,23).

---

26 Um herkömmliche Konnotationen zu vermeiden bzw. aufzubrechen, braucht es alternative Übersetzungen. Die Beibehaltung des griechischen Terminus διαθήκη soll ebenso vorschnellen begrifflichen Festlegungen entgegenwirken.

27 Zur textkritischen Diskussion um ἐν ταῖς καρδίαις *ἡμῶν/ὑμῶν* in V. 2 siehe Schmeller 2010, 175–177.

28 Siehe dazu die begriffliche Verbindung in Ex 24,12 LXX: καὶ δώσω σοι τὰ πυξία *τὰ λίθινα*, *τὸν νόμον* καὶ τὰς ἐντολάς, ἃς ἔγραψα νομοθετῆσαι αὐτοῖς. Die Sinai-Tafeln stehen *pars pro toto* für die mosaische Tora (den Pentateuch), um deren Verlesung es dann in 2 Kor 3,14–15 geht.

29 Die Formulierung in V. 26: „wenn also ‚die Unbeschnittenheit‘ (ἡ ἀκροβυστία) die *Rechtsforderungen* des Gesetzes *hält* (*τὰ δικαιώματα* τοῦ νόμου *φυλάσσῃ*)“ entspricht u. a. Ez 11,20 (*τὰ δικαιώματα* μου *φυλάσσωνται* καὶ ποιῶσιν αὐτά). In Röm 2,26 wird gefolgert: „wird nicht seine Unbeschnittenheit zur Beschneidung gerechnet werden?“ (οὐχὶ ἡ ἀκροβυστία αὐτοῦ εἰς περιτομὴν λογισθήσεται;). Die hier anklingende Provokation lässt sich umgekehrt am Anspruch ermessen, den Gal 2,15 spiegelt: „Wir sind *von Natur* (φύσει) Juden und nicht Sünder aus den Völkern.“ Vgl. Röm 2,17–20.

Somit knüpft Paulus an biblische Vorstellungshorizonte an, wendet aber klassische Kategorien jüdischer Identitätsbestimmung inklusiv auf die ἔθνη an. Ein Vorbild dafür findet sich beispielsweise bereits in Jes 56,1–8, wo auch die Fremden, die sich JHWH angeschlossen haben und an seinem Bund festhalten (indem sie z. B. den Sabbat praktizieren), dezidiert nicht ausgeschlossen sind (V. 7: „denn mein Haus wird ein Haus des Gebets für alle Völker genannt") – die Sammlung geht über Israel hinaus (V. 8; vgl. Jes 66,18–23 oder Sach 2,15).

2.2 *Beauftragter des neuen Bundes: tötender Buchstabe – lebendig machender Geist (V. 4–6)*

Bereits in 2 Kor 3,3 ist aufgrund der ersttestamentlichen Intertexte also das Thema Bund und Bundes*erneuerung* (so de facto schon in Ex 34 bei den zweiten Steintafeln – wie hier auch die „Gnadenformel"[30] in V. 6 Gottes Barmherzigkeit herausstellt) implizit platziert. *Explizit* spricht Paulus in 2 Kor 3,6 von seiner Befähigung[31] durch Gott als „Übermittler"[32] *des neuen Bundes*: Die καινὴ διαθήκη rekurriert auf Jer 38,31 LXX.[33]

Die knappe Formel „nicht des Buchstabens, sondern des Geistes" (οὐ γράμματος ἀλλὰ πνεύματος), die etwa auch in Röm 2,29 begegnet (daneben in 7,6: ἐν καινότητι *πνεύματος* καὶ *οὐ* παλαιότητι *γράμματος*), zielt auf die pneumatische Dimension des neuen Bundes (Ez 36 und Jer 31 [38 LXX] zusammengelesen). Die Differenzierung muss aber nicht bedeuten, dass – um im Bildfeld zu bleiben – das auf den Steintafeln Geschriebene (γράμμα) durch den Geist (πνεῦμα) schlechthin obsolet geworden wäre. Auch die „Herzensbeschneidung", im AT als Verinnerlichung der Tora, schließt die physische Beschneidung (des

30 In der Theophanie am Sinai, die Gott Mose nach seiner Bitte um ein Zeichen seiner Gnade und Gegenwart (Ex 33,18: „lass mich deine Herrlichkeit sehen") gewährt, folgt dem Gottesnamen eine Wesensdefinition, die Gottes Erbarmen und Gnade, die Wegnahme von Schuld und Sünde fokussiert (34,6–7; vgl. 33,19). Die Formel findet sich quer über alle Kanonteile (Neh 9,17; Ps 86,15; 103,8; 145,8; Joel 2,13; Jona 4,2; vgl. auch Mi 7,18–20; Sir 2,11).

31 Das Leitwort „Eignung" in V. 5–6 (οὐχ ὅτι ἀφ' ἑαυτῶν *ἱκανοί* ἐσμεν [...], ἀλλ' ἡ *ἱκανότης* ἡμῶν ἐκ τοῦ θεοῦ, ὃς καὶ *ἱκάνωσεν* ἡμᾶς διακόνους καινῆς διαθήκης; vgl. 1 Kor 15,9: οὐκ εἰμὶ *ἱκανὸς* καλεῖσθαι ἀπόστολος) bezeichnet ein Grundproblem des größeren Argumentationszusammenhangs (siehe auch 2 Kor 2,16: τίς *ἱκανός*;). Paulus stellt sich damit gerade in die Tradition des Mose: vgl. den stereotypen Einwand bei Prophetenberufungen, z. B. Ex 4,10 (LXX: οὐχ *ἱκανός* εἰμι; analog auch der Täufer in Mk 1,7).

32 Die Pluralform lässt sich wie die umgebenden Wir-Aussagen als „schriftstellerischer Plural" verstehen.

33 Für die adressierten Korinther_innen klingt auch die Abendmahlstradition von 1 Kor 11,25 an. Zur zeitgenössischen Redeweise von einem „neuen" oder erneuerten Bund sind ferner die Belege aus Qumran (CD VI,19; VIII,21; XIX,33; XX,12; 1Q34 II,5–8) zu beachten, wo die Gesetzesauslegung gegenüber der paulinischen stark differiert.

jüdischen Teils in der paulinischen *ekklesia*) nicht aus: Mit der inklusiven metaphorisierenden Interpretation (basierend auf entsprechenden Diskursen bezüglich Tora-Praktiken im hellenistischen Diasporajudentum)[34] *öffnet* Paulus diesen klassischen jüdischen *identity marker* auf die Völker hin. Mit der buchstäblichen Interpretation verbinden sich hingegen exklusivistische Heilsansprüche, die er anprangert.[35] Ein wesentliches Movens in der Rhetorik des „Völkerapostels" ist der Heils*universalismus*, begründet im monotheistischen Bekenntnis (siehe Röm 3,29: „Oder ist Gott allein [Gott] der Juden? Nicht auch der Völker?").

Warum aber „tötet" in der rhetorisch ausgefeilten Antithese am Ende von 2 Kor 3,6[36] der „Buchstabe" – während der (in V. 3 schon als „πνεῦμα des lebendigen Gottes" bezeichnete) „Geist" „lebendig macht"[37]? In der Folge wird in 2 Kor 3,7–9 die *diakonia* des Mose, „in Buchstaben/Schrift, eingemeißelt (in) Steine(n)" (V. 7), als Übermittlung von *Verurteilung* (V. 9 ἡ διακονία τῆς κατακρίσεως) und *Tod* (V. 7 ἡ διακονία τοῦ θανάτου) antithetisch der *diakonia* des Paulus als Übermittlung von (lebendig machendem) *Geist* (V. 8 ἡ διακονία τοῦ πνεύματος) und *Gerechtigkeit* (V. 9 ἡ διακονία τῆς δικαιοσύνης) gegenübergestellt. Aus der in diesem kontrastiven Koordinatensystem situierten „*diakonia* des Todes" wiederum entwickelte die Rezeptions- und Auslegungsgeschichte eine generelle Inferiorität des von Mose vermittelten Gesetzes auf den Bundestafeln.

Die Verknüpfung der Tora mit der Antithese von *Leben und Tod* findet sich schon im Dtn: Hier besteht eine Grundfigur darin, dass das Halten der Tora *Leben* bringt – das Nichthalten entsprechend *Tod*.[38] Explizit wird die Alternative Leben/Tod formuliert in Dtn 30 (wieder beim Moabbund), zunächst in V. 15 (zitiert nach der LXX):

> Siehe, ich habe gegeben vor dein Angesicht heute *das Leben* und *den Tod* (*τὴν ζωὴν καὶ τὸν θάνατον*), das Gute und das Böse (τὸ ἀγαθὸν καὶ τὸ κακόν).

---

34 Siehe dazu etwa Philos Kritik an den radikalen „Allegoristen" in De migratione Abrahami 89–94.

35 Vgl. Dunn 1995, 471. Das Israel von Gott anvertraute „Gesetz" (vgl. Röm 3,2; 9,4) ist auch nur ein scheinbares Privileg gegenüber den Völkern: So wird der in Röm 3,1 erwähnte Vorzug (τὸ περισσὸν τοῦ Ἰουδαίου) in V. 9 in Frage gestellt (προεχόμεθα;). Die Beschneidung nützt nach Röm 2,25 nur, wenn die Tora praktiziert wird (ἐὰν νόμον πράσσῃς): „wenn du aber ein Gesetzesübertreter bist, so ist deine Beschneidung ‚Unbeschnittensein' geworden (ἡ περιτομή σου ἀκροβυστία γέγονεν)." Zur „pädagogischen" Funktion der Tora siehe Gal 3,24 (παιδαγωγὸς ἡμῶν).

36 Die parallel aufgebauten Teilsätze τὸ γὰρ γράμμα ἀποκτέννει – τὸ δὲ πνεῦμα ζῳοποιεῖ weisen sogar dieselbe Silbenanzahl auf.

37 Siehe dazu auch die Vision in Ez 37 von den durch den Geist lebendig werdenden Gebeinen Israels. In 1 Kor 15,45 begegnet der „lebendig machende Geist" im Kontext der Erörterung der Auferstehung (ὁ ἔσχατος Ἀδὰμ εἰς *πνεῦμα ζῳοποιοῦν*).

38 Analog offeriert auch die Weisheit „Wege des Lebens" (Spr 8,35 LXX), während die sie Hassenden den Tod lieben (V. 36).

Nachdem in V. 16–18 die Handlungsalternativen mit ihren jeweiligen Konsequenzen erläutert werden, resümiert V. 19 wiederholend:

> [...] *Das Leben* und *den Tod* habe ich gegeben vor dein Angesicht, den Segen und den Fluch (τὴν εὐλογίαν καὶ τὴν κατάραν). Wähle das Leben, damit du lebst [...].

Der Akzent liegt auf dem Leben.

Wie in 2 Kor 3 aber einseitig vom „Tod" die Rede ist, spricht Gal 3,10–13 in ähnlicher Weise einseitig vom „*‚Fluch*' des Gesetzes" (V. 13: ἐκ τῆς *κατάρας* τοῦ νόμου).[39] In Gal 3,10 wird Dtn 27,26 (unter teilweiser Aufnahme von 28,58) zitiert:

> Wie viele nämlich aus Werken des Gesetzes sind, sind unter einem *Fluch* (κάταραν); denn es steht geschrieben: *Verflucht* (Ἐπικατάρατος) [ist] jeder, der nicht bleibt *in allem im Buch des Gesetzes Geschriebenen*[40], um es zu tun (ὃς οὐκ ἐμμένει *πᾶσιν τοῖς* γεγραμμένοις *ἐν τῷ βιβλίῳ τοῦ νόμου* τοῦ ποιῆσαι αὐτά).

Niemand schafft es ja, das Gesetz in seiner Gesamtheit zu befolgen (und so Gerechtigkeit vor Gott zu erlangen). Der Fluch trifft insbesondere auch die im Galaterbrief Adressierten aus den Völkern. Analog schließt das γράμμα in 2 Kor 3 von der Teilhabe am Leben aus.

Die lebenspendende Wirkung des Gesetzes kann sich bei Paulus aufgrund der menschlichen Grundverfasstheit (umschrieben mit σάρξ) der Verfallenheit an die Sündenmacht (ἁμαρτία)[41] nicht entfalten,[42] die das Gesetz als gute Offenbarung Gottes pervertiert, ohnmächtig[43] scheitern lässt[44] und den *Tod* bringt,[45]

---

[39] Diesem „Fluch" steht antithetisch der „Segen Abrahams" als Glaubensbeispiel für die Völker gegenüber (Gal 3,14: „damit den Völkern der Segen Abrahams [ἡ *εὐλογία* τοῦ Ἀβραὰμ] im Messias Jesus zuteil wird, damit wir die Verheißung des Geistes empfangen durch den Glauben"). Zu Abraham als universaler Integrationsfigur siehe auch Röm 4.

[40] In Dtn 27,26 LXX dagegen „in allen Worten dieses Gesetzes" (ἐν *πᾶσιν τοῖς* λόγοις *τοῦ νόμου* τούτου). Vgl. jedoch Dtn 28,58 LXX: [...] ποιεῖν *πάντα* τὰ ῥήματα *τοῦ νόμου* τούτου τὰ *γεγραμμένα ἐν τῷ βιβλίῳ* τούτῳ [...].

[41] Auf dieser Ebene „besteht kein Unterschied" (Röm 3,22): „alle haben gesündigt und erlangen nicht die Herrlichkeit Gottes" (V. 23; ebenso sind auch alle „gerechtfertigt als Geschenk durch seine Gnade durch die Erlösung in Christus Jesus"), alle stehen unter der Macht der Sünde (ὑφ' ἁμαρτίαν), „sowohl Juden als auch Griechen" (V. 9).

[42] Gal 3,21 formuliert im Irrealis: „Denn wenn ein Gesetz gegeben worden wäre, das Leben bewirken könnte, wäre in der Tat aus dem Gesetz die Gerechtigkeit." Vgl. auch V. 11 (ἐν νόμῳ οὐδεὶς δικαιοῦται).

[43] Vgl. Röm 8,3 (τὸ [...] ἀδύνατον τοῦ νόμου, ἐν ᾧ ἠσθένει διὰ τῆς σαρκός).

[44] Im Hintergrund steht die allgemeine Erfahrung: Wenn Gottes Ordnung gut ist, warum sieht dann die Welt so aus, wie sie ist?

[45] Siehe z. B. Röm 7,13 – in paradoxer Umkehrung von Dtn 30,15 LXX (ἀλλὰ ἡ ἁμαρτία [...] διὰ *τοῦ ἀγαθοῦ* μοι κατεργαζομένη *θάνατον*). Zum Konnex mit der Sünde (ohne damit identisch zu sein, siehe Röm 7,7) stellt Paulus fest, dass das Gebot Begierde weckt (vgl. Gen 3: durch das Verbot wird die Baumfrucht erst interessant) und die Sünde aufleben lässt (Röm 7,5.7.9: ἐλθούσης δὲ τῆς ἐντολῆς ἡ ἁμαρτία ἀνέζησεν; vgl. auch 5,20), die durch das

wie im Römerbrief ausführlicher und nuancierter dargestellt wird. Die Folge ist: „Und das Gebot, das zum *Leben* [dienen sollte], [gerade] dieses erwies sich mir zum *Tod*" (Röm 7,10). Allerdings ist nach Röm 7,12 das Gesetz „heilig", nach V. 14 auch „pneumatisch", und „das Gebot heilig und gerecht[46] und gut[47]", sodass nicht eigentlich „das Gute" zum „Tod" wird (7,13). Aufgrund dieser Ambivalenz kann Paulus auch das „Gesetz Gottes" (als Offenbarung des Willens Gottes) und das „Gesetz der Sünde" (als Wirkung, nicht als Qualifizierung des Gesetzes) differenzieren:

> Denn das Gesetz des *Geistes* des *Lebens* (ὁ γὰρ νόμος τοῦ *πνεύματος* τῆς *ζωῆς*)[48] in Christus Jesus hat mich *frei* gemacht (*ἠλευθέρωσέν*, siehe die ἐλευθερία in 2 Kor 3,17)[49] von dem Gesetz der Sünde und des *Todes* (ἀπὸ τοῦ νόμου τῆς ἁμαρτίας καὶ τοῦ *θανάτου*). (Röm 8,2)

Der Begriff der „Verurteilung" wiederum taucht insbesondere in Röm 5,16.18 im Zuge der Adam-Christus-Typologie auf, z. B. in V. 18 (ebenso mit ähnlichen Stichworten wie in 2 Kor 3):

> Wie [es] also nun durch die Übertretung von einem für alle Menschen zur *Verurteilung* (*κατάκριμα*) [kam], so auch durch das Rechtfertigungswerk von einem (δι' ἑνὸς δικαιώματος) für alle Menschen zur *Gerechtheit* des *Lebens* (εἰς *δικαίωσιν ζωῆς*: zu einer Gerechtheit, die Leben bedeutet).

Gebot die Gelegenheit ergreift (7,8.11). Eigentlich führt also die Sünde (die sich des Gesetzes bedient) über das Gebot zum Tod (in 8,6 „das Trachten des Fleisches"). Vgl. auch 1 Kor 15,56: „Der Stachel des Todes ist die Sünde, die Macht der Sünde aber das Gesetz." In einer abgekürzten Redeweise, die nicht den ganzen Weg nachzeichnet von Gebot – Begierde – Übertretung – Verurteilung – Tod (siehe Gen 3), wird das Gebot/Gesetz selbst mit dem Tod assoziiert.

46 Vgl. Dtn 4,8.

47 Siehe auch Röm 7,16: „Wenn ich aber dies, was ich nicht will, tue, stimme ich dem Gesetz zu, dass/weil es *gut* ist (σύμφημι τῷ νόμῳ ὅτι *καλός*)."

48 In Röm 8,10 findet sich die Konnotation von Geist – Leben – Gerechtigkeit (τὸ δὲ πνεῦμα ζωὴ διὰ δικαιοσύνην) wie in 2 Kor 3,6–9.

49 Gerechtigkeit und Leben werden zuteil durch Gnade, geschenkhafte Erlösung in Christus Jesus (Röm 3,24: δικαιούμενοι δωρεὰν τῇ αὐτοῦ χάριτι διὰ τῆς ἀπολυτρώσεως τῆς ἐν Χριστῷ Ἰησοῦ) bzw. den Glauben (zur formelhaften „Rechtfertigung aus Glauben" siehe z. B. Gal 2,16; 3,7.11.14.24; Röm 3,22.26–28.30 etc.). Dies bedeutet *Freiheit* vom tödlichen Zusammenhang von Gesetz und Sünde. So ist auch Röm 7,6 zu verstehen, wo es Stichwortparallelen zu 2 Kor 3 gibt: „Jetzt aber wurden wir vom Gesetz entbunden (νυνὶ δὲ *κατηργήθημεν* ἀπὸ τοῦ νόμου: καταργοῦμαι ἀπό τινος bedeutet aus der Verbindung mit jemandem oder etwas gelöst zu werden), gestorben (*ἀποθανόντες*), worin wir niedergehalten wurden (ἐν ᾧ κατειχόμεθα), sodass wir dienen in der *Neuheit des Geistes* und nicht in der *Altheit des Buchstabens* (ὥστε δουλεύειν ἡμᾶς ἐν *καινότητι πνεύματος* καὶ οὐ *παλαιότητι γράμματος*)." Die Herauslösung aus dem alten Konnex von Sünde – Tod – Gesetz ereignet sich insbesondere in der Taufe (siehe Röm 6,3–4); in 6,2.11 bezieht sich das Gestorbensein auf die Sünde (ἀπεθάνομεν/νεκροὺς [...] *τῇ ἁμαρτίᾳ*), in 7,4 auf das Gesetz (ἐθανατώθητε *τῷ νόμῳ*).

Daher gibt es „jetzt auch keine *Verurteilung* (*κατάκριμα*) mehr für die in Christus Jesus“ (Röm 8,1). Das Gesetz ist jedoch bleibender Maßstab (vgl. 8,4: „damit die Rechtsforderung des Gesetzes erfüllt wird in uns, die wir nicht nach dem Fleisch, sondern nach dem *Geist* wandeln“).[50] Insofern ist Christus nach Röm 10,4 auch „das *telos*/die Erfüllung (vgl. Röm 2,27: τελοῦσα; nicht „das Ende“) des Gesetzes“ – „zur *Gerechtigkeit* für jeden Glaubenden“ (εἰς *δικαιοσύνην* παντὶ τῷ πιστεύοντι).

Hier ist nicht der Ort, eine detaillierte Gesetzestheologie des Paulus nachzuzeichnen – diese Hinweise mögen genügen, um die Logik der komprimierten, theologisch dichten Argumentationsfigur in 2 Kor 3 zu erläutern, die mit knappen Andeutungen einen breiteren Reflexionshorizont voraussetzt. Mit dem Terminus γράμμα (und der ihm zugewiesenen Bedeutungsebene) verbinden sich offenbar die negativen Aspekte von νόμος,[51] während dessen Funktion als Lebensordnung (nur) durch das πνεῦμα erfüllt wird.

2.3 *Die überreiche doxa: „das Vergehende durch Herrlichkeit“ – „das Bleibende in Herrlichkeit“ (V. 7–11)*

Wie bereits erwähnt, entfaltet Paulus in 2 Kor 3,7–18 die apostolische *diakonia* in Analogie zur grundlegenden Mittlerschaft des *Mose* als Offenbarer der Tora. Da dieser eine archetypische[52] Figur im kulturellen Gedächtnis Israels darstellt, müssen sich fundamentale Autoritätsfragen in der Gottesrepräsentanz auf ihn beziehen als Mittler *par excellence* (siehe z. B. auch Joh 1,17–18). Mose als bleibender Referenzrahmen schafft zunächst Kontinuität.

Spielten bereits die steinernen Bundestafeln in V. 3 auf Ex (31–)34 an, bildet dieser Prätext ab V. 7 den Ausgangspunkt für die weitere Argumentation des Paulus, die zwei Motive midraschartig verarbeitet: die *doxa/„Herrlichkeit“*[53] des nach der Theophanie auf dem Berg Licht ausstrahlenden Mose (Ex 34,29–30: siehe dazu 2 Kor 3,7–11) sowie die *„Hülle“*, die er vor den Israelit_innen auf sein Angesicht legt (Ex 34,33–35: siehe dazu 2 Kor 3,12–18).[54]

Zunächst rekurriert Paulus in einer Reihe von in rabbinischer Exegese geläufigen *qal-wachomer*-Schlüssen (eine rhetorische Figur *a minore ad maius*) auf die „Herrlichkeit“ des Mose, um vor der Hintergrundfolie dieser offenbar allgemein anerkannten Vergleichsbasis (Mose als Mittler des Gotteswortes, in dessen

---

50 Zur richtenden Funktion des Gesetzes siehe etwa Röm 2,12 (διὰ νόμου κριθήσονται).

51 Siehe Klauck 1986, 37: „Buchstabe ist das unerlöste Gesetz, das entgegen der göttlichen Absicht die Sünde provoziert und über den Sünder das Todesurteil ausspricht.“

52 Vgl. Philo, De virtutibus 70 (ἀρχέτυπον παράδειγμα).

53 Das Leitwort taucht 15-mal in 2 Kor 3–4 auf.

54 In 2 Kor 3,18 werden beide Motive resümierend zusammengeführt.

Lichtglanz Gottes Gegenwart aufleuchtet) komparativisch eine größere „Herrlichkeit“ seiner *diakonia* des „Geistes“ zu entwerfen.[55] Die Überbietungsrhetorik trägt apologetische Züge hinsichtlich seiner apostolischen Eignung und Autorisierung (siehe das Thema der Befähigung aus Gott in 3,4–6). Da sich im zentralen theologischen Begriff der *doxa*, dem majestätischen, blendenden (Licht-)Glanz Gottes, jeweils die göttliche Präsenz manifestiert, geht es also um die jeweilige bevollmächtigte Vermittlung und Enthüllung göttlicher Offenbarung.

Im hebräischen Text von Ex 34 strahlt die Haut des Gesichtes Moses Licht aus, erst in der griechischen Übersetzung der LXX ist – in verbaler Umschreibung – von seiner *doxa* die Rede, die in der weiteren Traditionsentwicklung entfaltet wird:

> Als aber Mose herabstieg (κατέβαινεν) vom Berg, [waren] auch die beiden Tafeln (αἱ δύο πλάκες) auf den Händen Moses; als er aber herabstieg (κατέβαινεν) vom Berg, wusste Mose nicht, dass das Aussehen (ἡ ὄψις) der Farbe seines Angesichtes (τοῦ προσώπου αὐτοῦ) *verherrlicht* (*δεδόξασται*) war, als er mit ihm redete. Und es sahen (εἶδεν) Aaron und alle Ältesten Israels Mose und es war *verherrlicht* (*δεδοξασμένη*) das Aussehen (ἡ ὄψις) der Farbe seines Angesichtes (τοῦ προσώπου αὐτοῦ), und sie fürchteten sich, sich ihm zu nähern. (Ex 34,29–30 LXX; vgl. auch V. 35)

Entsprechend erweitern auch die aramäischen Targumim den Text, z. B. Targum Neofiti 1 zu Ex 34,29: „Moses did not know that *the splendor of the glory of* his face *shone* [...].“[56] Der Targum Pseudo-Jonathan fügt ausdrücklich noch hinzu, dass Moses Strahlen den Glanz der Schekina in Folge der unmittelbaren Gottesbegegnung reflektiert.[57] Targum Onqelos[58] und der Fragmenten-Targum lassen Moses Ausstrahlen des Lichtglanzes sogar zunehmen. Vor diesem Hintergrund partizipiert der paulinische Fokus auf die „Herrlichkeit“ der *diakonia* des Mose offenbar an einem breiteren Mose-*doxa*-Diskurs, der auch in anderen antiken Texten mit jeweils spezifischen Akzentuierungen wachsenden Niederschlag findet.

Dass „die Kinder Israels nicht hinsehen konnten in das *Angesicht Moses* wegen der *Herrlichkeit seines Angesichtes*“ (2 Kor 3,7: ὥστε μὴ δύνασθαι ἀτενίσαι τοὺς υἱοὺς Ἰσραὴλ εἰς τὸ *πρόσωπον Μωϋσέως* διὰ τὴν *δόξαν τοῦ προσώπου αὐτοῦ*), findet sich so nicht in Ex 34 (dort wird von Furcht berichtet, sich ihm zu nähern). Allerdings schreibt Paulus' etwas älterer Zeitgenosse Philo in seiner Mose-Vita, „dass die Sehenden [...] nicht weiter mit ihren Augen (Blicken) standhalten

---

55 In einem dreifachen Argumentationsgang („wenn – um wieviel mehr“): (7) *Εἰ* δὲ [...], (8) πῶς οὐχὶ *μᾶλλον* [...]; (9) *εἰ* γὰρ [...], *πολλῷ μᾶλλον* περισσεύει [...]. (10) [...] (11) *εἰ* γὰρ [...], *πολλῷ μᾶλλον* [...].

56 Übersetzung von Martin McNamara (The Aramaic Bible 2).

57 Belleville 1991, 28–29, übersetzt: „And Moses did not recognize that the splendor of the image [= ‚features‘] of his face shone which came to him from the splendor of the glory of the Shekinah of Yahweh“.

58 In der Übersetzung von Bernard Grossfeld (The Aramaic Bible 7): „Moses did not realize that the radiance of the *glory* of his face *increased* [...].“

konnten wegen der Wirkung des sonnenähnlichen gleißenden Lichtes"[59] (ähnlich wird Gott in De fuga et inventione 165 beschrieben).[60] Die frappante Nähe der Formulierung weist auf eine gemeinsame Auslegungstradition hinsichtlich einer gesteigerten *doxa* des Mose.

Worin sich Paulus aber abhebt, ist die Betonung der *Vergänglichkeit* der die Gottespräsenz symbolisierenden *doxa* des Mose (2 Kor 3,7: τὴν δόξαν τοῦ προσώπου αὐτοῦ *τὴν καταργουμένην*), die seine – (jeweils) temporäre – Funktion als Sprachrohr Gottes begleitet[61] (siehe das unterbrechende Anlegen der Hülle in Ex 34): Dies suggeriert, dass sein Glanz an Kraft verlor (verblasste)[62] – anders etwa manche Targumim (auch zu Moses Tod in Dtn 34,7)[63].

Daher stellt 2 Kor 3,10 – in Relation zur übersteigenden *doxa* (εἵνεκεν τῆς ὑπερβαλλούσης δόξης) der *diakonia* des Geistes und der Gerechtigkeit – eine eigentliche oder volle Verherrlichung des mit Mose verbundenen „Dienstes" (hier verallgemeinernd als „das Verherrlichte" bezeichnet) rhetorisch überspitzt auch in Abrede (siehe das Oxymoron οὐ δεδόξασται τὸ δεδοξασμένον,[64] mit dem relativierenden Zusatz ἐν τούτῳ τῷ μέρει, „in dieser Sache" oder „Hinsicht"). Von der befristeten *doxa* des Mose (V. 7: τὴν καταργουμένην) leitet Paulus in V. 11 in weiterer Folge ab (die abstrahierende partizipiale Umschreibung von V. 10 aufnehmend, welche einen Interpretationsspielraum lässt und das Blickfeld weitet):

> Wenn nämlich das Vergehende (τὸ καταργούμενον) *durch* Herrlichkeit (*διὰ* δόξης) [ist],
> um wieviel mehr [ist] das Bleibende *in* Herrlichkeit (*ἐν* δόξῃ).

---

59 De vita Mosis 2,70: *κατέβαινε* πολὺ καλλίων *τὴν ὄψιν* ἢ ὅτε ἀνῄει ὡς τοὺς ὁρῶντας τεθηπέναι καὶ καταπεπλῆχθαι καὶ μηδ' ἐπὶ πλέον ἀντέχειν τοῖς ὀφθαλμοῖς δύνασθαι κατὰ τὴν προσβολὴν ἡλιοειδοῦς φέγγους ἀπαστράπτοντος.

60 Vgl. außerdem Pseudo-Philo, Liber antiquitatum biblicarum 12,1.

61 Eine bleibende *doxa* auf seinem Angesicht würde eine göttliche Dignität Moses bedeuten (siehe den Titel θεός bei Philo, De vita Mosis 1,58; De somniis 2,189; Quod omnis probus liber sit 43 [vgl. Ex 4,16; 7,1] und spätere rabbinische Texte, z. B. Deuteronomium Rabba 11,4), welche Paulus zurückweist und im weiteren Argumentationsgang für Christus reserviert (2 Kor 4,4.6). Dabei kann Paulus an der Unverfügbarkeit der göttlichen *doxa* in Ex 33–34 anknüpfen, die narrativ im *Vorübergehen* Gottes bzw. seiner Herrlichkeit umgesetzt wird (Ex 33,19 LXX: παρελεύσομαι πρότερός σου τῇ δόξῃ μου; 34,6 LXX: καὶ παρῆλθεν κύριος πρὸ προσώπου αὐτοῦ). Vgl. dazu auch Joh 1,17–18.

62 Hier gibt es unterschiedliche Traditionslinien, freilich wird auch bei der Annahme einer nicht dauernden Verherrlichung dieser Punkt nicht in den Vordergrund gestellt (bei Pseudo-Philo, Liber antiquitatum biblicarum 12,1 beispielsweise scheint ein kausaler Zusammenhang mit der Episode vom Goldenen Kalb vorzuliegen; vgl. Belleville 1991, 41–42). Boyarin 1994, 289 (Anm. 25), bemerkt dazu: „it is at least possible that Jewish interpreters read this way also, without the typology, of course, and it was only in reaction to Paul's use of this interpretation that it was rejected in Jewish circles."

63 Targum Neofiti 1, Targum Onqelos und der Fragmenten-Targum halten fest, dass sich der Glanz auf Moses Angesicht nicht änderte.

64 Vgl. die Perfektformen in Ex 34,29–30 LXX: δεδόξασται [...] δεδοξασμένη.

Der Wechsel der Präpositionen bei der elliptischen Formulierung verweist auf eine Differenzierung bei der die Gottespräsenz anzeigenden *doxa*:[65] Während das instrumentale „durch“ (auch im Unterschied zu V. 7) den temporären Aspekt beim „Vergehenden“ zu verstärken scheint,[66] signalisiert „in“ (vgl. V. 8) eine engere Verbindung[67] des „Bleibenden“[68] zur „Herrlichkeit“ göttlicher Gegenwart. Gegenüber der bloß *zeitweilig* bei Mose aufstrahlenden *doxa* in der Vermittlung des Gotteswortes, welche als Vergleichsmoment der jeweiligen *diakonia* dient, manifestiert sich in der Übermittlung der Leben spendenden Wirkung des Geistes *bleibend* Gottes übersteigende Herrlichkeits*fülle* (siehe V. 8–9); dies ist nach V. 12 zumindest Gegenstand der *Hoffnung*.

Was vergeht, ist die Übermittlung von Verurteilung und Tod – die richtende, Tod bringende Seite von *Tora/nomos* –, sodass nun die *Leben* stiftende Offenbarung Gottes (im Blick auf das Folgende: das unverhüllte, Gottes Licht ausstrahlende Angesicht/Wort Moses) zum Zug kommen kann[69] – gerade auch für die korinthischen Adressat_innen, für welche der vom Geist getragene Verkündigungsdienst des Paulus Leben und Gerechtigkeit bedeutet.

Hier kann Paulus an zeitgenössischen Kategorien von „Tora“ anknüpfen, die kein starres Konzept darstellte;[70] anzumerken ist, dass der griechische Begriff νόμος gegenüber תורה als kommunikativem Prozess stärker eine Bedeutungsverschiebung zu einem inhaltlichen Objekt insinuiert.[71] In Qumran überlieferte Texte[72] schreiben beispielsweise die Sinai-Offenbarung fort als neue Tora, sodass das von Mose gegebene Gesetz nicht einfach identisch ist mit *der* Tora als geoffenbarter „Weisung“ Gottes (und ein „Lehrer der Gerechtigkeit“[73] bei eschatolo-

---

65 Vgl. dazu Theobald 1982, 182–183.

66 Blass, u. a. ¹⁷1990, § 223.4: „Art, Weise, Umstand“. Vgl. in V. 7 das auf die Vergangenheit abhebende ἐγενήθη (hier jedoch ἐν δόξῃ).

67 Vgl. Bauer, u. a. ⁶1988, 523 (5. „zur Bez. e. engen Verbindung“).

68 Vgl. auch das Futur ἔσται in V. 9.

69 Ähnlich bezeichnet Stovell 2016, 753, als Thema „the role of the Spirit in transforming how the Law functioned before“. Mit der Anspielung auf „the Exodus event, Paul is able [...] to point to a new lived experience for God's people“ (ebd. 752). Den Fokus sieht sie „on the *continued and permanent experience* of the Spirit and of God's presence (i.e., his glory) in this new experience for Christians post-Christ's resurrection“ (ebd.).

70 Dass im Horizont komplexer Tora-Diskurse seiner Zeit auch bei Paulus der Begriff des „Gesetzes“ schillert, zeigt sich deutlich etwa in Röm 3,21: „Jetzt aber ist *ohne Gesetz* (χωρὶς νόμου) Gottes Gerechtigkeit offenbart, *bezeugt vom Gesetz* (μαρτυρουμένη ὑπὸ τοῦ νόμου) und den Propheten.“

71 Vgl. dazu Häusl, Introduction, in: Gillmayr-Bucher / Häusl 2017, 2–4 (mit Rekurs auf Thomas Willi).

72 Siehe das Jubiläenbuch oder die Tempelrolle (11Q19) als „Rewritten Bible“.

73 Eine Anspielung auf die (auf ihn übertragene) *doxa* des Mose in Ex 34 zeigt sich in 1QH IV,5–6; vgl. auch XVI,9; in V,29–32 verschwindet die Erleuchtung seines Angesichts nach der göttlichen Kommunikation (dazu Belleville 1991, 45–46).

gischer Tora-Interpretation daher nicht nur ein festes Textkorpus auslegt, sondern auch im Licht des Geistes *neue* Tora erteilen kann).[74] Zugrunde liegt im apokalyptischen Vorstellungszusammenhang das Konzept einer sich sukzessive erschließenden Offenbarung (als präexistenter Größe). Insofern steht bei Paulus die *alleinige, exklusive* Berufung auf Mose (dessen *doxa* außer Frage steht), verbunden mit einer verabsolutierenden Deutungsmacht, in der Kritik.

2.4 Verhüllte und unverhüllte Schau (V. 12–18)

Aus Ex 34 übernimmt Paulus aber auch das Motiv der Verhüllung Moses, die er der eigenen „Offenheit" (παρρησία, 2 Kor 3,12) entgegensetzt: „und nicht wie *Mose eine Hülle auf sein Angesicht legte*" (2 Kor 3,13, als Zitat von Ex 34,33.35)[75]. Die (Spekulationen eröffnende) Leerstelle in Ex 34, warum Mose nach der Übermittlung der Worte JHWHs (so deutlich in V. 33) „eine Hülle auf sein Angesicht legte"[76], interpretiert Paulus mit dem Zusatz: „dass[77] die Kinder Israels nicht hinsehen auf die/hin (bis) zur Voll-endung (doppeldeutiges τέλος) des Vergehenden", wobei er die Formulierung aus 2 Kor 3,7 aufnimmt und abändert:

2 Kor 3,7: ὥστε μὴ δύνασθαι ἀτενίσαι τοὺς υἱοὺς Ἰσραὴλ
εἰς τὸ πρόσωπον Μωϋσέως διὰ τὴν δόξαν τοῦ προσώπου αὐτοῦ τὴν καταργουμένην

74 Vgl. Tiwald 2014, 296–297; außerdem etwa Fabry 1996, 293–327. Wenn in der als Tora-Offenbarung vom Sinai formulierten Tempelrolle beispielsweise „aus dem Buch der Tora" (מספר התורה) Tora erteilt wird (11Q19 LVI,3–4), „sollte man […] die ‚Torah' der Qumrantexte nicht mit dem Pentateuch und dessen ‚Auslegung' gleichsetzen" (Maier 1995, 361). Zum Verständnishintergrund für das NT siehe außerdem Brooke 2013, 41–43 („The Influence of the Place of the Law").

75 2 Kor 3,13: καὶ οὐ καθάπερ *Μωϋσῆς ἐτίθει* (iteratives Imperfekt) *κάλυμμα ἐπὶ τὸ πρόσωπον αὐτοῦ* […]. Ex 34,33 LXX: καὶ ἐπειδὴ κατέπαυσεν λαλῶν πρὸς αὐτούς, *ἐπέθηκεν* (Aorist) *ἐπὶ τὸ πρόσωπον αὐτοῦ κάλυμμα*. Ex 34,35 LXX: καὶ εἶδον οἱ υἱοὶ Ισραηλ τὸ πρόσωπον Μωυσῆ ὅτι δεδόξασται, καὶ *περιέθηκεν Μωϋσῆς κάλυμμα ἐπὶ τὸ πρόσωπον ἑαυτοῦ*, ἕως ἂν εἰσέλθῃ συλλαλεῖν αὐτῷ.

76 In Verkehrung des altorientalischen Brauchs einer Priestermaske, die den aus dem Heiligtum kommenden Träger in die Rolle der Gottheit schlüpfen lässt beim Verkünden des Orakels (vgl. Klauck 1986, 39).

77 Die Verbindung von **πρός** mit substantiviertem Infinitiv begegnet bei Paulus noch in 1 Thess 2,9, hier in finaler Bedeutung („damit"); möglich ist für die vorliegende Stelle auch ein konsekutiver Sinn („sodass"), vgl. Blass u. a. [17]1990, § 402,4. Eine intentionale Hinderung der Kinder Israels am Sehen würde Mose bewusste Täuschung unterstellen und ihn in negativem Licht zeichnen. Im Zusammenhang mit dem folgenden Verstockungsmotiv (V. 14) verweist Schmeller 2010, 213, jedoch „auf den göttlichen Willen, den Mose mit seiner Verhüllung ausführt", „als Übereinstimmung mit dem Plan Gottes" (ebd. 215; vgl. Klauck 1986, 39).

2 Kor 3,13: πρὸς τὸ μὴ ἀτενίσαι τοὺς υἱοὺς Ἰσραὴλ εἰς τὸ τέλος τοῦ καταργουμένου

In V. 7 können „die Kinder Israels“ nicht in Moses *Angesicht* sehen aufgrund der sich hier spiegelnden *doxa*, die aber *vergeht*, wie Paulus hinzusetzt, d. h. nur temporär Gottes Gegenwart aufleuchten lässt in der Übermittlung seines Wortes. V. 13 führt fort, dass sie nicht „hinein in die *Vollendung* des *Vergehenden*“ schauen können. τέλος/„Voll-endung“ lässt sich einerseits als „Ende“ deuten (die Israelit_innen sehen nicht – oder sollen nicht sehen –, wie Moses temporäre *doxa* endet), aber auch als „Vollendung“ wie in Röm 10,4, wo Christus als „Erfüllung“ (und nicht „Ende“) der Tora bezeichnet wird. In diese Richtung weist Röm 3,31:

Heben wir das Gesetz (νόμον) also auf (*καταργοῦμεν* wie in 2 Kor 3,7.11.13.14) durch den Glauben? – Nein (μὴ γένοιτο), vielmehr richten wir das Gesetz auf (ἱστάνομεν).

Von der Wüstengeneration schlägt Paulus einen Bogen in die Gegenwart (2 Kor 3,14: „bis zum heutigen Tag“; V. 15: „bis heute“), wobei er mit dem biblischen Motiv der Verstockung die Opposition jüdischer Zeitgenoss_innen, die sich in ihrem Selbstverständnis auf Mose berufen,[78] deutet: „Aber[79] ihr Denken wurde verhärtet (ἐπωρώθη) [...]“[80] (V. 14; handelt es sich um ein *Passivum divinum*, sodass sich hinter der Passivform Gott als *agens* verbirgt?[81]). In 2 Kor 4,4 sind es in Variation von 3,14 die „Ungläubigen“ (aus Israel, aber wohl auch aus den Völkern), deren „Denken“ (jeweils τὰ νοήματα) „der Gott dieses Äons verblendete“. Im Vergleich zur pauschalisierenden Redeweise „*ihr* Denken“ in 2 Kor 3,14 (αὐτῶν bezieht sich zurück auf τοὺς υἱοὺς Ἰσραὴλ), das in der Paulusrezeption einen Bruch mit Israel insinuiert (und zur Darstellung der Synagoge mit verbundenen Augen führt), spricht Paulus in Röm 11,25 differenzierter von einer „Verhärtung“ (*πώρωσις*) von einem *Teil* Israels (ἀπὸ *μέρους* τῷ Ἰσραήλ γέγονεν) – nämlich „bis die Fülle/Vollzahl der Völker (τὸ πλήρωμα τῶν ἐθνῶν) hineingelangt (εἰσέλθῃ)“.[82]

78 Dies tun offenbar aber auch konkurrierende Lehrer_innen und Missionar_innen; vgl. die Charakterisierung gegnerischer Stimmen in 2 Kor 11,22–23.

79 Die Konjunktion ist hier weniger adversativ zu verstehen, sondern führt ein weiteres Motiv ein (vgl. Blass u. a. [17]1990, § 448,6: „und nicht nur dies, sondern auch“, „ja sogar“).

80 Vgl. dazu etwa auch Dtn 29,3: „Und nicht gab JHWH, der Gott, euch ein *Herz* zu erkennen und Augen zu sehen und Ohren zu hören *bis zum heutigen Tag*.“

81 Theobald 1982, 196, schlägt folgende intertextuelle Verbindung zu Jes 6 vor: „Wie nach Jes 6,9–13 durch die Verstockung Einsicht und Umkehr des Volkes verhindert werden, damit Gottes Gericht bis zum Äußersten gehen und durch das Gericht hindurch zuletzt auch seine Verheißung zum Zuge kommen kann, so ist auch in 2 Kor 3 die Verhärtung der Herzen paradox auf das Kommen des Heils ausgerichtet. Durch die Verhüllung seines Antlitzes verweist Mose die Söhne Israels indirekt an die kommende Ephiphanie der Herrlichkeit Gottes in Jesus Christus.“ – Die moralische Last liegt nicht bei Mose.

82 Vgl. auch „die übrigen“ in Röm 11,7: οἱ δὲ λοιποὶ *ἐπωρώθησαν*, mit folgender Zitatkombination in V. 8 von Dtn 29,3; Jes 6,9; 29,10.

„Bleibt“ in 2 Kor 3,14 die „Hülle“, die Moses Angesicht in V. 13 gemäß Ex 34 verhüllte, allegorisierend „auf der Lesung des ‚alten Bundes‘“[83] – Moses Schleier „bleibt bis zum heutigen Tag“ auf dem mitgeteilten Wort und verschleiert/verhüllt als „Verstehensbarriere“[84] die Erkenntnis des τέλος in der Textlektüre –, so „liegt“ in V. 15, in einem dritten, nun moralisierenden Schritt subjektiver Innerlichkeit,[85] „bis heute“, „immer wenn *Mose* gelesen wird“ (Mose als personifizierte Tora),[86] „eine Hülle auf ihrem *Herzen*“ (siehe das Leitmotiv des Herzens zu Beginn V. 2–3).[87] Dass „sie“ – die von Paulus anvisierte Opposition – die Aufdeckung der „Hülle“ „in Christus“ (nun ist die *doxa* nicht mehr temporär) nicht sehen (wollen – das Herz ist Sitz des Willens), basiert nach Paulus auf ihrer Herzensverhärtung.

Die Verhüllung des von Mose vermittelten Gotteswortes, die für Paulus den (nur hier von ihm so bezeichneten) „alten Bund“ charakterisiert, findet „in Christus“ ihr Ende (καταργεῖται, V. 14)[88] – und ihr Ziel (τέλος, V. 13). Dass das Ende der „Hülle“ (und nicht des Bundes, wie sich mittlerweile auch in der neuen Einheitsübersetzung lesen lässt)[89] auf Jes 25,7 anspielen könnte („Er zerreißt auf diesem Berg die *Hülle*, die alle Völker verhüllt“), würde zur universalen Vision des Paulus passen, ist aber nicht durch eine lexematische Entsprechung im hebräischen oder griechischen Text gedeckt.[90]

---

83 Vgl. „die Lesung von Gesetz und Propheten“ in Apg 13,15. Die Terminologie des „alten Bundes“ (τῆς παλαιᾶς διαθήκης) begegnet bei Paulus nur hier. Hintergrund für das Bild könnte „der aus der Antike bezeugte Brauch sein, die Behälter der Torarollen mit einem Tuch abzudecken“ (Schmeller 2010, 216; vgl. Lohfink 1989, 52; Klauck 1986, 40).

84 Klauck 1986, 40. Vgl. dazu Jes. 29,10-12.

85 Wieder eingeführt durch *ἀλλά*: „aber“ im Sinne von „und nicht nur dies, sondern auch“, „ja sogar“ (s. o.).

86 Vgl. Apg 15,21.

87 Auch zum Lesen siehe bereits 2 Kor 3,2.

88 Das leitmotivisch verwendete Stichwort des „Vergehens“ verbindet sich in 2 Kor 3,14 mit der Wendung „in Christus“ und bezieht sich auf die „Hülle“ (Subjektsgleichheit: [...] τὸ αὐτὸ κάλυμμα ἐπὶ τῇ ἀναγνώσει τῆς παλαιᾶς διαθήκης μένει [vgl. V. 11] μὴ ἀνακαλυπτόμενον, ὅτι ἐν Χριστῷ *καταργεῖται* / „Denn bis zum heutigen Tag bleibt dieselbe Hülle auf der Lesung des alten Bundes [als] nicht enthüllt[e] [wobei nicht enthüllt wird], dass sie in Christus vergeht“; alternativ wäre ein kausales ὅτι: „[...] und wird nicht aufgedeckt, weil sie [erst] in Christus beseitigt wird“ [so Klauck 1986, 40]). Ein Subjektwechsel müsste im Griechischen deutlich signalisiert werden.

89 Vgl. dazu z. B. Lohfink 1989, 52–53.

90 Im MT kommt die von Mose angelegte Hülle (מַסְוֶה) nur in Ex 34 vor, die LXX-Version von Jes 25,7 hat wiederum einen anderen Text. Das in der Übersetzung von Ex 34 verwendete κάλυμμα kann u. a. auch einen Tempelvorhang bezeichnen (Num 3,25: Vorhang am Eingang des Offenbarungszelts; Ex 27,16: für das Tor des Vorhofs des Tempels; 40,5: zum Allerheiligsten).

Die Verhärtung oder Verschleierung des Herzens hat freilich nicht das letzte Wort. 2 Kor 3,16 zitiert ein weiteres Mal aus Ex 34:

> *ἡνίκα δὲ ἐὰν* ἐπιστρέψῃ (Konjunktiv Aorist) πρὸς κύριον
> („Wenn immer es aber zum HERRN zurückkehrt"),
> *περιαιρεῖται* (iteratives Präsens) *τὸ κάλυμμα*
> („wird die Hülle weggenommen"). (2 Kor 3,16)
>
> *ἡνίκα δ' ἂν* εἰσεπορεύετο (iteratives Imperfekt) Μωϋσῆς ἔναντι κυρίου λαλεῖν αὐτῷ,
> *περιῃρεῖτο* (iteratives Imperfekt) *τὸ κάλυμμα*. (Ex 34,34)

Bei der eindeutigen Textentsprechung (ἡνίκα δὲ ἐὰν/δ' ἂν [...] περιαιρεῖται/περιῃρεῖτο τὸ κάλυμμα) fällt auf, dass der Mittelteil, wo Mose wieder ins Offenbarungszelt hineingeht, um mit Gott zu kommunizieren, von Paulus ersetzt wurde durch das Umkehrmotiv ἐπιστρέφειν/-στρέφεσθαι (שׁוב) πρὸς κύριον, das sich z. B. (wieder) in Dtn 30,10 beim Moabbund (*ἐὰν ἐπιστραφῇς* ἐπὶ *κύριον* τὸν θεόν σου ἐξ ὅλης τῆς *καρδίας* σου [...]), aber etwa auch Jer 4,1 (*Ἐὰν ἐπιστραφῇ* Ισραηλ, λέγει *κύριος, πρός* με ἐπιστραφήσεται) etc. findet. Ein explizites Subjekt wird nicht genannt. In einer Überblendung der Mosefigur von Ex 34 und des verstockten Herzens – das letzte Wort in 2 Kor 3,15 (hier im Singular!) – gelingt die Beseitigung der Hülle, indem es (das Herz) – auf der metaphorisch-pneumatischen Ebene – wie er (Mose) – auf der buchstäblichen Ebene von Ex 34 – zum HERRN zurückkehrt (somit zeigt 2 Kor 3,16 eine Doppelbödigkeit). Damit stellt Paulus ein Ende der Herzensverhärtung seiner sich Christus verweigernden jüdischen Zeitgenoss_innen in Aussicht (vgl. Röm 11,23–27), die er in deuteronomischer und prophetischer Tradition zur Umkehr aufruft – in einer Hinwendung zum HERRN als dem Geist[91], der Freiheit[92] verleiht (2 Kor 3,17), und damit zu pneumatischer Schriftauslegung.

Ich möchte allerdings zur Vorsicht mahnen, den (artikellosen!) Gottesnamen κύριος („HERR") in V. 16–18 zu schnell mit Christus zu identifizieren (bisher war von „Gott" und „Christus" die Rede), auch wenn eine Doppeldeutigkeit im Kyriostitel[93] für die Adressat_innen – auf dem Hintergrund von z. B. 1 Kor 8,6[94]

---

91 Zu dieser proklamatorischen Zuspitzung der πνεῦμα-Aussagen (siehe 2 Kor 3,3.6.8.17.18) vgl. Joh 4,24.

92 Geht es im unmittelbaren Kontext zunächst um die Freiheit von der „Hülle", klingt darüber hinaus, erkennbar an intertextuellen Verbindungen zu einschlägigen Verwendungen des Begriffs bei Paulus, sein Gesetzesdiskurs an (siehe Gal 5,1; Röm 6,18).

93 Auf der Basis von Röm 8,9 (alternierend: „Geist Gottes" [vgl. Röm 8,14; 1 Kor 2,11–12.14; 3,16] – „Geist Christi" [analog 1 Kor 15,45, jedoch ohne Artikel; Gal 4,6]) lässt sich τὸ πνεῦμα κυρίου in 2 Kor 3,17 auch doppelt verstehen, obgleich die vorherige Aussage ὁ δὲ κύριος τὸ πνεῦμά ἐστιν (vgl. Joh 4,24) m. E. die Richtung vorgibt.

94 „[...] *ein* Gott, der Vater (εἷς θεὸς ὁ πατήρ), aus dem alles [ist] [...], und *ein* Herr, Jesus Christus (εἷς κύριος Ἰησοῦς Χριστός), durch den alles [ist] [...]."

oder 12,3[95] – hörbar gewesen sein dürfte (in 2 Kor 4,5 wiederum ist die semantische Opposition von „Herr“ und „Sklaven“ zu bedenken)[96]. Wie 2 Kor 3,18 zeigt, bietet Christus den *Spiegel*, in dem sich die *doxa kyriou* sehen lässt (κατοπτρίζω)[97], als das *Bild* (εἰκών) Gottes, wie auch 2 Kor 4,4 expliziert. Eine ähnliche vermittelnde Funktion hat in der *Sapientia Salomonis* die Weisheit inne als

- Widerstrahl (ἀπαύγασμα, vgl. den Infinitiv αὐγάσαι in 2 Kor 4,4) des ewigen Lichts
- Spiegel (ἔσοπτρον) von Gottes Wirkkraft
- Bild (εἰκὼν) seiner Güte (Weish 7,26).

Wie für Mose[98] in Ex 34 ist damit für die Anhänger_innen Jesu (aus Israel *und* den Völkern)[99] eine Schau[100] der „Herrlichkeit des HERRN“ (formelhaft τὴν δόξαν κυρίου = כבוד יהוה) „mit unverhülltem Angesicht“ möglich – nämlich „der [bleibenden] Herrlichkeit Gottes auf dem Angesicht Jesu Christi“ (2 Kor 4,6; vor dem Hintergrund der Mose-Tradition als des Gottesrepräsentanten[101], auch mit ihrer Lichtmetaphorik[102]), welche Paulus daher auch einfach als „Herrlichkeit *Christi*“ (4,4) bezeichnet. Analog zur Veränderung des Aussehens bei Mose in Ex 34 vollzieht sich in der – verwandelnden – Schau des göttlichen Lichtglanzes eine Transformation (μεταμορφούμεθα) zu *pneumatischer* Herrlichkeit.[103]

---

95 „[...] niemand kann sagen: ‚Herr [ist] Jesus‘ (κύριος Ἰησοῦς), außer im heiligen Geist“. Siehe außerdem Röm 10,9; Phil 2,11 sowie die Zitate in Röm 10,13; 1 Kor 1,31; 2 Kor 10,17.

96 „[...] wir verkündigen [...] Jesus Christus als Herrn (Ἰησοῦν Χριστὸν κύριον; mit den textkritischen Varianten „Jesu/Christi Herrn“, die eine bleibende Reserve hinsichtlich einer Übertragung des Gottesnamens belegen), uns selbst aber als eure *Sklaven* um Jesu willen.“

97 Zur Spiegelschau vgl. Philo, Legum allegoriae 3,101, wo Mose sagt: „und nicht möchte ich in irgendeinem anderen dein Aussehen *gespiegelt sehen* als in dir, Gott“ (μηδὲ *κατοπτρισαίμην* ἐν ἄλλῳ τινὶ τὴν σὴν ἰδέαν ἢ ἐν σοὶ τῷ θεῷ).

98 Siehe aber auch die Israelit_innen in Ex 16,7; 24,17 (Schau der „Herrlichkeit des HERRN“ in Wolke/Feuer).

99 Boyarin 1994, 101: „[...] only the new Jews attain to the status of Moses himself.“

100 Insbesondere auch in diesem kollektiven Bezug drückt das mediale Partizip κατοπτριζόμενοι weniger eine Spiegelung oder Reflexion als ein *Sehen im Spiegel* aus (im Unterschied zu durch eine Hülle verhindertem Sehen). Vgl. u. a. Niemand 2018, 14–19.

101 In 2 Kor 4 verschiebt sich der Fokus der Parallelisierung auf Jesus. So betont Paulus in 4,5: „Denn nicht uns selbst verkündigen wir, sondern *Jesus Christus* als Herrn [...]“, wie er auch eingangs vom „Brief *Christi*“ spricht (3,3). Auf Ex 34 rekurriert ebenso der Joh-Prolog in der Gegenüberstellung von Mose und inkarniertem Logos als göttlichem Exegeten (siehe Joh 1,14–18).

102 Zum Genesis-Bezug in 2 Kor 4,6 siehe Genesis Rabba zu Gen 1,3.

103 Ähnlicher Glanz und Herrlichkeit werden in der syrischen Baruch-Apokalypse den auf Basis der Tora gerecht Handelnden zugesprochen; das Aussehen ihrer Angesichter werde sich in leuchtende Schönheit verwandeln (51,3). In CD III,19–20; 1QS IV,22–23; 1QH[a] IV,27 wird כבוד אדם vom *Jahad* von Qumran ausgesagt. Der Konnex der *doxa*-Vorstellung mit der Aussage der Gottesähnlichkeit bzw. -bildlichkeit (τὴν αὐτὴν εἰκόνα), der im Rahmen der komplexen Traditionsentwicklung von Gen 1,26–27 auch in 1 Kor 11,7 begegnet, führt den Gedanken dynamisch weiter und verweist mit dem εἰκών-Begriff voraus auf 2 Kor 4,4

Wenn es in gezieltem Einbezug der Adressat_innen in 2 Kor 3,18 heißt: „*wir alle*“, schließt dies natürlich die jeweils sich zum HERRN Hinwendenden, wo „die Hülle weggenommen“ wird (V. 16), ein. Bei der vergegenwärtigenden Performanz dieses identitätsstiftenden Wir, das sich von den „Anderen“ abgrenzt, in der Verlesung des Paulus wiederum dient es der zunehmenden Auseinanderdividierung von christlicher versus jüdischer Identität (siehe das Bild der triumphierenden „Kirche“ gegenüber der blinden Synagoge) – und damit als je neu zu hinterfragende Konstruktion von Identität, die auf Abgrenzung basiert.

3. Bilanz: Tragfähigkeit paulinischer Hermeneutik?

Im Licht prophetischer Verheißungen sieht sich Paulus als „Beauftragter“ (διάκονος) Gottes in einer endzeitlichen, vom Geist getragenen „neuen *diatheke*“, die in radikal-universalem Horizont die Völker einbezieht – hier konkret am Beispiel der korinthischen *ekklesia*. In einer an zeitgenössischer jüdischer Schriftauslegung und ihren Konventionen angelehnten Relektüre von Ex 34 legt er eine christologisch motivierte *pneumatische* Interpretation bzw. eine pneumatisch inspirierte *christologische* Auslegung vor, die auf eine Wegnahme der „Hülle“ des Mose in Christus als *telos* der Tora zielt und die δόξα *κυρίου* im Sinne einer δόξα *Χριστοῦ* deutet – auch gegenüber jener des Mose: Über die Figur des Mose sind Identitätsdiskurse gespiegelt, die mit einer bestimmten Gesetzesauslegung bzw. Schriftinterpretation (der „alte Bund“ als „gelesener“ *Text* – der „neue Bund“ als pneumatisch-christologische *Interpretationspraxis*) verknüpft sind. Hermeneutischer Schlüssel für Paulus ist der *Geist*, sodass sich die *Leben* stiftende Seite der Tora verwirklicht.

Konflikte kommen zur Sprache, wenn Paulus in 2 Kor 4,2 dem Vorwurf einer „Verfälschung“ des „Wortes Gottes“ mit dem Anspruch der „Offenbarung der Wahrheit“ begegnet und polemisch mit einer Unterscheidung von verhüllter und unverhüllter Schau der δόξα κυρίου bzw. Lektüre des „alten Bundes“ reagiert. „Verhüllt“[104] sei „die frohe Botschaft (εὐαγγέλιον)“ – der Tora[105] – „von der Herrlichkeit *Christi* als der *Ikone* Gottes“ nur für die „Verlorenen“ (4,3). Die Konfrontation mit dem Widerstand jüdischer Zeitgenoss_innen *innerhalb* (soweit sie z. B. die Gesetzespraxis betrifft) und *außerhalb* der Jesusbewegung deutet er mit

(Christus als *imago*). Die anvisierte Gleichförmigkeit mit Christus besteht in der Teilhabe an der Auferweckung (2 Kor 4,14), welche ἐν δόξει (1 Kor 15,43; vgl. 2 Kor 3,8.11) geschieht.

104 Siehe das doppelte κεκαλυμμένον in Aufnahme des Leitmotivs aus 3,13–18.

105 In Röm 1,1–2 bezeichnet sich Paulus als auserwählt zur Verkündigung der „Frohbotschaft Gottes (εὐαγγέλιον θεοῦ), die er vorher verheißen hat durch seine Prophet_innen in den heiligen Schriften“.

einer Herzensverhärtung seines Volkes, der er wie klassische Propheten die Hoffnung auf „Umkehr" gegenüberstellt.

Dennoch ist Mose bzw. der von ihm personifizierte „alte Bund" *bleibende Basis* – welche divergierende Rezeptionen eröffnet.[106] Dies gilt auch angesichts heutiger Stimmen, die eine kanonische Geltung des „Alten Testaments" in Frage stellen.

Legt Paulus mit seiner allegorisierenden Interpretation von Ex 34 den Text richtig aus? Trifft er den ursprünglichen Sinn der von ihm argumentativ genutzten Stellen? Und ist dies angesichts der Sinnoffenheit von Texten, die im Rezeptionsprozess aktualisierender Aneignung Bedeutung entfalten, der einzige wahre Sinn? Wie sind angesichts verschiedener Rezeptionsgemeinschaften, die sich auf Mose/die Tora beziehen, konkurrierende Ansprüche auf die Deutungshoheit zu werten? Heute kann natürlich nicht mehr die Rede von einer Bekehrung verstockter Herzen sein, wie christliche Substitutionstheologie 2 Kor 3–4 jahrhundertelang gelesen hat. Vielmehr zielt der christlich-jüdische Dialog auf „ein plurales Miteinander, das [...] gewachsenen Identitäten Raum gibt"[107]. Bedeutungsmöglichkeiten erhalten so Raum, ohne sie exklusivistisch verabsolutieren zu müssen.[108]

2 Kor 3–4 wirft Licht auf formative Prozesse, die in späteren Identitätskonstruktionen zu Grenzziehungen führen. Die apologetische Überbietungsrhetorik[109] des Paulus mit ihrer alt-neu-Dialektik, mit der er *innerhalb* eines jüdischen Denkhorizonts dem Festhalten am buchstäblichen Überlieferten, an einer bestimmten Auslegungspraxis neue, pneumatische Sichtweisen gegenüberstellt, angestoßen durch die Christuserfahrung, geriet in der später nicht mehr jüdischen Kirche freilich zu einem triumphalistischen Habitus gegenüber der Synagoge.

Über *Paul the Jew* gilt es sich mit dem Jüdischen als tragendem Wurzelgrund im Christentum auseinanderzusetzen – auch wenn seine Position von einer Mehrheit seiner jüdischen Zeitgenoss_innen nicht geteilt wurde. Dennoch ist es wichtig die Differenz festzuhalten zwischen einem *Paulus receptus*, dessen Bild in der Rezeptionsgeschichte konstruiert und prägend wurde, und Paulus, wie er

---

106 Auch der Inhalt der „Steintafeln" wird nicht obsolet – gerade wenn Paulus die alleinige Verehrung des Gottes Israels (was auf der ersten Tafel steht) zu den Völkern bringt.

107 Alkier 2005, 13.

108 Zu einer Hermeneutik der „Aneignung ohne Enteignung" siehe Grohmann 2000, 131–166.

109 Boyarin 1994, 104: „The supersessionism cannot be denied, because there already and still was an enfleshed community living out the ‚Old' Covenant." Dennoch sieht er die paulinische Hermeneutik als „*not* necessarily [...] anti-Judaic" (ebd. 105): „From the perspective of the first century, the contest between a Pauline allegorical Israel and a rabbinic hermeneutics of the concrete Israel is simply a legitimate cultural, hermeneutical, and political contestation" (ebd.).

aus den unumstrittenen Briefen zu de- und rekonstruieren ist – unter geänderten hermeneutischen Vorzeichen, was ein sogenanntes „Parting of the Ways“ betrifft.

Insofern gilt es auch christliche Identitätsdiskurse zu entwickeln, die nicht mehr über die Abwertung jüdischer Identitätsmarker laufen, und gegen die althergebrachte wirkmächtige Rezeption Alternativen zu entwickeln, damit, um in paulinischer Überblendungstechnik seinen Text zu zitieren, „der Buchstabe nicht (mehr) tötet“.

Literatur

Alkier, Stefan (2005): Die Bibel im Dialog der Schriften und das Problem der Verstockung in Mk 4. Intertextualität im Rahmen einer kategorialen Semiotik biblischer Texte, in: Ders. / Hays, Richard B. (Hg.): Die Bibel im Dialog der Schriften. Konzepte intertextueller Bibellektüre (Neutestamentliche Entwürfe zur Theologie 10), Tübingen/Basel, 1–22.

Bauer, Walter, u. a. ([6]1988): Griechisch-deutsches Wörterbuch zu den Schriften des Neuen Testaments und der frühchristlichen Literatur, Berlin / New York.

Becker, Adam H. / Reed, Annette Y. (Hg.) (2003): The Ways that Never Parted. Jews and Christians in Late Antiquity and the Early Middle Ages (Texte und Studien zum antiken Judentum 95), Tübingen.

Belleville, Linda L. (1991): Reflections of Glory. Paul's Polemical Use of the Moses-Doxa Tradition in 2 Corinthians 3.1-18 (Journal for the Study of the New Testament Supplement Series 52), Sheffield.

Blass, Friedrich, u. a. ([17]1990): Grammatik des neutestamentlichen Griechisch, Göttingen.

Boccaccini, Gabriele / Segovia, Carlos A. (Hg.) (2016): Paul the Jew. Rereading the Apostle as a Figure of Second Temple *Judaism*, Minneapolis.

Boyarin, Daniel (1994): A Radical Jew. Paul and the Politics of Identity (Contraversions. Critical Studies in Jewish Literature, Culture, and Society 1), Berkeley u. a.

Boyarin, Daniel (2004): Border Lines. The Partition of Judaeo-Christianity, Philadelphia.

Brooke, George J. (2013): The Influence of the Dead Sea Scrolls on the Understanding of Jewish Traditions in the New Testament, in: Clines, David J. A. / Exum, J. Cheryl (Hg.): The Reception of the Hebrew Bible in the Septuagint and the New Testament. Essays in Memory of Aileen Guilding (Hebrew Bible Monographs 55), Sheffield, 32–48.

Dunn, James D. G. (Hg.) (1992): Jews and Christians. The Parting of the Ways A.D. 70 to 135 (Wissenschaftliche Untersuchungen zum Neuen Testament 66), Tübingen.

Dunn, James D. G. (1995): Was Paul Against the Law? The Law in Galatians and Romans. A Test-Case of Text in Context, in: Fornberg, Tord / Hellholm, David (Hg.): Texts and Contexts. Biblical Texts in Their Textual and Situational Contexts. Essays in Honor of Lars Hartman, Oslo u. a., 455–475.

Dunn, James D. G. (2005): The New Perspective on Paul. Collected Essays (Wissenschaftliche Untersuchungen zum Neuen Testament 185), Tübingen.

Dunn, James D. G. ([2]2006): The Partings of the Ways Between Christianity and Judaism and their Significance for the Character of Christianity, London.

Fabry, Heinz-Josef (1996): Der Umgang mit der kanonisierten Tora in Qumran, in: Zenger, Erich (Hg.): Die Tora als Kanon für Juden und Christen (Herders Biblische Studien 10), Freiburg i. Br. u. a., 293–327.

Fredriksen, Paula (2014): How Later Contexts Affect Pauline Content, or: Retrospect is the Mother of Anachronism, in: Tomson, Peter J. / Schwartz, Joshua (Hg.): Jews and Christians in the First and

Second Centuries. How to Write Their History (Compendia Rerum Iudaicarum ad Novum Testamentum 13), Leiden/Boston, 17–51.

Gerhards, Meik (2017): Protevangelium. Zur Frage der kanonischen Geltung des Alten Testaments und seiner christologischen Auslegung (Stuttgarter Bibelstudien 237), Stuttgart.

Gillmayr-Bucher, Susanne / Häusl, Maria (Hg.) (2017): Ṣedaqua and Torah in Postexilic Discourse (Library of Hebrew Bible 640), London / New York.

Grohmann, Marianne (2000): Aneignung der Schrift. Wege einer christlichen Rezeption jüdischer Hermeneutik, Neukirchen-Vluyn.

Hartenstein, Friedhelm (2016): Zur Bedeutung des Alten Testaments für die evangelische Kirche. Eine Auseinandersetzung mit den Thesen von Notger Slenczka, in: Ders.: Die bleibende Bedeutung des Alten Testaments. Studien zur Relevanz des ersten Kanonteils für Theologie und Kirche (Biblisch-Theologische Studien 165), Göttingen, 55–78 (Ndr. aus: Theologische Literaturzeitung 140 [2015], 739–751).

Hentschel, Anni (2007): Diakonia im Neuen Testament. Studien zur Semantik unter besonderer Berücksichtigung der Rolle von Frauen (Wissenschaftliche Untersuchungen zum Neuen Testament 2.226), Tübingen.

Himmelfarb, Martha (1993): The Parting of the Ways Reconsidered. Diversity in Judaism and Jewish-Christian Relations in the Roman Empire. „A Jewish Perspective", in: Fisher, Eugene J. (Hg.): Interwoven Destinies. Jews and Christians Through the Ages (Studies in Judaism and Christianity), New York /Mahwah, 47–61.

Klauck, Hans-Josef (1986): Zweiter Korintherbrief (Die Neue Echter-Bibel. Kommentar zum Neuen Testament mit der Einheitsübersetzung 8), Würzburg.

Langer, Gerhard (2017): Christliche Theologie mit oder ohne Judentum?, in: Petschnigg, Edith, u. a. (Hg.): Hat der jüdisch-christliche Dialog Zukunft? Gegenwärtige Aspekte und zukünftige Perspektiven in Mitteleuropa (Poetik, Exegese und Narrative. Studien zur jüdischen Literatur und Kunst 9), Göttingen, 157–175.

Lieu, Judith (1994): „The Parting of the Ways". Theological Construction or Historic Reality?, in: Journal for the Study of the New Testament 56, 101–119.

Liss, Hanna (2015): An der Sache vorbei. Eine jüdische Sichtweise zum Streit um Notger Slenczka und das Alte Testament, in: Zeitzeichen 9, 42–44.

Lohfink, Norbert (1989): Der niemals gekündigte Bund. Exegetische Gedanken zum christlich-jüdischen Dialog, Freiburg i. Br.

Maier, Johann (1995): Die Qumran-Essener. Die Texte vom Toten Meer. Band I. Die Texte der Höhlen 1–3 und 5–11 (Uni-Taschenbücher für Wissenschaft 1862), München.

Neusner, Jacob, u. a. (Hg.) (1987): Judaisms and Their Messiahs at the Turn of the Christian Era, Cambridge/NY.

Nicklas, Tobias (2015): Getrennte Wege oder verflochtene Linien? „Juden" und „Christen" vor der konstantinischen Wende, in: Kirche und Israel 30, 35–47.

Niemand, Christoph (2018): Teilhabe an der Bildgestalt des Sohnes. Die paulinische εἰκών-Christologie (2 Kor 3,18; 4,4; 4,6; Röm 8,29) und ihre Kontexte, in: Häfner, Gerd, u. a. (Hg.): Kontexte neutestamentlicher Christologien (Quaestiones Disputate 292), Freiburg i. Br., 9–59.

Oeming, Manfred (2017): Der Kampf um das Alte Testament. Ein Plädoyer für das Alte Testament als notwendigen Bestandteil des christlichen Kanons, in: Gertz, Jan C. / Witte, Markus (Hg.): Hermeneutik des Alten Testaments (Veröffentlichungen der Wissenschaftlichen Gesellschaft für Theologie 47), Leipzig, 1–40.

Reinhartz, Adele (2006): A Fork in the Road or a Multi-Lane Highway? New Perspectives on the „Parting of the Ways" between Judaism and Christianity, in: Henderson, Ian H. / Oegema, Gerbern S. (Hg.): The Changing Face of Judaism, Christianity, and Other Greco-Roman Cults in Antiquity (Jüdische Schriften aus hellenistisch-römischer Zeit 2), Gütersloh, 280–295.

Schmeller, Thomas (2010): Der zweite Brief an die Korinther. Teilband 1: 2 Kor 1,1–7,4 (Evangelisch-katholischer Kommentar zum Neuen Testament VIII.1), Neukirchen-Vluyn.

Schwienhorst-Schönberger, Ludger (2015): Die Rückkehr Markions, in: IKaZ Communio 44, 286–302.

Schwienhorst-Schönberger, Ludger (2016): Christentum ohne Altes Testament?, in: Herder Korrespondenz 70.8, 26–30.

Slenczka, Notger (2013): Die Kirche und das Alte Testament, in: Gräb-Schmidt, Elisabeth / Preul, Reiner (Hg.): Das Alte Testament in der Theologie (Marburger Jahrbuch Theologie 25), Leipzig, 83–119.

Stovell, Beth M. (2016): Jesus Is God with Us. Applying Porter's Criteria for the Use of the Old Testament in the New Testament to the Theme of Divine Presence, in: Fuller Dow, u. a. (Hg.): The Language and Literature of the New Testament. Essays in Honour of Stanley E. Porter's 60th Birthday (Biblical Interpretation Series 150), Leiden, 738–763.

Taschl-Erber, Andrea (2017): Schriftauslegung im Neuen Testament – Angelpunkt für „the Parting of the Ways"? Fallstudien zur Rezeption alttestamentlicher Traditionen, Motive und Figuren, Graz (unveröffentlichte Habilitationsschrift).

Theobald, Michael (1982): Die überströmende Gnade. Studien zu einem paulinischen Motivfeld (Forschung zur Bibel 22), Würzburg.

Tiwald, Markus (2008): Hebräer von Hebräern. Paulus auf dem Hintergrund frühjüdischer Argumentation und biblischer Interpretation (Herders Biblische Studien 52), Freiburg i. Br.

Tiwald, Markus (2014): Gesetz, in: Bormann, Lukas (Hg.): Neues Testament. Zentrale Themen, Neukirchen-Vluyn, 295–314.

Tück, Jan-Heiner (2016): Christentum ohne Wurzel? Warum das Alte Testament nicht aus dem christlichen Kanon herausgenommen werden darf, in: Stimmen der Zeit 141.1, 43–55.

Wacker, Marie-Theres (2018): Ecclesia und Synagoga im späten 19. und frühen 20. Jahrhundert. Historische Sondierungen in theologischem Interesse, Franz-Delitzsch-Vorlesung 2017, Münster.

Zenger, Erich (2012): Das Erste Testament. Die jüdische Bibel und die Christen (Topos Taschenbücher 760), Kevelaer (Ndr. von ^{4}1994; 1. Aufl.: Düsseldorf 1991).

Zenger, Erich (Hg.) (1996): Die Tora als Kanon für Juden und Christen (Herders Biblische Studien 10), Freiburg i. Br.

Apokryphe Evangelien – heilige Texte des (frühen) Christentums?

Silke Petersen

1. Einleitung

Am Anfang des apokryphen Thomasevangeliums (EvThom) heißt es:

> Dies sind die verborgenen Worte, die der lebendige Jesus sagte und Didymos Judas Thomas schrieb sie auf. Und er sprach: Wer die Deutung dieser Worte findet, wird den Tod nicht schmecken.[1]

Dieses Evangelium beginnt also mit einer Verheißung des Lebens, gebunden an das Finden der Deutung der auf die Einleitung folgenden Worte. Die Worte werden mit einer zweifachen Herkunftsbezeugung näher beschrieben: Zum einen werden sie direkt auf den „lebendigen Jesus" zurückgeführt, zum anderen wird ihr schriftliches Vorliegen erklärt – nämlich damit, dass Didymos Judas Thomas, uns bekannt als einer aus dem engeren Kreis der Jünger_innen Jesu in den Evangelien des Neuen Testaments (vgl. Mk 3,18 und Parallelen, Joh 11,16; 14,5 und bes. Joh 20,24–29), derjenige gewesen sei, der sie aufgeschrieben habe.

Dass Thomas sie aufgeschrieben hat, stimmt sicherlich nicht. Dass Jesus sie gesagt hat, auch höchstens zum Teil – und auf keinen Fall in der Sprache, in der sie hier erhalten sind, nämlich dem Koptischen, einer spätantiken Form des Ägyptischen.

Ist dieser Text damit weniger Wert als der Text jener Evangelien, die uns aus dem NT bekannt sind? Wie lässt sich dieser Text im Verhältnis zu denen des NT einordnen? Ist er weniger wichtig oder weniger heilig, weil er nicht den Weg in unsere Bibelausgaben gefunden hat? Was ist es, das einen solchen Text von dem anderer, kanonisch gewordener, Evangelien unterscheidet? Ist es nur die Tatsache, dass er nicht in den üblichen Bibelausgaben steht, oder gibt es noch andere Differenzen?

Anders gesagt: Ist ein solcher Text als häretisch – also als ketzerisch – einzustufen und sollte lieber nicht gelesen und rezipiert werden? Gehört er auf die Verbotsliste? Oder ist er gerade deshalb letztlich wahrer, nicht korrumpiert

---

[1] EvThom Incipit und 1 (NHC II,2, p. 32,10–14). Eine deutsche Gesamtübersetzung des EvThom findet sich in: Schenke u. a. ³2013, 126–139. Für den koptischen Text mit englischer Übersetzung vgl. Layton u. a. 1989, 38–128.

durch die Kirchengeschichte und die Hierarchie aus Rom, die den Christ_innen schon seit der Antike vorschreiben möchte, was sie zu denken und zu glauben haben?

Und wie steht es mit dem Wert eines solchen Textes für die Wissenschaft – also etwa für jene Forschung, die das Leben und die Lehre des historischen Jesus zu rekonstruieren versucht? Welchen Wert kann das EvThom für unsere Rekonstruktion der Jesusbewegung und des frühen Christentums haben? Und zuletzt und im Sinne des Titels dieses Sammelbandes: Ist das Thomasevangelium – und sind andere apokryphe Evangelien – heilige und wichtige Texte für das frühe Christentum, für uns oder für beide?

Um diese Fragen soll es im Folgenden gehen. Ich möchte aber nicht gleich mit der Bearbeitung dieser so weitreichenden Fragen einsteigen, sondern zunächst eine kleine Auswahl von apokryphen Evangelien sozusagen persönlich vorstellen. Denn erst auf dieser Basis kann es sinnvoll sein, auf die Fragen nach deren Verhältnis zum NT einzugehen, sowie auf die Frage, ob und in welcher Form es sich hier um „heilige Texte" handelt, und was das alles für unser Schriftverständnis insgesamt bedeuten könnte.

Es folgt jetzt also zunächst die Vorstellung von vier Texten, die aus dem frühen Christentum stammen, aber nicht zu finden sind, wenn man die Bibel aufschlägt: Es wird (in dieser Reihenfolge) um das Evangelium nach Thomas, das Evangelium nach Maria, das sogenannte Protevangelium des Jakobus und das Evangelium des Judas gehen.

2. Der Fund von Nag Hammadi und das Evangelium nach Thomas

Im Dezember 1945 machte sich der Feldarbeiter Muhammed Ali al-Samman aus einem Dorf in der Nähe des oberägyptischen Ortes Nag Hammadi auf den Weg, um am Fuß eines nahe gelegenen Berges nach fruchtbarer Humuserde zu graben.[2] Dabei stieß er zufällig auf einen großen Tonkrug, den er in der Hoffnung auf Gold öffnete. Doch der Inhalt war enttäuschend: alte Bücher. Auf einem Kamel nach Hause transportiert, wurden sie im Stall gelagert. Der Weg der gefundenen Texte in die Öffentlichkeit begann schließlich damit, dass Muhammed Ali eines der Bücher bei einem koptischen Priester deponierte, dessen Schwager es am Ende des Sommers 1946 nach Kairo mitnahm, dort zu seiner Überraschung

[2] Zu dieser Geschichte vgl. u. a. Petersen 1999; Robinson 1997. Vgl. auch die „Facsimile Edition of the Nag Hammadi Codices", publiziert in den Jahren 1972–1984 im niederländischen Verlag Brill.

von dem Wert des Papyruscodex erfuhr und ihn an das koptische Museum verkaufte. Mit einiger Zeitverzögerung und Umwegen gelangten schließlich auch die anderen Codices in den Besitz des Koptischen Museums in Kairo. Durch Zugangsbeschränkungen erfuhr die wissenschaftliche Öffentlichkeit zwar von der Existenz der Handschriften, ihre Veröffentlichung zögerte sich jedoch hinaus. Diese Situation änderte sich erst dadurch, dass gelang, Photographien der Handschriften zu beschaffen und allen Interessierten zugänglich zu machen. Heute gibt es von allen Texten wissenschaftliche Textausgaben und Übersetzungen in moderne Sprachen.[3]

Die insgesamt dreizehn in der Nähe des oberägyptischen Ortes Nag Hammadi gefundenen und nach diesem Ort benannten Papyruscodices sind unterschiedlich gut erhalten, einige haben größere Löcher in den Seiten. Fragmente von Briefen und Quittungen, die dazu benutzt wurden, die Ledereinbände der Bücher zu verstärken (eine Art antikes Recycling), stammen aus dem 4. Jh. n. Chr. und zeigen, dass die Codices zu dieser Zeit hergestellt und wohl auch vergraben wurden – möglicherweise in Verbindung mit einem nahe gelegenen pachomischen Kloster, aus dem die Büchersammlung stammen könnte.

Die in Nag Hammadi gefundenen Texte bilden keine in sich geschlossene „Bibliothek", die einer einzigen religiösen oder philosophischen Denkrichtung zuzuordnen wäre.[4] Die einzelnen Codices enthalten meist mehrere Texte hintereinander, dabei sind einige Texte mehrfach in unterschiedlichen Fassungen überliefert.[5] Zu einigen Texten gibt es Parallelen in griechischen Papyrusfragmenten oder in anderen antiken Handschriften. In einigen Fällen war uns die Existenz der Texte zuvor bekannt, da die Kirchenväter der ersten christlichen Jahrhunderte sie erwähnen, andere sind vollständig neu.

Alle Texte des Nag-Hammadi-Fundes liegen in koptischer Sprache vor, aber sehr wahrscheinlich handelt es sich bei allen um Übersetzungen aus dem Griechischen. Die Entstehungszeit der meisten Schriften dürfte im 2. oder 3. Jh. n. Chr. liegen, in Einzelfällen wird diskutiert, ob sie auch Material aus früherer Zeit enthalten. Die meisten Texte waren bis zu ihrer Wiederentdeckung im 20. Jh. unbekannt. Es handelt sich also nicht um kontinuierlich abgeschrie-

---

3 Für eine deutsche Übersetzung aller Texte vgl. Schenke u. a. ³2013, 126–139.

4 Die Nag-Hammadi-Texte wurden zunächst durchgehend als „gnostisch" klassifiziert. Diese Einordnung greift jedoch zu kurz. So ist etwa auch eine (schlecht) übersetzte Passage aus Platons Staat unter den Texten, eine Schrift, die man kaum sinnvoll als „gnostisch" bezeichnen kann. Die Rubrizierung wäre also in jedem einzelnen Fall zu prüfen. Dazu kommt noch die Unschärfe und häretische Aufladung des Gnosisbegriffs, weshalb es in der neueren Forschung einige Stimmen gibt, die mit plausiblen Gründen vorschlagen, überhaupt nicht mehr von „Gnosis" zu reden (vgl. King 2003a; Williams 1999). Selbst bei denen, die dies (noch?) tun, ist umstritten, inwieweit z. B. das EvThom sinnvollerweise als „gnostisch" angesehen werden könnte.

5 Für Überlegungen zur Komposition der einzelnen Codices vgl. bes. Williams 1999.

bene und überlieferte Texte, sondern um Quellen aus der Frühzeit des Christentums, die über viele Jahrhunderte nicht gelesen und rezipiert wurden und keine Wirkungsgeschichte entfalten konnten. Entsprechend bietet uns die Lektüre dieser Texte eine neue Perspektive auf die formative Zeit des Christentums, die einige etablierte Denk- und Lesegewohnheiten verändern kann.

Auch das eingangs zitierte EvThom ist mit einer nahezu vollständigen koptischen Fassung im Nag-Hammadi-Fund vertreten, nach der wissenschaftlich üblichen Zählung handelt es sich um den zweiten Text des zweiten Nag-Hammadi-Codex (abgekürzt deshalb als NHC II,2).

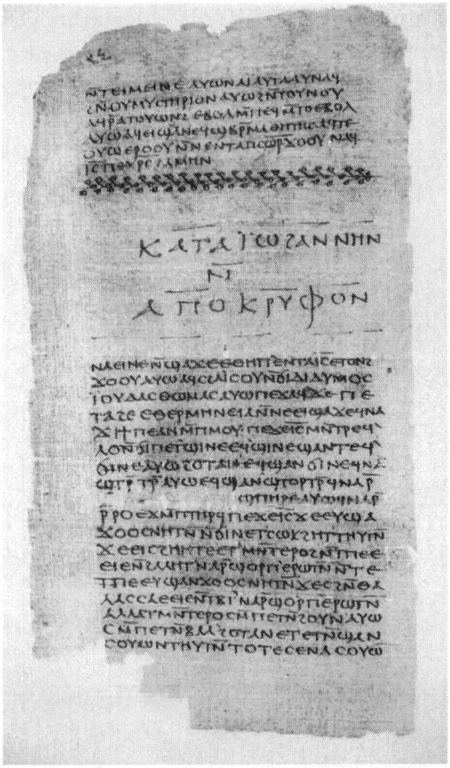

Abbildung 1: Nag Hammadi codex II, folio 32, Ende Apokryphon des Johannes / Anfang EvThom, Bildrechte unbekannt, Public Domain.

Neben dieser koptischen Fassung haben wir noch drei griechische Papyrusfragmente, deren Text (mit einigen Abweichungen) dem der koptischen Übersetzung entspricht. Diese Fragmente stammen aus den umfangreichen Ausgrabungen aus dem ägyptischen Oxyrhynchos, die Bernhard Grenfell und Arthur Hunt Ende des 19. Jh. begannen und die seitdem sukzessive in zahlreichen Bänden publiziert wurden und werden. Der erste Text im ersten veröffentlichten Band war ein Fragment des EvThom, publiziert unter der Überschrift „ΛΟΓΙΑ

ΙΗΣΟΥ“[6] – also Logien oder Worte Jesu. Der Text ließ sich erst nach dem Nag-Hammadi-Fund dem EvThom zuordnen, da der Titel „Evangelium nach Thomas“ nur in der koptischen Version als Untertitel erhalten ist. Die papyrologische Bezeugung setzt um das Jahr 200 ein und belegt, dass das EvThom ursprünglich aus dem 2. Jh. stammt; es ist vermutlich in Syrien entstanden.[7] Diskutiert wird in der Forschung, ob unter den im EvThom mitgeteilten Jesusworten auch solche sein könnten, die aus dem 1. Jh. stammen und sogar tatsächlich letztlich auf den historischen Jesus zurückgehen könnten.[8]

Interessant ist nun Folgendes: Die frühen Papyri jener Evangelien, die dann apokryph wurden, und jener, die dann kanonisch wurden, sind auch bei näherer Betrachtung nicht zu unterscheiden. Als Beispiel mögen hier der POxy 1 und POxy 2 dienen, letzterer wird in den Verzeichnissen neutestamentlicher Papyri als Nr. 1 geführt und enthält den Anfang des Evangeliums nach Matthäus.

Abbildung 2: POxy 1: EvThom
Bildrechte unbekannt, Public Domain.[9]

Abbildung 3: POxy 2 (Papyrus 1): Anfang Mt, Bildrechte: UPenn Bibliothek, Public Domain.[10]

Beide Papyri sehen ziemlich mitgenommen aus (stammen sie doch beide aus dem Müll von Oxyrhynchos), beide sind im 3. Jh. entstanden, beide sind auf Papyrus in *scriptio continua*, also durchgehender Schrift ohne Wortabstände, und in

6 Grenfell / Hunt 1898, 1–3 (vgl. auch die Publikationen im Netz, die ich unten im Literaturverzeichnis aufgeführt habe). Zu Oxyrhynchos vgl. u. a. Luijendijk 2008; Nongbri 2018. Die Publikationen der gefundenen Papyrusmengen laufen seit über hundert Jahren und werden noch länger andauern, vgl. Epp 2004, 10 Anm. 17: „I recall the 1998 Oxford University centenary of the publication of Oxyrhynchus papyri, when the research team publicly thanked the British Academy for one hundred years of support—and promptly requested funding for the next hundred years!“.

7 Vgl. die Einleitung zum EvThom in Schenke ³2013, 124–126.

8 Für einen solchen Ansatz vgl. u. a. Patterson 1993.

9 Siehe auch https://commons.wikimedia.org/w/index.php?curid=16054939.

10 Siehe auch https://commons.wikimedia.org/w/index.php?curid=6201050.

griechischen Großbuchstaben geschrieben, in beiden geht es um Jesus, und beide zeigen die typischen Merkmale früher christlicher Manuskripte, d.h. sie stammen aus einem Codex und nicht aus einer Buchrolle, und in ihnen finden sich sogenannte *nomina sacra*, abgekürzte Worte mit einem Supralinearstrich über den verbleibenden Buchstaben, meist dem ersten und dem letzten (also z. B. $\overline{\text{IC}}$ für Jesus).

Und es geht noch weiter: An den Stellen, wo Ober- oder Untertitel in den ältesten Handschriften erhalten sind (leider eher selten, da Anfang und Ende besonders gefährdete Teile von Manuskripten sind), haben diese exakt dieselbe Form: Evangelium nach xy (also: nach Matthäus, Thomas, Johannes usw.), was eine eher untypische Formulierung für antike Buchtitel darstellt und daher nicht auf Zufall beruhen kann.[11]

Als vorläufige Schlussfolgerung bleibt festzuhalten: In den ersten christlichen Jahrhunderten sehen apokryph gewordene Evangelien so aus wie kanonisch gewordene, Fragmente des EvThom gleichen denen von Mt oder Joh. Anscheinend wussten weder das EvThom noch seine frühen Schreiber_innen[12], dass es „apokryph" werden würde.

3. Das Evangelium nach Maria und Maria Magdalena

Wie beim EvThom haben wir auch im Fall des Evangeliums nach Maria (EvMar)[13] griechische Papyrusfragmente aus Oxyrhynchos sowie eine koptische Übersetzung – erhalten sind Teile dreier antiker Handschriften. Leider ist darunter keine vollständige Version, da in diesem Falle mehrere Seiten im koptischen Text fehlen. Überliefert ist nur ungefähr die Hälfte der Schrift als erster Text im sogenannten *Codex Berolinensis Gnosticus* (BG).[14] Neben dem EvMar enthält dieser Codex noch drei weitere Schriften. Zwei davon sind auch in den Nag-Hammadi-Codices überliefert,[15] wodurch sich eine Verbindung zu diesem Fund herstellen lässt. Allerdings ist der BG vom Format her deutlich kleiner als die Bände aus

11 Zu den Evangelienüberschriften vgl. Petersen 2006.

12 Schreiberinnen sind für die Antike auch in weiblicher Form belegt. Vgl. zum Thema Haines-Eitzen 2011.

13 Eine deutsche Übersetzung mit kurzer Einleitung findet sich in: Schenke u. a. ³2013, 570–574; Koptisch/Englisch in: Wilson / MacRae 1979; ein weiterführender englischer Kommentar: King 2003b.

14 Der Codex wurde Ende des 19. Jh. aufgefunden (die Umstände sind etwas unklar) und befindet sich heute tatsächlich in Berlin, wo im Neuen Museum (in der Nähe der Büste von Nofretete) zumeist einige Seiten für die Allgemeinheit zu besichtigen sind.

15 Es handelt sich um das Apokryphon des Johannes (NHC II,1; III,1; IV,1) und die Sophia Jesu Christi (NHC III,4), die wiederum größere Übereinstimmungen mit Eugnostos (NHC III,3; V,1) aufweist. Übersetzungen aller Texte finden sich in Schenke u. a. ³2013.

Nag Hammadi, man könnte sozusagen von einem antiken Taschenbuch sprechen. Von den 19 Seiten, die das EvMar in diesem Buch ursprünglich einnahm, fehlen die Seiten 1–6 und 11–14.[16] Die koptische Fassung ist aus dem Griechischen übersetzt, allerdings nicht aus einer jener Versionen, die von den beiden erhaltenen griechischen Fragmenten repräsentiert werden. Die griechischen Fragmente stammen aus dem 3. Jh. und sind in jeweils unterschiedlichen Schreibstilen verfasst: So ist der Handschriftenstil des abgebildeten POxy L.3525 der sonst selten für literarische Texte, sondern für geschäftliche Dokumente verwendete, in dem die Buchstaben kursiviert und mit stärkeren Verschleifungen geschrieben sind, und der Text stammt nicht aus einem Codex, sondern einer Rolle. Beides begegnet jedoch auch bei (einer Minderheit) solcher Texte, die kanonisch wurden. Also haben wir auch hier keine eindeutigen äußerlichen Distinktionsmerkmale zwischen apokryphen und nicht-apokryphen Manuskripten.[17]

Abbildung 4: POxy 3525: Papyrus aus Oxyrhynchus in Ägypten mit einer Textpassage aus der Mitte des *Evangeliums nach Maria* im dokumentarischen Schreibstil, Bildrechte unbekannt, Public Domain.

[16] Abbildungen aller erhaltenen Seiten der drei Handschriften finden sich in King 2003b.

[17] Luijendijk 2019, bes. 394–405.

Wie das EvThom ist auch das EvMar ursprünglich im 2. Jh. verfasst, möglicherweise etwas später als das EvThom. Der Herkunftsort des Textes könnte Ägypten gewesen sein. Die Tatsache, dass die erhaltenen Fragmente beider bisher besprochener Evangelien alle aus Ägypten stammen, ist allerdings kein Argument für eine ägyptische Herkunft der Texte, sondern liegt am dortigen Wüstenklima, das für die Konservierung von Papyrus aufgrund der geringen Luftfeuchtigkeit besonders günstig ist.

Der Titel der Schrift ist im BG (wie üblich) als *subscriptio*, also als Untertitel, angegeben. Er entspricht seiner Form nach den Titeln jener Evangelien, die wir aus dem Neuen Testament kennen („Evangelium nach ..."); mit der im Titel genannten Maria ist Maria aus Magdala gemeint, auch wenn der Beiname fehlt.[18] Während im EvThom Logien, also Sprüche Jesu (darunter auch Gleichnisse, die Jesus erzählt) gesammelt sind und nur wenige Rückfragen der Jünger_innen die listenartige Form des „Jesus sagte: ..." unterbrechen, ist das EvMar durch eine dialogische Struktur bestimmt.[19] Zu Beginn des erhaltenen Textes finden wir die Jünger_innengruppe im Dialog mit Jesus. Als dieser sich verabschiedet, reagiert die Gruppe mit Trauer und Verzagtheit und wird daraufhin von Maria Magdalena getröstet. Sie berichtet den anderen von einer Erscheinung Jesu und einem Dialog mit ihm, in den wiederum ein Dialog der Seele mit himmlischen Mächten eingeschlossen ist. Am Ende des Textes folgt wieder ein Dialog zwischen den Jünger_innen, in dem Andreas und Petrus Maria angreifen und Levi sie verteidigt. Was hier zur Debatte steht, ist die bevorzugte Rolle Marias als Jüngerin und Offenbarungsempfängerin, mit der sich einige der männlichen Jünger nicht abfinden können (es ist also ein Mann-Frau-Konflikt und keiner zwischen Häresie und Orthodoxie). Auf der Ebene des Textes ist es jedoch klar, dass Maria tatsächlich die bevorzugte Jüngerin ist und mehr weiß als die anderen aus der Gruppe. Zudem übernimmt sie im zweiten Teil des Textes strukturell die Rolle Jesu als Offenbarungsmittlerin. Das EvMar ist mithin ein wichtiger Text für die besondere Bedeutung Maria Magdalenas in bestimmten frühchristlichen Gruppierungen.[20]

---

18 Dies ergibt sich u. a. aus den inhaltlichen Übereinstimmungen mit anderen Schriften, in denen Maria aus Magdala auftritt. In apokryph gewordenen Schriften des 2. und 3. Jh.s ist *die* Maria (ohne Beinamen) nicht die Mutter Jesu (sie wird, wo sie vorkommt, deutlich als Mutter charakterisiert), sondern Maria aus Magdala.

19 Zur Form dieser dialogischen Evangelien vgl. Hartenstein 2000.

20 Vgl. dazu insgesamt Petersen ³2019.

4. Das sogenannte Protevangelium des Jakobus (ProtevJac)

Mein dritter Beispieltext unterscheidet sich in seiner Überlieferungsgeschichte grundlegend von den beiden bisher genannten. Das sogenannte Protevangelium des Jakobus (ProtevJac)[21] ist nicht erst im 19. oder 20. Jh. wiedergefunden worden – wir haben eine Fülle von Handschriften und Versionen in unterschiedlichen Sprachen (darunter syrisch, griechisch, koptisch, georgisch, lateinisch und armenisch). Die Textüberlieferung ist so unübersichtlich, dass viele Textausgaben sich nicht anders zu helfen wissen als zwischenzeitlich auf eine Darstellung der unterschiedlichen Textfassungen in mehreren Spalten umzustellen. In den meisten alten Handschriften ist der Titel der Schrift mit „Geburt der Maria. Offenbarung des Jakobus" o. ä. angegeben; der neuzeitliche Titel „Protevangelium des Jakobus" stammt aus der lateinischen Übersetzung von 1547 durch Guilliaume Postel, einen französischen Jesuiten, die 1552 in Basel erschien.

Der Text besteht aus drei Teilen. Die ersten beiden dürften aus dem späten 2. Jh. stammen und erzählen hauptsächlich von der Vorgeschichte Marias, der Mutter Jesu. Wir erfahren aus dem ProtevJac erstmals die Namen der Eltern Marias: Anna und Joachim. Die beiden grämen sich über ihre Kinderlosigkeit, woraufhin ihnen durch Engelerscheinungen ein besonderes Kind angekündigt wird. Anders als in vielen solcher Geschichten, die als Vorbild des Textes dienten (wie etwa 1 Sam 1–2; Lk 1,5–25), ist dieses Kind jedoch ein *Mädchen*, nämlich Maria, deren besondere Reinheit und Heiligkeit in der Erzählung durchgehend hervorgehoben wird. Sie wird von ihren Eltern in den Jerusalemer Tempel gegeben (historisch betrachtet ist diese Aussage anzuzweifeln, weil dort sicher keine kleinen Mädchen aufwuchsen, außerdem stand zur Zeit der Abfassung der Tempel schon lange nicht mehr). Um Maria in noch jugendlichem Alter zu verheiraten, wird ein Mann per Losverfahren gesucht und der zurückhaltende Josef schließlich gefunden, ein Witwer mit Kindern aus erster Ehe – womit sich die im NT genannten Brüder und Schwestern Jesu (vgl. Mk 3,31–35; 6,1–3 und Parallelen) als dessen Halbgeschwister erweisen und zugleich Marias immerwährende Jungfräulichkeit gewahrt bleibt.[22] Der Erzählfaden mündet schließlich – nach der

---

[21] Für eine deutsche Übersetzung mit Einleitung sowie Angaben zu den diversen Textausgaben und Übersetzungen in unterschiedlichen Sprachen vgl. Pellegrini ^{7}2012.

[22] Die offizielle römisch-katholische Lösung des Geschwisterproblems geht seit Hieronymus davon aus, dass es sich um Cousins und Cousinen handelt, weshalb das ProtEvJac zeitweise im Westen einen schweren Stand hatte und bekämpft wurde. Die neuzeitliche historisch-kritische Exegese nimmt auf protestantischer Seite inzwischen durchgehend an, dass es sich tatsächlich um Kinder Marias – also jüngere Geschwister Jesu – handelt, die katholische Exegese hat hier wegen der Dogmatisierungen größere Schwierigkeiten. Die ganze Diskussion zeigt, wie sehr spätere Dogmatisierungen den exegetischen Blick auf die neutestamentlichen Texte beeinflussen können.

wunderbaren Geburt Jesu in einer Höhle (von der Krippe ist hier nicht die Rede) und der postnatalen Bestätigung der Jungfräulichkeit Marias – in die aus Mt 1–2 und Lk 1–2 bekannten Geschichten ein.

Der Inhalt des ProtevJac ist – anders als im Falle des EvThom und des EvMar – in der europäischen Kunst- und Kulturgeschichte durchgehend präsent geblieben, zum Teil auch durch Adaptionen des Textes wie im sogenannten Pseudo-Matthäusevangelium.[23] Als ein Beispiel unter vielen mögen die Fresken von Giotto di Bondone in der Arena-Kapelle (Capella degli Scrovengi) in Padua dienen, entstanden um 1305, die alle wichtigen Episoden des Textes darstellen.[24]

Abbildung 5: Giotto di Bondone (um 1305): Arena-Kapelle (Capella degli Scrovengi) in Padua: Die kleine Maria wird von ihren Eltern Anna und Joachim im Tempel abgegeben, Bildrechte unbekannt, Public Domain.

23 Die bekannten Krippenfiguren Ochse und Esel finden sich weder in Lk 2 noch im ProtevJac, sondern haben (inspiriert von Jes 1,3) ihren ersten Auftritt erst im Pseudo-Matthäusevangelium 14, verschriftlicht in lateinischer Sprache zwischen dem 5. und 7. Jh. Vgl. Ps-Mt 14, Text bei Ehlen [7]2012, 998.

24 Vgl. http://www.12koerbe.de/azur/giotto.htm oder https://commons.wikimedia.org/wiki/Cappella_degli_Scrovegni_(Padua)?uselang=de.

Als Fazit lässt sich festhalten: Es lohnt sich, diesen Text zu kennen, schon um die abendländische Kunstgeschichte zu verstehen. Und das bedeutet dann auch insgesamt für unser Thema: Wir sollten bei den Apokryphen nicht nur darauf achten, ob sie möglicherweise ältere, historisch aufschlussreiche Überlieferungen enthalten könnten, sondern auch ihre Rezeptionsgeschichte in den Blick nehmen.[25] In diesem Punkt unterscheiden sich die apokryph gewordenen Evangelien deutlich voneinander, da die vor kürzerer Zeit wiedergefundenen erst dabei sind, in Ansätzen eine Rezeptionsgeschichte zu entwickeln.[26] Allerdings ist die übliche mediale und/oder verschwörungsmythische Rezeption der Texte derzeit leider oft davon bestimmt, zu behaupten, hier werde jetzt „die ganze Wahrheit" darüber enthüllt, wie es denn wirklich mit der Jesusgeschichte im ersten Jahrhundert gewesen sei. Bekannt geworden ist dieses Schema durch Dan Browns „Da Vinci Code / Sakrileg", aber auch bei der medialen Reaktion auf die Veröffentlichung des Judasevangeliums ließen sich zum Teil ähnliche Tendenzen beobachten.

5. Das Evangelium des Judas (EvJud) und das Schicksal antiker Handschriften

In der Erstveröffentlichung einer Übersetzung des Judasevangeliums, die 2006 erschien (kurz nachdem der Text überhaupt erst zugänglich wurde), heißt es im Klappentext:

> Here was a gospel that had not been seen since the early days of Christianity, and which few experts had even thought existed – a gospel told from the perspective of Judas Iscariot, history's ultimate traitor. And far from being a villain, the Judas that emerges in these pages is a hero. In this radical reinterpretation, Jesus asks Judas to betray him. In contrast to the New Testament Gospels, Judas Iscariot is presented as role model for those who wish to be disciples of Jesus. He is the one apostle who truly understands Jesus.[27]

Dieser ersten überaus positiven Einschätzung der Judasfigur ist in der Forschung schnell widersprochen worden.[28] Judas ist in diesem Evangelium wohl eher eine ambivalente Figur,[29] und natürlich (wieder einmal) nicht der Verfasser, und es

---

[25] Vgl. zu diesem Thema Reed 2015, 407–417.

[26] So etwa derzeit beim EvMar, das neuerdings auch in Filmen über Maria Magdalena rezipiert wird. Vgl. etwa Abel Ferrara, Mary – This Is My Blood, Italien/Frankreich/USA, Wild Bunch 2005.

[27] Kasser u. a. 2006. Eine deutsche Übersetzung des EvJud findet sich in Schenke u. a. ³2013, 580–589; die Erstausgabe des koptischen Textes mit Übersetzungen in moderne Sprachen: Kasser / Wurst 2007.

[28] Vgl. bes. DeConick 2007.

[29] Vgl. dazu Petersen 2009.

wird auch nicht unbedingt aus seiner Perspektive erzählt. Tatsächlich erhält Judas allerdings in diesem Evangelium von Jesus spezielle Offenbarungen über die jenseitige Welt, die nicht für die Gruppe der anderen Jünger (von Jüngerinnen ist nicht explizit die Rede) bestimmt sind. Dabei ist das EvJud zugleich äußerst polemisch gegen ein sich etablierendes kirchliches Christentum, das letztlich als genauso ahnungslos dargestellt wird wie die Jüngergruppe, die es repräsentiert. Als Fazit lässt sich hier festhalten: Der Text hat nichts mit dem historischen Jesus und dem historischen Judas zu tun, aber er ist ausgesprochen aufschlussreich für die innerchristlichen Streitigkeiten des 2. und 3. Jh.s. Dass auch aus der Perspektive jener Christ_innen, die hinter dem Text standen, etwas anderes vorliegt als in den Evangelien nach Matthäus, Johannes, Thomas oder Maria, zeigt sich auch an einem kleinen Indiz, den Titel betreffend: So heißt der Text „das Evangelium *des* Judas“ (ⲡⲉⲩⲁⲅⲅⲉⲗⲓⲟⲛ ⲛ̄ⲓⲟⲩⲇⲁⲥ), nicht Evangelium *nach* Judas.

Abbildung 6: Codex Tchacos p.58; die letzte Seite des EvJud mit dem Untertitel „Evangelium des Judas“, Bildrechte: Wolfgang Rieger, Public Domain.

Nicht nur ist das EvJud ein höchst polemischer Text, die Polemik war vielmehr gegenseitig. Der ketzerbekämpfende Kirchenvater Irenäus von Lyon schreibt um 180 n. Chr. im ersten Band seines fünfbändigen Werkes „Gegen die Häresien“:

> Und da er [Judas] als einziger von allen (Jüngern) die Wahrheit erkannt hat, vollbrachte er das Mysterium des Verrats. Er war die Ursache der Auflösung alles Irdischen und Himmlischen. – Sie legen ein Machwerk mit diesem Inhalt vor und nennen es das „Evangelium des Judas“.[30]

Ob Irenäus den Text tatsächlich persönlich gelesen hat, bleibt unklar, da seine Ausführungen nicht sehr präzise sind. Allerdings scheint es sich um dasselbe Evangelium zu handeln – oder zumindest eine Vorform des Textes, worauf der auffällige und von den anderen frühchristlichen Evangelien abweichende Titel hinweist. Da Irenäus um 180 n. Chr. schrieb, muss also auch das EvJud letztlich auf das 2. Jh. zurückgehen.

Interessant ist in diesem Falle auch, wie die Geschichte des Codex eindeutig zeigt, dass die gefährlichste Zeit im Leben eines antiken Papyruscodex dann anbricht, wenn er wiedergefunden wird.[31] Im Falle jenes Codex, in dem das EvJud enthalten ist (heute als Codex Tchacos oder CT bezeichnet), haben Geldgier und Inkompetenz es beinahe geschafft, den Text zu vernichten. In der verschlungenen Geschichte bis zu seiner Veröffentlichung wurde der Text u. a. gestohlen, lag jahrelang in einem New Yorker Schließfach mit viel zu hoher Luftfeuchtigkeit und wurde schließlich von einem der zwischenzeitlichen Besitzer eingefroren – wohl in der irrigen Annahme, dies würde bei der Konservierung helfen –, um dann beim Auftauen geradezu zu zerbröseln. Teile des Codex wurden bei der Pleite eines zwischenzeitlichen Besitzers illegal verkauft und sind erst nach und nach und in Stücken wieder aufgetaucht. Diverse kleinere Fragmente des beschädigten Papyrus warten noch auf ihre Platzierung im Text.[32] Als Fazit lässt sich hier festhalten: Wenn Sie je einem antiken Papyrusfragment begegnen (manche werden sogar bei *eBay* angeboten), lagern Sie ihn unbedingt trocken zwischen Glasplatten und verständigen sofort die Expert_innen für solcherart Material.

Meine vier Beispiele mit ihren Geschichten repräsentieren nur einen kleinen Teil des heute zugänglichen Materials. Es gibt noch deutlich mehr relevante Texte, die uns in unterschiedlichem Zustand bekannt sind, von denen wir Fragmente haben oder auch Zitate oder Mittteilungen bei den Kirchenvätern: so z. B.

---

30 Irenäus, Haer. I,31,1; deutsche Übersetzung Brox 1993, 351.

31 Vgl. zur folgenden Geschichte u. a. Krosney 2006, sowie die Informationen in Kasser u. a. 2006.

32 Neu zugeordnete Fragmente finden sich auf der Homepage von Gregor Wurst an der Universität Augsburg. Vgl. hierzu https://www.uni-augsburg.de/de/fakultaet/kthf/lehrstuhle-professuren/alte-kirchengeschichte/forschung/codex-tchacos/ (Zugriff am 01.06.2020). Eine Neuedition des CT ist in Arbeit.

die bei Clemens von Alexandrien bezeugten Fragmente des Ägypterevangeliums, das Evangelium der Wahrheit aus Nag Hammadi (NHC I,3 / XII,2), das Evangelium nach Philippus, ebenfalls aus Nag Hammadi (NHC II,3), sowie das in einigen Fragmenten erhaltene Evangelium nach Petrus. Und die eben genannten sind nur einige solcher Texte, in deren Titel der Name „Evangelium" auftaucht, es gibt ebenso diverse apokryphe Briefe, Apostelgeschichten und Apokalypsen. Das Material ist also reichhaltig – und es lässt sich davon ausgehen, dass sich die Anzahl der wiedergefundenen Texte in der nächsten Zeit noch vermehren dürfte, sei es durch weitere Zufallsfunde, sei es durch Publikationen jener Papyri, die noch in den Schubladen zahlreicher Museen wartend lagern.

6. Zur Entstehung des neutestamentlichen Kanons und den antiken Lesegewohnheiten

Eine kurze Zusammenfassung der folgenden Ausführungen lautet am ehesten: Es ist unübersichtlich. Wer denkt, eine Gruppe von wichtigen Männern habe sich irgendwann zusammengesetzt und endgültig den Inhalt des Kanons beschlossen, muss im Blick auf den tatsächlichen Befund umdenken. Einen überall gültigen Kanon gibt es auch heute nicht – so sind etwa die Kanones der römisch-katholischen, der evangelisch-lutherischen und der griechisch-orthodoxen Kirche durchaus unterschiedlich[33] und werden dies aller Voraussicht nach auch bleiben (allerdings enthält der Kanon keiner dieser Kirchen derzeit etwa das EvThom).

Auch im Blick auf die Antike ist die Lage nicht einfach und klar. So schreibt der schon erwähnte Kirchenvater Irenäus von Lyon Ende des 2. Jh. in seinem Werk „Gegen die Häresien" über die Vierzahl der Evangelien:

> Warum sollte die Zahl der Evangelien größer oder kleiner sein? Da die Welt, in der wir leben, sich in vier Gegenden teilt und weil es vier Hauptwindrichtungen gibt, die Kirche aber auf der ganzen Erde verbreitet ist, Säule und Stütze der Kirche das Evangelium und der Geist des Lebens sind, so hat sie plausiblerweise vier Säulen, die von allen Seiten Unvergänglichkeit atmen und die Menschen immer neu beleben. Da leuchtet es ein, daß der Erbauer des Alls, der Logos, „der auf den Kerubim thront" und „das All zusammenhält",

[33] Die lutherischen Kirchen haben Kanon nie verbindlich definiert, halten sich in der Praxis aber an Luthers Vorgaben. Die Definition der römisch-katholischen Kirche stammt vom Tridentinum (1545–1563) als Reaktion auf die Reformation und legt die lateinische Vulgata als verbindlichen Text fest. Während für die lutherischen u. a. Kirchen in Bezug auf das AT der Text der Hebräischen Bibel ausschlaggebend ist, bezieht sich etwa die griechisch-orthodoxe Kirche auf die Septuaginta (LXX) und damit auf mehr Schriften als die der Hebräischen Bibel; der Kanon z. B. der äthiopischen Kirche ist wieder ein anderer.

> uns bei seinem Erscheinen vor den Menschen das Evangelium in vierfacher Gestalt gab, aber zusammengehalten von dem einen Geist.[34]

Für Irenäus besteht noch die Notwendigkeit, die Vierzahl der Evangelien gegen anderslautende Meinungen zu verteidigen. Dies verweist auf einen Ende des 2. Jh.s noch bestehenden Diskussionsbedarf im Hinblick auf die Anzahl der anerkannten Evangelien. Gleichzeitig zeigt die Argumentation des Irenäus noch etwas Anderes: Seine inhaltliche Begründung der notwendigen Vierzahl von Evangelien unter Verweis auf die vier Himmelsrichtungen etc. scheint nicht wirklich zwingend, sondern konstruiert.

Ähnliche Plädoyers ließen sich auch z. B. für eine Dreizahl unter Verweis auf Himmel, Erde und Unterwelt führen; oder auch für eine Siebenzahl unter Verweis auf die sieben antiken Planetensphären und die Wochentage; oder gar für eine Zwölfzahl unter Verweis auf die zwölf Stämme Israels und die zwölf Jünger. Der inhaltlich nicht zwingende Charakter der Argumente zeigt, dass die Vierzahl die Argumente hervorgerufen hat und nicht umgekehrt. Die Vierzahl scheint somit keine private Idee des Irenäus zu sein, sondern in seinem Umfeld vorgegeben, wenn auch nicht überall gleichermaßen anerkannt.

In eine ähnliche Richtung verweist auch eine bei Eusebius berichtete Geschichte. Sie bezieht sich auf einen gewissen Serapion, der um 200 Bischof von Antiochia war.[35] Aufgrund einer Anfrage einer nahegelegenen Gemeinde gesteht Serapion erst einmal zu, dass es in Ordnung sei, das Evangelium nach Petrus (EvPetr) zu benutzen, nimmt diese Zusage dann aber brieflich zurück, da ihm zu Ohren gekommen ist, der Text enthalte häretische Aussagen. Wir erfahren also von einer Gemeinde, in der um 200 n. Chr. das EvPetr vorhanden war und benutzt wurde, und von einem Bischof, der dies erst einmal nicht für ein Problem hält. Die Geschichte spielt kurze Zeit nach dem Plädoyer des Irenäus für das viergestaltige Evangelium. Zu etwa derselben Zeit zitiert Clemens von Alexandrien aus dem Ägypterevangelium, das er zwar nicht den vier Evangelien gleichstellt, aber auch nicht als häretisch ablehnt. Noch etwa fünfzig Jahre später verfährt Origenes ebenso mit dem Hebräerevangelium.[36]

Wir sehen hier, dass es im frühen Christentum viele Evangelien gab, die von unterschiedlichen Gruppen rezipiert wurden, aber noch keine eindeutigen Regeln, wie damit umzugehen sei. Es gibt seitens der Kirchenväter Versuche, eine gewisse Ordnung in die Dinge zu bringen; diese Versuche belegen allerdings gleichzeitig, dass so etwas wie ein abgeschlossener und für alle normativer Kanon noch nicht existierte, da sonst eben die Bestrebungen, einen solchen herzustellen, ja gar nicht nötig gewesen wären. Die oben betrachteten Handschriften

---

[34] Irenäus, Haer. III, 11,8; Übers. nach Brox 1995, 109–111.

[35] Vgl. Eusebius, Kirchengeschichte VI, 12,3–6.

[36] Also verweisen auch nach Irenäus Kirchenväter weiterhin auf apokryphe Evangelien und zitieren aus ihnen, ohne sie pauschal abzulehnen. Vgl. zum Überblick etwa Lührmann 2000, 26–55.

zeigten darüber hinaus, dass sich das äußere Erscheinungsbild kanonisierter und apokryph gewordener Evangelien nicht unterscheidet.

Erst im 4. Jh. verschiebt sich die Lage. Wir haben aus dieser Zeit die erste Liste von Büchern des NT, die mit der unserer heutigen Ausgaben tatsächlich übereinstimmt. Sie findet sich im 39. Osterfestbrief des Athanasius von Alexandrien aus dem Jahr 367. Im Anschluss an die Textliste heißt es dort:

> Dieses sind die Quellen des Heiles, welche den Dürstenden mit ihren Worten erfüllen; in diesen allein wird die Lehre der Frömmigkeit verkündet. Niemand darf diesen etwas beifügen, und Niemand von diesen etwas wegnehmen.[37]

Athanasius kennt allerdings insgesamt nicht zwei, sondern drei Kategorien[38] von Texten: Zusätzlich zu den Aufgelisteten werden neben den Pseudepigraphen des AT auch frühchristliche Schriften wie die „Didache" und der „Hirt des Hermas" zur Lektüre empfohlen. Dies korrespondiert mit den großen Bibelhandschriften des 4./5. Jhs.: So enthält der Codex Sinaiticus aus dem 4. Jh. zusätzlich etwa auch den „Barnabasbrief" und den „Hirten des Hermas"; im Codex Alexandrinus aus dem 5. Jh. finden wir auch den 1. und 2. Clemensbrief, und die wichtigste der großen Bibelhandschriften, der Codex Vaticanus (4. Jh.), bricht in Hebr 9 ab, so dass wir nicht wissen, ob er noch apokryphe Schriften enthielt – oder ob sogar die lange umstrittene Offenbarung des Johannes fehlte. Interessant ist auch der sog. *Bodmer Composite* (oder auch: *Miscellaneous) Codex*, in dem u. a. das ProtevJac, 3 Kor, die 11. Ode Salomos, der Judasbrief, die Passahomilie des Melito, Ps 33–34 und die beiden Petrusbriefe (in neutestamentlichen Papyrusverzeichnissen als $\mathfrak{P}^{72}$ geführt) zusammengestellt sind.[39] Zugleich belegen die erhaltenen Fragmente und auch Codices mit apokryphen Evangelien, dass es auch nach dem 4. Jh. weiter christliche Gruppen gab, die diese Texte vervielfältigten und lasen. Einen Querschnitt durch frühchristliche Lesegewohnheiten an einem bestimmten Ort erlaubt das im ägyptischen Oxyrhynchos gefundene Material. Die Anzahl der Manuskripte variiert zwischen den einzelnen Schriften deutlich, aber sie tut dies eher nicht entlang der Grenze kanonisch/apokryph:[40]

- **Neues Testament:** Mt 15; Mk 1; Lk 2; Joh 14; Apg 3; Röm 5; 1 Kor 2; 2 Kor 1; Gal 3; Phil 1; 1/2 Thess 1; Hebr 3; Jak 4; 1 Petr 2; 1 Joh 1; Jud 1; Offb 5.
- Es fehlen: Eph; Kol; 1/2Tim; Tit; Phm; 2 Petr; 2/3 Joh.

---

[37] Athanaius der Große: Ein Bruchstück aus dem 39. Festbriefe des heiligen Athanasius. Übersetzung aus der Bibliothek der Kirchenväter, vgl. https://bkv.unifr.ch/works/312/versions/333/divisions (Zugriff am 02.06.2020).

[38] Die Dreiteilung wird in der neueren Forschung wieder aufgenommen, vgl. etwa Bovon 2015; King 2020.

[39] Zu diesem Codex vgl. u. a. Wasserman 2005; Nongbri 2016.

[40] Die Zahlen basieren (adaptiert) auf Nongbri 2018, 274–280, der das Material bis 2016 berücksichtigt.

- **Apokryphen:** EvThom 3; EvMar 2; unbekannte Evangelien (2 davon möglicherweise aus EvPetr) 6; Sophia Jesu Christi 1; ProtevJac 1; Hermas 10; Didache 1; Petrusakten 1; Johannesakten 1; Paulusakten 1; Theklaakten 1.

Die bevorzugte Lektüre in Oxyrhynchos waren eindeutig Mt und Joh, gefolgt vom Hirten des Hermas. Interessant ist weiterhin, dass es mehr als 20 Papyri mit apokryph gewordenen Schriften gibt, aber keinen einzigen für mehrere der kanonisch gewordenen neutestamentlichen Briefe. Die Menschen in Oxyrhynchos haben offensichtlich lieber apokryphe Evangelien gelesen als unechte Paulusbriefe. Bemerkenswert ist auch die schlechte Überlieferung von Mk, die sich auch bestätigt, wenn man andere Papyri einbezieht.[41] Die Zahlen gleichen sich erst im 4. Jh. an, wenn Mt, Mk, Lk und Joh zusammen in den großen Bibelcodices überliefert sind, und die Zahlen sich zugleich auch bei den gefundenen Einzelfragmenten ähneln. Nun sind die apokryphen Texte höchstens noch in Einzelexemplaren präsent, EvThom und EvMar nur jeweils in einer koptischen Fassung. Die Überlieferungslage ändert sich also zu eben der Zeit, als das Christentum staatlich akzeptiert wurde, die Christenverfolgungen aufhörten und eine ungestörte Buchproduktion möglich wurde. Dazu passt auch die Nachricht, dass Eusebius von Cäsarea von Kaiser Konstantin im Jahr 332 den Auftrag bekam, Bibelhandschriften herstellen zu lassen.[42]

Damit Texte verloren gehen, muss man sie nicht verbieten – es reicht, sie nicht mehr regelmäßig abzuschreiben. Einen Großteil der antiken Literatur haben wir aus diesen Gründen nicht mehr. Viele der Tragödien des Euripides sind verloren, und wir kennen lediglich ihre Titel. Auch von Ciceros staats-theoretischer Schrift *De re publica* existieren nur einige Fragmente sowie eine unvollständige Version aus dem 4. oder 5. Jh. auf einem Palimpsest, also einer überschriebenen Handschrift (in diesem Fall überschrieben mit Psalmkommentaren des Augustinus, abgeschrieben im 7. Jh.).

---

41 Vgl. zu den Zahlen Petersen 2006.

42 Vgl. Eusebius, Vita Constantini IV, 36–37; dazu Lips 2004, 84.

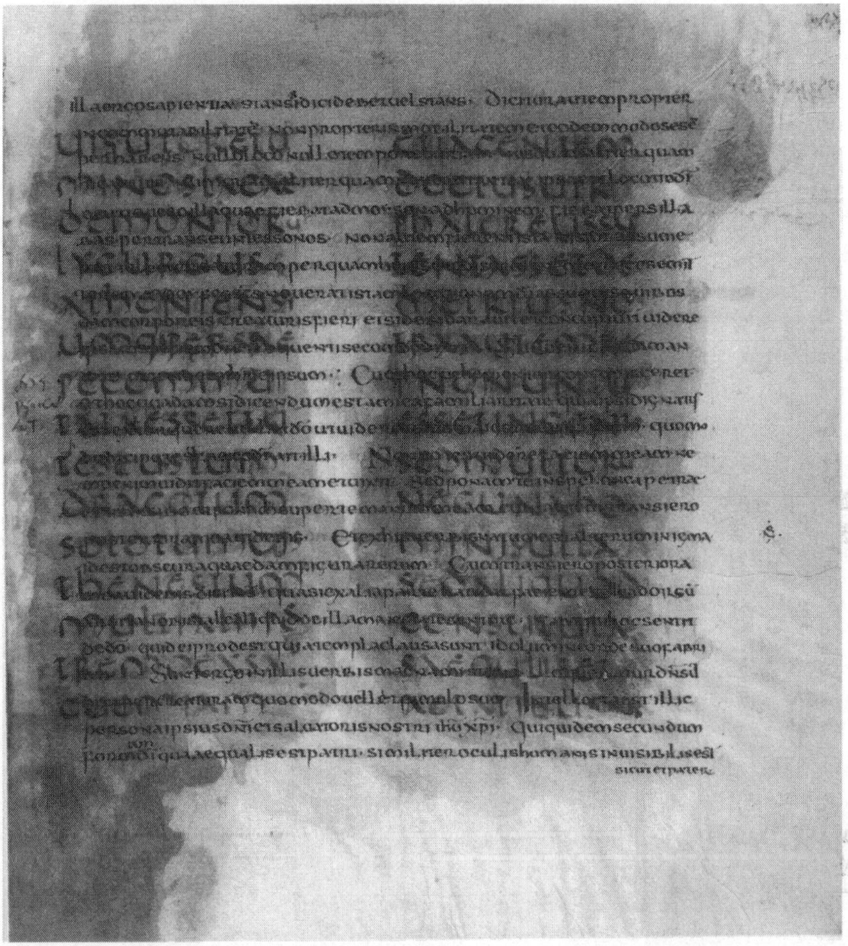

Abbildung 7 Cicero: de re publica als Palimpsest (Vat Lat 5757), überschrieben mit einem Psalmenkommentar (kleinere Schrift), Bildrechte unbekannt, Public Domain.

Historisch und auch systematisch ist die Sammlung von Texten und deren Kanonisierung voneinander zu unterscheiden. Wenn es im 2. Jh. immer wieder Belege dafür gibt, dass verschiedene Evangelien nebeneinander verwendet werden, so deutet dies zwar auf Sammlung hin, nicht aber schon auf einen normativen Abschluss der Sammlung, also auf Kanonisierung.[43]

---

[43] Zum Kanonisierungsprozess insgesamt vgl. Lips 2004. Zur weiteren Entwicklung ebd., 139: „Der Überblick über die Kanongeschichte im Mittelalter hat gezeigt, daß trotz weitgehend definitiver Abgrenzung des Kanons immer auch noch andere, nichtkanonisierte Bücher innerhalb des neuen Testaments überliefert wurden. Die mit den Kanonlisten teilweise verbundenen Negativlisten abgelehnter apokrypher Bücher belegen, daß immer noch die

Guy Stroumsa formuliert es folgendermaßen:

> Die Idee der Kanonisierung an sich impliziert Ausschluß. Wenn ein Textkorpus definiert ist, ist es von weiteren Zufügungen abgeschlossen; darüber hinaus ist es im Gegenüber zu anderen Texten definiert, die vom kanonischen Korpus ausgeschlossen sind. Daher ist Kanonisierung naturgemäß ein später Prozeß, der einem vorherigen Stadium der Öffnung (...) oder sukzessiven Hinzufügung von Texten zum kulturellen Gedächtnis einer Gesellschaft folgt. Der Kanonisierungsprozeß dient dazu, eine derartige Schöpfung kollektiven Gedächtnisses zu ihrem Ende zu bringen, zu regulieren und zu begrenzen.[44]

Bezogen auf die neutestamentlichen Evangelien bedeutet dies, dass ihre Kanonwerdung erst als zweiter Schritt nach dem Prozess der Verbreitung und Sammlung von Evangelien zu verstehen ist, als Begrenzung der Vielfalt der Evangelien. Aktuell bedeutet dies, dass wir uns fragen sollten, ob wir eine solche Begrenzung zur Abwehr von Häresien tatsächlich noch brauchen – oder ob nicht vielmehr eine größere Öffnung des Textbestandes eine Chance bieten kann. Damit komme ich zu meinen abschließenden Überlegungen.

7. Kanonisch und apokryph im Prozess

Mir scheinen die schon gelegentlich im Vorhergehenden verwendeten Benennungen als „apokryph gewordene Evangelien" und „kanonisch gewordene Evangelien" sinnvoll,[45] da diese deutlich machen, dass es sich hier um eine nachträgliche und historisch gewordene Bezeichnung handelt. Äußerlich gibt es keine Möglichkeit, etwa den Papyri, die aus der christlichen Frühzeit stammen und in Oxyrhynchos gefunden wurden, anzusehen, ob es sich um solche handelt, die auf dem Weg zur kanonischen Geltung waren, oder um solche, die als Apokryphen sukzessive ins Abseits der Rezeption geraten sollten. Alle diese Handschriften zeigen äußerlich, dass sich in ihnen das Selbstverständnis von Gruppierungen spiegelt, die sich selbst als christlich verstanden haben. Dies sollten wir ernst nehmen.

Ab dem 4. Jh. setzte dann ein deutlicher Selektions- und Vereinheitlichungsprozess ein, begünstigt und gefördert vom Zusammengehen von Christentum und römischem Staat. Heute dagegen haben wir eher die Situation, dass normative Bibelausgaben die Textkenntnisse der Rezipient_innen determinieren und damit die Marginalisierung apokryph gewordener Evangelien auf diese Weise fortgeschrieben wird.

Notwendigkeit bestand, ausdrücklich die Ablehnung oder das Verbot vieler Schriften auszusprechen. Das ist nur zu erklären, wenn auch tatsächlich solche Schriften noch im Umlauf waren und weiter verbreitet wurden".

44 Stroumsa 1999, 11; im Anschluss an Assmann / Assmann 1987, bes. 7–27.

45 Vgl. Lührmann 2000; 2004.

Die meisten der apokryph gewordenen Evangelien dürften später entstanden sein als die kanonisch gewordenen, auch wenn – etwa bei EvThom – einiges auf die früheste Zeit zurückgehen könnte. Auf jeden Fall sind die Texte zentral für eine historische Rekonstruktion des frühen Christentums und seiner Denkbewegungen. Und sie sind von hohem Interesse für die Konflikt- und Diskussionslinien der ersten Jahrhunderte, weil sie uns ermöglichen, die Stimmen jener wieder zu hören, die sich in der folgenden Zeit nicht durchgesetzt haben, sowie Einblick in unterschiedliche Formen des Christentums zu gewinnen.

Im Hinblick auf die Entstehungszeit ist zudem darauf hinzuweisen, dass auch die Evangelien in unserem Kanon Textzusätze aus dem 2. Jh. enthalten, also aus der Zeit, aus der viele der apokryph gewordenen Evangelien stammen. Zu nennen ist hier etwa die Geschichte von der Ehebrecherin, in unseren Bibelausgaben als Joh 7,53-8,11 zu finden, sowie die sekundären Schlüsse des Markusevangeliums, die üblicherweise hinter dem eigentlichen Schluss in Mk 16,8 abgedruckt werden. Wenn man also beschließt, dass nur alte Texte zählen, die im 1. Jh. verfasst wurden, müsste man diese Teile von Joh und Mk ebenso aus unserem Kanon ausschließen wie auch die Pastoralbriefe (1/2 Tim, Tit), die nicht von Paulus stammen und nicht im 1. Jh. entstanden sein dürften.

Viele der apokryph gewordenen Texte sind zumindest in Teilen von anderen abhängig. Dies gilt aber auch für die kanonisch gewordenen: So ist etwa das Mk Vorlage von Mt und Lk. Abhängigkeit oder Unabhängigkeit kann somit kaum ein Kriterium der Unterscheidung sein. Dasselbe gilt für das Kriterium der apostolischen Verfasserschaft, da sowohl kanonisch gewordene wie auch apokryph gewordene Evangelien sich zwar auf apostolische Tradition berufen, aber (nach Mehrheitsmeinung der Wissenschaft) in keinem einzigen Fall tatsächlich von Augenzeug_innen aus der Gruppe um Jesus verfasst sind. Das seit der alten Kirche oft bemühte Kriterium der Apostolizität ist also wissenschaftlich gesehen nicht haltbar. Damit sind aber die Kriterien, die in der Kanondiskussion eine Rolle spielen, durchgehend mindestens unscharf.

Es bleibt die Frage der Rechtgläubigkeit: Sind die apokryph gewordenen Evangelien „häretisch“? Oder sind sie letztlich „wahrer“, weil nicht kirchlich korrumpiert? Beide Aussagen sind, je umgekehrt, Werturteile, und solche haben immer innerhalb einer bestimmten Gruppe Plausibilität, innerhalb der anderen Gruppe jedoch nicht. Im 2. Jh. war das Szenario besonders unklar – sonst hätte Irenäus sich nicht so anstrengen müssen und wäre der um 200 noch erlaubte gottesdienstliche Gebrauch des EvPetr nicht erklärbar. Historisch gesehen haben dann aber die Vertreter der Häresie-Zuschreibung gewonnen und uns damit einer Vielfalt beraubt, die heute auch wieder Chancen bietet.

Die Beschäftigung mit den apokryph gewordenen Evangelien bedeutet damit letztlich, im Sinne von Walter Benjamin mit der Geschichte umzugehen:

> In jeder Epoche muß versucht werden, die Überlieferung von neuem dem Konformismus abzugewinnen, der im Begriff steht, sie zu überwältigen.[46]

Wenn wir die christliche Tradition dem Konformismus überlassen, steht sie in Gefahr zu verarmen und schließlich zu sterben. In diesem Sinne sollten wir zur Förderung der Vielfalt mehr apokryph gewordene Evangelien lesen und über sie diskutieren. Egal für wie „heilig“ wir sie letztlich halten.

Literatur

Assmann, Aleida / Assmann, Jan (Hg.) (1987): Kanon und Zensur (Beiträge zur Archäologie der literarischen Kommunikation II), München.

Benjamin, Walter (1992): Über den Begriff der Geschichte, in: Ders.: Sprache und Geschichte. Philosophische Essays (Reclam Universal-Bibliothek 8775), Stuttgart, 141–154.

Bovon, François (2015): Beyond the Canonical and the Apocryphal Books, the Presence of a Third Category: The Books Useful for the Soul, in: Harvard Theological Review 105, 125–137.

Brown, Dan (2006): Sakrileg. The Da Vinci Code. Thriller, aus dem Amerikanischen von Piet van Poll, Vollständige, erweiterte Taschenbuchausgabe, Bergisch Gladbach (The Da Vinci Code 2003).

Brox, Norbert (Hg.) (1993; 1995): Irenäus von Lyon, Adversus haereses / Gegen die Häresien, Bd. 1 und 3 (Fontes christiani 8,1; 8,3), Freiburg i. Br.

DeConick, April D. (2007): The Thirteenth Apostle. What the Gospel of Judas Really Says, New York.

Ehlen, Oliver (⁷2012): Das Pseudo-Matthäusevangelium, in: Markschies, Christoph / Schröter, Jens (Hg.): Antike Christliche Apokryphen in deutscher Übersetzung, 1. Band: Evangelien und Verwandtes, Teilband 2, Tübingen, 983–1002.

Epp, Eldon Jay (2004): The Oxyrhynchus New Testament Papyri: „Not without Honor exept in Their Hometown?“, in: Journal of Biblical Literature 123, 5–55.

The Facsimile Edition of the Nag Hammadi Codices (1972–1984), 12 Bde. Published under the Auspices of the Department of Antiquities of the Arab Republic of Egypt in Conjunction with the United Nations Educational, Scientific and Cultural Organization, Leiden.

Grenfell, Bernhard P. / Hunt, Arthur S. (Hg.) (1898), The Oxyrhynchos Papyri, London. (und Folgebände); vgl. auch https://archive.org/details/oxyrhynchuspapyr01grenuoft/page/n9/mode/2up, sowie zu den neueren Papyri: http://www.papyrology.ox.ac.uk/POxy/ (Zugriff am 01.06.2020).

Haines-Eitzen, Kim (2011): The Gendered Palimpsest: Women, Writing, and Representation in Early Christianity, Oxford u. a.

Hartenstein, Judith (2000): Die zweite Lehre. Erscheinungen des Auferstandenen als Rahmenerzählungen frühchristlicher Dialoge (Texte und Untersuchungen zur Geschichte der altchristlichen Literatur 146), Berlin.

Kasser, Rudolphe u. a. (Hg.) (2006): The Gospel of Judas from Codex Tchacos, Washington DC.

Kasser, Rudolphe / Wurst, Gregor (Hg.) (2007): The Gospel of Judas, together with the Letter of Peter to Philip, James, and a Book of Allogenes from Codex Tchacos. Critical Edition, Washington DC.

King, Karen L. (2020): Nicht länger marginal: Vom Diskurs über Orthodoxie und Häresie zur Kritik der Kategorien und darüber hinaus, in: Lehtipuu, Outi / Petersen, Silke (Hg.): Antike christliche Apokryphen. Marginalisierte Texte des frühen Christentums (Die Bibel und die Frauen 3.2) Stuttgart, 18–33.

King, Karen L. (2003a): What is Gnosticism?, Cambridge, MA / London.

---

[46] Benjamin 1992, 144 (Über den Begriff der Geschichte, These VI).

King, Karen L. (2003b): The Gospel of Mary of Magdala. Jesus and the First Woman Apostle, Santa Rosa, CA.

Krosney, Herbert (2006): Das verschollene Evangelium. Die abenteuerliche Entdeckung und Entschlüsselung des Evangeliums des Judas Iskarioth, Washington DC.

Layton, Bentley (Ed.) u. a. (1989): The Gospel According to Thomas, Nag Hammadi Codex II,2, in: Layton, Bentley (Hg.): Nag Hammadi Codex II,2–7, Bd. 1 (Nag Hammadi Studies 20), Leiden u. a., 38–128.

Lips, Hermann von (2004): Der neutestamentliche Kanon. Seine Geschichte und Bedeutung (Zürcher Grundrisse zur Bibel), Zürich.

Luijendijk, AnneMarie (2019): The Gospel of Mary at Oxyrhynchos (P.Oxy. L 3525 and P.Ryl. III 463): Rethinking the History of Early Christianity through Literary Papyri from Oxyrhynchos, in: Taylor G. Petrey (Hg.): Re-Making the World. Christianity and Categories: Essays in Honor of Karen L. King (Wissenschaftliche Untersuchungen zum Neuen Testament 434), Tübingen, 391–418.

Luijendijk, AnneMarie (2008): Greetings in the Lord: Early Christians and the Oxyrhynchos Papyri (Harvard Theological Studies 60), Cambridge, MA u. a.

Lührmann, Dieter (2004): Die apokryph gewordenen Evangelien: Studien zu neuen Texten und zu neuen Fragen (Novum Testamentum. Supplements 112), Leiden u. a.

Lührmann, Dieter (2000): Fragmente apokryph gewordener Evangelien in griechischer und lateinischer Sprache (Marburger Theologische Studien 59), Marburg.

Nongbri, Brent (2018): God's Library: The Archaeology of the Earliest Christian Manuscripts, New Haven / London.

Nongbri, Brent (2016): The Construction of P. Bodmer VIII and the Bodmer „Composite" or „Miscellaneous" Codex, in: Novum Testamentum 58, 394–410.

Patterson, Stephen J. (1993): The Gospel of Thomas and Jesus, Sonoma.

Pellegrini, Silvia ([7]2012): Protevangelium des Jakobus. Einleitung und Übersetzung, in: Markschies, Christoph / Schröter, Jens (Hg.): Antike Christliche Apokryphen in deutscher Übersetzung, 1. Band: Evangelien und Verwandtes, Teilband 2, Tübingen, 903–929.

Petersen, Silke ([3]2019): Maria aus Magdala. Die Jüngerin, die Jesus liebte (Biblische Gestalten 23), Leipzig.

Petersen, Silke (2009): Warum und inwiefern ist Judas ein „Daimon"? Überlegungen zum Evangelium des Judas (Codex Tchacos 44,21), in: Zeitschrift für Antikes Christentum 13, 108–126.

Petersen, Silke (2006): Die Evangelienüberschriften und die Entstehung des neutestamentlichen Kanons, in: Zeitschrift für die Neutestamentliche Wissenschaft 97, 250–274.

Petersen, Silke (1999): „Natürlich, eine alte Handschrift". Nag Hammadi, die Gnosis und das Neue Testament, in: Zeitschrift für Neues Testament 4, 2–11.

Reed, Annette Yoshiko (2015): „The Afterlives of New Testament Apocrypha", in: Journal of Biblical Literature 133 (2015), 401–425.

Robinson, James M. (1997): Nag Hammadi. The First Fifty Years, in: Turner, John D. / McGuire, Anne (Hg.): The Nag Hammadi Library after Fifty Years. Proceedings of the 1995 Society of Biblical Literature Commemoration (Nag Hammadi and Manichaean Studies 44), Leiden u. a., 3–33.

Schenke, Hans-Martin u. a. (Hg.) ([3]2013): Nag Hammadi Deutsch. NHC I–XIII, Codex Berolinensis 1 und 4, Codex Tchacos 3 und 4. Studienausgabe. Eingeleitet und übersetzt von Mitgliedern des Berliner Arbeitskreises für Koptisch-gnostische Schriften, Berlin/Boston.

Stroumsa, Guy G. (1999): Kanon und Kultur. Zwei Studien zur Hermeneutik des antiken Christentums (Hans-Lietzmann-Vorlesungen 4), Berlin / New York.

Wasserman, Tommy (2005): Papyrus 72 and the Bodmer Miscellaneous Codex, in: New Testament Studies 51, 137–154.

Williams, Michael A. (1999): Rethinking ‚Gnosticism': An Argument for Dismantling a Dubious Category, Princeton, NJ.

Wilson, Robert McL. / MacRae, George W. (1979): The Gospel According to Mary, BG I,7,1–19,5, in: Parrott, Douglas M. (Hg.): Nag Hammadi Codices V,2–5 and VI with Papyrus Berolinensis 8502,1 and 4 (Nag Hammadi Studies 11), Leiden, 453–471.

Und er schrieb kein einziges Wort ... Ereignis-Sprache-Schrift zwischen Legitimität und Autorität

Marcello Neri

Jeder Versuch, die Autorität der christlichen Schriften zu bestimmen sowie die Art und Weise zu ermitteln, in der sich solch eine Autorität im kirchlichen Glauben vollzieht,[1] muss der Paradoxie des Daseins Jesu als des nach christlicher Auffassung geschichtlichen Ereignisses Gottes gerecht werden, die nie einem „so ist es geschrieben ..." endgültige Autorität verliehen hat. Diese Paradoxie besteht darin, dass Jesus durch und durch im Horizont des jüdischen Tanakh gelebt[2] und sich bzw. seine Sendung an das Volk Gottes aus diesem Horizont heraus verstanden hat, ohne aber selber ein einziges Wort geschrieben zu haben:

> Man muss also gleichzeitig erkennen, dass der *Text* des Neuen Testaments, aufgepfropft auf ein Altes, nichts darstellt, wenn ich so sagen darf, sondern *ein Ereignis* unter seinen Lesern möglich machen will, und dass derjenige, dessen Nahen/Kommen und dessen Auswirkungen er zulässt, *streng genommen selbst gar nichts geschrieben hat*.[3]

Man hat es somit mit einem leibhaftigen Sprachereignis zu tun, das dann im Lichte der christlichen Glaubenserfahrung niedergeschrieben worden ist, um eine reale Gleichzeitigkeit der glaubenden Existenz mit dem Dasein Jesu in der menschlichen Geschichte zu ermöglichen.[4]

---

1 Vgl. Neri 2001, 145–210.

2 Vgl. Boyarin 2015.

3 Theobald 2007, 55: „Il y a donc à percevoir en même temps que le *texte* du Nouveau Testament, greffé sur un Ancien, ne représente rien, si j'ose dire, mais veut rendre possible un *événement* parmi ses lecteurs, et que celui dont il permet l'avènement et ses effets *n'a lui-même strictement rien écrit*."

4 Vgl. Sequeri 1996, 189: „Insomma in molti modi, la *Scrittura evangelica* ci istruisce sulle condizioni intrascendibili dell'accesso alla verità di Gesù: misteriosamente nascosta nell'apparire del Risorto e storicamente rivelata nella morte del Crocifisso. La fiducia che la tradizione apostolica ripone nella Scrittura evangelica dipende proprio da questo: gli apostoli sanno che la comunicazione della fede in Gesù, nella forma di una *memoria Jesu* che rende accessibile la verità di Lui come verità di Dio, è perfettamente possibile. La contiguità fisica con Lui fa la differenza della memoria testimoniale appunto: ma non quella della coscienza credente. La fede è la stessa: non solo per i suoi contenuti e per la sua dottrina, ma per il modo della sua costituzione."

Aufgrund dieser Bestimmung zur Gleichzeitigkeit von Ereignis und Glaubenserfahrung wohnt den christlichen Schriften eine Dynamik der Überwindung ihrer selbst inne, die zugleich eine radikale Infragestellung der chronologischen Linearität der Zeit durch den Einbruch des Messianischen als der „Zeit Gottes", die das Dasein Jesu geprägt hat, bedeutet:

> Dazu muss bedacht sein, dass gerade dieses JHWH-Ereignis der Inhalt der messianischen Zeit selber ist [...]. Messianische Zeit bedeutet die Öffnung und Refiguration der Vergangenheit hin auf die Schau der Herrlichkeit JHWHs, die in der Offenheit und Festlichkeit der Zeit selber liegt. Von daher beginnt sich das Geschehen zu verschieben. Die Vergangenheit wird nicht annulliert, sondern aufgehoben in das Offene der Zukunft hinein und ist damit nicht mehr Repräsentation dessen, was irgendwann einmal präsent zu sein schien.[5]

Als Zeugnis des drängenden Einbruchs der messianischen Zeit Gottes ins Tun Jesu entkräften die christlichen Schriften jede Autorität einer kausal-chronologisch verstandenen Zeit, worin die ununterbrochene Kontinuität die Rolle eines letzten bzw. unüberwindbaren Garanten spielen würde. So kann man von vornherein sagen, dass eine chronologische Kontinuität des Unveränderlichen kein gültiges Kriterium der Legitimierung sein kann. Purer Fortbestand bzw. unverändertes Bewahren vermag weder die Autorität der Heiligen Schrift noch den Machtanspruch jeder lehramtlichen Form des christlichen Glaubensvollzugs zu begründen, wenn das eigentlich gründende, das Messianische, alle Kontinuität durchbricht.[6]

Zugleich lässt sich sagen, dass schon in den Schriften des Neuen Testaments jene konstituierende Spannung von Chronologie der Zeitlichkeit und Messianität der Zeit zu finden ist, von linear-kausaler Kontinuität und deren ereignishaft-unterbrechender Aufhebung, welche die Geschichte der Institutionalisierung des Christlichen von den ersten Anfängen her gekennzeichnet hat. Diese Spannung führt zu einem ersten Verständnis von Autorität im christlichen Glaubensvollzug, die ihre Legitimierung darin findet, dass das Ursprüngliche des Christlichen sich selbst nur treu bleibt, indem es sich aufhebt und Raum für etwas anderes als es selbst sein lässt:

> das Wort, das in unsere Geschichte eingreift, [ermöglicht] eine neue Existenz, es ‚erlaubt' sie. Die Autorität – die in allerletzter Instanz Autorität Gottes ist – gehört auf die Seite der Möglichkeitsbedingungen. In dieser Eigenschaft führt sie einen neuen Typ des Denkens und Handelns ein [...].[7]

Die Möglichkeit einer theologischen Legitimation der christlichen Schriften hängt zudem von ihrer Kraft ab, in je unterschiedlichen sozio-kulturellen

---

5 Appel 2018, 162, 164.

6 Vgl. Neri 2020, 23–50.

7 Certeau 2009, 102.

Kontexten poietischer Nachvollzug der Haltung Jesu gegenüber der schriftlichen Tradition des jüdischen Glaubens zu sein:

> Das Evangelium (und man kann hier betonen, dass die gesamte Schrift Evangelium ist) vollzieht performativ dasselbe wie Jesus: So wie dieser seine Schüler in seine Lehre und d.h. in JHWH hineinführt, so lässt auch die Schrift als messianisches Ereignis den Leser in das Geschehen eintreten. Sie ist damit nicht mehr Objekt einer Lektüre, sondern wird zur Landschaft, in der sich der Leser orientieren kann und mit der er zu verschmelzen vermag. Er vollzieht darin den Übertritt von Weltzeit in die messianische Zeit der Schrift selber.[8]

Letztendlich kann diese performative Aufgabe, die der christlichen Schrift zukommt, nie von der Schrift allein erfüllt werden. Zu ihrer Legitimierung bedarf sie eines körperlichen Außen, das nie textuell sein kann. In diesem Sinne könnte man sagen, dass jede gegebene Autorität der christlichen Schriften von ihrer äußerlichen Legitimierung am glaubenden Körper aufgehoben wird, dem seinerseits die unabschließbare Aufgabe zukommt, die wahrgenommene Autorität der Schriften zu bezeugen (was etwas ganz anderes bedeutet als bloßes „Wiederholen"),[9] ohne aber selbst solch eine Autorität zur eigenen Rechtfertigung beanspruchen zu können:

> Das *Aussetzen der Autorität des Geschriebenen* kommt genau in dem Moment zum Einsatz, in dem die beiderseitige *Anwesenheit* oder das *Ereignis*, das daraus unerwarteterweise entsteht, die ultimative Autorität erhält.[10]

Zwischen Autorität und Legitimation entsteht somit eine symbolische Leere, die von keiner der beiden erfüllt werden kann: eine Entmächtigung der schriftlichen Autorität, weil deren Verwirklichung nur im extra-textuellen Performativen des glaubenden Körpers zustande kommt; und eine Entmächtigung der poietischen Legitimierung durch diesen Körper, weil sie als Performatives im Ereignis (noch) keine Autorität für sich beanspruchen kann. Diese symbolische Leere erhält sich als solche nur, indem die konstitutive Spannung des Christlichen von messianischer und chronologischer Zeit geschichtlich und institutionell durchgehalten wird. Sobald diese Spannung aufgehoben wird, entweder im chronologischen oder messianischen Sinne, verwandelt sich die symbolische Leere[11] in harte Wirklichkeit, die nur messianisch *oder* chronologisch geprägt ist. In diesem Fall übernimmt einer der beiden Pole die Macht über den anderen: Die nahtlose Bindung von Autorität und Legitimation bringt die Gewalt der Macht hervor.

Um diese Gewalt der Macht außer Kraft zu setzen, muss das Verhältnis von Autorität und Legitimierung ein differierendes Verhältnis sein, das nur

---

8 Appel 2018, 163.

9 Certeau 2009, 105.

10 Theobald 2007, 57: „La *suspension de l'autorité de l'écrit* intervient précisément au moment où la *présence* mutuelle ou l'*événement* qui s'y produit de manière inattendue reçoit l'autorité ultime."

11 Vgl. Lefort 1986, 28.

symbolisch inszeniert werden kann. Deshalb ist die Autorität der christlichen Schriften *kontrafaktischer* Art: Sie erweist sich als solche nur in dem, was diese autorisiert haben, das aber nicht mehr mit den Schriften des Christlichen identisch ist (sondern deren performative Überwindung als Legitimierung ihrer Autorität darstellt). Diese Abweichung von Autorität und Legimitation, deren Relationalität eine symbolische Leere entstehen lässt und die nur symbolisch (auch auf Ebene der Institution „Kirche“) gestaltet werden kann, ist in die Grundstruktur der christlichen Schriften eingeschrieben: Deshalb gelten sie als normativ (kanonisch) für jeden Glaubensvollzug.[12]

Es wäre eine dringende Aufgabe der Theologie bzw. der katholischen Kirche, das Thema der lehramtlichen Autorität im Licht dieser differierenden Abweichung von Autorität und Legitimierung der kanonischen Schriften des Christlichen neu zu bedenken. Mit dem Beginn der Moderne wurde, aus geschichtlich-kontingenten Gründen (also nicht *de iure divino*),[13] die kirchliche Autorität immer mehr von ihrer nachträglichen Legitimation entbunden bis zu dem Punkt, dass die lehramtliche Autorität keiner Legitimation mehr bedurfte, weil sie zugleich als die Legitimierung ihrer selbst theoretisiert und rechtlich fixiert wurde. Exemplarisch für diese nahtlose Bindung von lehramtlicher Autorität und ihrer Legitimation durch sich selbst ist die dramatische Wandlung, die das Kirchenrecht in Übergang vom Mittelalter zum Beginn der Moderne (also von Mitte des XIV. bis Mitte des XVI. Jahrhunderts) erfuhr.[14] Wenn im Mittelalter die Jurisprudenz sowie die Rezeption der Norm unumstößliche Kriterien für die Gültigkeit (nämlich für die Legitimation) der kirchlichen Gesetze waren, spielten diese zwei grundlegenden Institutionen des Kirchenrechts mit dem Beginn der Moderne keine Rolle mehr – sie wurden rechtlich und politisch außer Kraft gesetzt und als irrelevant für die Gültigkeit einer kirchlichen (nun päpstlichen) Norm erklärt.

In diesem Licht schuldet man heute dem mittelalterlichen Kirchenrecht eine verdiente Anerkennung: nämlich eine rechtliche und juristische Strukturierung der Kirche als Institution entworfen zu haben, die ganz im Sinne der differierenden Abweichung von Autorität und Legitimierung stand, wie diese der

---

12 Theobald 2007, 128: „À plusieurs reprises nous est apparu le risqué subtil que le processus d'une mise à l'écrit fait courir au mouvement chrétien. Il peut en effet cacher un simple désir de *survie* du groupe et une distance, d'abord insensible et ensuite de plus en plus grande, par rapport à une *vie* qui est de l'ordre de l'événement ou du surgissement non programmable et qui, à ce titre, ne peut être confiée à aucune écriture. [...] En passe d'être rassemblée, l'Écriture néo-testamentaire représente un puissant antidote contre ce risque. Si on lui donne une fonction fédérative et normative, on doit en même temps accepter l'infinie complexité de cette norme, impossible à réduire à une structure simple et unique.“

13 Vgl. Prodi 1982.

14 Vgl. Fantappiè 2019, 11–35.

Textualität des Neuen Testaments innewohnt. Es wäre naiv, die kirchenrechtlichen Institutionen des Mittelalters einfach wiederbeleben zu wollen, um einen Ausweg aus der kirchlichen Sackgasse der modernen Übereinstimmung von Autorität und Legitimation zu finden. Sicher aber können und müssen wir von der mittelalterlichen Kunst des Kirchenrechts lernen. Man könnte sagen, dass das Kirchenrecht des Mittelalters durchaus gewachsen war sowohl der generierenden Dynamik der christlichen Schriften mit jener differierenden Kraft einer Autorität, die sich nur in ihrer Aufhebung (Legitimation als Entstehung von etwas Neuem, das von dieser Kraft autorisiert wird) als solche erweist, als auch der Verantwortung einer nachträglichen Legitimation, in der die effektive Gültigkeit aller kirchlichen Autorität inklusive der Schriften auf dem Spiel stand.

Das Dazwischen von Autorität und Legitimierung der christlichen Schriften habe ich oben mit einem modernen Begriff als symbolische Leere bezeichnet. Die kirchenrechtlichen Gelehrten des Mittelalters verstanden diese Differenzierung von Autorität und Legitimation eher im biblischen Sinne als Bund: Zwischen Autorität und (ihrer) Legitimierung soll ein Bundesverhältnis walten, das zwei unterschiedliche und je auf ihre eigene Weise bevollmächtigte Subjekte verlangt. Ohne die gegenseitige, vollgültige Anerkennung dieser je eigenen Bevollmächtigung der anderen Seite geht in einem Bundesverhältnis (auch rechtlich gedacht) das Wesen des Bundes verloren. Anders gesagt: Wenn die Autorität ihre Legitimierung durch sich selbst beansprucht, legt sie Hand an sich selbst, weil sie letztendlich eine Autorität ohne irgendwelches Bedürfnis einer differierenden Legitimation behauptet (was für unsere demokratische Denkform völlig unerträglich ist und in der mittelalterlich-rechtlichen Denkweise schlicht als unbiblisch galt).

Wir möchten nun an die Weisheit der mittelalterlichen Juristen mit ihrem Begriff des Bundes als Dazwischen von Autorität und Legitimierung anknüpfen, um einige Stellen des Neuen Testaments kursorisch zu untersuchen, so dass das differential-differierende Verhältnis von Autorität und Legitimierung aus der Schrift heraus besser profiliert werden kann. Dass biblisch der Bund Raum schafft für ein Dazwischen, das beiden Subjekten der Bundesbeziehung entzogen bleibt, ist Bestandteil der Struktur der neutestamentlichen Schriften[15] mit ihrem dynamischen Verständnis von schriftlicher Textualität und körperrealer Äußerlichkeit, so dass die Bundesbeziehung zwischen Gott und seinem Volk nie auf ihren maßgeblichen Niederschlag als Schrift beschränkt werden kann:

> Die Fleischwerdung (Hautwerdung, Körperwerdung) des Logos trägt der Tatsache Rechnung, dass sich der Text des Kanons je neu zeitlich-affektiv kontextualisiert, sodass ohne Kontexte der kanonische Text völlig unlesbar bliebe.[16]

---

15 Vgl. Beauchamp 1982, 199–232.

16 Appel 2018, 189.

Im Licht der jesuanischen Einprägung,[17] die ihr relationales Dasein im Zeugnis des Neuen Testaments hinterlassen hat, wäre eine Bundesbeziehung von Gott und Israel ohne den schriftlichen Tanakh nicht möglich, aber der Bund erschöpft sich nicht in dieser relationalen Textualität. Der Bund ist sicher nicht *ohne* die Schrift, aber er ist auch nicht *nur* diese Schrift – oder: Er ist sie nur in dem Maße, als diese Textualität des Bundes offen für eine performative Fortschreibung ist, die sich im Moment ihres körperlichen Sich-Ereignens jeder Form der Schriftlichkeit entzieht.

1. Die Legitimierung der Autorität der Schrift als Versuchung

> Am frühen Morgen begab er sich wieder in den Tempel. Alles Volk kam zu ihm. Er setzte sich und lehrte es. Da brachten die Schriftgelehrten und die Pharisäer eine Frau, die beim Ehebruch ertappt worden war. Sie stellten sie in die Mitte und sagten zu ihm: Meister, diese Frau wurde beim Ehebruch auf frischer Tat ertappt. Mose hat uns im Gesetz vorgeschrieben, solche Frauen zu steinigen. Was sagst du? Mit diesen Worten wollten sie ihn auf die Probe stellen, um einen Grund zu haben, ihn anzuklagen. Jesus aber bückte sich und schrieb mit dem Finger auf die Erde. Als sie hartnäckig weiterfragten, richtete er sich auf und sagte zu ihnen: Wer von euch ohne Sünde ist, werfe als Erster einen Stein auf sie. Und er bückte sich wieder und schrieb auf die Erde. Als sie das gehört hatten, ging einer nach dem anderen fort, zuerst die Ältesten. Jesus blieb allein zurück mit der Frau, die noch in der Mitte stand. Er richtete sich auf und sagte zu ihr: Frau, wo sind sie geblieben? Hat dich keiner verurteilt? Sie antwortete: Keiner, Herr. Da sagte Jesus zu ihr: Auch ich verurteile dich nicht. Geh und sündige von jetzt an nicht mehr! (Joh 8,2-11 EÜ 2016)[18]

In dieser Passage des Johannesevangeliums begegnen viele Aspekte unserer leitenden Fragestellung in entscheidender Brisanz. Zunächst sei bemerkt, dass dies die einzige Stelle der Evangelien ist, in der von einem „Schreiben" Jesu berichtet wird. Zudem wird durch die Schriftgelehrten und Pharisäer die Autorität des Tanakh plastisch und dramatisch inszeniert, indem nach ihrer Gültigkeit im Hier und Jetzt des Daseins Jesu gefragt wird. Von Jesus gefordert ist die Legitimierung

---

17 Vgl. Dunn 2003, 129f: „There is not an objectified meaning to be uncovered by stripping away the accretions of disciple faith. The tradition itself in its earliest form is in a crucially important sense the creation of faith; or to be more precise, it is the product of the encounters between Jesus and the ones who became his disciples. [...] The point for us now, therefore, is that the saying or account attests the *impact* made by Jesus. But that does not enable us to go behind that impact to a Jesus who might have been heard otherwise. [...] However, what we have in these traditions is not just the end-product of that reflection. It is rather the faith-creating word/event, as itself a force shaping faith and as retained and rehearsed by the faith thus created and being created."

18 Die Bibelstellen in diesem Beitrag sind nach der Einheitsübersetzung von 2016 zitiert.

deren fortwährender Gültigkeit in Form der Anerkennung einer vorschreibenden Schriftlichkeit, welche letztlich ihre Legitimation schon in sich selbst trägt und den Menschen in den konkreten Situationen seines Handelns von jeder Verantwortung entbindet: So ist es geschrieben, und so muss es geschehen – man kann nicht anders handeln.

> Eine Autorität spricht sich selbst das Urteil, wenn sie sich für den lieben Gott hält und wenn sie, selbst unwissentlich, die Rolle übernimmt, Gott in eine befestigte Stadt einzusperren oder eine Grenze für die Bewegung der Geschichte festzulegen. [...] Sie wehrt sich dagegen, dass der Andere sich Zugang zum geheiligten Ort des Unwandelbaren verschaffte; sie zielt darauf ab, durch ein Gesetz, durch eine Aussage, durch den Willen eines Einzelnen oder eine Gruppe die spirituelle und kommunitäre Bewegung zu unterbrechen, die einen Rastort suchte und nun wie angeleimt dort festgehalten wird. Am Ende wird diese Autorität im Singular selbst zur ‚Legende', zu einem Überbau der Erfahrung, die ohne sie weitergeht.[19]

Eine derartig religiös motivierte Alternativlosigkeit aufgrund eines positivistischen Verständnisses der Schrift sollte Jesus legitimieren, um Anerkennung unter den führenden Schichten Israels zu finden (und somit eine öffentliche Legitimation seines Daseins zu erhalten). Wenn man den Zwischenkommentar des Evangelisten („mit diesen Worten wollten sie ihn auf die Probe stellen ...") gegen den Strich liest, wird deutlich, worum es in dieser Konfrontation eigentlich geht, nämlich um den Austausch von Legitimation: der etablierten Religion von Seiten Jesu sowie seiner Uminterpretation der religiösen Tradition Israels von Seiten der von der Johannesgemeinschaft stilisierten Wächter einer religiösen Ordnung, die in der Tat von massiven Aushandlungsprozessen gekennzeichnet war, von denen man einen hier sehen kann. Die Schrift gilt hier sowohl als Probe als auch als Versuchung des Selbstverständnisses Jesu. In beiden Fällen rückt die Frage nach der Gewalt der Macht und ihrer religiösen Legitimation in die Mitte der Auseinandersetzung.

Es scheint, als ob der Ausweglosigkeit einer positivistischen Deutung der Schrift als göttliches Gebot die Ausweglosigkeit der Position Jesu gegenüber der Gewalt der Macht entsprechen würde. Dieser Sackgasse entzieht sich Jesus aber, indem er auf die gestellte Frage nach der Legitimität der Schrift überhaupt keine verbale Antwort erteilt. Statt zu antworten, vollzieht Jesus ein körperliches Tun *des reinen Schreibens*, das jede gewalttätige, vorschreibende Einsetzung der Schrift von innen her entkräftet, indem er ihre inhaltlich-unabdingbare Positivierung mit einem Akt der bloßen Semiotik ohne irgendwelche Semantik entleert. Von nun an ist die Legitimation der Schrift quasi suspendiert und auf die gegenseitige Gebärdenhaltung der verstrickten Körper verwiesen.

Durch ein Schreiben ohne Schrift, das keinen Text hervorbringt, dreht Jesus die Frage nach der Legitimation der heiligen Schriften Israels um: Die Außerkraftsetzung jeglicher positivistischen Deutung der Schrift schreibt jede Form

[19] Certeau 2009, 111.

ihrer Legitimierung in die Materie der Kontingenz ein, was zu einer Unterbrechung des Vorrangs der semantischen Ordnung der Schrift bzw. des Schreibens führt. Dadurch findet Jesus mit einem Tun seines Körpers den Weg, um das Gewaltpotential, das in der positiven Legitimität der Schrift enthalten ist (und bleibt), zunichte zu machen. Die inhaltsleere Gebärde Jesu, der mit dem Finger auf die Erde (nichts) schreibt, ermöglicht im Bundesverhältnis eine Überwindung der Herrschaft der semantischen Repräsentationsordnung mit ihrem Gewaltanspruch und ihrer Deutungshoheit, die jeder Form der Schriftlichkeit innewohnt, weil der Bund nunmehr in die materiale Kontingenz des Lebens als Legitimierung seiner schriftlichen Bezeugung radikal eingeschrieben worden ist – und als solcher kann die Schrift nur kontrafaktisch, und nie positivistisch, gedeutet werden.

Man könnte sagen, dass Jesus die Legitimation der autoritativen Schriften zur religiösen Autorität als Flüchtigkeit einer Spur auf der Erde interpretiert, damit in ihnen das ursprüngliche Ereignis der Sprache aufbewahrt werden kann:

> Es hat nichts Eigenes, weder einen konkreten Platz noch eine abstrakte Formel. Es ist nichts mehr, es sei denn der von ihm ermöglichte Grundriss eines Übergangs, die Beziehung zwischen einem Kommen (Geburt) und einem Weggang (Tod), danach zwischen einer Wiederkehr (Auferstehung) und einem Verschwinden (Himmelfahrt) auf unbestimmte Zeit.[20]

Durch das körperliche Zeichnen einer materiellen Spur in die Kontingenz der Weltwirklichkeit versucht Jesus, die Sprache als lebendiges und bedingtes System von Zeichen zu reaktivieren, welche ihre Legitimation aus der Äußerlichkeit des Kontexts ihres Sich-Ereignens erhält. Nur in dieser Weise erstarrt die Sprache nicht in einer positivistischen Ordnung von immer schon (vor)gegebenen Bedeutungen.

2. Eine Schrift ohne Vorlesen

> So kam er auch nach Nazaret, wo er aufgewachsen war, und ging, wie gewohnt, am Sabbat in die Synagoge. Als er aufstand, um vorzulesen, reichte man ihm die Buchrolle des Propheten Jesaja. Er öffnete sie und fand die Stelle, wo geschrieben steht: *Der Geist des Herrn ruht auf mir; denn er hat mich gesalbt. Er hat mich gesandt, damit ich den Armen eine frohe Botschaft bringe; damit ich den Gefangenen die Entlassung verkünde und den Blinden das Augenlicht; damit ich die Zerschlagenen in Freiheit setze und ein Gnadenjahr des Herrn ausrufe.* Dann schloss er die Buchrolle, gab sie dem Synagogendiener und setzte sich. Die Augen aller in der Synagoge waren auf ihn gerichtet. Da begann er, ihnen darzulegen: Heute hat sich das Schriftwort, das ihr eben gehört habt, erfüllt. Alle stimmten ihm zu; sie staunten über die Worte der Gnade, die aus seinem Mund hervorgingen, und sagten: Ist das nicht Josefs Sohn? Da entgegnete er ihnen: Sicher werdet ihr mir das Sprichwort vorhalten: Arzt, heile

[20] Certeau 2009, 231.

> dich selbst! Wenn du in Kafarnaum so große Dinge getan hast, wie wir gehört haben, dann tu sie auch hier in deiner Heimat! Und er setzte hinzu: Amen, ich sage euch: Kein Prophet wird in seiner Heimat anerkannt. Wahrhaftig, das sage ich euch: In Israel gab es viele Witwen in den Tagen des Elija, als der Himmel für drei Jahre und sechs Monate verschlossen war und eine große Hungersnot über das ganze Land kam. Aber zu keiner von ihnen wurde Elija gesandt, nur zu einer Witwe in Sarepta bei Sidon. Und viele Aussätzige gab es in Israel zur Zeit des Propheten Elischa. Aber keiner von ihnen wurde geheilt, nur der Syrer Naaman. Als die Leute in der Synagoge das hörten, gerieten sie alle in Wut. Sie sprangen auf und trieben Jesus zur Stadt hinaus; sie brachten ihn an den Abhang des Berges, auf dem ihre Stadt erbaut war, und wollten ihn hinabstürzen. Er aber schritt mitten durch sie hindurch und ging weg. (Lk 4,16-30 EÜ 2016)

Jede Handlung dieser Szene wird mit Präzision beschrieben:[21] das Kommen Jesu nach Nazareth und sein Eintritt in die Synagoge; seine gezielte Körperhaltung und die Überreichung der prophetischen Buchrolle; sogar die Stelle des Propheten Jesaja wird wörtlich wiedergegeben; dann die Gesten Jesu, der die Buchrolle schließt und dem Synagogendiener zurückgibt; endlich sein interpretierendes Wort über der Schrift ... In einer Art „crescendo" zielt die narrative Dramaturgie darauf, die Aufmerksamkeit der Leser_innen auf das Sprechen Jesu zu lenken. Die Strategie des Evangelisten ist so gut entwickelt, dass man die Passage sehr sorgfältig durchlesen muss, um wahrzunehmen, was ihm eigentlich am Herzen liegt: Von einem tatsächlichen Vorlesen der prophetischen Buchrolle ist keine Rede – Jesus steht inmitten der Synagogenversammlung auf, um die Schrift vorzulesen, aber das Vorlesen findet überhaupt nicht statt.

Die Textualität der Schriften rückt hier in die Mitte der Erzählung, um dann sofort im Hintergrund zu verschwinden. Durch die narrative Bewegung der prophetischen Buchrolle, die anwesend, aber nicht vorhanden ist, wird ein Raum der Sprache eröffnet, der in die messianische Zeit Gottes durch das sich ereignende Wort Jesu einführt.[22] Die Schrift ist am richtigen Ort (nämlich legitimiert), wenn der nichttextuelle Überschuss der Sprache als messianisches Wortereignis bei ihr zu Gast zu sein vermag – nämlich, wenn sie eine andere Sprache als ihre eigene autorisiert, welche ohne sie nicht möglich gewesen wäre, aber mit ihr nicht übereinstimmt. In diesem Übergang von Sprachereignis zu Sprachereignis kann die Gleichzeitigkeit Gottes als Unterbrechung einer kausalen Linearität der chronologischen Logik erlebt werden, ohne die kontingente Kontextualität jedes ergangenen Sprachereignisses in der Nichtigkeit des Vergessens hinter sich zu lassen:

---

21 Vgl. Aletti 1989, 39–61.

22 Aletti 1989, 45: „Tous le phénomenes littéraires qui viennent d'être relevés montrent bien que Jésus, pour le narrateur, commence vraiment à parler seulement lorsqu'il en vient à interpréter l'Écriture (v.21), interprétation qui n'indique pas seulement l'accomplissement eschatologique, mais devient à son tour proclamation déterminant le présent et le futur des acteurs du récit par rapport au salut."

> Die messianische Begegnung ist keine Vernichtung des Bisherigen, aber dessen Bewegung, verbunden mit der Eröffnung einer neuen Perspektive (...).[23]

Die Legitimation der Schrift als Gastlichkeit, die das Fortschreiten des göttlichen Sprachereignisses ermöglicht, wird an dieser Stelle eng mit der Stellung des Prophetischen in der schriftlichen Tradition des Bundesverhältnisses verbunden. In die Textur der Beziehung von Schrift und Sprachereignis wird somit eine kritische Stimme als einer Instanz eingeschrieben, die die Etablierung des Bundesverhältnisses als institutionelle Autorität verhindert. Die durch diese Beziehung versammelte Gemeinde steht deshalb wesentlich unter dem Zeichen einer Bestimmung des christlichen Sprachereignisses, die immer über jede mögliche gemeinschaftliche Identifikation des Messianischen hinausgeht. Die Legitimation der daraus erwachsenden Schriftlichkeit besteht dann in einer ständigen Infragestellung der immer neu entstehenden Glaubensgemeinschaft des Christlichen.

3. Die Schrift unterwegs nach Emmaus

> Und siehe, am gleichen Tag waren zwei von den Jüngern auf dem Weg in ein Dorf namens Emmaus, das sechzig Stadien von Jerusalem entfernt ist. Sie sprachen miteinander über all das, was sich ereignet hatte. Und es geschah, während sie redeten und ihre Gedanken austauschten, kam Jesus selbst hinzu und ging mit ihnen. Doch ihre Augen waren gehalten, sodass sie ihn nicht erkannten. Er fragte sie: Was sind das für Dinge, über die ihr auf eurem Weg miteinander redet? Da blieben sie traurig stehen und der eine von ihnen - er hieß Kleopas - antwortete ihm: Bist du so fremd in Jerusalem, dass du als Einziger nicht weißt, was in diesen Tagen dort geschehen ist? Er fragte sie: Was denn? Sie antworteten ihm: Das mit Jesus aus Nazaret. Er war ein Prophet, mächtig in Tat und Wort vor Gott und dem ganzen Volk. Doch unsere Hohepriester und Führer haben ihn zum Tod verurteilen und ans Kreuz schlagen lassen. Wir aber hatten gehofft, dass er der sei, der Israel erlösen werde. Und dazu ist heute schon der dritte Tag, seitdem das alles geschehen ist. Doch auch einige Frauen aus unserem Kreis haben uns in große Aufregung versetzt. Sie waren in der Frühe beim Grab, fanden aber seinen Leichnam nicht. Als sie zurückkamen, erzählten sie, es seien ihnen Engel erschienen und hätten gesagt, er lebe. Einige von uns gingen dann zum Grab und fanden alles so, wie die Frauen gesagt hatten; ihn selbst aber sahen sie nicht. Da sagte er zu ihnen: Ihr Unverständigen, deren Herz zu träge ist, um alles zu glauben, was die Propheten gesagt haben. Musste nicht der Christus das erleiden und so in seine Herrlichkeit gelangen? Und er legte ihnen dar, ausgehend von Mose und allen Propheten, was in der gesamten Schrift über ihn geschrieben steht. So erreichten sie das Dorf, zu dem sie unterwegs waren. Jesus tat, als wolle er weitergehen, aber sie drängten ihn und sagten: Bleibe bei uns; denn es wird Abend, der Tag hat sich schon geneigt! Da ging er mit hinein, um bei ihnen zu bleiben. Und es geschah, als er mit ihnen bei Tisch war, nahm er das Brot, sprach den Lobpreis, brach es und gab es ihnen. Da wurden ihre Augen aufgetan und sie erkannten ihn; und er entschwand ihren Blicken. Und sie sagten zueinander: Brannte nicht unser Herz in uns, als er unterwegs mit uns redete und uns den Sinn der Schriften

23 Appel 2018, 162.

> eröffnete? Noch in derselben Stunde brachen sie auf und kehrten nach Jerusalem zurück und sie fanden die Elf und die mit ihnen versammelt waren. Diese sagten: Der Herr ist wirklich auferstanden und ist dem Simon erschienen. Da erzählten auch sie, was sie unterwegs erlebt und wie sie ihn erkannt hatten, als er das Brot brach. (Lk 24,13-35 EÜ 2016)

Emmaus[24] ist das schriftliche Zugeständnis, dass eine Schrift ohne narrative Bindungen an das Konkrete des menschlichen Lebens schlicht sinnlos ist: Der Abstand vom gelebten Dasein des Menschlichen stellt die dramatische Delegitimation der Schrift in ihrer religiösen Heiligkeit dar.[25] Zugleich ist Emmaus aber auch der langsame Weg einer narrativen Gastlichkeit, die von einem affektiven Resonanzraum gestaltet wird, der zur vorübergehenden Stätte eines plötzlichen Sinnentstehens werden kann. Diese Stelle des Lukasevangeliums durchzieht eine Vielfalt von Erzählungen bzw. Erzählungsebenen, die in Spannung zueinander stehen. Sie zeichnen einen Weg zu einer neuen Form der Legitimation der Schrift, die aus der affektiven Gastlichkeit für die gegenseitigen Verstrickungen unterschiedlicher Erzählungen (extra- und intra-textuell) erwächst.

Am Beginn der Passage steht die narrative Offstimme des Evangelisten, welche die Szene gestaltet und die spannungsvolle Verstrickung der unterschiedlichen Erzählebenen koordiniert. Es folgt die Erzählung von den beiden Jüngern, die miteinander sprechen – hier wird vor allem *der Akt des reinen Sprechens* hervorgehoben, weil der Inhalt dieses Gesprächs in der Darstellung der Szene überhaupt keine Rolle spielt. Wieder hat hier die körperliche Semiotik (des sich gegenseitig Ansprechens) den Vorrang vor jeder inhaltlichen Semantik des Begriffs: Das reine Sprachereignis stellt nicht nur die Grundlage jeder Sinnentstehung dar, sondern es verhindert auch, dass sich der schriftliche Niederschlag von einem Sinnerlebnis in ein geschlossenes Repräsentationssystem verwandelt. Um zu erfahren, worum es in diesem Gespräch der beiden Jünger geht, muss man warten, bis der Dritte, der Fremde, die narrative Szene betritt. Aber auch das In-Szene-Treten des Fremden reicht noch nicht für einen semantischen Übergang: Erst in dem Moment, in dem seine begleitende Präsenz ihrerseits zur Anrede an die zwei Jünger wird, kann ihre existentielle Erzählung anfangen. Voraussetzung für das Gelingen dieser narrativen Verstrickung der Subjekte ist die bedingungslose Annahme der semantischen Leere, aus der heraus das Erzählen überhaupt entsteht und die Bestandteil des narrativen Plots bis zum Ende bleibt.

Nachdem das menschliche Leben also Erzählung geworden ist, nimmt der Fremde das Wort für sich in Anspruch: Mit einem blitzartigen Vorwurf gegenüber der Haltung der beiden Jünger, denen die prophetische Kritik gegen die etablierte Religion abhanden gekommen ist, so dass ihnen die gesamte Schrifttradition fremd (und sinnlos in Bezug auf die erfahrene Realität) geworden war. An die Stelle der fremd gewordenen Schriften tritt jetzt der Fremde überhaupt, welcher Gast der existentiellen Erzählung des Menschlichen wird. Der Fremde

---

24 Vgl. Aletti 1989, 177-198.

25 Vgl. Neri / Wilmer 2020.

fängt aus einer zweifachen Fremdheit damit an, seinerseits zu erzählen: Zum einen wird er von der Daseinsentfremdung der beiden Jünger autorisiert, sein Gastsein als Sprachereignis zu verwirklichen, das an die beiden adressiert ist; zum anderen schließt sich sein Erzählen an eine andere Erzählung an, jene der schriftlichen Tradition des Bundverhältnisses, die für die Adressaten seiner Anrede in Bezug auf das, was sich ereignet hat, keine Bedeutung mehr hatte.

Durch die Erzählung des Fremden vollzieht sich der Übergang „von der Begegnung des historischen Jesus zum auferstandenen Jesus" in der Gastlichkeit seines „gebrochenen" Körpers, der „zugleich der Übergang vom raumzeitlichen Körper in den Textkörper der Schrift ist. [...] Der Übergang in den Textkörper bedeutet, zusammenfassend gesagt, einen Übergang von der historisch repräsentierbaren Zeit in die anachronistische Zeit. Denn der Eintritt in den Gottesnamen vollzieht sich in der Nachfolge Jesu, in der sich die Verkörperungen verschiedener Zeiten durchdringen, nämlich der Zeit des Lesers und der Zeit Jesu (und all seiner ihm Nachfolgenden). *Zeit ereignet sich somit in den ‚Poren', d.h. den offenen Zwischenräumen und Kontexten von kanonischer Zeit und geschichtlicher Zeit.*"[26]

Aus dieser zweifachen Fremdheit, in der sich das erzählende Sprachereignis des Fremden vollzieht, wird eine narrative Textur herausgearbeitet, die ihre Plausibilität angesichts der Realität des menschlichen Lebens behaupten kann. Diese Plausibilität bedeutet noch keine Legitimation. Legitimiert kann sie nur durch ein fremdes bzw. äußeres Wort werden, das jene Plausibilität bei sich als Gast verweilen lässt: Konvivialität ist der neue Name, der die Verstrickung der Erzählungen schließlich legitimiert, indem sie aus dem Fremden den Eingeladenen zum vorübergehenden Verweilen in der Zeit der eigenen Existenz macht. Die Positivität der Anerkennung, mit der die Erzählung zu ihrem Ende kommt und welche die Identifikation des Fremden mit Jesus im Sakrament und in der (neuen) Schrift darstellt, (die der Evangelist strategisch eben als Erzählung hat verfassen wollen,) darf aber nicht täuschen: Die Beweggründe, die solch eine identifizierende Anerkennung autorisieren, sind schon während des narrativen Unterwegsseins mit dem fremden Sprachereignis, durch die Verstrickung der Erzählungen kontrafaktisch[27] anwesend und wirkend. Dass die Autorität der christlichen Schriften nur kontrafaktisch behauptet werden kann, bestätigt sich darin, dass die Anerkennung des Fremden zugleich das definitive Verschwinden des Anerkannten ist.

Die Beweggründe, die mit der Plausibilität die Autorität der Schriften zu legitimieren vermögen, können nicht positivistisch, sei es sakramental oder schriftlich, in eindeutiger Weise und ein für alle Male festgelegt werden, weil das gesamte Gerüst der Autorität des Christlichen auf sie wesentlich angewiesen ist und bleibt. Jene Beweggründe erschöpfen sich nicht im Akt der repräsentativen

---

26 Appel 2018, 191.

27 Zum Verständnis des Kontrafaktischen s. o.

Anerkennung, sondern sie werden zum Anstoß, um das narrative Erlebnis an andere weiter zu erzählen und dadurch die in der Verstrickung der Erzählungen vorübergehend erreichte Legitimation nochmals in Frage zu stellen.[28] Die narrative Dynamik muss immer wieder und immer neu reaktiviert werden – ausgehend von jeweils konkreten Bedingungen, die der schriftliche Niederschlag der Verstrickung der Erzählungen in sich nicht enthält und ihm fremd bleibt.[29] Die Legitimation der christlichen Schriften ist von dieser unabschließbaren Dynamik durch und durch geprägt: Im Fremden kommt sie nach Hause – aber nur für eine Weile, vorübergehend, weil die konkrete Realität des Menschlichen immer wieder den Schritt ins Unbekannte fordert: in die Verstrickung von Erzählungen, die noch zu erzählen sind.

Literatur

Aletti, Jean-Noël (1989): L'art de racconter Jésus-Christ, Paris.
Appel, Kurt (2018): Tempo e Dio. Aperture contemporanee a partire da Hegel e Schelling (Biblioteca di teologia contemporanea 187), Brescia.
Beauchamp, Paul (1982): Le récit, la lettre et le corps. Essais bibliques (Cogitatio fidei, 114), Paris.
Boyarin, Daniel (2015): Die jüdischen Evangelien. Die Geschichte des jüdischen Christus (Judentum – Christentum – Islam, 12), Würzburg.
Certeau, Michel de (2009): GlaubensSchwachheit (ReligionsKulturen 2), Stuttgart.
Dunn, James D. G. (2003): Jesus Remembered, Grand Rapids, Cambridge.
Fantappiè, Carlo (2019): Per un cambio di paradigma. Diritto canonico, teologia e riforme nella Chiesa, Bologna.
Lefort, Claude (1986): Essais sur le politique. XIXe-XXe siècles, Paris.
Neri, Marcello (2001): Fides ex auditu. Le Scritture canoniche forma fidei; in: La Scuola Cattolica 119, Heft 1, 145-210.
Neri, Marcello / Wilmer, Heiner (2020): E subito sparì, Zugriff am 11.08.2020 http://www.settimananews.it/bibbia/emmaus-subito-spari/
Neri, Marcello (2020): Fuori di sé. La Chiesa nello spazio pubblico, Bologna.
Prodi, Paolo (1982): Il sovrano pontefice. Un corpo e due anime: la monarchia papale nella prima età moderna, Bologna.
Sequeri, Pierangelo (1996): Il Dio affidabile. Saggio di teologia fondamentale (Biblioteca di teologia contemporanea 4), Brescia.
Theobald, Christoph (2007): Le christianisme comme style. Une manière de faire de la théologie en postmodernitè (Bd. I), Paris.

28 Aletti 1989, 186: „À quoi bon le savoir glorieux, grâce aux Écritures, s'il ne se laisse rencontrer, car seule une rencontre puet donner la vraie joie? Mais, inversement, à quoi bon le rencontrer, exulter de joie, si l'on ne peut rendre compte de cette mort qui à jeté la suspicion sur la cohérence du parcours?"

29 Aletti 1989, 186: „La reconnaissance ne le dispense donc pas de faire chaque fois un long détour à travers les Écritures."

Wem gehört der weibliche Körper? Eine feministische Lesart koranischer Verse

Dina El Omari

Der Koran ist ein höchst ambivalenter Text, der seine Rezipient_innen immer wieder vor die Herausforderung stellt, ein adäquates Verständnis seiner Inhalte zu erzielen. Die feministische Koranexegese sieht sich diesbezüglich mit einigen aus einer geschlechtergerechten Perspektive problematischen Versen konfrontiert, deren Auslegung zu kontroversen Debatten in den eigenen Reihen führen kann. Ein Inhalt dieser Debatten sind die drei koranischen Verse 2:187 und 2:222–223, die u. a. den sexuellen Umgang in einer Partnerschaft thematisieren. Ihr androzentrischer Charakter wiegt dabei schwer:

> Euch ist erlaubt zur Fastenzeit, *dass ihr des Nachts bei euren Frauen schlaft.* Sie sind ein Kleid für euch und ihr ein Kleid für sie. Gott weiß, dass ihr euch selbst betrogen hattet. Da wandte er sich euch gütig zu, und er verzieh euch. Doch nun *verkehrt mit ihnen*, und strebt nach dem, was euch Gott beschieden hat. Esst und trinkt, bis ihr im Morgengrauen einen weißen von einem schwarzen Faden unterscheiden könnt. Setzt dann das Fasten bis zum Abend fort! *Doch verkehrt mit ihnen nicht*, wenn ihr in den Anbetungsstätten andächtig verweilt. Das sind die Schranken Gottes! Kommt ihnen nicht zu nahe! So macht Gott den Menschen seine Zeichen klar. Vielleicht sind sie ja gottesfürchtig.[1]

> Sie fragen dich nach der Monatsregel. Sprich: „Sie ist sehr schmerzhaft. Darum haltet euch von den Frauen fern, während sie die Regel haben, und nähert euch ihnen nicht, bis sie sich der großen Reinigung unterzogen haben! Wenn sie sich dann gereinigt haben, *geht zu ihnen*, [auf die Weise] wie Gott es euch geboten hat!" Siehe, Gott liebt die Reuigen, und er liebt die, die sich reinigen. Eure Frauen sind für euch ein Saatfeld. So geht zu eurem Saatfeld, wie ihr wollt! Schickt etwas für euch voraus, fürchtet Gott, und seid gewiss, dass ihr ihm begegnen werdet! Verkündige den Gläubigen frohe Botschaft![2]

Eine literalistische, also wortwörtliche, Lesart dieser Verse hat besonders in der islamischen Koranexegese sowie Rechtsliteratur für ein Narrativ gesorgt, nach dem der Mann über den weiblichen Körper eine Art Verfügungsgewalt hat, sollte sich die Frau ihrem Mann sexuell verweigern, so heißt es nicht selten „Fluchen sie die Engel die ganze Nacht"[3]. Dass eine solche Lesart höchst problematisch ist,

1 In der Folge wird, falls nicht anders gekennzeichnet, die Übersetzung von Bobzin (2015) verwendet. Die kursiven Hervorhebungen sind eigene Modifikationen.

2 Eigene Modifikationen an Bobzins Übersetzung.

3 In einer dem Propheten Muḥammad zugeschriebenen Überlieferung heißt es: „Wenn der Mann seine Frau zu Bett bittet, sie sich aber weigert und er mit Ärger über sie einschläft, verfluchen sie die Engel bis zum nächsten Tag." Vgl. al-Qurṭubī 2006, 412–413. Dazu muss angemerkt werden, dass die Überlieferungsliteratur ein sehr ambivalentes Bild bezüglich

ist nicht von der Hand zu weisen, doch scheint auch innerhalb der feministischen Koranexegese eine klare Linie zu fehlen, diese Verse in ihrem androzentrischen Charakter ernst zu nehmen und gleichzeitig eine Möglichkeit anzubieten, sie im Sinne eines geschlechtergerechten Verständnisses auszulegen.

Der vorliegende Artikel wird zunächst einen kleinen Blick auf die feministische Koranexegese sowie spezifisch auf die Debatte rund um die angeführten Verse richten, um dann anschließend ein zeitgemäßes Textverständnis vorzustellen, mittels derer die Verse dann im dritten Teil neu ausgelegt werden sollen.

1. Die feministische Koranexegese und ihr Umgang mit den die Sexualität betreffenden Versen

Die feministische Koranexegese hat sich besonders seit den 90er Jahren des vergangenen Jahrhunderts als eigenständige Disziplin etabliert. Auslöser war der ab den 70er Jahren des 20. Jahrhunderts zunehmend erstarkende Islamismus in vielen arabischen Ländern, welcher drastische Einschränkungen für die weibliche muslimische Bevölkerung im privaten, gesellschaftlichen und politischen Leben mit sich brachte.[4] Diesem wollte man gezielt entgegenwirken. Dabei standen und stehen drei Aspekte im Fokus: 1. Es sollen gezielt kanonisierte Ausle-

der Rolle der Frau zeigt, wobei bisher noch eine ganzheitlich historisch-kritische Forschung zu dieser Literatur fehlt. Dabei stellt sich nicht nur die Frage nach der Historizität der jeweiligen Überlieferung, da deren systematische Sammlung erst ca. 200 Jahre nach dem Tod des Propheten begonnen hat, sondern muss auch das Bewusstsein einer synchronen Lesart der Überlieferungen durch eine chronologische ersetzt werden, denn der Prophet könnte x gesagt haben, aber in welchem Kontext und zu wem ist unklar, auch können spätere Äußerungen gesagte Dinge relativieren oder aufheben. In Bezug auf die angeführte Überlieferung fehlt bisher noch eine historisch-kritische Analyse sowie eine systematische Auseinandersetzung mit der Rezeptionsgeschichte dieser Überlieferung, denn gerade letztere könnte darüber Auskunft geben, wann, in welchem Kontext und von wem diese Überlieferung übermittelt wurde. Der letzte Aspekt ist hier besonders interessant, denn die Überlieferung geht auf Abū Hurayra zurück, der vehement von der Ehefrau des Propheten, ʿĀʾiša wegen anderer frauenfeindlicher Überlieferungen kritisiert wird, weil er diese laut ihr erfunden habe und sie nicht wahr seien. Vgl. dazu Mernissi 1998 sowie Kaiser 2009. Für die Analyse der Überlieferung wäre zudem nicht nur wichtig, die kanonischen Ḥadīṯwerke zu untersuchen, sondern eben auch die exegetischen Werke und ihr Umgang mit dieser Überlieferung. So fällt z. B. auf, dass sie sich zwar bei dem Rechtsgelehrten und Exegeten Qurṭubī in der Exegese zu Vers 30:21 finden lässt, allerdings bei vorherigen Werken, überprüft wurden, aṭ-Ṭabarī, az- Zamaḫšarī und ar-Rāzī nicht zitiert wird. Dies sollen nur Anstöße sein, eine detaillierte Untersuchung muss in einem anderen Rahmen stattfinden, da der Fokus des Aufsatzes auf der Koranexegese liegt.

4 Vgl. Badran 2006, 201b.

gungen und Narrative, die misogyner Natur sind, neu im Sinne einer geschlechtergerechten Lesart interpretiert werden, 2. es sollen Verse, die eine Gleichstellung der Geschlechter belegen, dargelegt und 3. Auslegungen, die eine männliche Dominanz proklamieren, dekonstruiert werden.[5] Die Umsetzung dieser Ziele erfolgte bisher überwiegend mittels einer historischen Betrachtung verschiedener Themen, allerdings fällt in diesem Zusammenhang auf, dass die Betrachtungen bisher nicht im Rahmen einer ganzheitlichen Korankommentierung mit Hilfe eines ausgearbeiteten hermeneutischen Konzepts und entsprechender Methoden erfolgten, sondern selektiv einzelne Verse im Zentrum der Analyse standen. Diese Analyse mag zwar auch methodische Ansprüche erheben und begründet sein, die Methoden sind jedoch in der Regel nicht ganzheitlich für den Koran gedacht, sondern werden je nach Anliegen auf den jeweiligen für die Analyse relevanten Vers angewandt. Ausgehend von der in der traditionellen Exegese vorgegebenen Prämisse, dass der Koran als direktes Gotteswort keine Widersprüche zu ethischen Prinzipien enthalten dürfe und daher nicht ungerecht sein könne, wenden die feministischen Exegetinnen – die bekanntesten Vertreterinnen sind die amerikanischen Islamwissenschaftlerinnen Amina Wadud, Riffat Hassan und Asma Barlas – im Wesentlichen drei Methoden bzw. Leitgedanken an: 1. die Methode der historischen Kontextualisierung[6], welche die Verortung einzelner auf gesellschaftlicher Ebene problematischer Verse in den historischen Kontext vornimmt 2. die Methode der Intratextualität[7], welche maßgeblich bestrebt ist, mittels vereinzelter Verse, die sich auf Schöpfung, Eschatologie und moralische sowie tugendhafte Handlungen beziehen, den Kern der koranischen Botschaft als Gleichheit und Gerechtigkeit zwischen den Geschlechtern zu definieren und in dessen Lichte dann alle weiteren Verse zu lesen und 3. den Leitgedanken des Tawḥīd[8] (dtsch. Monotheismus), welcher jede Form von širk (dtsch. Gottesbeigesellung) ablehnt. Diesen Gedanken adaptieren einige Feministinnen und übertragen ihn auf die Hierarchisierung der Geschlechter und die damit verbundene Erhöhung des Mannes auf eine gottgleiche Stufe, was als eine Form von Gottesbeigesellung erachtet werden könne und damit abzulehnen sei. Mittels dieses Gedankens soll ein einheitliches Bild der Gleichheit zwischen den Geschlechtern im Koran erzielt und jegliche Spannungen zwischen Versen, die deutlich diese Gleichheit betonen, und Versen, die dies augenscheinlich nicht

---

5 Vgl. ebd., 202a.

6 Vgl. für Überblicksdarstellungen: Hidayatullah 2014, 65–87; Herrmann 2009 sowie Sirri 2017. Zudem findet diese Methode Eingang u. a. bei den folgenden Personen: Wadud 1999 sowie ebd. 2006; Barlas 2002; Lamrabet 2016; al-Hibri, 2000, 51–71.

7 Vgl. für die Überblicksdarstellung die in der vorherigen Fußnote genannten Werke. Zudem findet sich die Methode in den folgenden Werken: Wadud 1999; Barlas 2002; Hassan 1991, 65–82.

8 Vgl. für die Überblicksdarstellung die in Fußnote 6 genannten Werke. Zudem findet sich der Leitgedanke in den folgenden Werken: Wadud 1999; Barlas 2002 sowie al-Hibri 2006, 238–255.

tun, aufgelöst werden. Ein hierarchisches Rollenverständnis führen sie dabei auf die traditionelle Exegese, nicht aber auf den Text selbst zurück.[9]

Die bisherigen Bemühungen und Ergebnisse der feministischen Koranexegese sind im hohen Maße zu würdigen, denn sie haben eine ganze Reihe richtungsweisender Ergebnisse hervorgebracht, dennoch sind die oben angeführten Methoden in der derzeit vorliegenden Form durchaus anfechtbar, und zwar hinsichtlich verschiedener Aspekte: Zunächst handelt es sich, wie bereits betont, nicht um einen ganzheitlichen Methodenkanon, der den Koran gesamtheitlich historisch bzw. intratextuell liest, sondern gezielt einzelne Verse behandelt. Selektiv bleibt auch die Auswahl der Verse, denn es werden immer nur ausgewählte Verse behandelt, dabei aber auch einige Verse, die durchaus kritikwürdig wären, nicht zufriedenstellend oder gar nicht behandelt. Die Furcht davor, dem Text zu nahezutreten und etwa an den Pfeilern der Gerechtigkeit zu rütteln, ist groß, macht aber gleichzeitig die Argumentation oftmals unglaubwürdig. Denn die Lesenden sehen sich an vielen Stellen im Koran mit hierarchischen Rollenbildern konfrontiert, die trotz historischer Verortung oder Bezugnahme zu einem Kern der Gerechtigkeit hierarchisch orientiert bleiben.[10] Dazu gehören eben auch die Verse im Koran, die den Männern augenscheinlich die Verantwortlichkeit über den weiblichen Körper übertragen und sie mit einem Zugangsrecht zu diesem ausstatten. Deren Betrachtung erfolgt aber entweder gar nicht oder nur marginal, wobei es nicht überzeugend gelingt die Diskrepanz zwischen dem Anspruch, der Text könne nur absolut gerecht sein, und der androzentrischen Sprache der relevanten Verse zu überwinden. Gleichzeitig können auch diejenigen, die an der androzentrischen Sprache festhalten, keine zufriedenstellenden Antworten für eine zeitgemäße Auslegung des Korans bieten. Das zeigt sich sehr deutlich an dem Versuch Asma Barlas, Vers 2:222 und 223 zu erklären, der scharf von den beiden Islamwissenschaftlerinnen Kecia Ali und Aysha Hidayatullah kritisiert wird. Die Islamwissenschaftlerin konzentriert sich in ihrer Argumentation in Bezug auf den geschlechtlichen Umgang des Ehepaares zunächst auf den folgenden Teil des erst genannten Verses: „Wenn sie sich dann gereinigt haben, geht zu ihnen, wie Gott es euch geboten hat!" Dessen Bedeutung sieht sie nicht als allgemeines Gebot an die Männer, sondern bezieht den Vers auf ein konkretes Anliegen:

> This reference can be both to the general and to the specific. In general, the Qur'ān forbids lust, hence, undoubtedly, violence and force. What it is enjoining in terms of the specific seems to be sexual position; since the ‚Allah hath enjoined' in the preceding Āyah rules out ‚‚unnatural' practices,' the reference seems to be to natural or vaginal intercourse, also suggested by the metaphor of sowing, or hart and the menstruation taboo. The permission to husbands to go into their wives, then, is not as open-ended as it seems; if anything, it is clear that men cannot have sex with their wives as, when, and how they

---

9 Hidayatullah 2014, 65–87.

10 Eine ausführliche Besprechung sowie auch Kritik an den bisherigen Ergebnissen vgl. El Omari 2020, 39–81.

> please. If many men read these Ayät as a license to rape their wives or to abuse them, it may be because they already are abusing their wives and are seeking religious justification for their transgressions.[11]

Daran anknüpfend legt Barlas ihren Fokus dann auf die in Vers 2:223 verwendete Beschreibung des Saatfeldes (arab. ḥarṯ), welches sie sowohl historisch als auch textuell zu erklären versucht. Zunächst identifiziert sie den Begriff als Metapher, lehnt aber die Vorstellung ab, diese könne als Hinweis eines Besitztums der Männer über die Frauen verstanden werden, denn das Verständnis von Landbesitz habe im 7. Jahrhundert auf der arabischen Halbinsel nicht existiert, folglich könne der Begriff eine solche Bedeutung nicht tragen. Wenn ein Bezug zu „Land" bestehe, dann als Verweis auf die Schutzbedürftigkeit sowie die Verpflichtung, das Land zu kultivieren, denn so würde der Begriff „Land" im weitesten Sinne im Koran verwendet.[12] In Bezug auf den sexuellen Akt meine die Metapher daher: „the cultivating of love and mercy, since these themes are central to its teachings on marriage and female-male relationships"[13]. Barlas untermauert ihr Argument textuell, indem sie darauf verweist, dass der Koran den Begriff „ḥarṯ" auch in Bezug auf das Paradies verwende:

> Wer das Feld des Jenseits bestellen will, dem mehren wir sein Feld. Und wer das Feld des Diesseits bestellen will, dem geben wir daraus, doch am Jenseits hat er keinen Anteil. (Koran 42:20)

Diese metaphorische Beschreibung könne nach Barlas ebenso wenig meinen, dass das Paradies Eigentum der Gläubigen sei, das sie so behandeln können, wie es ihnen beliebe, und würde sich zudem nicht auf die Männer allein,[14] sondern auch auf die Frauen beziehen. Abschließend führt sie die in Vers 2:187 angeführte Beschreibung „Sie sind ein Kleid für euch und ihr ein Kleid für sie" an, mit der sich die Vorstellung, die Männer würden die Frauen besitzen und hätten das Recht, jederzeit mit ihren Frauen zu schlafen, nicht vereinbaren ließe, da diese Formulierung die Gegenseitigkeit in der Partnerschaft ausdrücke.[15]

Sowohl Kecia Ali als auch Aysha Hidayatullah kritisieren die Argumentation von Asma Barlas, denn diese blende die androzentrische Sprache des Verses in ihrer Argumentation komplett aus. Dabei verweist Ali darauf, dass der Ton in den Versen 2:187 sowie 222–223 im Gegensatz zu anderen Versen, die das Ehe- bzw. Scheidungsrecht betreffen, ein anderer sei, denn in Bezug auf Ehe und Scheidung werden Frauen gewisse Freiheiten eingeräumt, während die genannten Verse die Frage nach dem sexuellen Umgang an Männer richten und dabei über die Frauen sprechen:

---

11 Barlas 2002, 162.
12 Vgl. ebd., 161.
13 Ebd., 164.
14 Vgl. ebd., 163.
15 Vgl. ebd., 164.

> In a number of verses concerned with sex, women are spoken about and men are spoken to in a way that presumes male control and is unconnected with ameliorative measures intended to restrict men's scope of action or enlarge that assigned to women.[16]

Diese Problematik sieht sie auch dadurch verschärft, dass es sich bei den genannten Versen um göttliche Gebote handelt und somit die Regeln zum sexuellen Umgang in eine göttliche Sphäre erhoben werden.[17] Dabei sei zudem auffällig, dass in Vers 2:187, den Barlas ja nur selektiv in Bezug auf die Gegenseitigkeit erwähnt, in allen anderen Aspekten keine geschlechtsspezifische Formulierung erfolge, während aber hinsichtlich des sexuellen Umgangs die direkte Ansprache an die Männer über die Frauen erfolge.[18] Daher kommt sie bezüglich des Verses zum Fazit:

> Nonetheless, the verse clearly presumes male initiation of sexual activity (‚Lawful for you ... is the approach') and male restraint from initiating sex when impermissible (‚do not be intimate with them then').[19]

Ähnlich schätzt sie die Verse 2:222–223 ein, in denen es zwar um die Menstruation der Frau geht, der sexuelle Umgang in dieser Zeit aber über die Männer reguliert wird, da diese auch in diesen Versen direkt angesprochen werden. Hier merkt Ali zudem kritisch an, dass auch wenn die Männer die Fragenden in diesem Vers gewesen seien, die Formulierung dennoch den Männern sehr deutlich die Verantwortlichkeit für den sexuellen Umgang übertrage. Der Vers hätte nach Ali auch trotz der Ansprache der Männer anders formuliert werden können:

> It does not, for example, command men to wait for their wives to approach them after they have purified themselves from menstruation. Though women have the duty to purify themselves, it remains a male duty (or prerogative) to initiate sex once purification is complete.[20]

Die den Frauen auferlegte Passivität setze sich nach Ali auch sehr deutlich in der Metapher des Saatfeldes fort, denn egal wie man dieses Sprachbild nun deute: Letztendlich wird ein Feld kultiviert, welches nicht aktiv an dieser Handlung beteiligt ist, so dass gerade mit dieser Metapher deutlich werde, dass der Koran Frauen an dieser Stelle zu Objekten macht und zwar „in the most literal sense, discussing them to be acted-upon not agents in their own right"[21]. Dieser Aspekt der Passivität werde zudem durch einen der bekannten Offenbarungsanlässe zu Vers 2:223 gefördert: Nach der Überlieferung sei eine Frau mit ihrem Mann in

---

16 Ali 2016, 128.
17 Vgl. ebd., 112.
18 Vgl. ebd., 129.
19 Ebd.
20 Ebd., 130.
21 Ebd.

Streit über bestimmte Positionen während des Geschlechtsverkehrs geraten, denn die Frau habe verweigert, dass der Mann sich ihr von hinten nähere. Diese Diskussion sei nun der Anlass für die Offenbarung des Verses gewesen und würde die Männer mit dem Recht ausstatten, die Stellung zu wählen, die sie sich wünschen, unabhängig vom Willen der Frau.[22] All diese Aspekte seien nun nach Ali keinesfalls in Einklang mit dem koranischen Statement der Gegenseitigkeit und Gleichheit der Geschlechter zu bringen, vielmehr werde hier ein Gegenpol gebildet, vor dem man nicht die Augen verschließen dürfe. Auch wenn der Koran durchaus positive Beschreibungen der ehelichen Verbindungen wie Vers 30:21 aufweise, so lasse sich nicht übersehen, dass dieser auch hierarchische und androzentrische Anweisungen bezüglich Ehe und Sex enthalte.[23] Daher fordert Hidayatullah, die sich in allen Punkten der Kritik Alis anschließt, mehr Zurückhaltung: Man dürfe den Text nicht so weit verbiegen, bis er dem Anspruch gerecht wird, völlig geschlechtergerecht zu sein. Vielmehr solle man den Koran als Text seiner Zeit verstehen, d. h. als patriarchalen Text, offenbart in patriarchalen Strukturen, der keinesfalls das Anliegen gehabt haben müsse, mit unseren heutigen Vorstellungen von Geschlechtergerechtigkeit zu korrespondieren. Der Koran sei aus heutiger Sicht weder als ganzheitlich geschlechtergerecht noch als ganzheitlich geschlechterungerecht zu bezeichnen. Es müsse also zwischen den Perspektiven der Interpret_innen, die den Text geschlechtergerecht verstehen möchten, und dem koranischen Text selbst unterschieden werden.[24] In diesem Sinne sei auch die Definition des Korans als Gotteswort zu überdenken, und das ist ein zentraler Punkt: weg von der Vorstellung des ewigen Gotteswortes, das mit Gott gleichgesetzt wird und somit vollkommen gerecht sein muss, und hin zum „erschaffenen", d. h. in der Zeit mitgeteilten Wort Gottes, welches eben nicht mit der göttlichen Essenz gleichzusetzen sei und entsprechend auch nicht absolut gerecht sein müsse.[25]

Nun mag die Kritik Alis und Hidayatullahs durchaus berechtigt sein: Die genannten Verse weisen zweifelsohne einen androzentrischen Charakter auf, den Barlas zum Teil an den Stellen ausblendet, an denen sie keine überzeugende Erklärung, die mit der von ihr proklamierten absoluten Gerechtigkeit des Textes vereinbar ist, liefern kann. Ihre Erklärungsmuster wirken dabei an mancher Stelle wie ein zwanghaftes Verbiegen des Wortlautes, wenn sie z. B. die Metapher des Saatfeldes im Sinne eines „Kultivierens von Liebe und Barmherzigkeit" liest, ohne für eine solche Bedeutung historische Belege zu liefern. Auf der anderen Seite zeigen sich Ali und Hidayatullah ähnlich rigoros, wenn sie den Text eben nur literalistisch lesen. Es lassen sich also zwei Perspektiven erkennen: Entweder der Text muss auch in seinem Wortlaut unbedingt ein Verständnis von

22 Vgl. ebd.
23 Vgl. ebd., 152.
24 Vgl. Hidayatullah 2014, 172.
25 Vgl. ebd., 176–177.

Geschlechtergerechtigkeit ausdrücken oder aber er wird in seinem Wortlaut androzentrisch gelesen und bleibt entsprechend geschlechterungerecht. Problematisch ist dabei zudem, dass Ali und Hidayatullah zwar die androzentrische Sprache und ihre Auswirkungen stark kritisieren, aber keine konkreten Lösungsvorschläge im heutigen Umgang mit den Versen anbieten. Dieser Versuch wird nun im folgenden Teil mittels einer historisch-literaturwissenschaftlichen Auslegung unternommen, die versucht einen Mittelweg zwischen Barlas und Ali/Hidayatullah zu gehen. Dabei sollen auch die oben vorgebrachten Anmerkungen und Erklärungsversuche der feministischen Exegese kritisch reflektiert und an den Stellen eingebettet werden, wo sie auch mit der hier vorgeschlagenen Methode konform gehen. Vorab soll diese Methode aber kurz begründet werden.[26]

2. Wie kann man den Koran heute lesen?

Bereits im 20. Jahrhundert haben eine ganze Reihe von muslimischen Reformer_innen eine Relektüre des Korans mittels neuer Methoden gefordert und dabei auf die Notwendigkeit verwiesen, dass dies nur auf der Grundlage eines neuen Textverständnisses erfolgen könne. Sie alle vereint, dass sie den Koran als Gotteswort nicht im Sinne eines ewigen Wortes Gottes verstehen, sondern ihn in seiner sprachlichen Form für in der Zeit und in menschlicher Sprache als von Gott erschaffen erachten. Die Verkündigung des Korans ist nun in einem Zeitraum von ca. 23 Jahren durch den Propheten mündlich an seine Zeitgenossen erfolgt, wobei das Lebensumfeld des Propheten, also die kulturelle, historische und linguistische Sprache sowie die Erlebnisse und Erfahrungen des Propheten und seiner Zeitgenossen konstitutiv für die Entstehung des Textes waren und sich in ihm widerspiegeln. Die Offenbarung erhält somit nach dem Koranwissenschaftler Nasr Hamid Abu Zaid einen dialogischen und kommunikativen Charakter. Dabei überträgt er die aus der Kommunikationstheorie stammenden Begriffe des „Senders" und „Empfängers" sowie eines zwischen ihnen zur Übermittlung einer „Botschaft" erforderlichen „Codes" auf den Koran, denn er will darauf hinaus, dass die Botschaft für den Empfänger decodierbar sein müsse und sich Gott daher des sprachlichen Codes der Erstadressaten bediene. Diese Kommunikationscodes seien aber keine festen Instanzen, sondern verändern sich mit den Menschen, daher sei es die Aufgabe aller Muslim_innen, das von Gott im 7. Jahrhundert Gesprochene aus seinem ursprünglichen Code in die Sprache und den Horizont der jeweiligen Zeit zu übersetzen, um so den Kern der Botschaft zu

[26] Eine ausführliche Begründung der Methode findet sich im zweiten Kapitel meiner Habilitationsschrift, die im Herder-Verlag erschienen ist: El Omari 2021.

bewahren. Nur so sieht Abu Zaid garantiert, dass der Koran und seine Bedeutungen in für die heutige Zeit angemessene Aussagen überführt werden können.[27] Dieser Aspekt ist besonders in Bezug auf die androzentrische Sprache des Korans relevant, denn diese ist folglich ebenfalls an den historischen Kontext gebunden und von diesem bestimmt. Dabei ist aber zentral, dass man den Koran nicht pauschal als androzentrischen Text einordnet, sondern den jeweiligen Fall genau analysiert. So gibt es Verse, die zwar androzentrisch sind, die arabische Grammatik macht es aber gerade im männlichen Plural schwer, Frauen direkt auszuschließen, da dieser auch Frauen umfassen kann. Wiederum gibt es Verse, welche die Menschen im Kollektiv, ohne Unterscheidung des Geschlechts ansprechen. Es gibt zudem geschlechtsneutrale Verse, ebenso Verse, in denen beide Geschlechter explizit angesprochen werden, zudem Verse, die über Frauen sprechen, und schließlich Verse die Männer direkt ansprechen, aber auch Angelegenheiten besprechen, die Frauen betreffen. Somit ist der Koran androzentrisch und zugleich ist er es nicht, und manchmal erscheint er androzentrisch, muss es aber deshalb nicht unbedingt sein, wie wir unten sehen werden.

In Zusammenhang mit dem kommunikativen Charakter der Offenbarung muss zudem auf den Ansatz von Angelika Neuwirth verwiesen werden, denn diese greift nicht nur die Überlegungen Abu Zaids auf, sondern führt diese weiter aus, indem sie verdeutlicht, dass der Koran das Zeugnis einer Gemeindebildung darstellt und entsprechend chronologisch gelesen werden müsse, da nur so die Prozesshaftigkeit des Textes herausgearbeitet werden könne.[28] Für die Auslegungsmethoden bedeutet das zum einen, dass der Koran sowohl mittels eines historischen als auch eines literaturwissenschaftlichen Ansatzes gelesen werden muss. Zum anderen kann hier an die Gedanken Amina Waduds angeknüpft werden, die von einer Bewegungsbahn des Korans in Bezug auf die Modifikation der Geschlechterrollen spricht, was wiederum erklärt, warum der Koran manche Reformen bereits umgesetzt und andere wiederum nur angestoßen hat:

> The Qur'ānic trajectories are of particular relevance to issues of social justice and women. The Qur'ān establishes a radical momentum towards continual reforms in gender relations. Even where it appears to fall short of explicit articulations these might be inferred by following the directions of the textual linguistic and moral momentum. It made quite rapid reform over a mere 23-year period. If the pace of that progression had continued unabated by existing and still developing patriarchies, our history would be characterized as one of the most progressive in terms of gender justice. Instead, the matter of Islam and gender is marked by its various stages of regression. Today, we must tap into textual sources, local knowledge fields as well as complex political, social, economic and global

27 Vgl. Abu Zaid 2009, 122–159.

28 Vgl. Neuwirth 2010.

> developments in order to position ourselves along the original Qur'ānic trajectory. Current articulations of Muslim women's reforms are not nearly so radical as the Qur'ānic trajectory.[29]

Diese Bewegungsbahn lässt sich nun mittels eines hermeneutischen Schlüssels bestimmen, welcher besonders eindrücklich von dem Münsteraner Theologen Mouhanad Khorchide mittels der göttlichen Barmherzigkeit umschrieben wird,[30] aber noch um die Komponente der Gerechtigkeit gerade in Bezug auf das Geschlechterverhältnis erweitert werden kann.[31] Die Gebundenheit des Korans an die äußerlichen Umstände bedeutet nun in der Folge, dass die im Koran immanente Barmherzigkeit und mit ihr die Gerechtigkeit immer nur so weit Raum für Entfaltung hatte, wie es die damaligen Umstände zuließen. Auf den Text übertragen heißt dies zudem, dass man erwarten könnte, dass der Koran eine klare Stoßrichtung in Hinblick auf die Etablierung von Barmherzigkeit und somit auch Gerechtigkeit aufweist, er aber gleichzeitig ein Spiegel der damaligen historischen, sozio-kulturellen Umstände und linguistischen Sprache ist, d. h. auch patriarchalischer Strukturen der damaligen Gesellschaft, welche eine volle Entfaltung dieser Barmherzigkeit bzw. Gerechtigkeit nicht immer haben zulassen können.[32] Das bedeutet ganz konkret für den Wortlaut des Textes, dass dieser nicht als absolut gerecht oder barmherzig zu erachten ist, vielmehr muss auf die von Wadud erwähnte Bewegungsbahn geachtet werden. Die Exegese kann in diesem Sinne danach fragen, an welchen Stellen die Barmherzigkeit und Gerechtigkeit durch die sozio-kulturellen und historischen Umstände zur vollen Entfaltung und an welchen sie eben noch nicht zur vollen Entfaltung gekommen ist

29 Wadud 2004, 334.

30 Vgl. Khorchide 2018.

31 Siehe dazu ausführlich El Omari 2021, Kapitel 2.2.

32 In der christlich-feministischen Bibelexegese wurden ähnliche Überlegungen unternommen, indem auf die geschichtlich bedingten Brechungen des Gotteswortes in Menschenwort verwiesen wird, welche dazu führen, dass es zwar eine patriarchalische Prägung in der Bibel gibt, jedoch gleichzeitig ein Reflex des Gotteswortes als nicht-patriarchalischer Kern zu finden sein muss. In diesem Zusammenhang verweist Rosemary Radford Ruether auf die Einschränkungen für die Formulierung des Gotteswortes in Menschenwort durch das gesellschaftliche Bewusstsein, und zwar in Hinblick auf die Propheten als Reformer in ihrer Zeit: „Das heißt, daß sich die prophetische Kritik in einem konstanten Zustand der Revision befindet, indem sie sich mit zeitgenössischen Fragen und dem zeitgenössischen Bewußtsein von Gut und Böse auseinandersetzt und indem sie zu einem Anknüpfungspunkt für das kritische Bewußtsein von Gruppen wird, die in der Vergangenheit aus dem gesellschaftlichen Dialog ausgeschlossen waren. In diesem Prozeß der Erneuerung müssen wir auch die Grenzen früherer Erklärungen prophetischen Bewußtseins untersuchen, die durch das gesellschaftliche Bewußtsein der jeweiligen Wortführer gezogen wurden. Prophetische Kritik wird sowohl durch ein neues kritisches Bewußtsein gegenüber den heutigen Problemen erneuert als auch dadurch, daß sie die Grenzen und Deformierungen der eigenen Traditionen neu wahrnimmt." Vgl. Radford Ruether 1989, 140.

und wie sie die vom Koran angestoßenen Prozesse in einer ständigen, an die Lebenswirklichkeit der Menschen gebundenen Exegese fortdenken kann. Deshalb können bei der Auslegung des Korans immer tiefere Dimensionen von Barmherzigkeit und Gerechtigkeit entdeckt werden, ohne sie je auszuschöpfen. In diesem Sinne ist die Auslegung ein offener Prozess; das Verständnis des Textes kann nie als abgeschlossen erachtet werden.

3. Eine exegetische Annäherung an die Verse 2:187 sowie 2:222–223

Die Frage nach der Darstellung der Frau im Koran ist, wie bereits oben aufgezeigt, nicht eindeutig, sondern durchaus ambivalent zu beantworten. Es fällt jedoch bei den Argumenten Barlas, Alis und Hidayatullahs in Bezug auf die Auslegung der oben genannten Verse auf, dass diese den prozesshaften Charakter der Offenbarung nicht wahrnehmen und das, obwohl Hidayatullah selbst auf Abu Zaid verweist. Dieser ist aber von großer Bedeutung, wenn man die Entwicklungen bestimmter koranischer Themen nachzeichnen und so auch mögliche Widersprüche erklärbar machen möchte. So zeigt sich z. B., dass die Themenbereiche Schöpfung und Eschatologie sehr deutlich eine Subjektwerdung der Frau verfolgen, die in einer gleichrangigen Gegenüberstellung der Geschlechter mündet.[33] Anders sieht es bezüglich der gesellschaftlichen Aspekte aus, die vor allem in Medina formuliert werden, denn während Vorstellungen zur Schöpfung und Eschatologie keinen unmittelbaren Einfluss auf gesellschaftliche Strukturen haben müssen, sind soziale und gesellschaftliche Angelegenheiten, die das direkte Zusammenleben sowie die gewohnten Stammesstrukturen berühren, deutlich schwerer umsetzbar und benötigen entsprechend mehr Zeit und Fingerspitzengefühl. Daher zeichnen sich zum Teil klare hierarchische Strukturen zwischen den Geschlechtern auf gesellschaftlicher Ebene im Koran ab, wenn auch mit Fortschreiten der Offenbarung immer mehr das Kollektiv in den Fokus rückt und angesichts der damaligen Zeit durchaus im Vergleich zur vorislamischen Zeit Fortschritte in unterschiedlichen Bereichen zu verzeichnen sind.

Dabei spielen die eherechtlichen Regelungen eine große Rolle, welche die eheliche Verbindung in ein einheitliches, gesichertes Gefüge bringen sollen. Will man die zwischenmenschlichen Verhältnisse in diesem Zusammenhang für ein ganzheitliches Bild analysieren, müsste man in der Tat sowohl die rechtlichen Angelegenheiten als auch die emotionalen Aspekte durchleuchten. Der Platz an dieser Stelle erlaubt lediglich, einen Teilbereich näher zu betrachten, nämlich die oben genannten Verse. Es handelt sich dabei um die einzigen koranischen

33 Vgl. dazu: El Omari 2021.

Erwähnungen, die sich explizit mit dem Thema der Sexualität in der Partnerschaft auseinandersetzen. Da sich alle Textstellen in Sure 2 befinden kann vorab übergreifend zum historischen Kontext gesagt werden, dass es sich nach Theodor Nöldeke[34] um die erste in der medinensischen Phase offenbarte Sure handelt und eine Reihe von Belangen der jungen muslimischen Gemeinde abbildet, die sich nun in einem neuen gesellschaftlichen und sozialen Umfeld befindet, das nicht selten auch zu Spannungen geführt hat. Die Zeit in Medina wird auch als identitätsstiftende Phase bezeichnet, denn in dieser formiert sich die junge Gemeinde im Verlauf von 8 Jahren zu einer Glaubensgemeinde mit eigenen Ritualen und Verordnungen. Die 2. Sure spiegelt diesen Aspekt deutlich wider, sie hat einen polythematischen Charakter, der gesellschaftliche, rechtliche und religiöse Aspekte umfasst, und richtet sich dabei an unterschiedliche Personenkreise. Die rechtlichen Aspekte werden im Wesentlichen zwischen den Versen 163–242 aufgegriffen, wobei die Verse 222–241 fast ausschließlich eherechtliche Aspekte behandeln, während die Verse zuvor ganz unterschiedliche Belange thematisieren. Da Sure 2 polythematisch ist und es zudem noch keine ausführliche Analyse ihrer Komposition gibt, lässt sich derzeit nur die Vermutung aufstellen, dass die für uns relevanten Passagen 183–187 und 222–241 in einer engen zeitlichen Abfolge offenbart wurden, da sie inhaltlich eng zusammenhängen. Wie nun die Schwerpunkte der Verse genau gesetzt sind, soll in der folgenden Auslegung dargestellt werden.

3.1 *Die Rahmenbedingungen des Fastengebots*

Wenden wir uns zunächst dem für die Analyse relevanten Vers 2:187 zu, der hier nochmals zitiert werden soll:

> Euch ist erlaubt zur Fastenzeit, dass ihr des Nachts bei euren Frauen schlaft. Sie sind ein Kleid für euch und ihr ein Kleid für sie. Gott weiß, dass ihr euch selbst betrogen hattet. Da wandte er sich euch gütig zu, und er verzieh euch. Doch nun verkehrt mit ihnen, und strebt nach dem, was euch Gott beschieden hat. Esst und trinkt, bis ihr im Morgengrauen einen weißen von einem schwarzen Faden unterscheiden könnt. Setzt dann das Fasten bis zum Abend fort! Doch verkehrt mit ihnen nicht, wenn ihr in den Anbetungsstätten andächtig verweilt. Das sind die Schranken Gottes! Kommt ihnen nicht zu nahe! So macht Gott den Menschen seine Zeichen klar. Vielleicht sind sie ja gottesfürchtig.

Bettet man den Vers in einem ersten Schritt in seinen direkten Verskontext ein, so stellt man fest, dass sich die gesamte Passage (V. 183–187)[35] mit dem Fastengebot beschäftigt, das zu diesem Zeitpunkt, also zu Beginn der Zeit in Medina,

[34] Vgl. Nöldeke ²1909.

[35] 183 O ihr, die ihr glaubt! Das Fasten ist euch vorgeschrieben, so wie es denen vorgeschrieben war, die vor euch waren – vielleicht seid ihr ja gottesfürchtig –, 184 an abgezählten Tagen. Doch wer von euch erkrankt oder auf Reisen ist, für den ist eine Anzahl anderer

offiziell als eine religiöse Pflicht für die muslimische Gemeinschaft eingeführt wird. Dabei hat der Stil des Korans mittlerweile einen Wandel durchlaufen. Während in den frühen Phasen der Verkündigung die Verse eher kürzer und poetischer waren, werden sie mit zunehmendem Fortschritt der Offenbarung länger und prosaischer, erhalten den Charakter einer Predigt. Besonders in Medina fließen nicht mehr so viele Erzählelemente und Stilmittel ein, sondern gerade in Bezug auf gesellschaftsbezogene Belange ist die Sprache oftmals direkter und hat einen deutlicheren Bezug zu aktuellen Ereignissen der jungen Gemeinde. Trotzdem lassen sich auch in dieser Phase Stilmittel und Tropen, wie die Metapher, finden, die bestimmte Aspekte in ein literarisches Gewand einhüllen, um ihnen z. B. einen dezenteren Rahmen zu geben, wie weiter unten ersichtlich werden wird.

Da es sich bei der Passage um die Einführung des Fastengebots handelt, richtet sie sich eingangs direkt an die Gläubigen im Kollektiv mittels der 2. Person Plural, denen das Fastengebot in der Folge näher erklärt wird. Wie bereits von Kecia Ali bezüglich der meisten Aspekte in Vers 187 festgestellt, lässt sich für die gesamte Passage keine Unterscheidung zwischen den Geschlechtern ausmachen: Vers 183 ordnet das Fasten an und verortet die religiöse Gemeinde in eine bestehende Tradition anderer Religionen. In Vers 184–185 wird auf den festgelegten zeitlichen Rahmen, den Monat Ramadan, sowie auf die Ausnahmen verwiesen, so dass Kranke und Reisende vom Fasten ausgenommen sind bzw. die Fastentage an anderen Tagen nachholen oder eine Armenspeisung als Ersatz vornehmen können. In Vers 186 erfolgt dann ein kurzer Bruch der bisherigen funktionalen Anordnungen, denn der Vers stellt eine Verbindung zwischen dem Fasten und dem Bittgebet her. Hier wird der Prophet aufgefordert, seinen Anhänger_innen mitzuteilen, dass Gott ihre Bitten erhört und ihnen nahe ist. Der Vers hat also einen klaren emotionalen Appell.

Daran reiht sich nun Vers 187, der wieder den Fokus auf das Fasten legt, denn er erklärt näher, was genau die Rahmenbedingungen dafür sind, d. h., welcher Dinge man sich enthalten und in welchem zeitlichen Rahmen diese Enthaltung stattfinden soll. Dies erklären die Verse 183–186 zuvor nicht. Dabei richtet sich der Vers zwar wieder direkt mittels der 2. Person Plural an die Zuhö-

---

Tage möglich. Für jene, die es vermögen, ist die Armenspeisung ein Ersatz. Wer aus eigenem Antrieb Gutes tut, dem kommt es selbst zugute. Und dass ihr fastet, das ist gut für euch, sofern ihr Wissen habt. 185 Der Monat Ramadan, in dem herabkam der Koran den Menschen als Geleit und als Beweis für das Geleit und die Entscheidung – wer in ihm zugegen ist, soll in ihm fasten, doch wer von euch erkrankt oder auf Reisen ist, für den ist eine Anzahl anderer Tage möglich. Gott will für euch das Leichte, das Schwere will er nicht für euch. Die Zahl sollt ihr erfüllen und Gott dafür rühmen, dass er euch geleitet hat. Vielleicht seid ihr ja dankbar. 186 Wenn dich meine Knechte nach mir fragen, so bin ich nahe. Ich erhöre die Bitte des Bittenden, wenn er mich bittet. So sollen sie mich um Erhörung bitten und an mich glauben. Vielleicht sind sie ja auf dem rechten Weg.

rer_innen, allerdings findet hier eine Verlagerung des Fokus statt, denn was zuvor geschlechterneutral formuliert wurde, nimmt nun einen androzentrischen Charakter an. So beginnt der Vers direkt damit, dass erklärt wird, dass die Männer in der Nacht bei ihren Frauen nächtigen bzw. mit ihnen den Geschlechtsakt ausüben können. Es folgen noch zwei weitere Formulierungen ähnlicher Art. Dieser Richtungswechsel deutet auf einen konkreten historischen Grund hin bzw. es scheint etwas Konkretes vorgefallen zu sein, das Anlass geboten hat, die Rahmenbedingungen des Fastens noch einmal genauer zu erläutern, denn es heißt in dem Vers ebenfalls: „Gott weiß, dass ihr euch selbst betrogen hattet. Da wandte er sich euch gütig zu, und er verzieh euch". Was nun genau das Vergehen war, kann nicht sicher erörtert werden, allerdings bietet der Koranwissenschaftler ʿAlī ibn Aḥmad al-Wāḥidī (gest. 1075) in seinem Kitāb asbāb an-nuzūl al-Qurʾān (dtsch. Buch über die Offenbarungsanlässe des Korans) eine Reihe von so genannten Offenbarungsanlässen[36] an, die näher erklären sollen, auf welche Situation der Vers reagiert hat. Natürlich kann die Historizität dieser Überlieferungen nicht zweifelsfrei vorausgesetzt werden, allein schon deshalb nicht, weil sie Varianten erzählen. Sie können aber dazu dienen, die Frage nach der Rezeption des Verses zu klären und zudem kann man in ihnen allen, trotz der Unterschiede, Kernelemente ausmachen, in denen sie übereinstimmen. Es handelt sich dabei um die folgenden Überlieferungen:

> Nach einer Überlieferung soll Ibn ʿAbbās [zu dem Vers] gesagt haben: Es war so, dass nach dem Nachtgebet im Ramadan den Muslimen bis zur nächsten Nacht verboten war zu essen und geschlechtlich zu verkehren. Daraufhin beschwerten sich einige Muslime, unter ihnen war auch ʿUmar b. al-Ḫaṭṭāb, bei dem Propheten über diese Regelung, woraufhin der Vers offenbart wurde[37]

> Nach einer Überlieferung soll Abū Ishāq al-Barāʾ b. ʿAzīb gesagt haben: „Nachdem die Muslime ihr Fasten gebrochen hatten, war es erlaubt, dass sie essen, trinken und Geschlechtsverkehr haben, solange sie nicht eingeschlafen waren. Waren sie jedoch eingeschlafen, so war es ihnen verboten, all dies bis zum Fastenbrechen des nächsten Tages zu tun. Qays b. Sirma ging zu seiner Frau zur Zeit des Fastenbrechens. Seine Frau ging hinaus, um etwas zu Essen zu besorgen. Während er wartete, schlief er ein [deshalb konnte er nicht mehr bis zur nächsten Nacht essen]. Am nächsten Tag fiel er zur Mittagszeit ohnmächtig um. ʿUmar b. al-Ḫaṭṭāb hatte ebenfalls Geschlechtsverkehr mit seiner Frau, nachdem er einschlief, er erzählte dies dem Propheten und der Vers wurde offenbart.[38]

Dieser zweite Offenbarungsanlass wird in weiteren Varianten angeführt. So sei es derjenige gewesen, der ohnmächtig geworden war, der den Propheten aufgesucht habe und auf dessen Gesuch der Vers offenbart worden sei, woraufhin große Freude in der Gemeinde entstand. Ein weiterer gibt ebenfalls die beiden

---

[36] Al-Wāhidī 2008.

[37] Ebd., 12. Dieses und alle folgenden Zitate aus dem Werk sind vom Englischen ins Deutsche übersetzt.

[38] Ebd., 13.

Varianten aus dem zweiten Anlass wieder, betont dabei aber zusätzlich die Härte der anfänglichen Fastenpraxis:

> Zu Beginn der Anordnung des Fastens pflegte man von einer Nacht zur anderen Nacht zu fasten. Wenn jemand schlafen gegangen ist, durfte dieser nicht mehr mit seiner Frau schlafen oder essen. Das war so bis ʿUmar zu seiner Frau ging und mit ihr schlafen wollte. Sie sagte ihm aber, dass sie schon geschlafen habe, er schlief aber dennoch mit ihr. Sirma b. Anas fastete auch und schlief ein, bevor er sein Fasten brechen konnte, so dass er weiter bis zum nächsten Tag fasten musste. Das Fasten war so hart, dass es sie fast tötete, daraufhin offenbarte Gott den Vers.[39]

Das zentrale Element, welches sich aus allen Offenbarungsanlässen unabhängig von den Varianten ablesen lässt, ist, dass die Verkündigung des Verses in einen Zusammenhang mit der anfänglichen Fastenpraxis gebracht wird. Es soll eine Form geherrscht haben soll, die extreme Erschwernis bedeutete, da die Fastenphase offenbar keinem genauen Richtwert unterlag (zumindest lässt sich dies aus den vorherigen Versen 183–186 nicht herleiten) und daher mittels des Nachtgebets oder des Schlafs fixiert wurde. Es scheint diese von einigen Muslimen selbstgewählte Härte in der anfänglichen Praxis gewesen zu sein, die in dem Vers getadelt werden, denn diese steht dem entgegen, was zuvor in Vers 185 verkündet wurde: „Gott will für euch das Leichte, das Schwere will er nicht für euch." Dass es genau darum gehen soll, wird zudem daran deutlich, dass in der koranischen Passage direkt zu Beginn mit der Einführung des Fastengebots die Ausnahmen vom Fasten angesprochen werden. Eine solch harte Form der Fastenpraxis, die den Fastenden über seine körperlichen Grenzen treibt, kann daher nicht im Sinne des Gebots sein und daher werden die Gläubigen an dieser Stelle getadelt. Gleichzeitig wird ihnen aber ein genauer Rahmen für das Fasten gesetzt, d. h. der Zeitraum des Fastens wird nun mittels der metaphorischen Beschreibung des Fadens von Sonnenuntergang bis zum Morgengrauen festgelegt.

Nun lässt sich festhalten, dass die angeführten Regelungen zweifelsohne für die gesamte muslimische Gemeinde gelten, dennoch verwendet der Koran an dieser Stelle eine klare androzentrische Sprache. Lässt das darauf schließen, dass es sich um eine ausgewählte Gruppe von Männern handelt, die hier angesprochen wird? Bezieht man die Rezeption für die Gründe der Verkündigung des Verses mit ein, könnte sich die androzentrische Sprache dadurch erklären lassen, dass die Nachfrage bei dem Propheten von einem oder mehreren Männern ausging, also ein von Männern vorgebrachtes Anliegen war. Im Gegensatz dazu gibt es vereinzelt ebenso Anlässe, in denen Frauen den Propheten etwas fragen und ein entsprechender Vers dann sie und ihr Anliegen adressiert.[40] Es wäre also

---

39 Ebd.

40 Es gibt es mehrere Überlieferungen, dass Frauen sich darüber beschwert haben sollen, dass der Koran nur die Männer direkt anspreche, die Frauen aber nicht gemeinsam mit ihnen erwähne. In unterschiedlichen Überlieferungen zur Verkündigung von Vers 33:35 heißt es, dass Umm Salama zum Prophet gesagt haben solle: „Oh Gesandter Gottes, die

möglich, dass der Vers die Perspektive des Fragenden im Sinne einer Beantwortung angenommen hat. Zu diesem Schluss könnte man auch trotz der in den vorherigen Versen verwendeten geschlechterneutralen Sprache kommen, denn zwischen diesen und Vers 187 scheint eine Zeitspanne zu liegen. Darauf verweist zum einen der Bruch in der Struktur der Passage, der eine spätere Verkündigung von Vers 187 gegenüber den vorherigen Versen sehr wahrscheinlich macht. Zum anderen kann ein Vergehen in der Fastenpraxis nur dann stattgefunden haben und in Vers 187 behandelt werden, wenn zwischen der Einführung des Fastengebots erst einmal Zeit für dessen praktische Umsetzung gewesen ist. Das bedeutet konkret, dass sich die Verse 183–186 durchaus an die breite Masse, der Vers 187 aber auf das konkrete Fehlverhalten der sich an den Propheten wendenden Männer beziehen könnte. Dadurch würde sich die androzentrische Ansprache erklären lassen, denn sie stellt eine direkte Reaktion auf einen konkreten, zu klärenden Sachverhalt und die entsprechende Anfrage dar. Die androzentrische Sprache ließe sich auch deshalb mit einer direkten Ansprache an einen männlichen Adressatenkreis erklären, weil es in dem Vers trotz mehrfacher Wiederholung nicht nur um den sexuellen Akt geht, sondern ebenfalls um die Nahrungszufuhr, wobei die Adressaten dieselben bleiben. Diese Tatsache verkennt Ali allerdings, wenn sie behauptet, dass nur die Formulierungen bezüglich des sexuellen Aktes androzentrisch seien, der Rest aber geschlechtsneutral. Sie ist aber durchaus relevant, denn die Nahrungszufuhr betrifft ebenso beide Geschlechter und es geht hier nicht um eine Fremdbestimmung der Frauen. Warum sollte der Koran über die Köpfe der Frauen hinweg diese festlegen, wenn nicht aufgrund dessen, dass hier die Fragenden direkt angesprochen werden? Dass der Vers keinesfalls mittels der androzentrischen Formulierungen den Männern ein unbegrenztes aktives Zugangsrecht zum weiblichen Körper legitimieren möchte, nach dem die Frau nur die Rolle der Passiven hat, lässt sich zudem mit der bereits besprochenen Beschreibung zu Beginn des Verses unterstützen, denn hier wird mit der Metapher des sich gegenseitigen Bekleidens die Gegenseitigkeit im Sexualakt beschrieben. Setzt man diese Metapher nun in das Gesamtgefüge der angeführten Argumente, erscheint an dieser Stelle die These

---

Männer werden im Koran erwähnt, wir aber nicht." [...] / Warum werden die gläubigen Männer, nicht aber die gläubigen Frauen erwähnt?" / „Warum werden die Frauen nicht gemeinsam mit den Männern erwähnt, die gut handeln?" Vgl. at-Ṭabarī 2001, 111–112. Daraufhin sei der Vers 33:35 verkündet worden: „Wahrlich, die sich Gott ergebenen Männer und die sich Gott ergebenen Frauen, gläubige Männer und gläubige Frauen, demütig ergebene Männer und demütig ergebene Frauen, wahrhaftige Männer und wahrhaftige Frauen, standhafte Männer und standhafte Frauen, demütige Männer und demütige Frauen, Almosen gebende Männer und Almosen gebende Frauen, fastende Männer und fastende Frauen, Männer, die ihre Scham hüten, und Frauen, die (ihre Scham) hüten, und Gottes viel gedenkende Männer und gedenkende Frauen, für sie hat Gott Vergebung und großartigen Lohn bereitet."

Hidayatullahs und Alis schwer haltbar, da sie nicht nur literalistisch argumentieren, sondern weder Historie noch die Struktur des Verses und seines Kontextes ausreichend in die Analyse einfließen lassen. Trotz der Ansprache eines bestimmten Adressatenkreises zum Zeitpunkt der Verkündigung, schließt dies keinesfalls aus, dass die Regelungen in der Folge an alle adressiert verstanden wurden, denn zwar kann ein bestimmter Personenkreis angesprochen werden, da dieser die Frage aufgeworfen hat. Die daraufhin formulierte Regelung, also hier konkret die vom Fasten betroffenen Handlungen und der Zeitraum, kann aber daraufhin für die Allgemeinheit gelten.

Nun darf man allerdings auch nicht Gefahr laufen, sich auf der Wortebene zu verlieren. Diese Gefahr wird bei Ali, Hidayatullah und auch Barlas sehr deutlich. Das verwundert, denn Hidayatullah spricht selbst Abu Zaid an verschiedenen Stellen in ihrem Buch an und schlägt vor, den Koran als erschaffenes Gotteswort zu verstehen. Sie denkt die Bedeutung dieser Definition des Korans aber nicht weiter fort, das zeigt sich z. B. an ihrem Vorwurf, warum der Koran, wenn er Geschlechtergerechtigkeit fordere, dies nicht gleich so formuliere. Abu Zaid erklärt aber, wie oben dargestellt, dass Sprache immer historisch-kulturell bedingt ist, entsprechend muss die Sprache des Korans aus den sprachlichen Codes des 7. Jahrhunderts gelöst werden, um so die Botschaft hinter dem Wortlaut, fernab von gesellschaftlichen und kulturellen Mustern, herauszufiltern. Eine zeitgemäße Exegese muss also über den androzentrischen Sprachmantel hinaus den Text auslegen. In Bezug auf Vers 2:187 bedeutet das, sich zunächst einmal die möglichen Anliegen des Verses zu verdeutlichen: die Härte im Umgang mit dem Fasten zu tadeln sowie eine Auflösung der Problematik, indem nun klar kommuniziert wird, in welchem Zeitraum das Fasten, die Nahrungsaufnahme sowie der Beischlaf erfolgen darf. Dies gilt es unabhängig von damaligen Sprachmustern in den heutigen Kontext zu übertragen, da diese eben dem Wandel unterliegen.

Doch was, wenn der Koran in der Tat die Absicht hat, in Vers 187 eine androzentrische Perspektive durchzusetzen und den Männern an dieser Stelle ein unbeschränktes Zugangsrecht zum weiblichen Körper gewähren möchte? Wie kann man davon ausgehen, dass es dem Koran nicht darum geht, dies zu legitimieren? Die Frage bedarf natürlich einer ausführlichen Reflexion, soll aber hier aufgrund des Rahmens eines Artikels nur verkürzt beantwortet werden:[41] Dafür braucht es natürlich eine weiter ausgerichtete Perspektive auf den Koran, die wie oben dargestellt einerseits einen hermeneutischen Schlüssel und andererseits eine gewisse Stoßrichtung des Korans als Offenbarung begründet, die es im jeweiligen Fall zu untersuchen gilt. Hinzu kommt aber ebenfalls, die Perspektive auf das koranische Rollenverständnis von Mann und Frau ganzheitlich zu betrachten und dabei die Prozesshaftigkeit der koranischen Offenbarung im Sinne einer Gemeindebildung zu berücksichtigen, was eben erklärt, warum manche

41 Für eine ausführliche Besprechung der Thematik vgl. El Omari 2021, Kapitel 2.

Anstöße noch nicht vollendet sind, andere wiederum schon umgesetzt wurden. Gerade gesellschaftsbezogene Aspekte lassen sich keinesfalls von jetzt auf gleich umsetzen, schon gar nicht bestimmte Sprachmuster, vielmehr galt es die Gemeinschaft schrittweise an die Veränderungen von gewohnten Strukturen zu gewöhnen. Trotzdem lässt sich durchaus mittels Schöpfung und Eschatologie begründen,[42] dass der Koran als Stoßrichtung eine Subjektwerdung der Frau und die Gleichheit der Geschlechter anstrebt, aber die Gebundenheit des Textes an das historische Umfeld kann eben nicht ausgeblendet werden und macht es eben nicht möglich, dass innerhalb von 23 Jahren eine Gleichstellung der Geschlechter umgesetzt werden kann, daher gilt es die entsprechenden Stellen im Sinne dieser Stoßrichtung fortzudenken. Es ist Hidayatullah also durchaus zuzustimmen, wenn sie sagt, dass der Koran keinesfalls als völlig geschlechtergerecht oder geschlechterungerecht zu sehen ist, sondern beide Facetten beinhaltet. Diese Spannung lässt sich aber mit dem Bewusstsein für eine historische Bedingtheit der Offenbarung sowie der Perspektive der Prozesshaftigkeit auflösen und auch überwinden.

3.2 *Erlaubte Sexualpraktiken*

Während es im Fall von 2:187 nur schwer möglich ist, hier die Sprecherabsicht einer Aktiv-Passiv-Rolle von Mann und Frau zu zeichnen, erscheint es im Fall von 2:222–223 doch deutlich offensichtlicher, denn es geht hier um erlaubte sexuelle Praktiken, welche den Frauenkörper ins Zentrum rückt, dabei aber die Frauen nicht direkt anspricht. In den Versen heißt es nun:

> 222 Sie fragen dich nach der Monatsregel. Sprich: „Sie ist sehr schmerzhaft. Darum haltet euch von den Frauen fern, während sie die Regel haben, und nähert euch ihnen nicht, bis sie sich der großen Reinigung unterzogen haben! Wenn sie sich dann gereinigt haben, geht zu ihnen, [auf die Weise] wie Gott es euch geboten hat!“ Siehe, Gott liebt die Reuigen, und er liebt die, die sich reinigen. 223 Eure Frauen sind für euch ein Saatfeld. So geht zu eurem Saatfeld, wie ihr wollt! Schickt etwas für euch voraus, fürchtet Gott, und seid gewiss, dass ihr ihm begegnen werdet! Verkündige den Gläubigen frohe Botschaft!“[43]

Der Verskontext der Verse stellt hier einen größeren Rahmen dar als im Fall von Vers 187. Dabei handelt die gesamte Passage (V. 221–223/226–237/240–241)[44],

---

42 Vgl. El Omari 2021, Kapitel 3–6.

43 Modifikationen an Bobzins Übersetzung.

44 Wegen der Länge der Passage, soll hier nur das unmittelbare Umfeld zitiert werden, um einen Eindruck von dieser zu erhalten: 221 Heiratet keine Frauen, die Gott etwas beigesellen, bis sie gläubig werden! Wahrlich, eine gläubige Sklavin ist besser als eine Frau, die Gott etwas beigesellt, und sollte sie euch auch gefallen. Und verheiratet eure Frauen nicht mit Männern, die Gott etwas beigesellen, bis sie gläubig werden! Wahrlich, ein gläubiger Sklave ist besser als ein Mann, der Gott etwas beigesellt, und sollte er euch auch gefallen.

mit zwei kleinen Unterbrechungen, von eherechtlichen Aspekten: es geht um die Frage, wer geehelicht werden darf, um erlaubte sexuelle Praktiken, um die Wartezeit in der Scheidung und Aussöhnungsoptionen, die Endgültigkeit der Scheidung sowie Verhaltensweisen nach dieser, die Stillzeit von Kindern, die Wartezeit der Neuvermählung nach einem Todesfall des Mannes, die Morgengabe sowie die materielle Absicherung von Frauen im Falle des Todesfalles des Ehemannes. Dabei sind die Verse sowohl an die Männer als auch an die Frauen gerichtet, eine androzentrische Sprache findet sich mitunter in Formulierungen, die Ehescheidung sowie die Vermählung betreffen. Die Verse 222–223 stechen nun deutlich in dieser Passage hervor, denn sie tragen ein Alleinstellungsmerkmal, da sie auf eine direkte Nachfrage verweisen und einen reaktiven Charakter haben: „Sie fragen dich nach der monatlichen Regel. Sprich [...].“ Dadurch wirken sie aus der Passage gehoben und zu einem anderen Zeitpunkt an eine bestimmte Gruppe Fragender gerichtet, hier tritt also der diskursive Charakter noch deutlicher als in Vers 187 hervor. Was genau den Rahmen für die Nachfrage bildet, lässt sich auch in diesem Fall nicht mit Sicherheit sagen, doch auch hier haben wir die Möglichkeit, die Rezeption der Verse anhand einiger Offenbarungsanlässe nachzuzeichnen und die Kernelemente herauszufiltern. Dabei scheinen die beiden Verse zwei unterschiedliche Anliegen zu adressieren, wobei es jedoch in allen Anlässen um erlaubte Sexualpraktiken geht. Zu Vers 222 wird in unterschiedlichen Varianten überliefert:

> Anas sagte: ‚Die Juden pflegten. ihre Frauen während der Menstruation ihres Hauses zu verweisen und sich davon fernzuhalten mit ihnen zu essen, zu trinken und geschlechtlich zu verkehren. Der Prophet wurde danach gefragt und daraufhin wurde der Vers offenbart.[45]

Es folgen weitere ähnliche Überlieferungen mit denselben Kernelementen, wobei in einer dieser Überlieferung die Gründe der Offenbarung beider Verse zusammengefasst werden:

> Es wurde überliefert, dass die Juden pflegten zu sagen: ‚Wer seine Frau von einer Position von hinten penetriert, so wird deren Kind schielend zur Welt kommen.‘ Wegen dieser Aussage verweigerten die Frauen der Anṣār ihren Männern die Penetration [der Vagina] von einer Position von hinten. Daher ging eine Gruppe zu dem Propheten und fragten ihn danach, ob sie mit ihren Frauen geschlechtlich während der Menstruation verkehren dürfen und auch wegen der Aussage über die verpönte Sex-Stellung. Daraufhin wurden die Verse offenbart [...]. Die im Vers angesprochene Reinigung meint die große Reinigung [...], wie Gott es euch geboten hat‘, meint von vorne [also nicht von hinten] [...] Es heißt in dem

---

Jene laden ein zum Höllenfeuer, doch Gott lädt ein zum Paradiesgarten und zur Vergebung – mit seiner Erlaubnis. Er macht den Menschen seine Zeichen klar. Vielleicht lassen sie sich mahnen. [...] 226 Denen, die ihren Frauen abschwören, ist eine Wartezeit von vier Monaten bestimmt. Und wenn sie zurückkehren – siehe, dann ist Gott bereit zu vergeben, barmherzig. 227 Wenn sie sich dann zur Scheidung entschließen – siehe, dann ist Gott hörend, wissend [...].

45 Al-Wāhidī 2008, 21.

> Vers ‚Saatfeld', weil in einem solchen das Kind wächst und es ist von dort, wo es herauskommt.[46]

Der erste Aspekt in dieser Überlieferung wird nun in Bezug auf Vers 223 in unterschiedlichen Varianten ausgeführt, von denen hier 2 genannt werden sollen:

> Muǧāhid sagt: ‚Ich las den Koran unter der Betreuung von Ibn ʿAbbās drei Mal aus dem Gedächtnis, von Anfang bis Ende, bei jedem Vers fragte ich ihn nach der Bedeutung des Verses, bis wir zu Vers 2:223 kamen.' Da sagte er: ‚Die Leute der Qurayš hatten auf die Weise Beischlaf mit ihren Frauen, dass diese mit dem Gesicht nach unten lag. Sie schliefen mit ihren Frauen von einer vorderen und hinteren Position. Als sie dann nach Medina auswanderten und Frauen der Anṣār heirateten, wollten sie mit diesen auf die gleiche Weise schlafen, wie sie es auch in Mekka getan haben, aber das lehnten die Frauen mit den Worten ab, dass sie dies zuvor nicht getan hätten. Das machte unter den Muslimen die Runde und erreichte den Propheten, daraufhin wurde der Vers offenbart [...].'[47]

> Laut dem Bericht von al-Kalb soll Ibn ʿAbbās gesagt haben: „Dieser Vers wurde über die Auswanderer offenbart, nachdem sie sich in Medina niedergelassen hatten. Sie erzählten, dass sie mit ihren Frauen von vorne und hinten sexuell verkehrten und sahen keinen Schaden darin, solange das Eindringen in das Sexualorgan der Frauen erfolgte. Die anwesenden Helfer und Juden verurteilten dies und erwähnten, dass die einzige rechtmäßige Art, mit der Frau zu schlafen, darin bestehe, dies von der vorderen Position aus zu tun. Die Juden erwähnten auch, dass es in der Thora hieße, dass es in den Augen Gottes verwerflich sei, mit seiner Frau in einer anderen Position zu schlafen, als wenn die Frau auf dem Rücken liege. Täte sie dies nicht, würden ihre Kinder mit schielenden Augen und geistig beschränkt geboren werden. Die Muslime erwähnten dies gegenüber dem Propheten und sagten: ‚In der vorislamischen Zeit und nachdem wir den Islam angenommen hatten, hatten wir immer Verkehr mit unseren Frauen in jeder Position, die wir wollten. Die Juden haben uns dafür verurteilt und dies und jenes behauptet." So wurde dieser Vers offenbart und der Prophet sagte: Das Sexualorgan der Frau ist das Saatfeld, auf dem das Kind heranwächst und der Verweis im Vers „wie ihr wollt" bedeutet, dass ihr eine Position von hinten und vorne einnehmen könnt, solange das Eindringen in ihr Sexualorgan erfolgt.[48]

Die angeführten Anlässe setzen entsprechend der thematischen Ausrichtung der Verse zwei Schwerpunkte und machen deutlich, dass die Verse in Zusammenhang mit diesen rezipiert wurden: Zum einen scheint es eine Praxis gegeben zu haben, nach der menstruierende Frauen sowohl während der Nahrungsaufnahme als auch bezüglich des Geschlechtsverkehrs gemieden wurden, was auf unterschiedliche kulturelle bzw. religiöse Personenkreise zurückgeführt wird. Zum anderen geht es um die Frage nach einer erlaubten Position während des Geschlechtsverkehrs, wobei in diesem Zusammenhang ein Hinweis auf das Verständnis der Metapher des „Saatfeldes" gegeben wird, der nicht unerheblich ist.

Die Kernelemente der Offenbarungsanlässe und die Inhalte der Verse sowie der Zeitpunkt der Offenbarung der Sure am Anfang der medinensischen Periode

---

46 Ebd.

47 Ebd., 22.

48 Ebd.

harmonieren sehr deutlich. Im Gegensatz zu Vers 187 wird bei den beiden Versen 222–223 nun ganz klar, dass diese Fragen von einer spezifischen Gruppe Menschen vorgebracht wurden, da dieser direkt auf diese rekurriert: „Sie fragen dich [...] Sprich [...]". Interessant ist dabei, dass diese Fragen zu Anfang der Auswanderung nach Medina gestellt wurden, es aber keine weiteren Verse im Verlauf der Offenbarung gibt, die sich diesem oder einem ähnlichen Thema widmen. Das lässt sich vor allem dadurch erklären, dass es gerade zu Anfang der Auswanderung zu einer neuen Kontaktsituation unterschiedlicher Kulturen und Religionen kam, die zu einem Clash von Vorstellungen führen konnten, welche nun gewohnte Praktiken in einen neuen Aushandlungsprozess bringen oder fremde Praktiken hinterfragen. Die Rezeption der Verse, aber auch zum Teil die Inhalte weisen direkt daraufhin, dass es zu einem solchen Clash kam, auf den diese nun reagieren. In diesem Sinne steigt der Vers 222 direkt damit ein, dass es zu keinem sexuellen Kontakt während der Menstruation kommen soll. Dies wird nun sehr wahrscheinlich keine neue Regelung sein, sondern eine bereits bekannte Praxis, die unabhängig von Begegnungen in Medina steht. Doch was hier neu ist, ist die mögliche Begegnung mit einer anderen religiösen Praxis, welche die totale Vermeidung von Frauen während der Menstruation ausübt. Diese Praxis wird im spätantiken Kontext mit der Unreinheit der Frauen begründet. Der Vers nun reagiert auf die Nachfrage bezüglich dieser gängigen misogynen Tradition, indem er die Rücksichtnahme in den Vordergrund stellt, nicht die Meidung aus Unreinheit, denn die Menstruation ist ein für viele Frauen schmerzhafter Vorgang („Sie ist sehr schmerzhaft"), daher die Aufforderung auf den Geschlechtsverkehr in dieser Zeit zu verzichten und ihn erst dann wieder zu vollziehen, wenn die Menstruation sicher vorbei ist, was mit der Ganzkörperwaschung symbolisch dargestellt wird.

Vers 223 legt nun fest, dass der Geschlechtsverkehr auf unterschiedliche Weisen erfolgen darf. Wie aber ist hier die Metapher des „Saatfeldes" zu deuten? Barlas und Ali geben jeweils ihre eigenen Interpretationen zu dem Begriff wieder, wobei Ali versäumt, der Rezeption des Begriffs nachzugehen. Barlas tut dies zwar in einem ersten Schritt, dehnt dann aber den Begriff soweit aus, dass sie ihn mit dem Kultivieren von Liebe und Barmherzigkeit gleichsetzt. Allerdings ist dies in der Rezeptionsgeschichte des Begriffs nicht nachweisbar, sondern ihre eigene Interpretation, um der Metapher ihren androzentrischen Charakter zu nehmen. Schaut man bezüglich der Rezeptionsgeschichte genauer hin, stellt man fest, dass es bei der Verwendung dieses Begriffs in dem genannten Kontext keinesfalls darum geht, die Frauen mit Saatfeldern gleichzusetzen. Vielmehr soll mittels einer Metapher dezent umschrieben werden, dass zwar der Geschlechtsakt auf unterschiedliche Weisen erfolgen darf, allerdings nur, wie auch in dem letzten angeführten Offenbarungsanlass verdeutlicht, über das weibliche Sexualorgan, dass an dieser Stelle eben mit dem „Saatfeld" umschrieben wird. Der Exeget Faḫr ad-Dīn ar-Rāzī schreibt dazu:

> Der Begriff bezieht sich auf den Nährboden der Kinder, drückt dies aber in Form eines Vergleichs aus, in dem die Vagina der Frau eben diesen Nährboden, das Sperma den Samen und das Kind eine hinauswachsende Pflanze darstellen [...].[49]

Dieser direkte Hinweis auf das weibliche Sexualorgan in diesem Zusammenhang lässt sich eben dadurch erklären, dass die Frage nach einer hinteren Position offenlässt, ob sich diese nur auf das weibliche Sexualorgan bezieht. Der Vers reguliert dies nun sehr deutlich, indem er zwar unterschiedliche Sexualpraktiken legitimiert, diese aber ganz klar auf das weibliche Sexualorgan beschränkt. Ali ist natürlich beizupflichten, wenn sie die Metapher aus heutiger Perspektive scharf kritisiert. Jedoch muss an dieser Stelle bedacht werden, dass sie gerichtet an die Erstadressaten und in dem erläuterten Kontext nicht die Legitimation für die Passivität der Frau innerhalb des Geschlechtsverkehrs verdeutlichen soll, sondern das Sexualorgan mittels eines Bildes umschreibt, das dieser Gruppe geläufig ist. Diese historische Perspektive fehlt bei Ali völlig.

Natürlich kann man aber auch an dieser Stelle die Frage stellen, warum der Koran eine solche Metapher verwendet und keine andere, warum überhaupt die androzentrische Sprache, wenn es doch um den Frauenkörper geht? In allen oben angeführten Offenbarungsanlässen schimmert, wie bereits im Fall von Vers 187, durch, dass es sich in den Versen 222–223 nicht um eine Angelegenheit handelte, welche von Frauen vorgetragen wurde, sondern von einer Gruppe von Männern. Das lässt sich auch zusätzlich dadurch untermauern, dass Frauen ein solch intimes Anliegen in den damaligen, größtenteils patriarchalen Strukturen sicherlich nicht öffentlich zur Klärung vorgebracht hätten. Historisch lassen sich jedenfalls keine Beweise dafür finden, dass Frauen ein so progressives Auftreten hatten, Intimitäten öffentlich zu diskutieren. Die androzentrische Sprache der Verse ließe sich also auch an dieser Stelle mit der Perspektive der Fragenden klären. Das wird auch durch den Bruch im Text bestätigt sowie zusätzlich durch den veränderten Ton, der mit dem Perspektivwechsel des Verses einhergeht, deutlich. Letzteren bestätigt Ali selbst, allerdings führt sie diesen nicht auf einen Wechsel der Ansprechpartner zurück, der auf der Grundlage der angeführten Argumente jedoch sehr nahe liegt. Entsprechend seiner Adressaten findet sich in den genannten Versen eine Sprache, die deren kulturellen und historischen Strukturen entspricht, einschließlich der angeführten Metapher. Dass nun Männer diese Fragen vorgebracht haben und der Koran eine entsprechende androzentrische Sprache wählt, bedeutet daher keinesfalls, dass ihnen eine Verfügungsgewalt über den weiblichen Körper übertragen wird, noch bedeutet dies, dass Frauen einer erlaubten sexuellen Praxis zustimmen mussten.

Das darf aber nun keinesfalls darüber hinwegtäuschen, dass eben patriarchale Strukturen auch Einfluss auf Sprachmuster haben, es also durch diese

---

[49] Faḫr ad-Dīn ar-Rāzī, in: https://www.altafsir.com/Tafasir.asp?tMadhNo=1&tTafsirNo=4&tSoraNo=2&tAyahNo=223&tDisplay=yes&UserProfile=0&LanguageId=1 (25.09.2020).

Strukturen durchaus zu einer aktiv-passiven Sprache kommen kann, mittels derer über Frauen als passive Objekte gesprochen wird, denn entsprechende Beispiele liefert der Koran an vielen Stellen. Zweifelsohne kann man auch im Falle der vorliegenden Verse 222–223 unter Bezugnahme einer literalistischen Lesart, die die Verse fernab von ihrem historischen Kontext liest und zudem keine Transferleistung erbringt, zu dem von Ali proklamierten Fazit der „male agency" kommen. Dies hat sich in der Tat durchaus in der Rechtsliteratur durchgesetzt. Doch wie bereits oben aufgezeigt, ist es Aufgabe einer zeitgemäßen Koranexegese zu differenzieren, aber auch die androzentrische Sprache des Korans in dem historischen Kontext zu verorten und die Botschaft aus diesem Gewand zu lösen, d. h. es geht in diesem Vers keineswegs darum, das männliche Zugangsrecht zum Frauenkörper durch die androzentrische Formulierung zu legitimieren, sondern um die Regulierung der Sexualpraxis, die beide Geschlechter gleichermaßen betrifft.

4. Fazit

Im Rahmen dieses Artikels konnte nur sehr limitiert aufgezeigt werden, was eine historisch-literaturwissenschaftliche Betrachtung der koranischen Verse leisten kann, aber auch muss. Dabei ist deutlich geworden, dass auch hinsichtlich androzentrischer Sprachmuster differenziert zu arbeiten ist, gleichzeitig darf man nicht über diese hinwegschauen, wenn sie im Koran anzutreffen sind. Das bedeutet wiederum nicht, dass man bei diesen Formulierungen stehen bleiben soll, vielmehr muss eine Transferleistung in einen aktuellen Lebenskontext erbracht werden, um den Koran auch heute für seine Rezipient_innen fruchtbar zu machen. Wichtig ist dabei auch: Für ein ganzheitliches Bild zum Geschlechterverhältnis im Koran müssen die thematischen Blöcke in ihrer Gänze analysiert werden, denn nur so lassen sich mögliche Entwicklungen nachzeichnen und zu einem komplexen Bild zusammensetzen. Dies ist bereits bezüglich der Schöpfung und Eschatologie erfolgt,[50] ist aber noch hinsichtlich der anderen Verse des Korans zu leisten.

---

50 Vgl. El Omari 2021.

Literatur

Abu Zaid, Nasr Hamid (2009): Gottes Menschenwort. Für ein humanistisches Verständnis des Koran (Georges-Anawati-Stiftung 3), Freiburg.

Al-Hibri, Azizah (2000): An Introduction to Muslim Women's Rights, in: Webb, Gisela (Hg.): Windows of Faith: Muslim Women Scholar-Activists in North America, New York, 51–71.

Al-Hibri, Azizah (2006): Divine Justice and Human Order: An Islamic Perspective, in: Schweiker, William, u. a. (Hg.): Humanity Before God: Contemporary Faces of Jewish, Minneapolis, 238–255.

Al-Qurṭubī, Abū ʿAbdallāh (2006): Ǧāmiʿ al-aḥkām al-Qurʾān (dtsch. Die Gesamtheit der Beurteilungen des Korans), Bd. 16, Beirut.

Al-Wāhidī, Alī ibn Ahmad (2008): Asbāb al-Nuzūl. Translated by Mokrane Guezzou, Amman, Zugriff am 28.09.2020 https://www.altafsir.com/Books/Asbab%20Al-Nuzul%20by%20Al-Wahidi.pdf

Ali, Kecia (2016): Sexual Ethics and Islam: Feminist Reflections on Qur'an, Hadith, and Jurisprudence, London.

At-Ṭabarī, Abū Ǧaʿfar (2001): Ǧāmiʿ al-bayān fī tafsīr al-Qurʾān. Ed. ʿAbdallāh b. ʿAbdalḥassan at-Turkī, Bd. 19, O.A. Kairo.

Badran, Margot (2006): Art. „Feminism and the Qurʾān", in: Encyclopedia of Qurʾān 5, 199–203.

Barlas, Asma (2002): Believing Women in Islam. Unreading patriarchal interpretations of the Qur'an, Texas.

Bobzin, Hartmut (2015): Der Koran. München.

El Omari, Dina (2020): Zeitgenössische feministische Diskurse zum Koran kritisch hinterfragt, in: Amirpur, Katajun (Hg.): MuslimInnen auf neuen Wegen. Interdisziplinäre Gender Perspektiven auf Diversität (Islam & Gender 1), Würzburg, 39–81.

El Omari, Dina (2021): Koranische Geschlechterrollen in Schöpfung und Eschatologie – der Versuch einer historisch-literaturwissenschaftlichen Korankommentierung, Freiburg u. a.

Hassan, Riffat (1991): The Issue of Woman-Man Equality in the Islamic Tradition, in: Ders. u. a. (Hg.): Women's and Men's Libration: Testimonies of Spirit, New York, 65–82.

Herrmann, Kerry (2009): Gender-Jihad. Der Kampf islamischer Feministinnen für Frauenrechte und eine Neuauslegung des Korans, München.

Hidayatullah, Aysha (2014): Feminist Edges of the Qur'an, Oxford.

Kaiser, Ulrike (2009): Aischa das Leben — Die feministische Neuinterpretation der Mutter der Gläubigen, in: Teherani-Krönner, Parto, u. a. (Hg.): Die Genderdebatte im Islam aus studentischer Sicht, Freiburg, 37-63.

Khorchide, Mouhanad (2018): Gottes Offenbarung in Menschenwort. Der Koran im Licht der Barmherzigkeit, Freiburg.

Lamrabet, Asma (2016): Women in the Qur'an: An Emancipatory Reading, Markfield.

Mernissi, Fatima (1998): Der politische Harem. Mohammed und die Frauen, Freiburg.

Neuwirth, Angelika (2010): Der Koran als Text der Spätantike, Berlin.

Nöldeke, Theodor (^{2}1909): Geschichte des Qorāns. Erster Teil: Über den Ursprung des Qorāns, Leipzig.

Radford Ruether, Rosemary (1989): Feministische Interpretation: Eine Methode der Korrelation, in: Russel, Letty M. (Hg.): Befreien wir das Wort. Feministische Bibelauslegung, München, 132–147.

Rāzī, Faḫr ad-Dīn ar-, Zugriff am 25.09.2020 https://www.altafsir.com/Tafasir.asp?tMadhNo=1&tTafsirNo=4&tSoraNo=2&tAyahNo=223&tDisplay=yes&UserProfile=0&LanguageId=1

Sirri, Lana (2017): Einführung in islamische Feminismen, Maintal.

Wadud, Amina (1999): Qur'an and Woman: Rereading the Sacred Texts from a Women's Perspective, New York.

Wadud, Amina (2004): Qur'an, Gender and Interpretive Possibilities, in: Hawwa 2.3, 316–336.

Wadud, Amina (2006): Inside the Gender Jihad: Women's reform in Islam, Oxford.

Für Kinder, Kantoren und Gelehrte: Die Vielfalt hebräischer Bibelausgaben im Hochmittelalter

Hanna Liss

1. Einleitung: Was sind heilige Bücher?

Ein Buch ist ein Buch ist ein Buch?! Wenn es um heilige Texte geht, so wird tatsächlich fast ausschließlich über den Inhalt diskutiert; die Frage, *woraus* wir lesen, auf welchem Material, in welcher Form, wird heute zumeist vernachlässigt. Im Folgenden werden wir uns daher nicht nur damit beschäftigen, aus welcher Art Buch mittelalterliche Menschen gelesen haben, sondern auch damit, aus welchen Büchern/Medien wir heute lesen und was das Artefakt, aus dem wir lesen, eigentlich mit uns macht. Im Zeitalter des elektronischen Lesevergnügens, wo einem Buch-Inhalt *materialiter* nur noch Bits zur Verfügung stehen, die schnell gelöscht oder wieder geladen werden, spielt die materiale Gestaltung oder gar der Herstellungsprozess auch bei Bibelausgaben kaum mehr eine Rolle. Im Judentum ist das anders, denn hier kennt man bis heute noch immer die kunstvoll geschriebene Tora-Rolle, die im Mittelpunkt des synagogalen Gottesdienstes steht.

Eine handgeschriebene Tora-Rolle wird im Hebräischen ein *Sefer Tora* genannt.[1] Ein *sefer* im Hebräischen ist ein Buch. Die Tora-Rolle ist also ‚das' Buch schlechthin. Sie gilt als das heiligste Objekt des Judentums und spielt eine prominente Rolle nicht nur im jüdischen Gottesdienst, sondern auch in der traditionellen Frömmigkeit bis hin zu magischen Praktiken.[2] Die Tora-Rolle enthält als ihren heiligen Text die fünf Bücher Mose, den Pentateuch, auf Pergament als reinen handschriftlichen Konsonantentext, ohne Vokalisierung oder gar Kommentare, nur mit sog. *petuchot* (sg. *petucha*) und *setumot* (sg. *setuma*), d. h. offenen bzw. geschlossenen Einschnitten im Text.[3] Im Talmud (bMen 29b) findet sich bereits die Vorschrift, wonach sieben Buchstaben in einer Tora-Rolle mit besonderen Verzierungen (*tagin*) geschrieben werden sollen: *shin, ayin, tet, nun, sayin, gimel* und *tsadi* (ש,ע,ט,נ,ז,ג,צ).[4] Bis heute haben daher diese sieben Buchstaben in Tora-Rollen, aus denen öffentlich vorgelesen wird, drei kleine Strichlein, die oben eine kugelige Spitze haben und zum Buchstaben hin dünner werden.

1 Vgl. z. B. Blau 1967; Glatzer 2000; Liss 2014.
2 Vgl. Liss 2015, 169–172.
3 Vgl. Oesch 2011.
4 Vgl. Liss 2016b, 317–320.

Die Tora-Rolle ist ein heiliger Text, ein autoritativer Text, aber ihr Text ist bis heute der reine und unvokalisierte Konsonantentext, der auch keine anderen Akzente oder musikalischen Zeichen enthält. Die Tora-Rolle ist damit, wie Ludwig Blau es einmal formuliert hat, (zumindest für die westliche Welt) die einzige lebende Vertreterin des antiken Buches überhaupt:[5] auf Pergament, mit Tinte, in Kolumnen, auf linierten Seiten, ohne Buchtitel und ohne Kolophon mit Hinweis auf den Autor oder den Schreiber (*sofer*). Der Vorleser (*ba'al qore*) liest aus ihr den hebräischen Text im Gottesdienst vor. Übersetzt, diskutiert und ausgelegt wird dabei nicht: Die rituelle Tora-Lesung präsentiert das Buch in Form und Inhalt als antik, sozusagen: in der Zeit stehengeblieben! In der rabbinischen Zeit wurde oftmals während der Tora-Lesung die aramäische Übersetzung (*targum*) verlesen, aber der *ba'al qore* und der Übersetzer durften nicht identisch sein. Der Unterschied zwischen Original und Übersetzung musste für alle bereits in der Performanz erkennbar sein.[6] Heute wird nicht mehr übersetzt; Gottesdienstbesucher, die kein Hebräisch lesen und verstehen können, lesen aus einem gedruckten Pentateuch-Exemplar mit, das zumeist auch eine Übersetzung enthält.

Der/die Hebräisch lesende Gottesdienstbesucher_in verwendet heute oftmals ein traditionelles gedrucktes Tora-Exemplar, das nicht nur den Bibel-, sondern auch eine Reihe Kommentartexte enthält. Diese Tora- bzw. Ganzbibelausgaben nennt man auch *Chumash* bzw. *Chamisha Chumshe Tora* (fünf Fünftel) oder *Miqraot Gedolot* (Rabbinerbibeln), die auch die anderen biblischen Bücher (Propheten/*Neviim* oder Schriften/*Ketuvim*) enthalten. Diese traditionellen Ausgaben präsentieren auf einer Seite wenig Bibeltext und viele Kommentare (Abb. 1): Der autoritative Text trägt auf demselben Blatt die Auslegung stets mit sich. Im Gegensatz zur Tora-Rolle ist hier eine Menge Platz: zum Erklären, zum Diskutieren, ja, manchmal sogar zum Übersetzen. Bei den mittelalterlichen Auslegern Nordfrankreichs findet man eine Vielzahl altfranzösischer Wörter in hebräischer Graphie.[7]

5 Vgl. Blau 1967, 554; vgl. bereits Blau 1902, bes. 97-114.

6 Vgl. Liss 2019b, 24–27.

7 In Rashis Tora-Kommentar sind ca. 1.500 französische Übersetzungen, sog. *Le'azim*, erhalten. Es gab auch umfangreiche Glossare: So wird beispielsweise das Substantiv *alma* (עלמה) in einem der erhaltenen Glossare mit dem altfranzösischen Wort לְמֵיקִינָא *la mechine* „junge (unverheiratete?) Frau" übersetzt (vgl. MS Leipzig UB 1099, fol. 7r; vgl. unten Abb. 3 [4. Zeile Mitte], S. 7); zum Ganzen vgl. bereits Banitt 1963, Banitt 1995–2005; vgl. zuletzt auch Liss 2020, 83–85; Liss 2011, 229–249, 257–268.

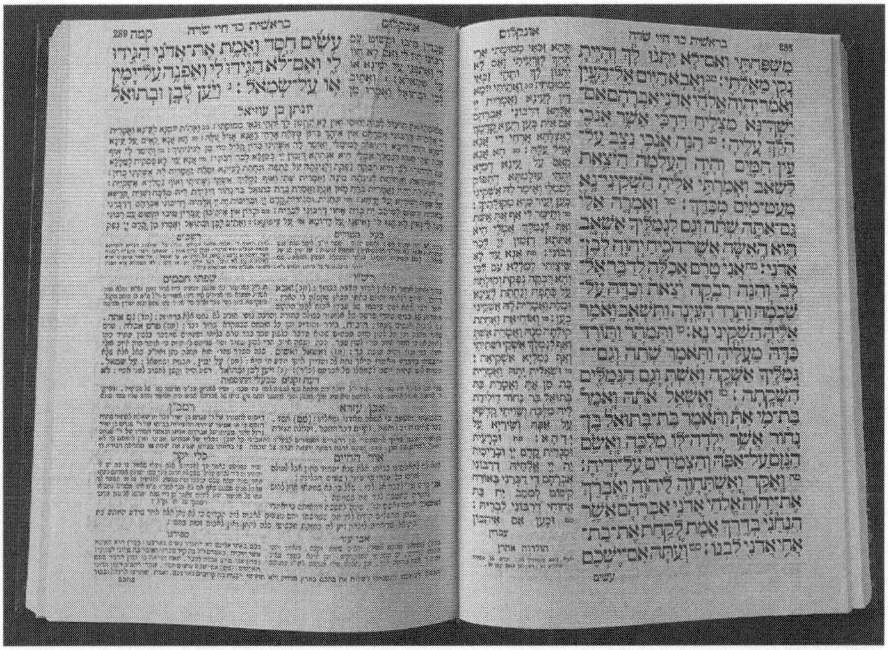

Abbildung 1: Traditionelle *Miqraot Gedolot*-Ausgabe zu Gen 24,41–49 mit Kommentaren von Rashi, Rashbam, Ibn Ezra, Nachmanides, Yaaqov ben Asher u. a., Foto privat.

Die Autorität der heiligen Schrift (= ‚schriftliche Tora') liegt darin, dass sie *zum Auslegen* autorisiert (= ‚mündliche Tora'). Die *sifre qodesh*, die heiligen Bücher, sind also nicht nur solche, die eine bestimmte Handhabung erfordern (das machte sie zu reinen Objekten),[8] sondern auch solche, die mit denen, die mit ihnen umgehen, etwas machen (das macht sie zu Subjekten).

Die Frage, was heilige Bücher sind, muss also für das Judentum differenzierter beantwortet werden, weil es nicht allein um den *Inhalt* dieser Schriften geht, sondern auch um ihre Herstellung, ihre artefaktische Qualität, ihre Handhabung, ihr soziales Feld usw. Die Schwierigkeiten, vor die sich andere Religionsgemeinschaften bisweilen gestellt sehen, wonach ein heiliger Text eine immerwährende Gültigkeit (zu haben) hat und dies durchaus mit modernen Vorstellungen von Gesetz, Ethik oder Menschenbild kollidieren kann, hat das Judentum dadurch gelöst, dass man den ‚garstigen Graben' zwischen einem immer gültigen Text und einer sich je und je neu gestaltenden Wirklichkeit nicht einfach auf Kosten des einen oder anderen zu überbrücken versuchte. Vielmehr wird beiden Seiten durch die Differenzierung in Performanz und Diskurs – aufgeteilt auf die entsprechenden Artefakte – Genüge getan (Tabelle 1).

8 Vgl. zum Ganzen Liss 2014.

	Schriftliche Tora (Tora / Bibel)	*Mündliche Tora (Midrash / Kommentare / Masora)*
Entität	Permanenz der Textüberlieferung	Textüberlieferung als variierende Rezeption
Artefakt	Tora-Rolle	Manuskript / Codex / gedrucktes Buch/ E-Ressource
Handhabung	halakhisch festgelegt	Variabel
Funktion	rituelle Performanz	Diskurs / Auslegung
Soziales Feld	synagogale Praxis	privates Studium, Lehrhaus, Universität
Leseakt	*lectio continua* (Liturgie)	selektives, konsultierendes, differenzierendes Lesen
Ziel	zeitlose Heiligung des Textes	Heiligung der Rezipienten / Konstitution der Gemeinde
	Autorität	Autorisierung

Tabelle 1: Schriftliche und mündliche Tora.

Ausgehend von der Frage nach der Funktion und dem sozialen Feld kann daher im Folgenden gefragt werden, welche Bibel(n) Kinder, Kantoren, Mystiker oder Grammatiker im Mittelalter lasen und verwendeten. Dabei geht es nicht um die linke Seite unseres Schaubildes (‚schriftliche Tora'), denn damals wie heute lasen und lesen Vorbeter_innen (*chazzanim*; *chazzaniyyot*) aus der Tora-Rolle den Wochenabschnitt im Gottesdienst. Es geht vor allem um die rechte Seite, um (mittelalterliche) Bibel-Codices mit Kommentar- und anderen Metatexten. Diese konnten bisweilen sogar illustrativ gestaltet sein, wobei wir bis heute nicht sicher wissen, ob solche Bücher für Kinder oder zumindest für einen Elementarlehrer gestaltet waren.

2. Bibelcodices im Mittelalter

Die großen orientalischen Bibelcodices (frühester Repräsentant ist der Kairoer Prophetencodex aus d. J. 895 u. Z.) enthalten anders als die Torarolle nicht nur den Konsonantentext, sondern Vokale und Akzentzeichen sowie eine Reihe weiterer meta-textueller Elemente als Informationen zum Konsonantentext der Hebräischen Bibel.[9] Man vermerkte Besonderheiten zu den Graphemen, grammatische, syntaktische und statistische Notizen, Referenzen und Verweise. Diese sog. masoretischen Anmerkungen – auch *Masora* genannt – entstammten einer Gelehrtenkultur. Einige dieser gelehrten Masoreten, die die Bibeltexte seit dem

---

9 Vgl. zum Ganzen Liss / Petzold 2017.

frühen Mittelalter in dieser Weise kopierten, sind sogar namentlich bekannt: die Familien Ben Asher und Ben Naftali, die im heutigen Tiberias wirkten.

Äußerlich waren die masoretischen Kommentare nicht besonders spektakulär: Normalerweise wurde der Text in möglichst kleinen Buchstaben linear an die oberen wie unteren Seitenränder gesetzt, um ihn von rechts nach links auf einer Zeile lesen zu können. Nur auf den Anfangs- oder Endseiten eines Kodex wurde er kreativ gestaltet, barg dann aber keine wichtigen philologischen Informationen, sondern im Wesentlichen die Namen der Schreiber und einige Segenssprüche.[10]

Seit dem 12. Jahrhundert tauchen in Frankreich und Deutschland Teil- und Vollbibeln auf, in denen diese Listenmasora in ornamentalen Formen auf der Seite platziert wurde. Bereits auf den ersten Blick unterscheidet sich ihr dekorativer Schmuck von dem der orientalisch beeinflussten Geschwister, denn die masoretischen Notationen nahmen hier eine ganz andere Form an als dies in den orientalischen Codices üblich war. Die Masora wurde hier mikrographisch im Standardrepertoire der romanischen Buchmalerei als Fabelwesen, Chimären, Drachen, Drôlerien, vor allem aber als zoomorphe Gestalten (Hunde, Pferde, Hasen, Gazellen, Vögel) und sogar als anthropomorphe Darstellungen (Ritter) gestaltet, wie sie auch im Fassadenschmuck oder auf Fresken an und in Kirchenbauten vorkamen. In dieser *masora figurata* setzten sich die jüdischen Schreiber mit der sie umgebenden christlichen Kultur auseinander.[11]

Tatsächlich enthält manche *masora figurata* Anmerkungen, die über die üblichen Kommentare zum Bibeltext hinausgingen, manche verwiesen auf diesem Wege sogar auf andere Schriften. Sofern ein Leser diese kannte, erinnerte ihn das mikrographische, also aus Miniaturschrift bestehende Bild daran.

2.1 Die Handschrift MS Rom, Vat. Ebr. 14

Ein Meister dieser Miniaturenschreiber war der in Rouen in der Normandie lebende Schreiber und Grammatiker Eliyya ben Berekhya ha Naqdan (der Punktator), der sich in der Handschrift auch *masran* (Masoret), *qara* (Bibellehrer), *chadran* (einer, der eine Elementarschule, einen Cheder, unterhält) und *pashṭan* (Bibelausleger) nennt.[12] Im Jahr 1239 kopierte er für seinen Auftraggeber, einen gewissen Asher, einen Codex, der neben dem Pentateuch (Tora) auch die Prophetenlesungen (*haftarot*) und die Bücher Ester, Hohelied, Rut, Klagelieder und Kohelet (die fünf Rollen/*megillot*) enthielt. Dass diese Handschrift für den Privatgebrauch bestimmt war, zeigt das mittelgroße Format von 28,9 mal 22,8 Zentimetern, das etwa unserem DIN A4 entspricht.

---

10 Vgl. dazu zuletzt Schmidt 2020.

11 Vgl. dazu auch Liss 2012.

12 Vgl. Attia 2015a; Attia 2015b, bes. 11–13.

Diese Pentateuchausgabe enthält mehr als 70 figürliche Mikrografien. Ob Asher diese kostspielige Dekoration ausdrücklich bestellt hatte, wissen wir nicht. Das Besondere an Eliyyas Zeichnungen liegt nicht nur darin, dass er sie meist vollständig aus masoretischem Material in winzigen hebräischen Buchstaben gestaltete, sondern dass er dabei auch Kommentare berühmter mittelalterlicher Gelehrter, wie z. B. des berühmten R. Shlomo Yitzchaqi/Rashi (ca. 1040–1105), verarbeitete und sie in diesen Illustrationen versteckte. Die dekorative und hierin auch für jüngere Schüler (auch Frauen und Mädchen?) ansprechende Gestaltung eines solchen Buches hatte sicher den Zweck, die Bibel einschließlich ihrer grammatischen und exegetischen Erschließung aus einer reinen Gelehrtenkultur in die breitere jüdische Bevölkerung einzubringen. Ihre Gestaltung unterschied sich auf jeden Fall deutlich von den spanischen und provençalischen Bibelausgaben, die ausschließlich die lineare Masora für philologische Zwecke in ihre Bibeln eintrugen und darin das biblische Buch als reine Expertenlektüre festschrieben.

2.2 *Rivqa (Rebekka) am Brunnen*

Auf fol. 25r findet sich der Abschnitt Gen 24,30b–43b,[13] die Begegnung zwischen dem Diener Avrahams und der Familie der Rivqa: Avrahams Diener trifft am Brunnen auf Rivqa, die Tochter Betuels, des Neffen Avrahams, um für Jitzchaq um ihre Hand anzuhalten. Ihr Bruder Lavan lädt den Fremden ins Haus Betuels; dieser erzählt dort von seiner Mission und nimmt Rivqa mit.

Abbildung 2: MS Rom, Biblioteca Vaticana ebr. 14, fol. 25r (Ausschnitt), Bildrechte: Biblioteca Vaticana.[14]

[13] Es ist so wenig biblischer Text, weil diese Handschrift alternierend den hebräischen biblischen Text und den aramäischen Targum bietet; ein Zeichen dafür, dass man in Frankreich zu Beginn des 13. Jahrhunderts auch den Targum noch regelmäßig studierte.

[14] Das Manuskript ist online einzusehen: https://digi.vatlib.it/view/MSS_Vat.ebr.14 (Zugriff am 29.08.2021).

In der *masora figurata* liegt eine vergleichsweise komplexe Zeichnung vor: Sie zeigt in der Mitte einen sog. Schwingbalken-Brunnen, der auch im mittelalterlichen Europa üblich war und noch heute in Schweden, Ungarn und der Ukraine zu finden ist.[15] Neben dem Brunnen steht eine Figur, die durch ihre Haare, ihren Arm (mit Schmuck?), ihr Halsband und den abgestellten Krug mit Rivqa identifiziert werden muss. Sowohl die ornamentale Figurata als auch der Brunnen und die Figur sind durchgehend aus masoretischem Material gestaltet.[16] Ohne diese Seite an dieser Stelle vollständig aufzuschlüsseln,[17] möchte ich auf jene zwei Texte eingehen, die sich zwischen den einzelnen figurativen Elementen befinden: Es sind Versabschnitte aus Gen 24,13 und Gen 24,43. Der rechte Text zitiert Gen 24,13–14 (nur noch teilweise lesbar), i. e. das Gebet des Dieners vor der Durchführung seiner Mission; der linke Text bietet die Erzählung des Dieners vor dem Vater und dem Bruder von der Begegnung zwischen ihm und Rivqa. Möglicherweise nimmt Eliyya hier verschiedene Kommentare zu Gen 24,42 auf, die erklären, warum die Brunnenszene aus dem Mund des Dieners zweimal präsentiert wird. So erläutert Rashi zur Stelle:

> R. Acha sagte: „Schöner ist das Gespräch der Knechte der Väter vor dem Ewigen als die Lehre der Kinder“[18]; der Abschnitt von Elieser wird in der Tora nämlich doppelt (erzählt), und viele Grundsätze der Tora sind nur in Andeutungen (*remazin*) gegeben worden.

Und sein Enkel R. Shemuel ben Meir (Rashbam, ca.1088–ca.1158) erklärt *ad loc.*:

> Die ganze Langatmigkeit der (Wiederholung seiner) Worte[19] (ist darin begründet, dass er) ihnen mitteilen wollte, dass die Sache vom Heiligen, er sei gepriesen, ausgegangen war [Gen 24,50].

Auffällig ist allerdings, dass Eliyya anstelle des im Bibeltext in Gen 24,13[20] verwendeten hebräischen Ausdruckes für ‚mannbares Mädchen‘ *ha-alma* das Wort *ha-na‘ara* gewählt hat. Darin hat er ebenfalls einen Rashi-Kommentar verarbeitet (Gen 25,20):

> Yitzchaq war vierzig Jahre alt, denn als Avraham vom Berg Morija kam, wurde ihm verkündet, dass Rivqa geboren sei; und Yitzchaq war damals 37 Jahre alt, da in jener Zeit Sara starb, und zwischen der Geburt Jitzchaqs und der Bindung, als Sara starb, 37 Jahre lagen; denn sie war 90 Jahre alt, als Yitzchaq geboren wurde, und 127, als sie starb [cf. Gen 23,1] (...) also war Yitzchaq damals 37 Jahre alt; und damals wurde Rivqa geboren; er wartete drei Jahre auf sie, bis sie zur Heirat fähig war, und heiratete sie.[21]

---

15 Arab. *Šādūf*; vgl. https://de.wikipedia.org/wiki/Schaduff (Zugriff am 29.08.2021).

16 Der Brunnen und Rivqa bilden zusammen Teile einer Okhla-Liste (Okhla-Paris §80; Okhla-Halle §71; vgl. Weil 1971, §832) ab.

17 Ediert in http://bima2.corpusmasoreticum.de/manuscripts (Zugriff am 29.08.2021).

18 BerR 60,8.

19 Hebr. *arikhut devarim.*

20 So auch in Vat. ebr. 14, fol. 25r, rechte Spalte, 3. Zeile von unten.

21 Vgl. auch BerR 57,1; zum halachischen Mindestalter vgl. bNid. 44b.

Der internen Chronologie des Bibeltextes nach wäre sie also zum Zeitpunkt ihres Umzugs nach Kanaan eine Dreijährige gewesen. Rashi hatte damit kein Problem, denn er legte den Bibeltext nach dessen interner Logik und entsprechend den rabbinischen Erklärungen aus. Eliyyas Problem war offenbar, dass eine Dreijährige nicht gut aus dem Brunnen hätte Wasser schöpfen können. Dies ist anders bei einer *na'ara*. Nach talmudischem Recht[22] ist eine *na'ara* mindestens 12 Jahre alt und muss Zeichen der Geschlechtsreife aufweisen.

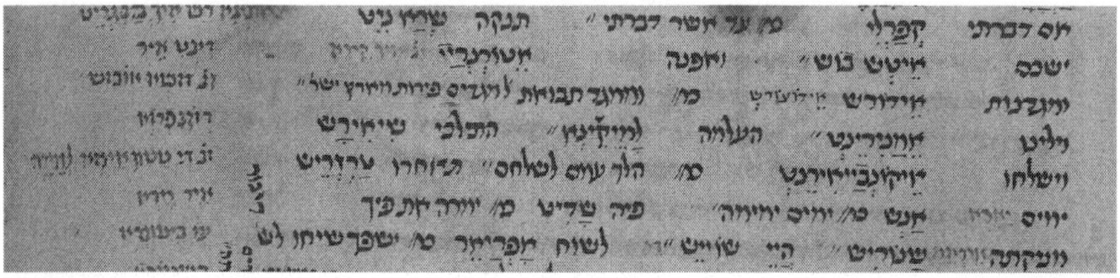

Abbildung 3: MS Leipzig, Universitätsbibliothek 1099, fol. 7r (Ausschnitt), Bildrechte: The National Library of Israel, CC-BY.[23]

Eine solche junge Frau kann auch bereits allein zum Brunnen gehen. Eliyya hat den Text entsprechend der religionsgesetzlichen Diskussion und seinen eigenen Vorstellungen zum Text an dieser Stelle einfach abgeändert. Bei den Betrachter_innen bleibt auf jeden Fall mit einem Blick hängen, dass Rivqa schon ein junges Mädchen war, und dass die ganze Geschichte aus bestimmten Gründen zweimal erzählt wird.

2.3 *Das Stadttor*

Die figurative Masora auf Fol. 85v stellt ein Stadttor dar. Neben dem ikonographischen Befund, der deutlich auf ein mittelalterliches Stadttor verweist, liegt ein weiterer Beleg in der Bezeichnung des Türpfostens mit אל המז[ו]זה „*(so soll ihn sein Herr) an den Türpfosten (stellen) ...*" (Ex 21,6).

22 Vgl. bTaan 13b.

23 https://www.nli.org.il/en/manuscripts/NNL_ALEPH000180645/NLI#$FL56542432 (Zugriff 16.7.2022).

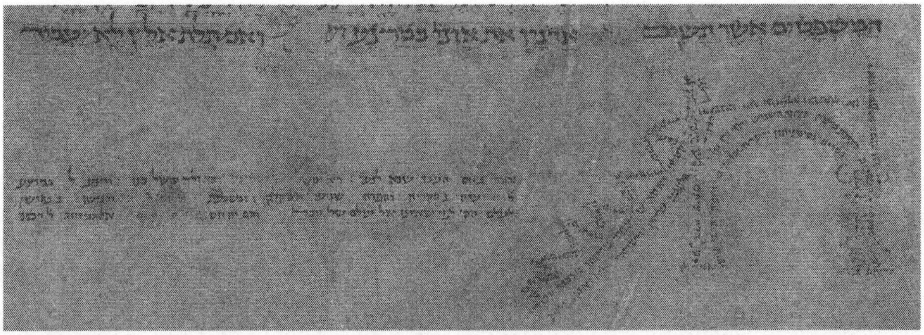

Abbildung 4a: MS Rom, Biblioteca Vaticana ebr. 14, fol. 85v (Ausschnitt), Bildrechte: Biblioteca Vaticana.[24]

Die Bezeichnung des Türpfostens ist bildlich als Mesusa am Tor befestigt und nimmt darin den Rashi-Kommentar zu dieser Stelle (Ex 21,6) auf:

> Er vergleicht die Tür mit dem Pfosten: Wie der Pfosten aufrecht steht, so muss auch die Tür aufrecht stehen.[25]

Fol. 85v beginnt mit dem Ende des sog. Altargesetzes in Ex 20 mit den Versen Ex 20,25–26. Danach setzt mit Ex 21 der Abschnitt *Parashat Mishpaṭim* mit den Gesetzen ein, die im Stadttor gesprochen werden (z. B. die Sklavengesetze). Eliyya wählte für die figurative Masora das Motiv des Stadttors, das ein mittelalterliches europäisches Stadttor zeigt, wie es in Süddeutschland oder Nordfrankreich zu finden war, und fügte gleichzeitig den Kommentar des Rashi zur Stelle ein.

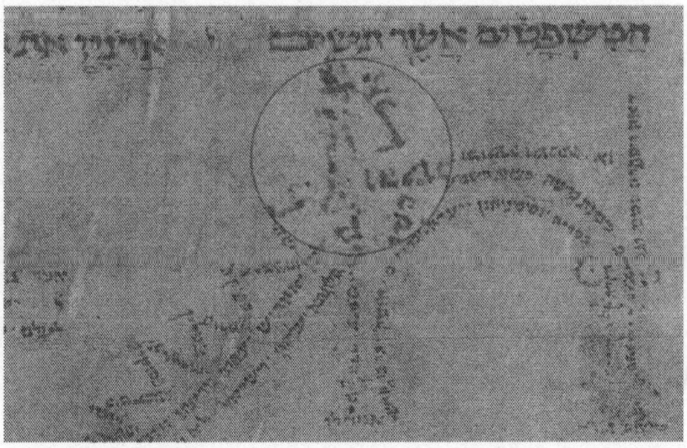

Abbildung 4b: MS Rom, Biblioteca Vaticana ebr. 14, fol. 85v (Ausschnitt), Bildrechte: Biblioteca Vaticana[26], Bearbeitung H.L.)

24 Online: https://digi.vatlib.it/view/MSS_Vat.ebr.14 (Zugriff am 29.08.2021).

25 Vgl. bQid 22b.

26 Online: https://digi.vatlib.it/view/MSS_Vat.ebr.14 (Zugriff am 29.08.2021).

Mag es auch für uns Heutige manchmal nicht ganz einfach sein, den dekorativ gestalteten Buchstabensalat zu entziffern, so hatte Eliyyas Auftraggeber oder der von ihm engagierte Lehrer damit sicher kein Problem. Für Menschen, die masoretische Kommentare zu lesen gewohnt sind, ist auch der philologische Gehalt von Eliyyas Zeichnungen verwendbar. Die eingearbeiteten Kommentare dienten im Zweifelsfalle dem Bibellehrer (*qara*) dazu, wichtige Kommentare nicht zu vergessen und gleich mit zu erwähnen. Kinder wurden mittels dieser so aufbereiteten Metatexte durchaus pädagogisch an einen an sich trockenen Stoff herangeführt. Wer also den Stoff grundsätzlich beherrschte, konnte sich mit einem kurzen Blick auf die Zeichnungen an die entsprechenden Informationen im Kontext des Bibeltextes erinnern. Die figurativen Elemente werden so zu einem mnemotechnischen Mittel für den Lehrer oder das Familienoberhaupt wie auch für alle zu Unterweisenden. Und weil die Tora im Jahreslauf einmal ganz durchgelesen wurde, kamen alle Beteiligten im Lauf ihres Lebens viele Male an Rivqa oder dem Stadttor vorbei. Und galt die Aufmerksamkeit des Nachwuchses zunächst vielleicht den figürlichen Zeichnungen, so führte die wöchentliche Tora-Lektüre ganz von selbst an die darin eingearbeiteten weiteren Kommentarelemente wie der Türpfosten im Stadttor.

Vat. Ebr. 14 ist damit eine Tora-Ausgabe, die gleichsam als ‚mitwachsender Träger' jüdischer Grundgelehrsamkeit bezeichnet werden kann. Heutige Druckausgaben für junge Menschen können zwar Illustrationen bieten, weisen aber nicht diese Komplexität verschiedenster Informationen auf kleinstem Raum auf.

2.4 Paris BNF hébr. 6: Löwen mit Schläfenlocken

Auf fol. 34r der Handschrift Paris Bibliothèque Nationale de France hébr. 6, einer Monumentalbibel mit den Maßen ca. 535 × 377 mm,[27] findet sich zu Beginn des Buches Samuel eine interessante Illustration: Man sieht ein aus masoretischem Material gestaltetes Stadttor, das zwei Rundbogentore und insgesamt drei Türme, zwei Seitentürme sowie einen Mittelturm aufweist. In die Toreingänge setzte der Masoret zwei Wächter, die als Hybridfiguren mit Schwert und Speer gestaltet wurden. Aus den vier Fenstern schauen Tiere, die Hörner blasen. Die Krönung sind die Turmspitzen, auf die Löwenköpfe mit Schläfenlocken positioniert wurden.

---

[27] Zum Ganzen ausführlich Rost 2018, bes. 44–48; vgl. auch Fronda 2016, bes. 38–42.

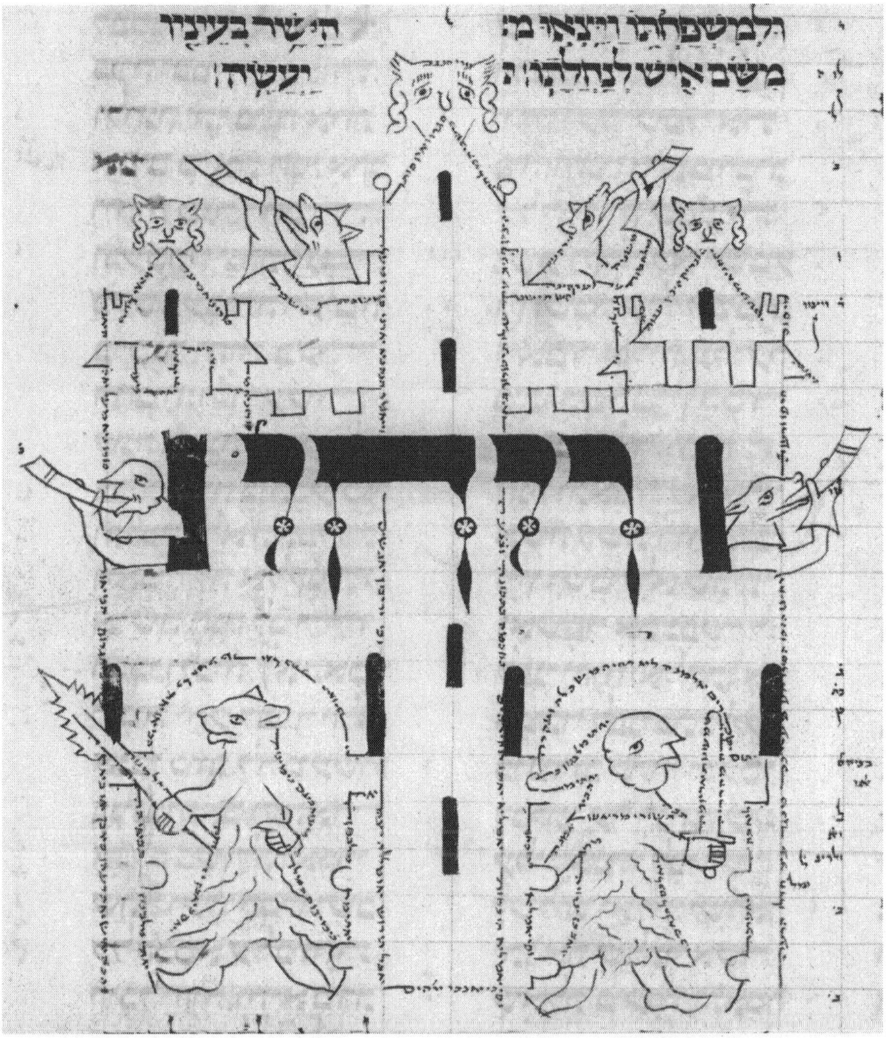

Abbildung 5: MS Paris Bibliothèque Nationale de France, hébr. 6, fol. 34r (Ausschnitt), Bildrechte: Public Domain.[28]

Rost interpretiert die Befestigung als Symbol für die Initiierung und Errichtung des davidischen Königtums, von der im Buch Samuel erzählt wird. Dazu würden auch die Löwen passen, denn David entstammt dem Stamm Yehuda, dessen Symboltier der Löwe ist. Man könnte die Abbildung als (messianische) Hoffnung zur Wiedererrichtung des davidischen Königtums deuten.[29] Wir wissen von der

---

28 Online: https://gallica.bnf.fr/ark:/12148/btv1b9002759z.r=Bible+AT+(hébreu).langDE (Zugriff am 29.08.2021).

29 Vgl. Rost 2018, 47.

Handschrift nicht viel mehr, als dass sie 1294/95 geschrieben wurde und dass einer der Schreiber als Shlomo ha-Cohen vorgestellt wird.[30] Wo diese Bibel verwendet wurde (in einem Lehrhaus?), wer sie in Auftrag gab und warum, ist nicht bekannt. Wer immer aber mit ihr umging, wusste das Bildprogramm mit Sicherheit zu entschlüsseln, wollte es aber möglicherweise auch nicht jedem mitteilen:

> Die Tatsache, dass solche derart ‚verschlüsselten' Bibelhandschriften vor allem in Frankreich und Deutschland im ausgehenden 12. und 13. Jahrhundert auftauchen, lässt möglicherweise auch darauf schließen, dass diese Codices im Gefolge der zunehmenden Hebraisierung in christlichen Kreisen (Dominikaner!!) einerseits und die durch die Inquisition veranlasste Zerstörung hebräischer Bücher andererseits geschrieben wurden: Eine mit metatextuellen Elementen (...) und unterschiedlicher masoretischer Notation versehene Bibelhandschrift enthält Sinnebenen, die von christlichen Hebraisten nicht erschlossen werden konnten. Und ob man dies intentierte oder nicht: Das in Bibelcodices eingetragene masoretische Listenmaterial, selbst wenn es für Außenstehende nicht verständlich war, ist doch bis heute gesichert überliefert worden, weil hebräische Bibelcodices nicht der Zerstörung hebräischer Bücher im Zuge der Ketzerverfolgungen anheimfielen.[31]

Diese Beispiele zeigen, dass die Beschäftigung mit den heiligen Texten des jüdischen Mittelalters nicht auf den heiligen Text, die Tora/Bibel, als solche abzielt, sondern immer auch auf seine Auslegung und damit auf die Menschen, die mit ihm umgingen.

3. Das Ende der Ästhetik im Zeitalter des Druckes

Die *masora figurata* endet mit dem beginnenden Druckzeitalter. Man könnte auch sagen:

> The effects of prints (...) changed the very nature of the Jewishness of the Jewish book.[32]

Allerdings ist hier kein abrupter Übergang festzustellen: Mit dem Ausgang des 15. Jhs. treten (zunächst in Italien und auf der iberischen Halbinsel) neben die handschriftliche Überlieferung die ersten Inkunabel-Drucke der Hebräischen Bibel und der etablierten hebräischen Kommentarliteratur. In diesen frühen Drucken lässt sich ein differenziertes Neben- und Miteinander des Bibeltextes (als Hypotext) und seinen verschiedenen Kommentierungen (als Hypertexte) beobachten. Der Vergleich zwischen den Bibelhandschriften und den frühen Drucken des 15. Jhs. zeitigt dabei nicht nur grundlegende Ergebnisse hinsichtlich der wechselseitigen Rezeption ashkenasischer und sefardischer (Oberitalien) und sefardisch-tiberiensischer (Spanien/Portugal) Textraditionen, die mit dem

30 Vgl. Fronda 2016, 39.
31 Liss 2018, 219–220.
32 Stern 2011, 77.

Verlust ashkenasischer Text- und Masora-Traditionen zu Beginn des typographischen Zeitalters in der ersten Hälfte des 16. Jhs. einherging, sondern vor allem praxeologisch relevante Ergebnisse hinsichtlich der liturgischen und/oder wissenschaftlichen Verwendung. Die Unterschiede zwischen ashkenasischen und sefardischen Drucken sind ausgeprägt: Die sefardischen Drucke kennzeichnen fast nie liturgische Besonderheiten und Lesepraktiken. Oftmals finden sich nur Kapitelangaben der biblischen Bücher, es fehlt die Ausweisung der liturgischen Wochenabschnitte oder der im Jahreszyklus besonders ausgezeichneten *Shabbatot* etc. Die Bindung der Teildrucke entschied, ob die 5 Rollen/*megillot* (die Bücher Ester, Hohelied, Rut, Klagelieder und Kohelet) hinter dem Pentateuch oder in die Hagiographen eingeheftet waren (z. B. editio princeps Tanakh, 1488): Jüdisches Publikum wollte die *megillot* für die liturgische Verlesung an entsprechenden Feiertagen in das entsprechende Buch der Tora eingebunden sehen:

Biblisches Buch	*Megilla*	*Fest*
Exodus (Shemot)	Ester	Purim
Leviticus (Wayyiqra)	Hohelied (Shir ha-Shirim)	Pesach
Numeri (Bamidbar)	Rut	Wochenfest / Shavuot
Deuteronomium (Devarim)	Klagelieder (Ekha) Prediger (Qohelet)	Fastentag 9. Av Simchat Tora

Tabelle 2: Die fünf Rollen/*megillot*.

Mit dem Druck, der spätestens Anfang des 16. Jhs. sehr einflussreich von christlichen Druckern dominiert war, starb die westeuropäische ashkenasische Text- und Lerntradition aus und die Tradition des mündlichen Lernens von einem Lehrer anhand von Individualexzerpten auf der Basis einer enormen Pluralität der Manuskriptkulturen ging vielfach unter. Von den ashkenasischen Klassikern der Bibelauslegung wie vor allem der halakhischen Traditionsliteratur blieb nicht viel übrig. Die Bibel- und Talmuddrucke, die es gab, ließen die anderen hebräisch-aramäischen Textkulturen, i. e. den Text, die Lerntradition und damit auch die Formation eines Lernkollektivs zu einer vergangenen Textkultur mutieren.

> Tosafot Medieval Ashkenazi tradition almost died out; very little survived of the old literary canon and the medieval Halakhic traditions. Hebrew printing and, especially, the commercial printing presses of Venice in the first half of the sixteenth century, brought about a momentous drive of canonization in Jewish culture in general and Ashkenazi culture in particular: the printing of the Bible and its commentaries, the printing of the Talmud and its commentaries, of Midrashim and medieval Halakhic literature — all these entirely transformed Ashkenazi Jewry's attitude to its past.[33]

---

[33] Reiner 1997, 599.

Ein neuer hebräischer Kanon entstand,[34] eine neue religiöse Bibliothek, und dies war eine Bibliothek zwar *auch* für die Juden, war aber zunehmend weniger von ihnen selbst und immer mehr von den christlichen Bedürfnissen gestaltet worden. Dieser neu etablierte Kanon der ‚*Judaica Classics*' war für die Christen: Es waren Texte, anhand derer man Hebräisch lernen und ggf. philosophische Kommentare (Radaq; Ralbag) studieren konnte. Die Druck-Kanonisierung wurde zum Schriftmonopol. Dass dabei die sefardischen Mitarbeiter in den Druckereien mit ihren christlichen Arbeitgebern einschließlich ihrer konvertierten abtrünnigen Brüder eine unheilige Mesalliance eingegangen sind, ist die besonders bittere Seite dieser Geschichte. Durch den hebräischen Buchdruck wurde mithin das Verstehen der Hebräischen Bibel im Kontext des christlichen Bildungsideals nicht nur einseitig christlich, sondern tatsächlich auch unter Ausschluss der spezifisch jüdischen Lesarten zementiert.

4. Schluss

Was bedeutet dies heute für den Umgang mit heiligen Schriften, aber auch für den kompetenten Umgang der Religionsgemeinschaften untereinander, insbesondere der christlichen gegenüber der jüdischen? Der protestantische Theologe Ingolf Dalferth sprach in einem seiner neuesten Bücher von der Erfindung Gutenbergs als einer für die christliche Theologie problematischen.[35] Der Protestantismus habe den Fehler begangen, die ganze Bibel mit dem Wort Gottes gleichzusetzen, weil damit das Medium zur Botschaft geworden sei:

> Die *Schrift* ist etwas anderes als die *Bibel*, und beide sind nicht mit dem *Wort Gottes* zu verwechseln.[36]

Erst seit Gutenbergs Erfindung habe es so etwas wie ‚die Bibel' gegeben, aber dies „von Anfang an ohne die Kirche"[37]. Dalferths Schriftverständnis, wonach Schrift den Gebrauch biblischer Texte zur Kommunikation des Evangeliums meint und darin auch das Mittel sei, das Evangelium zur Sprache zu bringen,[38] hat darüber allerdings übersehen, dass es das ‚Wort Gottes' nur in Form eines so oder anders

---

[34] Vgl. ebd., 601.

[35] Vgl. Dalferth 2018, bes. 379–426. In einem Interview mit der FAZ (*Frankfurter Allgemeine Zeitung*) vom 5.12.2018 spricht Dalferth von der „Gutenberg-Falle".

[36] Dalferth 2018, 245.

[37] Ebd., 394.

[38] Vgl. Dalferth 2018, 379 m. Anm. 532: „Die Schrift wird als Schrift gebraucht, wo die biblischen Texte als Schlüssel zur Kommunikation des Evangeliums und damit der Auslegung des Lebens von Menschen durch die Gegenwart Gottes auf die Gegenwart von Gottes wirksamer Liebe in ihrem Leben hin gebraucht werden"; ähnlich auch im Interview mit der FAZ vom 5.12.2018.

gestalteten Artefaktes oder Buches gibt. Überdies ist gerade Gutenbergs Bibel (von Dalferth hier sicher als Platzhalter für alle Bibeldrucke verstanden) *nicht* ohne die Kirche, die kirchliche Lobby und das damit verbundene Insistieren auf einem Deutemonopol zu denken: Die durch die ältere und zeitgenössische christliche Hebraistik vorgenommene Zurichtung der Texte als gedruckte Ausgaben für ihre Zwecke hat faktisch dazu geführt, der jüdischen Seite im wissenschaftlichen (universitären) Diskurs-Raum die Lese- und Deutekompetenz ihrer Hebräischen Bibel für lange Zeit abzusprechen. Dies hat sich in Ansätzen tatsächlich erst seit der Gründung der Hebräischen Universität in Jerusalem in den Zwanziger Jahren des letzten Jahrhunderts geändert.[39] In Deutschland arbeiten wir bis heute noch daran.

Literatur

Attia, Elodie (2015a): Editing Medieval Ashkenazi Masorah and *Masora Figurata*: Observations on the Functions of the Micrography in Hebrew Manuscripts, in: Sefarad 75.1, 7–33.

Attia, Elodie (2015b): The Masorah of Elijah ha-Naqdan, an Edition of Ashkenazi Micrographical Notes *(Ms. Vat. Ebr. 14, Book of Exodus)* (Materiale Textkulturen 11), Berlin u. a., Zugriff am 29.08.2021 https://www.degruyter.com/view/title/510228; open access.

Banitt, Menahem (1963): „Une langue fantôme: le judéo-français", in: Revue de linguistique romane 27, 245–294.

Banitt, Menahem (Hg.) (1999–2005): Le Glossaire de Leipzig, 4 Bde., Jerusalem.

Blau, Lajos (1902): Studien zum althebräischen Buchwesen und zur biblischen Literaturgeschichte. Vol. 25. 1901/02, Jahresbericht der Landes-Rabbinerschule in Budapest, Budapest.

Blau, Ludwig (1967): „Das Schreiben der Sefer Torah", in: Wilhelm, Kurt (Hg.): Wissenschaft des Judentums im deutschen Sprachbereich. Ein Querschnitt (Schriftenreihe wissenschaftlicher Abhandlungen des Leo-Baeck-Instituts 16.2), Tübingen, 553–565.

Dalferth, Ingolf U. (2018): Wirkendes Wort. Bibel, Schrift und Evangelium im Leben der Kirche und im Denken der Theologie, Leipzig.

Fronda, Rachel (2016): Micrographic Illustrations in a Group of Thirteenth Century Hebrew Bibles from Germany, in: Stein, Peter (Hg.): Hebräische Schriften zwischen Juden- und Christentum in Mittelalter und früher Neuzeit. Beiträge zur 45. Internationalen Hebräischlehrerkonferenz (IÖKH) vom 8. bis 10. Mai 2015 in Erfurt (Kleine Untersuchungen zur Sprache des Alten Testaments und seiner Umwelt 21), Kamen, 37–73.

Glatzer, Mordechai (2000): The Book of Books – From Scroll to Codex and into Print, in: Ders. (Hg.), Jerusalem Crown – The Bible of the Hebrew University of Jerusalem, Companion Volume, Jerusalem, 61–72.

Liedtke, Clemens / Liss, Hanna u. a., Editions of Masora Figurata in Medieval Manuscripts, Zugriff am 29.08.2021 http://bima2.corpusmasoreticum.de/manuscripts

Liss, Hanna (2011): *Creating Fictional Worlds. Peshat Exegesis and Narrativity in Rashbam's Commentary on the Torah* (Studies in Jewish History and Culture 25), Leiden/Boston.

Liss, Hanna (2012): Gelehrtenwissen, Drôlerie oder Esoterik? Erste Überlegungen zur Masora der Hebräischen Bibel in ihren unterschiedlichen materialen Gestaltungen im Hochmittelalter, in:

[39] Vgl. Liss 2020, bes. 397–406; zu dem ‚konfessionellen' Wettstreit bei den Bibeldrucken im 20. Jahrhundert vgl. zuletzt ausführlich Petzold 2019, 72–93.

Riemer, Nathanael (Hg.): Jewish Lifeworlds and Jewish Thought. Festschrift presented to Karl E. Grözinger on the Occasion of his 70th Birthday, Wiesbaden, 27–40.

Liss, Hanna (2014): Vom *Sefer Tora* zum *sefer*: Die Bedeutung von Büchern im ‚Buch der Frommen' des R. Yehuda ben Shemu'el he-Chasid, in: Quack, Joachim F. / Luft, Daniela C. (Hg.): Erscheinungsformen und Handhabungen Heiliger Schriften (Materiale Textkulturen 5), Berlin u. a., 207–228, Zugriff am 29.08.2021 https://www.degruyter.com/document/doi/10.1515/9783110371277.207/html; open access.

Liss, Hanna (2015): The Torah Scroll and its Function as a Ritual Object in Jewish Culture, in: Schulze, Hendrik (Hg.): Musical Text as Ritual Object, Turnhout, 165–174.

Liss, Hanna (2016a): Judentum. Heilige Texte und ornamentaler Kommentar, in: Spektrum der Wissenschaft Spezial: Die Magie der Schrift 3, 72–77.

Liss, Hanna (2016b): Ein Pentateuch wie andere auch? Die Lese-Geheimnisse des Regensburg Pentateuch, in: Focken, Friedrich-Emanuel / Ott, Michael (Hg.): Metatexte. Erzählungen von schrifttragenden Artefakten in der alttestamentlichen und mittelalterlichen Literatur (Materiale Textkulturen 15), Berlin u. a., 299–334, Zugriff am 29.08.2021 https://www.degruyter.com/document/doi/10.1515/9783110417944-016/html; open access.

Liss, Hanna (2018): Aschkenasische Bibelcodices als Träger exegetischer und theologischer Geheimnisse, in: Schattner-Rieser, Ursula / Oesch, Josef M. (Hg.): 700 Jahre jüdische Präsenz in Tirol. Geschichte der Fragmente, Fragmente der Geschichte, Innsbruck, 203–223.

Liss, Hanna (^{4}2019a): Tanach. Lehrbuch der jüdischen Bibel (Schriften der Hochschule für Jüdische Studien 8), Heidelberg.

Liss, Hanna (2019b): Wort – Klang – Bild: Zur (Un-)Übersetzbarkeit heiliger Texte im Judentum, in: Heyden, Katharina / Manuwald, Henrike (Hg.): Übertragungen heiliger Texte in Judentum, Christentum und Islam. Fallstudien zu Formen und Grenzen der Transposition (Hermeneutische Untersuchungen zu Theologie 75), Tübingen, 19–32.

Liss, Hanna (2020): Jüdische Bibelauslegung (Jüdische Studien 4), Tübingen.

Liss, Hanna / Petzold, Kay J. (2017): Die Erforschung der westeuropäischen Bibeltexttradition als Aufgabe der Jüdischen Studien, in: Lenhardt, Andreas (Hg.): Judaistik im Wandel. Ein halbes Jahrhundert Forschung und Lehre über das Judentum in Deutschland, Berlin u. a., 189–210, Zugriff am 29.08.2021 https://www.degruyter.com/document/doi/10.1515/9783110523478-016/html; open access.

Oesch, Josef M. (2011): Art. Petucha/Setuma, in: Alkier, Stefan u. a. (Hg.): Das wissenschaftliche Bibellexikon im Internet (www.wibilex.de), Zugriff am 29.08.2021.

Petzold, Kay J. (2017): Die Kanaan-Karten des R. Salomo Ben Isaak (Raschi) – Bedeutung und Gebrauch mittelalterlicher hebräischer Karten-Diagramme, in: Das Mittelalter 22.2, 332–350.

Petzold, Kay J. (2019): Masora und Exegese. Untersuchungen zur Masora und Bibeltextüberlieferung im Kommentar des R. Schlomo ben Yitzchaq (Raschi) (Materiale Textkulturen 24), Berlin u. a., Zugriff am 29.08.2021 https://www.degruyter.com/view/title/543379; open access.

Reiner, Elchanan (1997): The Ashkenazi Élite at the Beginning of the Modern Era: Manuscript versus Printed Book, in: Hundert, Gershon D. (Hg.): Jews in Early Modern Poland (Polin, Studies in Polish Jewry 10), London/Portland, 85–98.

Rost, Hanna-Barbara (2018): Masoretisches Bildmaterial in ausgewählten aschkenasischen und nordfranzösischen Bibel-Handschriften des 13. und 14. Jahrhunderts – Ikonographie und Interpretation, unveröffentlichte Masterarbeit an der Hochschule für Jüdische Studien Heidelberg und der Karl-Franzens-Universität Graz.

Schmidt, Susan L. (2020): The Carpet Illuminations of Codex Leningrad National Library of Russia Ms. Evr. I B 19a., Ann Arbor, Zugriff am 29.08.2021 https://www.proquest.com/docview/2354664005/7421EAE470634F34PQ/1?accountid=14627; open access.

Stern, David (2011): The Rabbinic Bible in Its Sixteenth-Century Context, in: Hacker, Joseph / Shear, Adam (Hg.): The Hebrew Book in Early Modern Italy, Philadelphia, 76–108.

Weil, Gérard (1971): Massorah Gedolah Iuxta Codicem Leningradensem b19A. (Biblia Hebraica Stuttgartensia, pars 2a, Vol I), Catalogi, Rom.

Heilig, aber profan
Über eine Dialektik heiliger Texte

Knut Wenzel

1. Exposition

Gibt es das Heilige absolut, abgezogen von allem anderen? Wenigstens nicht in der *ratio cognoscendi*, der Ordnung des Erkennens. In ihr erscheint die Idee eines absoluten Heiligen absurd. In der semantischen – und eben auch bedeutungsbezogenen, metaphysischen – Koppelung „heilig – profan" wird das Heilige vom Profanen her erschlossen, und es wird räumlich gedacht: Unterlegt wird ihm das *fanum*, das Heiligtum, dem das *profanum* vorgelagert ist. Bei diesem handelt es sich aber nicht um die Vorhalle des Tempels, den *nartex*, der als Schwelle nicht selbst heilig, aber auch nicht mehr einfach „profan" ist, ein Transitbereich, der hohe sakraltheoretische Aufmerksamkeit verdiente, als Sphäre des Verschwimmens, des Unbestimmten, Identitätslosen. Das *profanum* ist das, was außerhalb des *fanum* gelagert ist, und das ist nun einmal alles andere. Das „alles andere" als das Heiligtum ist – die Welt. Die Welt ist profan. Das Heilige wird hier von der Welt her verstanden, nicht absolut, sondern relativ zur Welt. Strukturidentisch, nur temporal (statt spatial) gelagert, findet sich die Weltbezogenheit des Heiligen in der Koppelung „heilig – säkular".

2. Alltagsphänomenologische Annäherungen

Es gibt eine Pragmatik des Heiligen, dem Anschein nach frei von allen Religionszusammenhängen und stattdessen subjektverankert – ihre ursprüngliche Artikulationsmodulation ist die Erste-Person-Perspektive –, die schnellen Aufschluss zu wesentlichen Bestimmungsmomenten des Heiligen bereithält: „Das ist mir heilig". Die reflexive Form entwindet das Heilige objektiver und bindet es zurück in subjektiv verantwortete Geltung. Keine neutrale Feststellung ist die Aussage, sondern Einspruch. Es mag zu früh für Generalisierungen sein (ist es das nicht immer?), aber dennoch ist damit zu rechnen, dass die Proklamation von Heiligkeit ursprünglich nicht selbst ein zeremonial sakraler Akt ist, eingebettet in lang etablierte und nun feierlich wiederholte und bestätigte Geltungskonventionen, sondern eine kontroverse Tat, widersprechend, negativistisch: dies ist nicht verwertbar, verbrauchbar, zirkulierbar, reproduzierbar – dies ist heilig. Das gilt jedenfalls für diese subjekt-reflexive Statuierung von Heiligkeit. Was hier in Rede steht, wird als wertvoll über alle Verwertbarkeit insinuiert, als aller Verfügung enthoben, als tabu eigentlich. Mit dem, „was mir heilig ist", ist nichts anzufangen. Das Heilige ist, so konnotiert, als das Wertvollste das Wertlose.

Von daher womöglich – dem Verworfenen, Verachteten, Verschlissenen, Unansehnlichen, Statuslosen, Unproduktiven, Rechtfertigungslosen ... – ist das Heilige zu rekonstruieren. Das jedenfalls entspräche einer biblisch angelegten Dialektik: der den Schandtod am Kreuz Gestorbene ist der Sohn Gottes; der schuldvoll zu Tod Geschundene ist der schuldlose Knecht Gottes.

Das dieser Dialektik unterworfene Heilige ist von der zuvor genannten Pragmatik als wertvoll über alle Be-Wertung, als unbezüglich, als unberührbar qualifiziert worden. Im Grund ist das ein einziger dialektischer Zusammenhang, der aber enormen Spannungen ausgesetzt ist. Das Heiligste aufstrahlt im Dunkelsten. Eine dialektisch aufgefasste Bedeutung findet so lange zu keiner endgültigen Gestalt, wie die Wirklichkeit erlitten wird, umkämpft ist.

Wie eine Implosion dieser dialektischen Spannung muss es anmuten, wenn die Heiligkeit der Texte in ihrem Äußeren dingfest zu machen versucht wird: wenn sie auf kostbarstes Material aufgebracht, in kostbarste Stoffe eingebunden, mit kostbarstem Dekor verziert werden; wenn ihre Lektüre in höchster Ehrfurcht vollbracht zu werden hat: dass keine Hand den Text – in seiner Materialität als Schriftrolle oder Buch – berühre, dass kein Finger den Zeilen folge, sondern ein Distanz schaffendes Instrument; dass die Intonation der Lektüre sowohl akkurat wortgetreu als auch alltagsenthoben, also in einem Singsang erfolgen solle; dass in letzter Konsequenz kein Auge dem Text in seiner Heiligkeit zu nahe komme, er also nicht einmal gelesen werden solle: dass mithin durch alle Stufen dieser veräußernden Ehrfurchtspragmatik eine verstehende Aneignung des heiligen Texts ausgeschlossen ist.

Solche Inszenierung von Heiligkeit entspricht in ihrer Wirkung einem falsch herum gehaltenen Fernglas; hier wird das Heiligkeit erzeugende Okular von den Religionsautoritäten gehalten; die Gläubigen erblicken den Text in überproportionale Ferne gerückt; die aus der Verzerrung resultierende Fremdheit soll für die Autorität des Texts – und der Religionsbeamten – aufkommen. Solcherart als heilig ausgewiesen, flüstert kein Text mir ins Ohr, schreibt kein Text sich mir ins Herz. Wahre Heiligkeit distanziert nichts *von* uns, sondern alles *in* uns.

Die – sei sie religionsbehördlich, sei sie kulturwissenschaftlich, das wird im Ergebnis egal – betriebene Diskursivierung des Heiligen weiß nicht mehr oder will vergessen machen, dass das Heilige auch eine innere, eine Herzensdimension hat. Das exoterisch anfallende Heilige wird verbucht – ob kirchenamtlich, ob kulturwissenschaftlich, ist, wie gesagt, im Ergebnis egal –; das inwendige Heilige – tobt.

3. Subjekttheoretische Bestimmungen

„Heiliger Wahnsinn“: das ist das Wort Friedrich Hölderlins an dieser Stelle.[1] Die Konstellation seines Schreibens ist überaus komplex – und prekär. Sie ist nachkantisch und postchristlich; mit Schelling und Hegel verlässt Hölderlin die christliche (württembergisch-protestantische) Dogmatik, ohne am Ende mit ihnen in die Philosophie des Idealismus einzutreten; thematisch ist dieses Schreiben einer griechischen Antike zugewandt, die nie gesehen worden ist und doch als die eigene Gegenwart aufgefasst wird; daraus wird kein Klassizismus, zumal diese Antike in charakteristischer Brechung wahrgenommen wird, deren Prisma die Neuzeit ist; diese, die Epoche der eigenen Gegenwart beginnt für Hölderlin mit der Gestalt Jesu Christi; mit jedem, so auch mit diesem Epochenbruch geht die Eröffnung von Neuem einher, wie auch der Verlust.

Mit all diesen prismatischen Erscheinungen steht Hölderlins Schreiben in Berührung, ist mit keiner identisch. Also auch: Berührung, nicht Identität, mit dem Christlichen. Wenn richtig ist, „dass für Hölderlin das Schicksal der Antigone als Fortriss in die Wildnis der Totenwelt durch ‚das Himmlische, was den Menschen ergreift‘, nämlich hier die ungeschriebenen Gesetze der Bruderliebe, [...] begriffen wird“[2], dann unterlegt Hölderlin dem antigoneischen Schicksal die christologische Dynamik von Kenosis und Gang durch die Sphäre des Tods – die „Höllenfahrt Christi“ –, hin zu Auferstehung, Verklärung und Vollendung. Das ist „heiliger Wahnsinn“, von Hölderlin auch als „heiliger Pathos“[3] bezeichnet. Das Heilige hieran – oder eben: „das Himmlische, was den Menschen ergreift“ – besteht in einer unbedingten und uneinholbaren Beanspruchung, in einer Herausforderung der eingeübten und deswegen plausiblen Konventionen, Praktiken und Deutungen, die nicht rationalisierbar – konventionalisierbar – und dennoch unmittelbar evident ist.

Das Heilige ist hier innerliche Wirklichkeit, ein intim-intuitiver Bewusstseinszustand; es mag textuale, diskursive Produktivität provozieren, ist aber selber weder Text noch Diskurs. Als *state of consciousness* ist das Heilige dem Gefühl zuzuordnen, wie es frühromantisch als integral physisch-psychisch-kognitive Selbst-in-Welt-Wahrnehmung entworfen worden ist. Zwanglos ergibt sich hier ein Ableitungsverhältnis zwischen Hölderlins heiligem Wahn und Pathos und

---

1 In den *Anmerkungen zu Antigonä*, in: Hölderlin 1994, Bd. 2, 915. Hölderlin bezeichnet hier den heiligen Wahnsinn, den er sowohl an Niobe wie auch an der sophokleischen Antigone wahrnimmt – um seine Übersetzung der *Antigone* des Sophokles geht es in den *Anmerkungen* – als „höchste menschliche Erscheinung“; wo dies sich äußert, sei „mehr Seele als Sprache“ (ebd.).

2 Böschenstein 2015, 116.

3 Hölderlin in einem *Brief an Casimir Ulrich Böhlendorff* vom 4. Dezember 1801 – zitiert nach: Hölderlin 1992, Bd. 3, 460 (Brief Nr. 237).

der heiligen Wehmut Novalis' und Schleiermachers.[4] Im Begriff des Gefühls wird der Mensch als wahrnehmend und damit als konstitutiv offen-auf bestimmt, als empfänglich. Das heißt jedoch nicht, dass das Heilige in der Sequenz von Wahnsinn, Pathos und Wehmut als Attribut des Wahrgenommenen vorgestellt wird; es kommt nicht von außen; es wird vielmehr als unmittelbare Prägung, als Weise, wie wir fühlen, zu verstehen gegeben. Auf dieser Bestimmungslinie ist das Heilige uns zuinnerst, aber als Fremdes.

Wahnsinn, Pathos, Wehmut: unterschiedliche, doch wie auf einem gemeinsamen Bogen gespannte Weisen der Exzentrik, des Außersichseins. Auch außer sich ist das Subjekt noch es selbst, doch nun überwältigt, fremd mit sich. Bevor diese Überwältigung einem externen Akteur zugeordnet werden kann, macht das Subjekt darin eine Erfahrung nicht nur an sich, sondern *als es selbst*.

So verstörend ist das Heilige, so betörend ist es; so fremd dem Subjekt, wie ihm genuin; so *ab extra* wie zuinnerst. Wenn es Ereignischarakter hat, so nicht als Epiphänomen, das zum subjektiven Selbstvollzug wie zu einem Vorgang hinzukommt, der so oder so abläuft, sondern als Geschehnis am Konstitutionsgrund des Subjekts. Die Erfahrung des Heiligen, Erfahrung hier verstanden in Kontinuität zum eben angedeuteten frühromantischen Begriff des Gefühls, ist demnach eine fundamentale Ambivalenzerfahrung. Soll sie auf ihren Gehalt hin bestimmt werden, dann als Erfahrung des unbestimmbar Bereichernden.

Diese subjekttheoretische Annäherung an das Heilige ist insofern systematisch geboten, als bei dessen Erörterung die heteronomistische Nihilierung des Subjekts vermieden werden muss. Dies ist umso dringlicher, je weiter der Ambivalenz des Heiligen nachgegangen wird. Wie nahe in der systematischen Bestimmung des Heiligen die Auslöschung des Subjekts liegt, bezeugt Schleiermachers Wechsel in der Bestimmung der Religion: vom „Sinn und Geschmack fürs Unendliche"[5] (1799) zum „Gefühl einer absoluten Abhängigkeit"[6] (1821).

Mit einer gewissen Pointierung: Insofern von ihm gesprochen, es erfasst werden kann, mithin wiederum gemäß der *ratio cognoscendi*, ist das Heilige nicht für sich selbst oder als solches bestimmbar, sondern nur in Hinsicht auf das Subjekt, das die Erfahrung des Heiligen machen kann, das ihm Geltung einräumen kann, das ihm jede Mächtigkeit bestreiten, das seiner vergessen und noch dieses Vergessen vergessen kann. Das gilt selbst für die Aussage: „Das Heilige ist" mit ihrer Statuierung des Heiligen in kompletter Unbezüglichkeit: das Absolute, relational. Absolut ist aber, was in der diskursiven Ausweisung des Heiligen als absolut schon in Anspruch genommen werden muss. Um es mit Newman zu sagen, der mit bald 65 Jahren und als Katholik erklärt, an der Einsicht des evangelikal geprägten Fünfzehnjährigen festzuhalten, „dass es zwei und nur zwei Wesen gibt, die absolut und von einleuchtender Selbstverständlichkeit sind: ich selbst

4 Vgl. dazu Wenzel 2015, 46–48; Wenzel 2019, 307–308.
5 Schleiermacher 2012, 47.
6 Ebd., 118.

und mein Schöpfer“[7]. Und ist auch das Selbst sich stets im Schatten und Gott im Blendlicht seines Glanzes unzugänglich: das Heilige für sich zu nehmen hieße, es zu verdinglichen.

4. Hermeneutik heiliger Texte

Die Verwendung des Begriffs der Ambivalenz könnte als Präzisionsermäßigung erscheinen, zumal der Begriff der Dialektik die Leitperspektive bildet und bereits eingeführt ist. Deswegen sei im Übergang zum nächsten Abschnitt die entsprechende Begriffsklärung nachgeholt: Nicht als Prozess zu absolvierender Etappen, womöglich gar aufsteigend, so dass das Dialektische eine in einem gewissen Endzustand doch überwundene, unterwegs mechanisch sich gebende Methode der Selbstverwirklichung eines Heiligen wäre, das dieses in einer Zeit der Dialektik noch nicht wirklich wäre, wird hier Dialektik verstanden, sondern als Konstitutivum des Heiligen. Die Pole der dialektischen Dynamik, die das Heilige ausmacht, sind ko-präsent; das Heilige ist nie an einem Pol der als dialektisch beschreibbaren inhärenten Dynamik feststellbar; stets ist mit dem jeweils einen der je andere Pol da. Eine Dialektik-in-Ambivalenz ist ein stehendes Gewässer, das ohne sich fortzubewegen fließt.

Bekanntlich hat das Zweite Vatikanische Konzil in der Konstitution *Dei Verbum* wenigstens in nukleider Form die anthropologische Wende für die Offenbarungstheologie mitvollzogen: „Zur Abfassung der Heiligen Bücher hat Gott Menschen erwählt, die ihm durch Gebrauch ihrer eigenen Fähigkeiten und Kräfte (*facultatibus ac viribus suis utentes*) dazu dienen sollten, all das und nur das, was er – in ihnen und durch sie wirksam (*in illis et per illos agente*) – geschrieben haben wollte, als echte Verfasser (*veri auctores*) schriftlich zu überliefern.“[8] Diese Aussage kann in ihrem Gewicht nicht überschätzt werden. Der Offenbarung wird in Hinsicht auf ihre Textgestalt ein menschlich-weltliches Gepräge zugesprochen. Menschen haben nach ihren Fähigkeiten und Kräften die Offenbarungstexte geschrieben; Menschen sind die echten Verfasser dieser Texte. Mit enthalten in diesem epochalen dogmengeschichtlichen Vorgang, wenn auch weniger rezipiert, ist eine subjekttheoretische Wende, die hier die heiligen Texte betreffend vollzogen wird: Was lässt die Schrift noch Heilig sein, wenn ihre Bücher von Menschen verfasst worden sind? Reaktionäre Angst schließt aus dieser Frage auf die Irrigkeit der Konzilsaussage, die die heiligen Texte profaniere, und weist sie zurück. Die Frage ist nicht rhetorisch: Wie ist jetzt der Zugang zur Heiligkeit der biblischen Texte zu denken? – Nur subjekttheoretisch: im Durchgang durch die

---

7 Newman 1951, 22.

8 Vgl. Dogmatische Konstitution *Dei Verbum* des Zweiten Vatikanischen Konzils über die göttliche Offenbarung, III/11.

Instanz des menschlichen Subjekts und nicht länger mehr unter seiner Umgehung oder Annihilierung. Dass dieses hierdurch zum Ursprung des Heiligen erklärt werden würde, dürfte dank des zuvor über die Ambivalenz-Dialektik des Heiligen Ausgeführten ausgeschlossen sein: In der Erfahrung des Heiligen erfährt der Mensch sich ex-zentrisch bei sich und das Heilige als ihm, dem Menschen, zuinnerst fremd.

Menschen haben die heiligen Texte geschrieben; sie haben alles von sich in sie hineingegeben; es ist ihre Schrift, die dort zu lesen ist; es ist ihre Stimme, die aus ihnen zu hören ist. Insofern sind die Texte abstrichlos weltlich. – Von dieser säkularen Konstellation von Text und Verfasserschaft heißt es nun aber, dass „in ihnen und durch sie [Gott] wirksam" (gewesen) sei. Gottes Präsenz in den Texten – und damit ihre Heiligkeit – ist nicht offensichtlich, vielmehr verborgen – *in illis et per illos* –; ihr eignet eine Indirektheit. Wieder zeigt sich, nun auch mit Blick auf die Texte, die Relationalität des Heiligen. Wie lässt sich dieses Verhältnis näher bestimmen? Menschen haben diese Texte verfasst als Antwort auf den Zu-Ruf, den An-Spruch Gottes. Die Bücher der Heiligen Schrift sind *responsorische Texte*: damit ist ihre menschlich-säkulare Dimension bezeichnet; mit gesagt ist darin auch, dass die Text nicht menschlich-säkularen Ursprungs sind. Die An-Rede, der Zu-Ruf Gottes hat kein unmittelbares Repräsentationszeichen. Zeichen der Art „Und Gott sprach", „Wort des Herrn", etc. gehören den menschlichen Texten an. Gottes Initiative ist nur unter dem Schleier der Antwort „präsent", nicht als solche. Folglich ist die eben als menschlich-säkulare markierte Dimension der Texte zugleich die einzige Repräsentanz auch des Göttlichen. Die göttliche Initiative – Gottes An-Rede, sein Zu-Ruf – liegt dem menschlichen Text zugrunde, ohne als solche repräsentiert zu sein, es sei denn verschleiert in dessen responsorischer Textur: Dies erinnert an eine Figur jüdischer Mystik, der zufolge Gott im revelatorischen Prozess lediglich den ersten Buchstaben des Alphabets spricht, das Aleph (א). Dieser hat zudem fast keinen eigenen Klangwert. Gott öffnet – das nämlich ist der Klangwert des Aleph – die Stimmritze, und es spricht daraufhin der Mensch.[9]

Göttliche Offenbarung als Ermöglichung menschlichen Sprechens: dass der solcherart die Sprache und das Sprechen eröffnende Offenbarungsgott dieses nicht monologisch will, sondern polyphon – so, wie die Vervielfältigung einer in die Homogenität drängenden Menschheit in die Polytopie und Polyglottie nach Babel nicht Fluchstrafe, sondern Wiederaufrichtung des Schöpfungssegens ist[10] – davon ist auszugehen. Gottes Selbstoffenbarung als Ermächtigung der Menschen zu freier, wirksamer Rede zu interpretieren, bedeutet einen unbedingten göttlichen Vertrauensvorschuss dem Menschen gegenüber für möglich zu halten. So muss die *gratia praeveniens*, die zuvorkommende Gnade gedacht werden. Es gibt aber auch den Topos der nachgehenden Liebe Gottes, christlich meist als

9 Vgl. zu dieser Figur Scholem 1970, 38–40.

10 Vgl. zu dieser Deutung Uehlinger 1990; Uehlinger 2001, 935–937.

Rückgriff auf das Gleichnis vom verlorenen Schaf.[11] Hier aber ist noch etwas anderes gemeint, eine *gratia assecuens*, eine nachgehende Gnade: Dieselbe Wertschätzung, die den Menschen zutraut, das Wahre, Gute und Schöne tun zu können, kann auch würdigen, was sie versucht und getan haben. Eine solche nachgehende Wertschätzung begegnet talmudisch, wenn Gott sich menschliche Urteile zu Eigen macht: „Da erging eine Offenbarungsstimme und sprach: Diese und jene sind Worte des lebendigen Gottes."[12]

Ebendiese nachgehende Gnade ist theologisch für das Herzstück der Heiligen Schrift selbst anzusetzen, für die Tora: Als eine „Serie von Rechtsbüchern"[13] hat die Tora und dokumentiert sie eine Geschichte der Rechtsordnungen. Das Bundesbuch bildet den Anfang dieser Geschichte. Seine Entstehung ist kompliziert; am Ende steht, schon vor deuteronomistischer Bearbeitung, die Komposition eines Rechtsbuchs als Ordnung des Gottesrechts. Am Anfang jedoch steht unter anderem ein Korpus positiven Rechts, der aufs Engste mit den altorientalischen Rechtsbüchern verwandt ist und mit diesen die Charakteristik teilt, „strikt säkular"[14] zu sein. Dieses, zum Teil ein stark ethisch orientiertes Recht, wird in der Komposition des Bundesbuchs mit religiös-kultischem Recht verknüpft und zu dem einen Gottesrecht verwoben – so dass für diese rechtsgeschichtlich präzedenzlose Gesamtkomposition nun gilt und gesagt werden kann: „Das Bundesbuch ist geprägt durch den Gedanken, dass die Rechte von Fremden, Armen und anderen Ausgebeuteten Forderungen Gottes an sein Volk sind, die mit der gleichen Autorität und dem gleichen Gewicht erhoben werden wie die religiösen Grundregeln der Alleinverehrung und die mit ihr verbundenen Opfer- und Festregeln. Die literarische Gestaltwerdung dieser Verbindung ist der Geburtsort der Tora und ein für die biblische Theologiegeschichte und ihren Gottesbegriff zentrales Ereignis."[15] Die damit skizzierte Integrationsentwicklung ist von hoher theologischer Signifikanz. Säkular-menschliches Ringen um den rechtlich-ethischen Schutz der Schwachen, um eine gerechte Ordnung menschlichen (Zusammen-)Lebens, wird wie göttliches Recht angesehen. Insofern das Bundesbuch als Rede Gottes ausgegeben wird, kann gesagt werden, dass Gott sich das menschliche Bemühen um Recht und Gerechtigkeit zu Eigen macht. Dies, eine im Wortsinn Theologisierung säkularen Rechts, kann als jene nachgehende Wertschätzung identifiziert werden, die zuvor mit dem Neologismus der *gratia assecuens* bezeichnet worden ist.

Wie die Schönheit der Perle an einem Sandkorn sich bildet, so der heilige Text an einem profanen Kern. Gott ist Gott. Aber der Heilige ist er für die Menschen, in Bezug auf die Welt. Das Heilige ist weltlich: Das ist keine Identitäts-, das ist eine dialektische Aussage.

---

11 Lk 15,3–7. Vgl. exemplarisch Steinmetz 1979, 425–426.

12 Babylon. Talmud, Erubin 13b.

13 Crüsemann [4]2015, 13.

14 Ebd., 18.

15 Ebd., 224.

5. Heilige Texte: Traditionsdisruptionen

Dass ich „ich“ sagen kann, verdankt sich den Erinnerungen anderer.[16] Die eigenen Erlebnisse, Erfahrungen, Erinnerungen: zu eng ist dieser Raum, als dass in ihm Ich-Identität sich bilden könnte. Nicht Erlebnisse, sondern Erinnerungen anderer: Erinnerungen sind seelisch durchgearbeitete, wenigstens im Ansatz textuale, nämlich auf Symbolstrukturen angelegte Bilder einer Vergangenheit, die einmal Gegenwart gewesen ist. Zur personalen Alterität der anderen tritt die Alterität der Zeitlichkeit. Die Erinnerungen anderer öffnen den Tiefenraum der Geschichte – nicht als inanes Vakuum, sondern als vorm Zugriff meiner Gegenwart ins Unabsehbare zurückweichende Deutungs- und Bedeutungstraditionen. Kulturen sind objektiv gewordene, von individuellen Einstellungen entkoppelte und allgemein verfügbare, Dokument gewordene Wirklichkeitsdeutungen. Die Möglichkeit, „ich“ zu sagen, bedarf dieses unabsehbar großen, objektiven Deutungs- und Bedeutungsraums der Kulturen. In dem hier erörterten Verständnis sind auch Religionen Fälle von Kultur. Jede Kultur zählt eine gewisse Menge an Texten, Texte im weitest möglichen Sinn als strukturierte und deswegen lesbare Symbolisierungen verstanden, zum kanonischen Kernbestand ihrer (Be-)Deutungsdokumente. Weder quantitativ noch qualitativ festgeschrieben, hat ein solcher Kanon doch eine gewisse Stabilität und gehört jedenfalls zu den Wesensmerkmalen von Kultur. David Tracy hat dieses Konstitutivum von Kultur überhaupt theologisch in einer Theorie des klassischen Texts rezipiert und geltend gemacht.[17] Sicher gelten die von ihm angeführten Kriterien klassischer Texte auch für heilige Texte, bis hin zum Kriterium der Kritik-Robustheit, demzufolge der klassische Text in der an ihm geübten – und womöglich von ihm selbst initiierten – Kritik bestehen kann.[18] Heilige Texte gehen aber nicht im Begriff des klassischen Texts auf.

Mit der Zuschreibung von Heiligkeit wird nicht nur an den betreffenden Texten, sondern an der kompletten Tradition, am integralen hermeneutischen Zusammenhang, zu der bzw. dem sie gehören, eine neue Dimension entdeckt, die vom Überlieferungs- und Verstehenszusammenhang unableitbar ist. Selbstverständlich ist jede menschliche Äußerung irgendwie erklärbar, und sei es als

---

16 Das ist eine ungeheure Abbreviatur. Sie macht nicht klar, eine Anspielung auf den Titel von Klaus Müllers Habilitationsschrift zu sein (Müller 1994). Sie lässt elliptisch ungesagt, dass es hier um Subjektidentität geht, und dass Identitätsbildung stets stofflich, im Stoff der Bedeutungen geschieht: in intersubjektiven Beziehungen und Begegnungen, in Erfahrungen von Landschaft, etc.

17 Vgl. Tracy 1981, 99–154.

18 Vgl. hierzu Tracys Kritik an Hans-Georg Gadamer: Tracy 1993, 99, Anm. 2. Entscheidend dürfte eine textphilosophische Grundeinsicht sein: „Wir empfangen nicht reine Mitteilungen durch Texte, sondern wir empfangen kodierte Mitteilungen, deren Code es zu brechen gilt, um die Mitteilung selbst überhaupt relativ angemessen verstehen zu können.“ Ebd., 67.

pathologisch. Mit der, vielleicht doxologischen, Qualifizierung gewisser Texte als heilig statuiert die jeweilige Tradition diese ihr zugehörenden Texte als aus ihr nicht herleitbar. Das Attribut der Heiligkeit verhängt, das hatte die Alltagsphänomenologie des Heiligen erbracht, ein Tabu. Das Heilige ist unverfügbar, unableitbar. Freilich hat eine Religionstradition Umgang mit ihren heiligen Texten; sie werden auswendig gelernt, rezitiert, ruminiert, ausgelegt, übersetzt, kommentiert, methodengeleitet analysiert. Noch die religiöse Haltung des Glaubens – ihnen zu glauben, an sie zu glauben – ist eine Weise des Umgangs mit ihnen. Die Hermeneutik heiliger Texte hat Aufschluss darüber gegeben, dass derselbe Text profan und heilig sein kann. Er mag nach allen Regeln der Kunst ausgelegt werden und ist zugleich jedem verfügenden Zugriff *whatsoever* entzogen. Muss der klassische Text in der ihm geltenden Kritik bestehen können, stellt der heilige Text jede Bezugnahme auf ihn in Frage.

Eine Religionstradition, die in ihrem Bestand an Dokumenten auch nur einen Text als heilig ausweist, würdigt damit an ihrer Identität als kohärente Bedeutungsüberlieferung ein Moment der Desintegration. Mehr noch, sie statuiert sich selbst insgesamt als prinzipiell offen, unabschließbar. Nicht gemeint ist damit die horizontal geschichtliche Unabgeschlossenheit. Um diesen *truism* festzuhalten, bräuchte es gewiss nicht den Aufwand des Heiligen. Die offene Wunde des Heiligen besagt vielmehr, dass selbst wenn sie sich idealtypisch geschichtlich vollenden könnte, diese Überlieferung unabgeschlossen bliebe. Ein historisch abgeschlossener Prozess kann zwar in dem Sinn als vollendet angesehen werden, dass die in ihm aufgetretenen Potenziale zu unverkürzter Verwirklichung gelangt sind. Aber er kann deswegen immer noch hoffnungslos unwahr sein. Darin mag sich der Geschichtsvorbehalt der Erbsündenlehre äußern.

Nicht an sich sind Religionen gesellschaftlich praktizierte Transzendenzoffenheit. Sie können sich sehr wohl immanentistisch verschlossen verstehen und gehen dann in Spielarten von Kultur auf. Solche Religionen kommen ohne Bezug auf das Heilige, auf heilige Texte aus. Nie hätte die katholische Kirche sich als *societas perfecta* verstehen dürfen, als Institution, der alle *tools* zur Selbstreproduktion in die eigene Hand gegeben sind. Heilige Offenheit, die Offenheit des Heiligen, ist vertikal, nicht horizontal. Mit dieser Anleihe bei der Architektur der Metaphysik soll deutlich gemacht werden, dass die heilige Offenheit der Handhabe der Religionstradition entzogen ist. Religion kann mit dem Heiligen umgehen, aber als eine ihr entzogene Wirklichkeit. Es gibt religiöse und andere Pragmatiken des Heiligen, aber kein Regime des Heiligen. Es hat etwas Gewagtes, sich auf das Heilige einzulassen, auch für Religionen. Zwar hatte die Alltagsphänomenologie das Heilige als das unbedingt Kostbare erschlossen; eine Religion aber, die Texte zum Ort des Heiligen innerhalb ihres eigenen Tradierungsgefüges erklärt, erleidet an diesem Ort Kontrollverlust. Nicht dass der heilige Text der sorgsam eingehegte Ort solchen Kontrollverlusts wäre; diesen erleidet die Religion an ihm als solche. Die Doxologie ist der angemessene Umgang mit dem Heiligen, dessen Ambivalenz auch die Religion nicht zu bannen vermag.

Eine Religion nimmt es um der Möglichkeit willen auf sich, Texte für heilig zu halten, dass die eigene Überlieferung und die Menschengeschichte insgesamt nicht im Unwahren sich realisieren muss, sondern jetzt wahrheitsfähig sein kann und schließlich wahrgeworden sein wird. Das Wagnis, Texte des eigenen Überlieferungsbestands als heilig zu deklarieren, muss als religiöser Glaubensakt im strikten Sinn verstanden werden: als Vertrauen darauf, dass Gott in Wahrheit – heilig – sei.

Das nach sich suchende Subjekt begibt sich auf den Weg zu den Bedingungen, die es „ich" sagen lässt, über die Erinnerungen anderer, durch die weiten Bedeutungsräume der Kulturen, bis es vielleicht vor die Unendlichkeit des Heiligen gelangt, wo erst es zu dem Ruf Hölderlins rechtes Zutrauen fassen und sich angesprochen wissen kann: „Komm! ins Offene, Freund!"[19]

Literatur

Böschenstein, Bernhard (2015): Hölderlins ‚Antigonä'. Dichtung und Deutung des „Heiligen Wahnsinns", in: Döring, Sabine/ Kreuzer, Johann (Hg.): Unterwegs zu Hölderlin. Studien zu Werk und Poetik, Oldenburg, 113–125.

Crüsemann, Frank (^{4}2015): Die Tora. Theologie und Sozialgeschichte des alttestamentlichen Gesetzes, Gütersloh.

Hölderlin, Friedrich (1991–94): Sämtliche Werke und Briefe in drei Bänden. Hg. von Jochen Schmidt, Band 1: Gedichte (1991). Band 2: Hyperion, Empedokles, Aufsätze, Übersetzungen (1994), Band 3: Die Briefe, Briefe an Hölderlin, Dokumente (1992), Frankfurt.

Müller, Klaus (1994): Wenn ich „ich" sage. Studien zur fundamentaltheologischen Relevanz selbstbewusster Subjektivität, Frankfurt a. M. u. a.

Newman, John Henry (1951): Apologia pro vita sua. Geschichte meiner religiösen Überzeugungen, Mainz.

Schleiermacher, Friedrich (2012): Über die Religion. Reden an die Gebildeten unter ihren Verächtern. 1799/1806/1821. Studienausgabe. Hg. von Niklaus Peter u. a., Zürich.

Scholem, Gershom (1970): Der Name Gottes und die Sprachtheorie der Kabbala, in: Ders. (Hg.): Judaica 3. Studien zur jüdischen Mystik, Frankfurt, 7–70.

Steinmetz, Franz-Josef (1979): Hoffnung für alle – Geheimnis des Glaubens, in: Geist und Leben 52, 425–428.

Tracy, David (1981): The Analogical Imagination. Christian Theology and the Culture of Pluralism, New York.

Tracy, David (1993): Theologie als Gespräch. Eine postmoderne Hermeneutik, Mainz.

Uehlinger, Christoph (1990): Weltreich und „eine Rede". Eine neue Deutung der sogenannten Turmbauerzählung (Gen 11,1–9) (Orbis Biblicus et Orientalis 101), Freiburg i. Üe. / Göttingen.

Uehlinger, Christoph (2001): Art. Turm(bau) zu Babel, in: Neues Bibel Lexikon 3, Düsseldorf/Zürich, 935–937.

Wenzel, Knut (2015): Europa: Archipel der Moderne – und eines melancholischen Glaubens, in: Hoff, Gregor Maria (Hg.): Europa. Entgrenzungen (Salzburger Hochschulwochen 2014), Innsbruck, 11–48.

Wenzel, Knut (2019): Die Wucht des Undarstellbaren. Bildkulturen des Christentums, Freiburg i. Br. u. a.

---

19 Hölderlin, *Der Gang aufs Land. An Landauer*, in: Hölderlin 1991, Bd. 1, 109.

TextKörper
Heilige Texte als Räume subjektiver Erfahrung

Mirja Kutzer

Begründungsfiguren, die die Autorität von Texten legitimieren sollen, führen immer wieder zu der besonderen Erfahrung einzelner Menschen. In der Bibel ist es prototypisch der Prophet, dem in der Begegnung mit Gott „das Wort" übergeben wird und der dies übermittelt. Die Worte des Propheten werden (von anderen) aufgeschrieben und gesammelt, in Erzählungen verpackt und so überlieferungsfähig. Die besondere Erfahrung des Propheten, fachterminologisch seine „Inspiration", geht über auf das Prophetenbuch und stützt auch die Autorität der anderen Texte, die gemeinsam mit ihm überliefert werden und einen Kanon bilden. In der nachprophetischen Zeit sind es insbesondere Mystiker_innen, denen aufgrund eines individuellen Erlebens der Anspruch zuwächst (als Selbstanspruch und/oder als Zuschreibung), das Corpus der traditionell als „heilig" bezeichneten Texte nicht nur zu interpretieren und zu kommentieren, sondern es fortzuschreiben und zu erweitern.

Für die Deutung dessen, *welche* Autorität diese Texte aufgrund der besonderen Erfahrung Einzelner beanspruchen, sind die Berufungs- bzw. die „Schreib-Szenen"[1] von besonderer Bedeutung, die dem Text insgesamt eine Verstehensmatrix unterlegen. Sie figurieren und reflektieren einerseits die Schnittstelle zwischen „Gotteswort" und Menschenwort, andererseits zwischen dem prophetischen bzw. mystischen Ich und dem Text. An diesen Schnittstellen der Text*produktion* begegnen prominent in Szene gesetzt Thematisierungen des Körpers bzw. Motive der Körperlichkeit. Sie figurieren eine Bindung des sichtbar Gegebenen, des Text*körpers*, an die Erfahrung eines individuellen Subjekts, das in der materiellen Greifbarkeit seines Körpers als unvertretbar erscheint. Gleichzeitig verankert die Körpermotivik die Erfahrung im Vorreflexiven und markiert eine Entzogenheit. Wo der Körper des Propheten, der Mystikerin reagiert, ist das Ich der Kontrolle durch sich selbst entzogen. Es gibt einem Fremden in sich Raum, das das schreibende Ich von sich selbst distanziert. Zugleich bleibt es – in seiner Körpererfahrung wie in seinem Schreiben, als „untoter Autor"[2] – doch unausweichlich es selbst.

---

1 Mauz 2016, 62f.

2 Nicole A. Sütterlin bezeichnet mit diesem Terminus Autorkonstruktionen im Roman der 1990er Jahre, die einen Tod ihrer Erzählerfiguren (die gleichzeitig Autorfiguren) sind, inszenieren, um diesen Tod dann zum narrativen Prinzip zu erheben. Diese Inszenierungen „untoter" Autoren liest sie als Reaktionen auf poststrukturalistische Theoriebildungen

Dies bleibt nicht ohne Konsequenzen für die (wiederum in Texten reflektierte) Text*rezeption*. Diese vermittels Körpermotivik dargestellten Erfahrungen schreiben dem Text eine Nachträglichkeit ein: Das Textbegründende ist durch den Textinhalt nicht einzuholen. Zu lesen ist der Text entsprechend weniger als Abbild denn als Reaktion auf eine (textlich dargestellte) Erfahrung, deren absolute Subjektivität er gleichwohl überschreitet und so Kommunikation und mit dieser überhaupt erst Autorität ermöglicht. Dieses Moment der Körperlichkeit bleibt in den Texten insofern präsent, als diese sich nicht in bloßer Inhaltlichkeit erschöpfen, sondern auf die (affektive) Aneignung des Textes in je unterschiedlichen kulturellen Kontexten zielen und wiederum (Körper)Erfahrungen ermöglichen. In der Geschichte des Christentums ist es nicht zuletzt die mystische Tradition, die dieses poetisch[3] zu nennende Moment der Texte aktiv aufgegriffen und in Textproduktion wie -rezeption inszeniert hat. Der „heilige" Text, dem zugesprochen wird vermittelt über Körpererfahrungen den Kontakt zum Göttlichen herzustellen, findet sein Ziel entsprechend nicht in sich selbst, sondern zielt auf das Ankommen Gottes im Individuum, das bis in die vorreflexiven, subjektkonstituierenden Dynamiken des Selbst reicht und das Subjekt prozessualisiert.[4] Wie insbesondere in den Texten der christlichen Mystik greifbar wird, erweisen sich die Heiligen Schriften des Christentums darin als Medien der Herausbildung neuzeitlicher Subjektivität.

Diese Dynamik zwischen Text und Körper soll im Folgenden gezeigt werden anhand von drei ausgewählten Texten bzw. Textkomplexen der biblischen und der nachbiblisch-christlichen Tradition, die das Schreiben wie Lesen von Texten reflektieren: der prophetischen Inspiration anhand des Berufungsberichts im Ezechielbuch, der mittelalterlichen Textpädagogik entlang der zweiten Hoheliedpredigt Bernhards von Clairvaux und dem Schreiben mystisch begabter

---

wie insbesondere diejenigen Roland Barthes', Julia Kristevas und Jacques Derridas und den dort verkündeten „Tod des Autors". Der Terminus „untoter Autor" steht dabei gleichzeitig für eine Lesart, wonach der Poststrukturalismus mit „seinen Vorstellungen von der Nicht-Autonomie, Teilung und Auflösung des Subjekts paradoxerweise gerade die Wiederkehr des Subjekts und mit ihm des Autorsubjekts propagiert" (190) hat – eine Wiederkehr, die aber wiederum nicht abseits der Texte, sondern nur im Durchgang durch Literatur stattfinden kann. Vgl. Sütterlin 2018, 189–209.

3 „Poetisch" wird hier verwendet im Sinne Paul Ricœurs, der den biblischen Texten insgesamt einen im allgemeinen Sinn poetischen Charakter zugeschrieben hat, insofern deren Wahrheit nicht oder wenigstens nicht primär in einer beschreibenden Funktion zu suchen ist, sondern diese vermittelt über die „Welt des Textes" ein neues Verstehen von Wirklichkeit anregen und neue Lebensmöglichkeiten eröffnen wollen. Vgl. Ricœur 1981, 45–79; Ricœur 2008, 41–83.

4 In der Reflexion auf dessen Prozessualisierung umkreisen poststrukturalistische Literaturtheorien, insbesondere die Julia Kristevas, Roland Barthes' oder Jacques Derridas, das lesende bzw. schreibende Ich, das als „prozessuales", „plurales" und insgesamt fragiles Subjekt selbstredend nicht autonom, aber keineswegs verabschiedet ist.

Frauen, insbesondere am Beispiel Mechthilds von Magdeburg und Teresas von Ávila.

1. Vom Körper zum Text – Prophetie

Die Propheten der hebräischen Bibel sind nicht habbar als ein Jenseits des Textes, das dessen „Heiligkeit" begründen würde. Das Propheten-Ich erhält seine Autorität vermittels seines Erscheinens im Text ebenso, wie der Text seine Autorität durch den legitimierenden Rückbezug auf das inspirierte Subjekt beansprucht. In dem die prophetische Inspiration kennzeichnenden Spannungsgefüge zwischen dem „Objektiven", dem Text, und dem „Subjektiven", dem inspirierten Propheten, hängt angesichts der Textvermitteltheit der prophetischen Autorität die „Last" der Inspiration wesentlich auf der Seite des „Objektiven", dem Text.

Als Autor der prophetischen Rede ist der Prophet angesichts dieses Eingehens in den Text gleich einen mehrfachen „Tod" gestorben. Für die Prophetenbücher der hebräischen Bibel gilt es als *common sense*, dass keines von ihnen auf den historischen Propheten selbst zurückzuführen ist.[5] Seine ursprünglichen Worte – in der Regel kurze Einzelsprüche, die die historisch-kritische Exegese zu rekonstruieren sucht[6] – wurden gesammelt und zu übergreifenden Kompositionen zusammengestellt. Allein schon durch den Vorgang der Textwerdung lösen sich die Worte vom Subjekt des Propheten und damit auch von dessen Intentionen und den psycho-sozialen Bedingungen der Textentstehung.[7] Die Prophetenworte begegnen zudem im Prophetenbuch, also einem durch die Verwendung gestalterischer Mittel zustande gekommenen Werk, und sind darin entsprechend mit neuen Sinndeutungen überschrieben. Die Text- und Buchwerdung wiederum ermöglicht eine Tradierung der Prophetenworte an ein prinzipiell grenzenloses Publikum in unterschiedlichen Zeiten und Orten mit verschiedenen Verstehensvoraussetzungen und Rezeptionshaltungen, die sich in den Fortschreibungsprozessen prophetischer Schriften spiegeln. Die Schriftprophetie, der in den letzten Jahrzehnten zunehmend größere Würdigung zuteil wurde, gilt als prophetische Prophetenauslegung; das prophetische Charisma kommt nicht nur den Prophetenfiguren, sondern auch den literarischen Propheten zu.[8] Der namentlich genannte Prophet als begründende Instanz des Prophetenbuchs bleibt in diesem Komplex der Buchwerdung und Überlieferung

5 Vgl. Zenger / Frevel [9]2016, 517.

6 Vgl. Greenberg 2001, 35.

7 Die Implikationen dieses Prozesses der Text- und Buchwerdung hier entlang von Ricœur 1974, 24–45. Einige der hier dargelegten Linien auch bereits in Kutzer 2006, 206–217.

8 Vgl. Zenger / Frevel [9]2016, 518.

nicht einmal mehr als impliziter Autor zurück. Er ist habbar lediglich als Figur des Textes.

Doch selbst als Textfiktion ist der Prophet kein allzu lebendiger Autor, führt er doch nicht seine eigenen Worte im Mund, sondern die Gottes. Hinter Gott als dem „eigentlichen" Urheber der Rede tritt der Prophet als Subjekt zurück. Dabei wird der Eigenanteil der Propheten in den einzelnen Prophetenbüchern durchaus unterschiedlich gezeichnet. Eine Extremposition markiert das *Ezechielbuch.* Die darin dargestellte prophetische Rede wurde insbesondere unter Bezugnahme auf Ez 14,1–11 dahingehend charakterisiert, dass das von Gott gegebene Wort die Spontaneität und Verantwortung des prophetischen Ich nahezu komplett absorbiert.[9] Die geprägte Formel „So spricht GOTT, der Herr" (Ez 14,4.6 auch 14,11) begegnet dreimal allein innerhalb dieser wenigen Verse. „Ezechiels Anklagen sind ausschließlich Berichte dessen, was Gott sagt. Die Aufgabe des Propheten wird auf die Übermittlung der Botschaft Gottes reduziert. Er trägt keine weitere Verantwortung gegenüber seinen Zuhörern und muß sich allein vor Gott für die Übermittlung seiner Botschaft verantworten, um so die Erkenntnis zu wecken, daß ‚ein Prophet unter ihnen war'."[10]

Diese „Objektivität" des (Text gewordenen) Gotteswortes, die den Propheten als Urheber quasi ausschaltet, steht im Ezechielbuch in deutlichem Kontrast zur Darstellung der Beauftragung als dem Textabschnitt, der wesentlich das Zueinander von Gotteswort und Menschenwort inszeniert. Ez 2,8–3,4 ist eine Ausgestaltung der geprägten Vorstellung der Wortübergabe („Ich lege dir die Worte in den Mund"):

> Du aber, Menschensohn, höre, was ich zu dir sage. Sei nicht widerspenstig wie das Haus der Widerspenstigkeit! Öffne deinen Mund und iss, was ich dir gebe! Und ich schaute und siehe: eine Hand war ausgestreckt zu mir; und siehe, in ihr war eine Buchrolle. Er rollte sie vor mir auf. Sie war innen und außen beschrieben und auf ihr waren Klagen, Seufzer und Weherufe geschrieben.
> Er sagte zu mir: Menschensohn, iss, was du vor dir hast! Iss diese Rolle! Dann geh, rede zum Haus Israel! Ich öffnete meinen Mund und er ließ mich jene Rolle essen. Er sagte zu mir: Menschensohn, gib deinem Bauch zu essen, fülle dein Inneres mit dieser Rolle, die ich dir gebe. Ich aß sie und sie wurde in meinem Mund süß wie Honig. Er sagte zu mir: Menschensohn, mach dich auf, geh zum Haus Israel und sprich mit meinen Worten zu ihnen!

Die Wortübergabe wird hier figuriert als ein Akt des körperlichen Einverleibens und ist Dramatisierung der auch bei Jeremia begegnenden Wendung des Verschlingens von Worten (Jer 15,16: Fanden sich Worte von dir, so verschlang ich sie; dein Wort wurde mir zum Glück und zur Freude meines Herzens; denn dein Name ist über mir ausgerufen, HERR, Gott der Heerscharen). Dabei hebt der Text diese prinzipiell metaphorisch verstehbare Figur auf die Ebene des Wörtlichen.[11]

---

9 Vgl. Zimmerli 1954, 1–26.

10 Greenberg 2001, 85.

11 Greenberg 2001, 84 kontrastiert die „wörtliche" Bedeutung des Verschlingens von Worten gegenüber einer bildlichen Bedeutung in Jer 15,16, wobei er hier nicht differenziert

„Wörtlich" heißt hier freilich: innerhalb des Wunderbaren der Berufungsszenerie, wobei deren Charakter des Außerordentlichen durch die Aufforderung zu essen, „was du vor dir hast", noch verstärkt wird. Die Absurdität dieses Auftrags wird deutlich, sobald der Angesprochene aufsieht: Die Buchrolle ist nicht essbar und aufgrund von Größe und Konsistenz auch nicht schluckbar. Das wörtliche Verschlingen verstärkt so einerseits die Vorstrukturierung einer Lesehaltung, die die Regeln des Alltags hinter sich lässt. Anderseits enthält sie durch das Moment der Körperlichkeit eine Art „Realitätsverstärker": Das Verschlingen bleibt nicht im Bereich des Gesehenen oder Gehörten, der flüchtigen Audiovision, des bloß Diskursiven, sondern bindet die Transzendenzerfahrung an die materiale, körperliche Existenz des Propheten.

Eingeleitet wird der Auftrag durch die Mahnung, nicht widerspenstig zu sein. Das Verschlingen der Buchrolle ist damit als ein Akt des Gehorsams qualifiziert: Anders als das „Haus der Widerspenstigkeit", das abtrünnige Israel, soll Ezechiel sich dem Wort Gottes nicht widersetzen, was über das Befolgen einzelner Weisungen oder das Wiederholen gegebener Worte deutlich hinausgeht. Der Gehorsam erfolgt auf der Ebene des Inneren, welche die hebräische Bibel nicht zuletzt durch Körperbilder bezeichnet.[12] Die Übernahme des Wortes Gottes in den Bauch figuriert entsprechend eine Inanspruchnahme des Propheten als Person und rührt an Vorgänge der Identifikation. Der Prophet, der mit dem Text seinen Bauch füllt, hebt mit der körperlichen Differenz auch jegliche Distanz zwischen sich und dem fremden Symbolischen auf, um selbst ein anderer zu werden. Das Verschlingen der Buchrolle verschiebt dieses Einverleiben als Kauen, Schlucken und Wiedergeben von Wörtern in Richtung der Grenze zwischen Körper und Sprache, zwischen Trieblichem und Psychischem und reicht darin tief in die subjektkonstituierenden Dynamiken des Selbst: „Indem ich die Wörter des anderen empfangen, aufnehmen und wiedergeben kann, werde ich wie er: Eins. Ein Subjekt der Äußerung [énonciation]. Durch psychische Identifizierung – Osmose."[13]

Diese subjektverändernde Dynamik verstärkt der Text durch das Moment des wiederum körpermotivisch dargestellten Genusses: Die Buchrolle wird süß wie Honig. In der Koppelung des Gewaltsamen der Aufforderung Gottes und der Süße des Verschlingens zeigt der Text eine von Roland Barthes so bezeichnete, das Subjekt erschütternde *jouissance* (Wollust) an: Das Ich gibt die (Selbst)Kontrolle auf, wird seiner Grenzen beraubt und übergibt sich an den Text, was Barthes wiederum als einen körperlichen Akt beschreibt: „Die Lust am Text, das ist jener Moment, wo mein Körper seinen eigenen Ideen folgt – denn mein Körper hat nicht dieselben Ideen wie ich."[14] Die Erschütterung mündet in das

zwischen einer textimmanenten Sinnebene und einer Bedeutungsebene, die (prinzipiell, keineswegs faktisch) auf extratextuelle Referenz zielt.

12 Vgl. Janowski 2019, 533–539.

13 Kristeva 1978, 31.

14 Barthes 1974, 26.

Schweigen, das auf die Beauftragung folgt und einen (zeitlichen) Bruch zwischen genießend-gewaltsamer Identifikation und eigenem Sprechen zeichnet. Der Prophet, der spricht, ist nicht mehr im Zustand der Erschütterung. Er hat sein (neues) Selbst bereits gefunden.

Dass diese Identifizierung den Bereich des Kognitiven und Symbolischen sprengt, unterstreicht der Text neben dem Motiv des Genussvollen mehrfach. Die Einverleibung ist nicht als Nachvollzug eines Inhalts geschildert. Weder ergeht die Aufforderung an den Propheten, die vollgeschriebene Buchrolle zu lesen, noch ist von einem entsprechenden Akt die Rede. Der geschaute Inhalt beschränkt sich auf eine Art Überschrift: Klage, Seufzer und Weherufe. Diese der Totenklage zuzurechnenden Elemente sind klassische Topoi der prophetischen Rede[15], wobei sich die Reden Ezechiels im Buch keineswegs darauf beschränken.[16] Gleichzeitig sind es Sprachformen, in denen der Sprachinhalt, das „Etwas-Sagen" zurücktritt gegenüber der Äußerung selbst, der Signifikant gegenüber dem Signifikat an Gewicht gewinnt. Seufzen, Weherufe und Klage sind Formen expressiver Rede[17], „Stimmgeste" im Sinne Artauds,[18] angesiedelt zwischen körperlicher Gebärde und Denken und an den Körper des äußernden Individuums gebunden. Gleichzeitig bedeuten sie eine Stellungnahme gegenüber der konkreten geschichtlichen Umgebung und sind Ausdruck prophetischer Kritik. Später im Text wird das Seufzen der Männer in Jerusalem deren Positionierung zu den Geschehnissen ausdrücken: „Der Herr sagte zu ihm: Geh mitten durch die Stadt Jerusalem und schreib ein T auf die Stirn aller Männer, die über die in der Stadt begangenen Gräueltaten seufzen und stöhnen." (Ez 9,4) Das an den äußernden Körper gebundene Seufzen hat individuierende Funktion: Es ermöglicht Ezechiel die Aussonderung Einzelner aus der Masse der Ungehorsamen. Ohne zwingend reflexives Wort werden zu müssen, zeigt es eine inhaltliche Stellungnahme an, die das Subjekt als ethisches kenntlich macht und eine Verwurzelung des moralischen Urteils im Emotiven anzeigt.[19]

Über die materiale Greifbarkeit des Körpers kehrt in der Berufungsszene der Prophet als „untoter Autor" zurück: So sehr das Motiv des Gehorsams und des Einverleibens der Buchrolle den Propheten als Urheber, als Ursprungsort des Wortes ausschaltet, so sehr figuriert die Berufungsszene das später gesprochene Gotteswort als an den Propheten als unvertretbare Instanz des Sprechens gebunden. Gerade die Körperbilder, die das Geschehen im Vorsymbolischen verankern, verhindern eine Identifizierung von Gotteswort und prophetischer

---

15 Vgl. Hardmeier 2007.

16 Nicht von ungefähr umfasst die Wortbedeutung von *dabar* [דבר] ebenso „Wort" wie „Geschehen". Vgl. Preuß 1992, 80.

17 Vgl. Wagner 1997, 300–302.

18 Vgl. Artaud 1979, 95–107.

19 Dazu Nussbaum 2003.

Rede, die den Propheten als vermittelnde Instanz aufheben würde. Das Prophetenwort erscheint als Produkt eines Wort-Ereignisses[20], einer Begegnung, die sich in der Subjektivität des Körperlich-Materialen ereignet und die erst zum intersubjektiv zugänglichen Text werden muss. Auf der Ebene des Textes wohnt so dem gegebenen Gotteswort als Prophetenwort eine Entzogenheit inne, die auf die Instanz des Propheten verweist und ihn als „verus auctor“[21], als menschlichen Urheber des Gesagten kenntlich macht. „Wahrer Autor“ ist er freilich nicht im Sinne eines sich seiner selbst präsenten und über die Bedeutung gebietenden Autors, dessen Tod Barthes wirkmächtig verkündet hatte.[22] Er ist es aber in der Weise, in der Barthes das Subjekt gerade nicht verabschiedet hat: als sprechendes bzw. schreibendes Ich, in dem fremde Worte – Gottes, der Kultur – zusammenlaufen und das sprechend/schreibend auf seiner Ich-Instanz beharrt.

Darin bleibt die Prophetenberufung als Szenerie eines Ursprungs der prophetischen Rede innerhalb des Textes nicht ohne Rückwirkungen auf das Verstehen des Gesamtbuches. Auch dieses wird vorgestellt als begründet durch ein Wortereignis, die Erfahrung eines körperlichen Subjekts, das auf das Ereignis reagiert und dessen Reaktion im Buch zur Darstellung gebracht wird. Darin weist das Prophetenbuch über sich selbst hinaus: auf ein Text-Außen, ein körperliches Subjekt, in dem sich das Ankommen des Wortes Gottes vollzieht und dessen Erfahrung der Text nicht einzuholen vermag. Demgegenüber eignet dem Text etwas nachträgliches und gleichzeitig vorläufiges. Insofern das Prophetenbuch den Anspruch erhebt „Wort Gottes“ zur Darstellung zu bringen und dieses als subjektgebunden vorstellt, findet dieser Anspruch seine Verwirklichung erst dort, wo er ein (textvermitteltes) Wort-Ereignis auszulösen vermag – im körperlichen, lesenden Subjekt.

2. Vom Text zum Körper – mystische Lesepraxis

In der christlichen Tradition gewinnt die Relation von Text und konkretem Körper eine neue Konzentration. Das sich neu konstituierende Christentum erwächst aus der Bindung an einen historischen Körper, an den im Bekenntnis als Christus identifizierten Jesus von Nazareth, mit dem nach christlicher Überzeugung Gott in einer vorher und nachher nicht erreichten Qualität dem Menschen nahegekommen ist. Diesem Körper ist gleichzeitig der Verlust eingeschrieben –

20 Vgl. Preuß 1992, 80.

21 Mit diesem Terminus bezeichnet das Zweite Vatikanische Konzil in der Offenbarungskonstitution „Dei verbum“ (11) die von Gott erwählten, inspirierten und mit der Überlieferung des Gotteswortes beauftragten Hagiographen, die als menschliche Urheber neben Gott als den initiierenden Urheber treten.

22 Vgl. Barthes 2009, 185–193.

Christus, der Gekreuzigte und Auferstandene, ist nicht mehr da. Die Abwesenheit des Christuskörpers bezeichnet Michel de Certeau als ein „Gründungsverschwinden“, dessen Konsequenz eine kulturelle Produktivität ist: „In der christlichen Tradition ruft ein uranfänglicher Mangel an Körper unaufhörlich Institutionen und Diskurse hervor, die die Wirkungen und Substitute dieser Abwesenheit sind: kirchliche Körper, doktrinelle Körper usw.“[23] Auch die kanonischen Texte des Christentums, die der Bibel Israels in ihrer spezifisch christlichen Lesart sowie die des Neuen Testaments, sind dergestalt „Wirkung und Substitute“ des abwesenden Christus-Körpers. Es sind Sakramente in dem allgemeinen Sinn, wie ihn Hugo von St. Viktor, der große mittelalterliche Theologe aus dem Chorherrenstift bei Paris, festgehalten hat: Sie bezeichnen diesen historischen Körper und stellen gleichzeitig eine (personal gedachte) Verbindung zu ihm her.[24] Dabei ist diese sakramentale Qualität nicht auf die kanonischen Texte beschränkt. „Heiltum“ *(sacramentum)* sind nach Hugo alle Texte, die eine Beziehung zu Christus, zu Gott befördern, einschließlich die von ihm selbst verfassten.

Im 12. Jahrhundert, in dem Hugo von St. Viktor schreibt, verbinden sich die in den Texten der monastischen Pädagogik begegnenden Reflexionen ihres sakramentalen Charakters mit einer verstärkten Körpermetaphorik. Diese schreibt dem Text eine Form der Körperlichkeit ein, die einhergeht mit einer Praxis der Rezeption, welche auf (körperliche) Erfahrungen abzielt, die der Einzelne textvermittelt machen soll. Diese Lesepraxis steht im kulturgeschichtlichen Umfeld einer Konzentration auf das Individuum, die für das 12. Jahrhundert als charakteristisch beschrieben wurde.[25] Sie reagiert auf eine Verlusterfahrung: Nach und nach schwindet der Glaube an ein prinzipiell platonisch gedachtes Universum, in dem alles Irdische als Zeichen des Himmlischen gelesen werden konnte. In diesem symbolischen Universum hatte auch der Mensch in seiner körperlichen Existenz einen festen Ort. Er ist Teil des „Buchs der Natur“ (Konrad von Megenberg), in dem die Glieder des menschlichen Körpers nach dem Plan der ganzen Welt gebaut sind.[26] Hildegard von Bingen beschreibt in *De operatione Dei* diese traditionelle Zeichenrelation als Auslegung einer ihrer Bildvisionen.

> Mitten im Bau der Welt steht der Mensch, denn er ist mächtiger als die übrigen Geschöpfe, die in ihr leben, zwar von Gestalt klein, aber groß durch die Kraft seiner Seele. Seinen Kopf richtet er nach oben, seine Füße nach unten und bewegt so die oberen und unteren

23 Certeau 2010, 127f.

24 In diesem allgemeinen Sinn betitelt Hugo mit De sacramentis seine zentrale, systematisch-theologische Schrift, in der er Schöpfungs- und Erlösungswerk darlegt, wobei die Heiligen Schriften sowie die Schriften, die diese auslegen, Teil des Erlösungswerks sind. Zum Textverständnis bei Hugo von St. Viktor vgl. Illich 1991; Kutzer 2016.

25 Vgl. Morris 1972; Gurjewitsch 1994; zur Problematisierung: Bynum 1982, 82–109.

26 Konrad von Megenberg, Das ‚Buch der Natur‘ I.0: „Got beſchůf den menſchen an dem ſehſten tag nach andern creaturn vnd hat in beſchaffen alſo, daz ſeins weſens ſtuk vnd ſeins leibes glider ſint geſetzet nach dem ſatz der gantzen werlt, [...].“

> Elemente. Ebenso durchdringt er sie mir den Werken, die er mir seiner rechten und linken Hand bewirkt, weil er in den Kräften seines inneren Menschen diese Macht zu wirken hat. Wie nämlich der Leib des Menschen sein Herz an Größe übertrifft, so übertreffen auch die Kräfte der Seele den Leib des Menschen mit ihrer Kraft. Und wie das Herz des Menschen in seinem Leib verborgen ist, so ist auch sein Leib von den Kräften der Seele umgeben; denn sie erstrecken sich über den ganzen Erdkreis. Aber auch im Wissen Gottes hat der gläubige Mensch sein Dasein und er wendet sich in geistlichen und weltlichen Bedürfnissen an Gott.[27]

Der Körper ist hier eine Art Text, prinzipiell lesbar für alle, die ihre durch den Glauben erleuchtete Vernunft in richtiger Weise benutzen bzw. sich dazu anleiten lassen, und als Zeichen ebenso wertvoll wie wertlos zugleich.[28] Diese Zeichenhaftigkeit bezieht sich auf den Menschen als Gattung: Der Einzelne ist im Allgemeinen aufgehoben.

Mit dem Zusammenbruch dieser Zeichenrelation[29] wird die Situation des Menschen in seiner Körperlichkeit zunehmend fragil. Wo der Körper selbst die Lesart als Zeichen verliert, rückt seine andere traditionelle Rolle, Einfallstor der Sünde zu sein, in den Vordergrund und lässt den Menschen, nun als Einzelnen, um sein Seelenheil bangen. Die monastische Pädagogik der Zeit reagiert auf die aus dem Zusammenbruch dieser Zeichenrelation resultierende metaphysische Unsicherheit durch die Konzentration auf das Individuum, das seine Seele bilden, den als Widerpart begriffenen Körper kontrollieren und sich auf die Reise zu Gott machen soll.[30] Diese Seelenbildung geschieht nicht zuletzt anhand von biblischen wie weiteren theologischen Texten, wobei in der Theologie der Zeit die spätere Trennung von scholastischem/wissenschaftlichem und mystischem/spirituellem Textgenre noch nicht vollzogen ist. Entsprechend ihrer Absicht zielen die Leseanleitungen dieser Texte nicht allein auf kognitive Aneignung, sondern – in unterschiedlicher Intensität – auf eine affektive Inanspruchnahme der Rezipierenden, die bis in die tiefen Schichten der Subjektivität vordringt und den Einzelnen zu verwandeln sucht. Die genannte Häufung von Körperbildern kommt hier zum einen durch die Parallelisierung des Textes mit dem Christus-Körper ins Spiel, zum andern durch die Rezeption des Hohelieds, das wie kaum ein anderes biblisches Buch menschliche Körper – die der Liebenden, auf die sich das Begehren des jeweils anderen richtet – ins Zentrum stellt.

Kardinales Beispiel für solche Leseanleitungen sind die Hoheliedpredigten Bernhards von Clairvaux. Der Zisterzienser gilt als derjenige, der für das 12. Jahrhundert die allegorische Übertragung der Liebenden des Hohelieds auf die Begegnung der Seele mit Christus, mit Gott etabliert hat.[31] Bernhard selbst verfasst

---

27 Hildegard von Bingen, Das Buch vom Wirken Gottes 2,15.

28 Zur Ambivalenz der Zeichenhaftigkeit der Welt bei Hugo von St. Viktor vgl. Schlette 1961.

29 Zum 12. Jahrhundert als Jahrhundert des Übergangs vgl. Chenu 1957.

30 Zur Seelenbildung vermittels Lektüre vgl. van't Spijker 2004.

31 Vgl. Dinzelbacher 1998, 177–178.

ab 1136 über Jahre hinweg 86 „Lesepredigten“[32], in denen er angefangen von Hoh 1,1 bis hin zu 3,1 nacheinander die einzelnen Verse kommentiert. Instruktiv für das Textverständnis ist insbesondere die zweite Predigt. Die Hoheliedlektüre zielt auf die Begegnung mit Christus als Ziel des Begehrens:

> Sehr oft denke ich an das sehnsuchtsvolle Verlangen der Väter, die danach seufzten, Christus im Fleisch (in carne) gegenwärtig zu sehen; jedesmal empfinde ich dann Schmerz und Erschütterung in meinem Herzen. [...] Die heiße Sehnsucht jener Väter und den Geist frommer Erwartung scheint mir also jenes Wort zu atmen: ‚Er küsse mich mit dem Kuß seines Mundes.‘ (Hoh 1,1) Ohne Zweifel hatte jeder, der damals vom Geist erfüllt sein konnte, in seinem Geist gespürt, welch große Anmut über jene Lippen ausgegossen sein würde (Ps 44,3); darum redet er in der Sehnsucht seines Herzens und spricht: ‚Er küsse mich mit dem Kuß seines Mundes‘, denn gewiß wünschte er mit allen Fasern, daß ihm der Genuß einer solchen Süße nicht vorenthalten werde.[33]

Eine Sehnsucht der Väter nach dem abwesenden Christus, und zwar dezidiert nach dem Inkarnierten, dem Christus-Körper *(in carne)* wird hier, ausgehend von Hoh 1,1, in den Bildern körperlicher Erotik zum Ausdruck gebracht. Den Vers „Er küsse mich mit dem Kuß seines Mundes“ liest Bernhard als körpermotivisch-sinnbildliche Darstellung der Sehnsucht der Väter nach dem Christus-Körper, eines seelischen Begehrens, das aber nicht allein geistig, sondern „mit allen Fasern“ *(omnimodis cupiens)* verspürt wird.

Wie im prophetischen Text ist es auch hier der Seufzer, diesmal als Ausdruck des Verlangens, der als Äußerung an der Grenze von Körper und Sprache den Text mit den vorsprachlichen Dynamiken des Individuums verbindet. Überhaupt schafft die erotische Körpermotivik eine spezielle Art des Realitätsbezugs. Bernhard sieht das Hohelied von vornherein als Ausdruck von Gottesliebe, nämlich derjenigen König Salomos, der traditionell als Autor des Textes angesehen wurde und der nach Bernhard seinem Affekt in den Bildern körperlicher Erotik Form gegeben hat.[34] Im Text, der wesentlich als Ausdruck des Affekts gelesen wird, tritt damit das *etwas* sagen, seine Inhaltlichkeit, zurück zugunsten des Aktes der Äußerung in seiner Bindung an das äußernde Subjekt. Damit verlagert sich aber auch die „Wahrheit“ des Textes. Diese besteht nicht in einer Inhaltlichkeit, die einfach wiederholbar wäre. „Wahr“ ist der Text nur als affektiver Ausdruck des Einzelnen aufgrund einer identifizierenden Aneignung, die wiederum ins Vorsprachliche hineinreicht und auf das Begehren als subjektkonstituierende Dynamik zielt. Bernhard formuliert als Ziel der Lektüre, sich mit der Position der Braut ebenso wie mit derjenigen Salomos zu identifizieren, so dass der über den Text entwickelte Affekt zu seinem Ausdruck wiederum der Motive körperlicher Erotik bedarf: Gemeinsam mit dem vermittelnden Prediger sollen die

---

32 Ruh 1990, 252.

33 Bernhard von Clairvaux, Sermones super cantica canticorum 2,2.

34 Vgl. Sermones super cantica canticorum 1,7–8. Vgl. auch Kutzer 2016.

Rezipierenden dieselbe sehnsuchtsvolle Äußerung tun können wie Salomo bzw. wie die Braut des Hohelieds.[35]

Dabei lässt sich die Körpermotivik auch als Konsequenz von Bernhards Anthropologie wie Christologie begreifen. Für den Zisterzienser ist der Körper des Menschen wesentliches Movens der Individuation. In seiner konkreten Bedürftigkeit – nach Nahrung, Ruhe, Pflege, Sexualität – bindet er den Menschen ebenso ans Irdische wie an sich selbst und ist so Kontrapart eines geistigen Begehrens, in dem sich der Mensch ausstreckt auf Fülle, sein Selbst loslässt und sich mit Gott in der *unio mystica* vereinigt. Allerdings sind körperliches Bedürfnis und geistiges Begehren in der irdischen Existenz des Menschen nicht voneinander trennbar: Der Körper heizt das seelische Begehren ebenso an, wie das Begehren das körperliche Bedürfnis maßlos werden lässt. Ineinander verquickt ermöglicht beides, so Julia Kristeva in ihrer an Lacans Psychoanalyse orientierten Bernhard-Deutung, Leben und Lebendigkeit.[36] Für Bernhard freilich ist gerade diese Verquickung das Problem und führt bei ihm zu einem in rigider Askese geführten Kampf gegen den eigenen Körper.

Nichtsdestotrotz ist aufgrund dieser unüberwindlichen Vermischung der Körper in allen Akten der Gottesliebe mit von der Partie. Bernhard geht so weit zu sagen, dass jegliche Gottesliebe bei einem fleischlichen Begehren *(amor carnalis)* beginnt – einer mit den Bedürfnissen des Körpers in Verbindung stehenden Selbstliebe, die nicht gänzlich zurückgelassen werden kann.[37] „Indessen, weil wir Fleisch sind und aus dem Verlangen des Fleisches hervorgehen, muß notwendigerweise unsere Liebe vom Fleisch ihren Ausgang nehmen."[38] Dieser Notwendigkeit, beim Fleische anzufangen, kommt Gott wiederum in Christus entgegen, der als der Inkarnierte dem Menschen im Fleisch begegnet.

> Dies war, wie ich glaube, für den unsichtbaren Gott ein besonderer Grund dafür, daß er im Fleisch gesehen werden und als Mensch mit den Menschen verkehren wollte. Damit wollte er zuerst alle Neigungen der im Fleisch Lebenden, die nur fleischlich lieben konnten, auf die heilbringende Liebe zu seinem Fleisch hinführen und sie so stufenweise auf die geistige Liebe hinlenken.[39]

35 Vgl. Sermones super cantica canticorum 3,1.

36 Vgl. Kristeva 1989, 145–165.

37 Darin interpretiert Bernhard das Zueinander von *caritas* und *concupiscentia* anders als der Mainstream der augustinischen Tradition, die sich wesentlich auf die Gegenüberstellung in *De doctrina christiana* I bezieht. Demgemäß richtet sich ein neutrales Begehren (*amor/ appetitus*) in der falschen Konkupisenz auf Irdisches. In der *caritas* dagegen strebt der *amor* nach dem richtigen Ziel, nämlich nach Gott. Bernhard dagegen bringt jegliches Begehren mit der (körperindizierten) Selbstbezüglichkeit in Verbindung, die im Irdischen nicht gänzlich überwunden werden kann, weshalb die *caritas* immer von der *concupiscentia* bzw. dem *amor carnalis* durchzogen bleibt.

38 Bernhard von Clairvaux, De diligendo deo 39: „Verumtamen, quia carnales sumus et de carnis concupiscentia nascimur, necesse est cupiditas vel amor noster a carne incipiat[.]"

39 Sermones super cantica canticorum 20,6.

Entsprechend docken nach Bernhard nun auch die biblischen Texte als wesentliche Medien der Christusbegegnung am *amor carnalis*, dem fleischlichen Begehren an. Dem fleischlichen Christus entspricht der fleischliche Schriftsinn, der seinerseits den Affekt evoziert.

Bernhard beschreibt dies in der ersten der Hoheliedpredigten wiederum mit Bildern, in denen er Körper – Christuskörper, Textkörper, eucharistischen Körper – ineinanderschiebt und die Textbegegnung als körperlich-sakramentale inszeniert:[40] Der Text des Hohelieds ist „feste Nahrung" für die bereits geistlich Gesinnten und in der Seelenbildung Fortgeschrittenen. Gleich dem eucharistischen Brot muss er „gebrochen", vom Prediger interpretiert werden, und wie beim Verzehr desselben ist auch bei der Textlektüre der Herr anwesend, wobei der den Text auslegende Prediger in die Funktion des das Brot brechenden Priesters rückt:

> So bereitet eure Kehle nicht für Milch, sondern für Brot. Brot wird uns bei Salomo gereicht, und dieses Brot ist in der Tat ausgezeichnet und schmackhaft [...]. Aber wer wird es brechen? Siehe, der Gastgeber ist hier: erkennt den Herrn am Brotbrechen! Wer sonst wäre dazu berufen? Ich jedenfalls möchte mir dies nicht unüberlegt anmaßen. Seht mich an, aber nicht mit den Augen der Erwartung, denn auch ich bin einer von den Erwartenden, auch ich bettle mit euch um die Speise meiner Seele, die Nahrung des Geistes. [...] Die Kindlein verlangen nach Brot, und niemand ist da, der es ihnen bricht; von deiner Güte wird es erhofft. Brich, o Gütiger, den Hungernden dein Brot, freilich mit meinen Händen, wenn du mich für würdig hältst, jedoch mit deiner Kraft.[41]

Der als Nahrung vorgestellte Text bezieht die Textbegegnung auf den Hunger der Hörenden/Lesenden, die in diesem körperlichen Bedürfnis als Individuen in den Fokus rücken. Die Aufnahme ist „ausgezeichnet und schmackhaft" und befriedigt nicht allein das Bedürfnis, sondern weckt über den Genuss das Begehren, wobei hier die Bildebene des Brotes mit der ihrerseits genussvollen Körpererotik des Hohelieds korreliert. Bernhard schreibt an anderer Stelle:

> Gewiss eine erfreuliche Rede, die mit einem Kuß beginnt! Die gleichsam schmeichelnde Anmut der Schrift verlockt und reizt trotz der Mühe leicht zur Lektüre, so daß es den Genuß gewährt, ihre verborgenen Geheimnisse aufzuspüren, denn wo die Süße der Sprache uns bezaubert, macht uns wohl auch die Schwierigkeit eines tieferen Eindringens nicht zu schaffen.[42]

Wie schon im prophetischen Text weist die Süße der Schrift auch hier in Richtung der Barthes'schen *jouissance*, einer das Selbst erschütternden und dynamisierenden Wollust. Der Einverleibung auf der bildlich-materialen Ebene entspricht auf der tropologischen Ebene die Vereinigung mit Christus, mit Gott als dem letzten Ziel der Lektüre. Damit findet der Text sein Ziel, seine „Heiligkeit",

---

40 Vgl. Rinke 2006, 54–66.

41 Sermones super cantica canticorum 1,1–4.

42 Sermones super cantica canticorum 1,5.

nicht in einem darin absolut zu setzenden Inhalt, sondern in der durch ihn angestoßenen Heiligung der rezipierenden Subjekte. Die Rezeption zielt auf eine Prozessualisierung des Subjekts, das vermittelt über den Text sein Selbst loslassen soll, was bei Bernhard bist an die Nichtung des Subjekts in der (textvermittelten) *unio mystica* reicht.[43] Der ideale Leser ist ein „toter" Leser, der sich dem Text/dem Anderen/Gott ganz hingegeben hat. Wo er sich nach der wollüstigen Lektüre als körperliches Individuum wiederfindet,[44] als ein Ich, das – wie Bernhard – seinerseits spricht, schreibt, predigt, bleibt er „auf dem Weg".

3. Frauenkörper

Diese Inanspruchnahme des Körpers durch die Lektüre in der monastischen Pädagogik lässt das Individuum hervortreten, ohne dass dies zunächst eine Wertschätzung desselben bedeuten würde.[45] Die Texte dienen der Modellierung des Selbst, um dieses auf einen Weg zu führen, der als strikt allgemeiner gedacht ist und gerade dazu dient, *singularitas* (Einzelheit) und *proprietas* (Eigentümlichkeit)[46] zu überwinden. Das Ich in seiner Individualität findet keine Anerkennung. Doch lässt sich in der mystischen Tradition des hohen Mittelalters und der frühen Neuzeit eine Dynamik erkennen, die mit dem Appell an das Individuum auch das individuelle Subjekt in den Vordergrund treten lässt. Es ist die individuell gemachte mystische Erfahrung, die ein Schreiben begründet und in den Texten ein Interesse daran erkennen lässt, die Autorschaft eben diesem Individuum zuzuschreiben.

Insbesondere für das Schreiben von Frauen kommt wiederum dem Körper an der Schnittstelle von Text und Subjekt eine zentrale Rolle zu. Diese erwächst aus einer prekären Situation. Traditionell wird den Frauen gerade aufgrund ihres im Vergleich zum Mann als mangelhaft vorgestellten Körpers eine inferiore Position zugeschrieben. Der einflussreichen Position Augustinus' folgend gilt zwar bei Mann wie Frau die Seele als Gott ebenbildlich und damit gleichwertig geschaffen. Doch der Frauenkörper ist gegenüber dem Männerkörper minderwertig, was auch die geistigen Kräfte in Mitleidenschaft zieht.[47] Die Seele der Frau vermag sich die körperlichen Triebkräfte weniger gut zu unterwerfen, als dies der Seele des Mannes zugesprochen wird. Entsprechend galten Frauen aufgrund der „Schöpfungsordnung" bis weit ins 20. Jahrhundert hinein als intellektuell eingeschränkt, moralisch wankelmütig sowie spirituell nachrangig. In der

---

43 Vgl. De diligendo deo 39.
44 Vgl. Barthes 1974, 22.
45 Vgl. Bynum 1982.
46 Vgl. De diligendo deo 34.
47 Vgl. Ladner 2003, 37–62; Beinert 1987, 51–76.

Konsequenz waren sie ausgeschlossen von den Systemen des Wissens. Entsprechend ist das theologische Schreiben von Frauen eine Seltenheit und bedurfte der gesonderten Legitimation.

Paradoxer Weise ist es dabei gerade der als inferior qualifizierte Frauenkörper, dem hier eine besondere Rolle zuwächst. Entscheidend sind dabei zwei Aspekte. Der erste: Die körperindizierte Niedrigkeit des weiblichen Geschlechts kann im Einzelfall zur Autoritätsbegründung herangezogen werden. Erkennbar ist dies in dem Mechthild von Magdeburg zugeschriebenen *Das fließende Licht der Gottheit*, ein dem 13. Jahrhundert entstammendes frühes Zeugnis deutschsprachiger Mystik, und seiner Rezeptionsgeschichte. Die Textgenese vollzieht sich in einem Ineinander von volksprachlicher und lateinischer Fassung, wobei die volkssprachliche (ursprünglich mittelniederdeutsche, dann ins Allemannische übertragene) Schrift mehrere Redaktionsstufen aufweist. Die Autorschaft ist entsprechend komplex und im Einzelnen nicht zu klären. Erkennbar aber ist ein sich über die verschiedenen Textfassungen hinweg verstärkendes Interesse, die Autorschaft der im Text genannten „swester Mehthild“ zuzuschreiben und eine namentlich nennbare, weibliche Autorin als Referenzpunkt seiner Autorität darzustellen.[48] Dabei wird im Text gerade ihre Geschlechtlichkeit, ihr Dasein als Frau, autoritätsbegründend:

> The disqualification of gender becomes itself a qualification. Exactly because she lacks masculine and clerical authority, Mechthild sees herself as denuded, base, suffering in union with the suffering Christ, and yet also as a purged channel by which God may speak to others.[49]

Dass Christus sich in Inkarnation und Passion mit den Niedrigen identifiziert hat, eröffnet der qua Körper in der Geschlechterhierarchie subordinierten Frau einen unmittelbareren Zugang zu Christus. Die Körperrelation stützt so die Wahrheit des Textes. Gleichzeitig erfährt hier auch Mechthild als schreibendes Individuum eine neue Form der Wertschätzung. Zwar schildern die Begegnungen der Seele mit dem göttlichen Bräutigam im *Fließenden Licht* nach wie vor einen generellen Weg, den die Rezipierenden einschlagen sollen. Dennoch wird dieser allgemeine Weg mit dem einer individuellen Person referenziert und suggeriert so, dass die berühmten erotischen Szenen, die die Begegnung der Seele mit Gott ausdrücken wollen, sich persönlich-biographischem Erleben verdanken. Gleichzeitig löst sich die Textproduktion noch in stärkerem Maße als die des 12. Jahrhunderts von den biblischen Prätexten. Obgleich nach wie vor an diese gebunden und mit zahlreichen Anklängen versehen, geben die Texte des *Fließenden Lichts* auf, Kommentare von Bibelversen zu sein, und entwerfen in den Figuren

---

48 Vgl. Nemes 2010, 309–380.

49 Bynum 1982, 242. Vgl. auch Heimbach-Steins 1989, bes. 167f.

der zeitgleichen höfischen Dichtung durchaus eigene Szenerien, was den Charakter des persönlich Erlebten unterstreicht.[50]

Von Interesse sind wiederum die Figurierungen von Körperlichkeit: Bemerkenswerter Weise enthalten die Darstellungen des mystischen Brautgemachs als dem traditionellen Bildort der *unio mystica* keine Bilder totaler Vereinigung oder Nichtung der Seele. Selbst in der höchsten Intimität scheinen die Körper von Braut und Bräutigam getrennt.[51] Der Weg der Seele endet auch nicht in der Umarmung Gottes, sondern das *Fließende Licht* enthält – analog sowohl zum Hohelied wie auch dem höfischen Tagelied – eine Bewegung von je neuen Vereinigungen und Trennungen, von denen der berühmte Durchgang durch die Gottesfremdheit[52] in der irdischen Situation der Abwesenheit mündet. Am Ende begehrt die Seele immer noch Gott, hat sich aber davon befreit, ihn haben zu wollen. In dieser Situation muss sie – im Unterschied etwa zu Bernhard – nicht mehr danach trachten, ihre irdische Existenz und die Bedürfnisse des Körpers zu überwinden, sondern mit den Ambiguitäten leib-seelischer Existenz leben. Sich im Text verhalten abzeichnende Wertschätzungen von Individualität und Körperlichkeit gehen so miteinander einher.

Der zweite Aspekt: Der Frauenkörper wird zum objektiv-sichtbaren Signifikanten eines inneren (mystischen) Erlebens. Seine Somatismen (Stigmata, Krankheit, unwillkürliche Regungen, Schmerz) beglaubigen wiederum die Schriften, die als diesem Erleben geschuldet vorgestellt werden.[53] Für Teresa vom Ávila als Vertreterin der spanischen Mystik des 16. Jahrhunderts ist hier die berühmte Schilderung aus ihrer Vida bezeichnend, die Berninis berühmte Frontalskulptur in Santa Maria della Vittoria (Rom) in Szene setzt:

> Ich sah in seinen [des Engels] Händen einen langen goldenen Pfeil, und an der Spitze dieses Eisens schien ein wenig Feuer zu züngeln. Mir war, als stieße er es mir einige Male ins Herz, und als würde es mir bis in die Eingeweide vordringen. Als er es herauszog, war mir, als würde er sie mit herausreißen und mich ganz und gar brennend vor starker Gottesliebe zurücklassen. Der Schmerz war so stark, dass er mich diese Klagen ausstoßen ließ, aber zugleich ist die Zärtlichkeit, die dieser ungemein große Schmerz bei mir auslöst, so überwältigend, dass noch nicht einmal der Wunsch hochkommt, er möge vergehen, noch dass sich die Seele mit weniger als Gott begnügt. Es ist dies kein leiblicher, sondern ein geistiger Schmerz, auch wenn der Leib durchaus Anteil daran hat, und sogar ziemlich viel. Es ist eine so zärtliche Liebkosung, die sich hier zwischen der Seele und Gott ereignet, dass ich ihn in seiner Güte bitte, es den verkosten zu lassen, der denkt, ich würde lügen.[54]

---

50 Gisela Vollmann-Profe spricht von einem „persönlichen Erfahrungsstil" und einem „autobiographischen Interesse" als Charakteristika des Textes, was keine lebensweltliche Relationierbarkeit, sondern eine literarische Konzeptualisierung persönlicher Erfahrung meint. Vgl. Vollmann-Profe 2000, 154.

51 Vgl. Stadler 2001, bes. 145. Stadler zeigt dies insbesondere anhand des berühmten 44. Kapitels des ersten Buches.

52 Vgl. Mechthild von Magdeburg, Das fließende Licht der Gottheit IV,12.

53 Vgl. Certeau 2010, 11–15.

54 Teresa von Avila, Das Buch meines Lebens 29,13.

Die Bildsprache von Text wie Skulptur sind sehr klar. Der an Amor erinnernde Engel verwundet mit seinem goldenen Pfeil und ruft so ein erotisches Begehren hervor, das in dem Ineinander von Schmerz und Genuss wiederum ins Vorsprachliche reicht und eine Erschütterung des Subjekts anzeigt. Obwohl auch bei Teresa diese Erfahrung spirituell gedacht ist, wirkt sie auf den Körper, der hier einmal mehr als Realitätsverstärker wirkt – denn der Schmerz ist ebenso subjektgebunden wie unabweisbar.

Michel de Certeau hat diese Konzentration auf eine Erotik, die ins körperliche Empfinden hineinreicht, als Reaktion auf die Abwesenheitserfahrung infolge des Zusammenbruchs des mittelalterlichen Kosmosdenkens beschrieben – eine Dynamik, die wie oben gesehen bereits im 12. Jahrhundert in der monastischen Pädagogik erkennbar ist. Die Texte figurieren einen Übergang von der Präsenz zur Absenz, vom Glauben in eine Erotik, vom objektiven Inhalt ins subjektive Empfinden und bilden darin sowohl eine Gegenströmung zur Scholastik an den Universitäten als auch zu den Dynamiken neuzeitlicher Technisierung. In diesem Übergang nimmt die Annäherung an Gott physische Formen an.

> Sie drückt sich aus in unleserlichen Botschaften auf einem Körper, der sich in ein von Liebesschmerzen gezeichnetes Emblem oder Memorial verwandelt hat. Das Wort der Sprache bleibt außerhalb dieses geschriebenen, aber unleserlichen Körpers, für den künftig ein erotischer Diskurs nach Wörtern und Bildern sucht.[55]

Teresas Erfahrung ist nicht als Wortübergabe gezeichnet, keine Übernahme eines fremden Symbolischen. Das Wort ist wahrhaft Fleisch geworden: Die Begegnung mit Christus zeigt sich im affektiven Begehren, in den Regungen des Körpers als einem Jenseits des Sprachlichen. Der Ort der Sprache, des Schreibens muss von diesem Jenseits aus erst gefunden werden.

Im Prolog zur *Seelenburg*, diesem Hauptwerk der neuzeitlichen Mystik, steckt Teresa diesen Ort des Sprechens/Schreibens ab:

> Wenige Dinge, die mir der Gehorsam geboten hat, sind mir so schwergefallen wie jetzt die Aufgabe, über das Gebet zu schreiben. Einmal, weil ich nicht den Eindruck habe, daß der Herr mir dazu Geist oder Lust verlieh; und zum anderen, weil ich schon seit drei Monaten ein solches Dröhnen und eine solche Schwäche im Kopfe fühle, daß ich selbst die unumgänglichen Schreibarbeiten nur mühsam erledigen kann. Doch da ich weiß, daß die Kraft des Gehorsams Dinge zu bewältigen pflegt, die unüberwindlich erscheinen, so entschließt sich der Wille, es gern und mit herzlichem Eifer zu tun, auch wenn es der Natur hart anzukommen scheint. [...] Wenn der Herr mir auch dies nicht gewähren sollte, so wird es mir dennoch ein Gewinn sein, um des Gehorsams willen mich abzumühen und meine Kopfschmerzen zu mehren, selbst wenn meine Worte zu gar nichts nütze wären.[56]

Der Text wird dem Körper abgerungen. Ihr Wille, ihr Gehorsam gegenüber einem Befehl, der ebenso von Gott wie von den Klerikern kommt, die Teresa mit dem Schreiben beauftragen, verstärkt die körperliche Schwäche. Der Schmerz

---

55 Certeau 2010, 14.

56 Teresa von Avila, Die innere Burg, Vorwort.

des Körpers ist Begleiterscheinung des Gehorsams, der „objektive" Beleg einer Regung im Inneren als Reaktion auf den von außen kommenden Schreibbefehl, den Certeau analog setzt zu Berninis Pfeil. Der weibliche Körper „bietet sich seinem Adressaten dar als Teresas erste Schrift. Hier ist mein auf deinen Wunsch geschriebener/verwundeter Körper."[57]

Dieser auf den Körper „geschriebene" Text ist ein keiner Weise mehr objektiver Inhalt, und auch die Überführung des Körper-Textes ins Schreiben, in das Buch ist es nicht. Das Produkt des schwachen Körpers ist seinerseits schwach, gründet in einem Nichtwissen – was zu sagen? Damit beginnt Teresa das auf den Prolog folgende 1. Kapitel. Ihr fällt nicht ein, was sie sagen soll, wie sie mit dem Erfüllen des Gehorsamsauftrags beginnen kann. Was sie dann schreibt, ist kein „Wissen", sondern eine Fiktion – der Entwurf einer Burg, die den weiblichen Leserinnen, den von Teresa als Adressatinnen genannten Mitschwestern, nicht als Inhalt, sondern als Erfahrungsraum dienen soll. Die Ringmauer der Burg ist der Körper, den man – welch Neubewertung des Frauenkörpers – nicht hinter sich lassen soll. Innerhalb der Burg vermag die Seele durch die verschiedenen Räume zu wandern, in denen sie die Spuren eines Anderen, des göttlichen Bräutigams findet, der vermittelt über den Text als der Fremde in ihr eigenes eintritt, wo er im Grunde schon immer war.

4. Das Wort ist Fleisch geworden ...

Damit lassen sich am Ende die Funktionen der Körpermotivik in der Frage nach der Autorisierung als „heilig" verstandener Texte einkreisen. „Heilig" – dies gilt im nichtkanonischen Sinne auch für die Texte der christlichen Mystik, insofern sie für die sie entsprechend Rezipierenden die sakramentale Funktion wahrnehmen, eine Verbindung zum Göttlichen herzustellen. Allein diese Formulierung zeigt freilich schon an: Der Text trägt diese sakramentale Funktion, seine „Heiligkeit" nicht in sich selbst. Um diese zu erweisen bzw. zu vollziehen, ist er angewiesen auf ein Text-Außen, auf die (im Text imaginierten) Subjekte der Textproduktion und -rezeption.

In den Berufungs- bzw. Schreibszenen wie auch in den Leseanweisungen unterstreicht die Körpermotivik diese Bindung an reale, geschichtliche Subjekte und verhindert als „Realitätsverstärker" die Auflösung des durch das Prophetenwort übermittelten Gottesworts in den Text – sei er verstanden als „objektives" Wort oder als „bloßer" Diskurs. Das Prophetenbuch *ist* nicht ohne die Erfahrung des Propheten, der als textbegründende Instanz im Text erscheint. Der mystische Text referenziert auf Mechthild und auf Teresa in deren je individu-

[57] Certeau 2010, 311.

eller (Körper)Erfahrung, und es ist allein die Mystikerin, die die Verbindung zwischen Körpertext und Textkörper herstellt. Schließlich gibt es keine „Heiligkeit" der Texte abseits der konkreten, geschichtlichen Lesenden, die sich das Wort einverleiben und ihre Körper – wieder in der Funktion des beglaubigenden Realitätsverstärkers – in Anspruch nehmen und das Wort so „Fleisch werden" lassen. Die Körpermotivik der monastischen Pädagogik zielt auf eine affektive Dynamisierung des Subjekts, dessen körperlich-erotische Reaktion wiederum Autorisierungsfunktion hat – dafür, dass der Text *richtig* gelesen wurde, mithin heiliger Text nicht einfach *ist*, sondern es *wird* im Prozess der subjektiven Aneignung.

Dabei geht die Funktion als „Realitätsverstärker" einher mit der Markierung einer Entzogenheit: Die Erfahrung, an die die „Heiligkeit" des Textes gebunden ist, reicht hinein in das Vorsprachliche, in die emotiv-körperlichen Dynamiken der Subjektkonstitution. Sie entspringt nicht der Selbstgewissheit eines sprechenden/schreibenden Autors und trifft auf keinen Leser, der einem Text*inhalt* kognitiv distanzierend gegenübersteht. Das Wort, das einverleibt wird, steht an der Grenze von Körper und Sprache – in Form von Seufzern und Weherufen auf der Buchrolle Ezechiels, als erotische Sprache der Liebe im Hohelied, als der Pfeil des Engels, der auf Teresas Körper „schreibt". Es bezeichnet eine Fremdheit, das Ankommen eines Anderen im Subjekt, das sich selbst erst fremd werden, seinem alten Leben sterben muss (vgl. Röm 6,1–10). Erst aus dieser „Todeserfahrung" heraus entsteht das Schreiben des prophetischen, des mystischen Ich als eines „untoten Autors".

In dieser Bindung an den Körper der Autor_inneninstanz gewinnen die Texte selber ihre Körperlichkeit, was hier letztlich ein anderes Wort ist für Poetizität: Das Schweigen Ezechiels, das Nichtwissen der Teresa markieren den Bruch zwischen subjektiv-körperlicher Erfahrung und dem Text. Dieser Bruch unterstreicht das konstruktive Moment der Texte insgesamt, was bis zur plakativen Fiktionalität der Seelenburg reicht. Seinen Sinn, seine „Heiligkeit" findet der Text damit nicht oder wenigstens nicht primär in einer abbildenden Referenzialität, sondern in der Wirkung, die er bei den Rezipierenden auszulösen vermag. Darin ist der Text seinerseits (erotischer) Körper. Auf ihn richtet sich das wiederum in die Dynamiken des Körpers reichende Begehren der Lesenden, dir ihrerseits riskieren, sich selbst fremd zu werden und den Tod, diesmal des Lesers, zu sterben – um neues Leben zu ermöglichen.

Abbildung 1: The Universal Man, Liber Divinorum Operum, Hildegard von Bingen, 1165, Bildrechte: unbekannt/Public Domain.

Abbildung 2: Die Verzückung der Heiligen Theresa (Gian Lorenzo Bernini), © Dnalor 01 (https://commons.wikimedia.org/w/index.php?curid_82976204);

Literatur

Artaud, Antonin (1979): Das Theater der Grausamkeit (Erstes Manifest), in: Ders. (Hg.): Das Theater und sein Double, Frankfurt a. M.

Barthes, Roland (1974): Die Lust am Text, Frankfurt a. M.

Barthes, Roland (2009): Der Tod des Autors, in: Jannidis, Fotis u. a. (Hg.): Texte zur Theorie der Autorschaft, Stuttgart, 185–193.

Beinert, Wolfgang (1987): Theologie und kirchliches Frauenbild, in: Ders. (Hg.): Frauenbefreiung und Kirche. Darstellung – Analyse – Dokumentation, Regensburg, 51–76.

Bernhard von Clairvaux (1990): De diligendo deo. Über die Gottesliebe (Sämtliche Werke lateinisch/deutsch I), hg. v. Gerhard B. Winkler, Innsbruck, 73–151.

Bernhard von Clairvaux (1994): Sermones super cantica canticorum. Predigten über das Hohe Lied 1.–38. Predigt (Sämtliche Werke lateinisch/deutsch V), hg. v. Gerhard B. Winkler, Innsbruck.

Bernhard von Clairvaux (1995): Sermones super cantica canticorum. Predigten über das Hohe Lied. 39.–86. Predigt (Sämtliche Werke lateinisch/deutsch VI), hg. v. Gerhard B. Winkler, Innsbruck.

Bynum, Caroline Walker (1982): Jesus as Mother. Studies in the Spirituality of the High Middle Ages (Publications of the Center for Medieval and Renaissance Studies 16), Berkeley u. a.

Chenu, Marie-Dominique (1957): La théologie au douzième siècle (Études de philosophie médiévale 45), Paris.

Certeau, Michel de (2010): Mystische Fabel. 16. bis 17. Jahrhundert, Berlin.

Dinzelbacher, Peter (1998): Bernhard von Clairvaux. Leben und Werk des berühmten Zisterziensers, Darmstadt.

Greenberg, Moshe (2001): Ezechiel 1–20 (Herders Theologischer Kommentar zum Alten Testament), Freiburg i. Br.
Gurjewitsch, Aaron J. (1994): Das Individuum im europäischen Mittelalter (Europa bauen), München.
Hardmeier, Christof (2007): Art. Totenklage (AT), in: Alkier, Stefan u. a. (Hg.): Das wissenschaftliche Bibellexikon im Internet (www.wibilex.de), Zugriff am 15.02.2021.
Heimbach-Steins, Marianne (1989): „Der ungelehrte Mund" als Autorität. Mystische Erfahrung als Quelle kirchlich-prophetischer Rede im Werk Mechthilds von Magdeburg (Mystik in Geschichte und Gegenwart, Abteilung 1, Christliche Mystik 6), Stuttgart.
Hildegard von Bingen (^{2}2013): Das Buch vom Wirken Gottes. *Liber divinorum operum*, hg. v. Abtei St. Hildegard, Rüdesheim/Eibingen, übers. v. Mechthild Heieck, Beuron.
Hugo von Sankt Viktor (2010): Über die Heiltümer des christlichen Glaubens (Übersetzung von Petre Knauer SJ, Einleitung, Apparate, Bibliographie und Register von Rainer Berndt SJ), Aschendorff.
Illich, Ivan (1991): Im Weinberg des Textes. Als das Schriftbild der Moderne entstand (Ein Kommentar zu Hugos „Didascalicon". Aus dem Englischen von Ylva Eriksson-Kuchenbuch), Frankfurt a. M.
Janowski, Bernd (2019): Anthropologie des Alten Testaments. Grundfragen – Kontexte – Themenfelder, Tübingen.
Konrad von Megenberg (2003): Das ‚Buch der Natur'. Band II. Kritischer Text nach den Handschriften, hg. v. Luff, Robert / Steer, Georg (Texte und Textgeschichte 54), Tübingen 2003.
Kristeva, Julia (1978): Die Revolution der poetischen Sprache, Frankfurt a. M.
Kristeva, Julia (1989): Geschichten von der Liebe, Frankfurt a. M.
Kutzer, Mirja (2006): In Wahrheit erfunden. Dichtung als Ort theologischer Erkenntnis (ratio fidei 30), Regensburg.
Kutzer, Mirja (2016): Die Lust am heiligen Text. Textpraktiken und Subjektpositionen bei Hugo von St. Viktor und Bernhard von Clairvaux, in: Müllner, Ilse / Klumbies, Paul-Gerhard (Hg.): Bibel und Kultur. Das Buch der Bücher in Literatur, Musik und Film, Leipzig, 79–99.
Ladner, Gertraud (2003): FrauenKörper in Theologie und Philosophie. Feministisch-Theologische Zugänge (Theologische Frauenforschung in Europa 11), Münster u. a.
Mauz, Andreas (2016): Machtworte. Studien zur Poetik des ‚heiligen Textes' (Hermeneutische Untersuchungen zur Theologie 70), Tübingen 2016.
Mechthild von Magdeburg (1995): Das fließende Licht der Gottheit. Zweite, neubearbeitete Übersetzung mit Einführung und Kommentar von Margot Schmidt (Mystik in Geschichte und Gegenwart, Abteilung I, Christliche Mystik 11), Stuttgart/Bad Cannstadt.
Morris, Colin (1972): The Discovery of the Individual 1050–1200, Toronto u. a.
Nemes, Balázs J. (2010): Von der Schrift zum Buch – vom Ich zum Autor. Zur Text- und Autorkonstitution in Überlieferung und Rezeption des „Fließenden Lichts der Gottheit" Mechthilds von Magdeburg (Biblioteca Germanica 55), Tübingen/Basel.
Nussbaum, Martha (2003): Upheavals of Thought. The Intelligence of Emotions, Cambridge.
Preuß, Horst Dietrich (1992): Theologie des Alten Testaments, Bd. 2: Israels Weg mit JHWH, Stuttgart u. a.
Ricœur, Paul (1974): Philosophische und theologische Hermeneutik, in: Ders. / Jüngel, Eberhard (Hg.): Metapher. Zur Hermeneutik religiöser Sprache. Mit einer Einführung von Pierre Gisel, München, 24–45.
Ricœur, Paul (1981): Gott nennen, in: Casper, Bernhard (Hg.): Gott nennen. Phänomenologische Zugänge, Freiburg i. Br./München, 45–79.
Ricœur, Paul (2008): Hermeneutik der Idee der Offenbarung, in: Ders. (Hg.): An den Grenzen der Hermeneutik. Philosophische Reflexionen über die Religion, Freiburg i. Br./München, 41–83.
Rinke, Stefanie (2006): Das „Genießen Gottes". Medialität und Geschlechtercodierungen bei Bernhard von Clairvaux und Hildegard von Bingen (Berliner Kulturwissenschaft 3), Freiburg i. Br. u. a.
Ruh, Ulrich (1990): Geschichte der abendländischen Mystik, Bd. 1: Die Grundlegung durch die Kirchenväter und die Mönchstheologie des 12. Jahrhunderts, München.
Schlette, Heinz Robert (1961): Die Nichtigkeit der Welt. Der philosophische Horizont von St. Viktor, München.

Stadler, Helena (2001): Konfrontation und Nachfolge. Die metaphorische und narrative Ausgestaltung der „unio mystica" im „Fliessenden Licht der Gottheit" von Mechthild von Magdeburg (Deutsche Literatur von den Anfängen bis 1700 35), Bern u. a.

Sütterlin, Nicole A. (2018): Untod des Autors. Poststrukturalistisches Erzählen in den 1990er Jahren, in: Endres, Martin / Herrmann, Leonhard (Hg.): Strukturalismus heute. Brüche, Spuren, Kontinuitäten (Abhandlungen zur Literaturwissenschaft), Stuttgart, 189–209.

Teresa von Avila (1979): Die innere Burg, hg. u. übers. v. Fritz Vogelsang (Diogenes Taschenbuch 20643), Zürich.

Teresa von Ávila (2020): Das Buch meines Lebens. Herausgegeben, übersetzt und eingeleitet von Ulrich Dobhan und Elisabeth Peeters, Freiburg i. Br. u. a.

van't Spijker, Ineke (2004): Fictions of the inner life. Religious literature and formation of the self in the eleventh and twelfth centuries (Disputatio 4), Turnhout.

Vollmann-Profe, Gisela (2000): Mechthild von Magdeburg – deutsch und lateinisch, in: Haug, Walter / Schneider-Lastin, Wolfram (Hg.): Deutsche Mystik im abendländischen Zusammenhang. Neu erschlossene Texte, neue methodische Ansätze, neue theoretische Konzepte. Kolloquium Kloster Fischingen 1998, Tübingen.

Wagner, Andreas (1997): Sprechakte und Sprechaktanalyse im Alten Testament. Untersuchungen im biblischen Hebräisch an der Nahtstelle zwischen Handlungsebene und Grammatik (Beihefte zur Zeitschrift für die alttestamentliche Wissenschaft 253), Berlin/New York.

Zenger, Erich / Frevel, Christian ([9]2016): Eigenart und Bedeutung der Prophetie Israels, in: Frevel, Christian (Hg.): Einleitung in das Alte Testament, Stuttgart, 513–525.

Zimmerli, Walther (1954): Die Eigenart der prophetischen Rede bei Ezechiel. Ein Beitrag an Hand von Ez 14 1-11, in: Zeitschrift für die alttestamentliche Wissenschaft 66, 1–26.

Zweites Vatikanisches Konzil (1965): Dogmatische Konstitution über die göttliche Offenbarung „Dei Verbum" vom 18. November 1965, Zugriff am 15.02.2021 http://www.vatican.va/archive/hist_councils/ii_vatican_council/documents/vat-ii_const_19651118_dei-verbum_ge.html

Heilige Texte in religiöser Vermittlung

Bruno Landthaler

Der Soziologe Hartmut Rosa hat in seinem Werk *Resonanz. Eine Soziologie der Weltbeziehung* Religion als „die Grunderfahrung der Weltbeziehung überhaupt“[1] beschrieben. Dabei will er analysieren, „auf welche Weise Religion und religiöse Sehnsucht im Leben (spät-)moderner Menschen eine Rolle spielen – und warum sie, entgegen den modernisierungstheoretisch inspirierten Säkularisierungstheorien [...], aus diesem Leben und aus der Gesellschaft offenbar nicht zu verschwinden gedenken“[2]. Weil es Rosa um die „Weltbeziehung“ des modernen Menschen geht, sieht er sowohl in Friedrich Schleiermacher als auch in Martin Buber Gewährsleute für eine Religionsbeschreibung, die diese resonante Relation zur Welt zum Ausdruck bringt. In dieser Beschreibung spielen allerdings heilige Schriften kaum eine wesentliche Rolle. Um es mit Begriffen Rosas zu formulieren: Heilige Schriften eröffnen für den Gläubigen keine resonante Weltbeziehung.

Das ist kein neuer Befund. Schon der Religionsdiskurs, der sich in der Aufklärungsphilosophie von der kirchlichen Dogmatik abheben musste, formulierte einen Religionsbegriff bar jeder heiligen Schrift. Aufgeklärte Religion war aus der Vernunft geboren und nicht einem Konvolut zeitlicher Texte ausgesetzt, die zunehmend einer historischen Kritik unterworfen wurden und schon deshalb nicht dem Wahrheitsdiktum jener Zeit entsprechen konnten.[3] So vollzog der jüdische Philosoph Moses Mendelssohn eine deutliche Trennung: Während die Religionsphilosophie den Gottesglauben und die Unsterblichkeit der Seele begründen konnte, waren die Offenbarungsdokumente des Judentums Grundlage für das jüdische Ritualgesetz und in dieser Hinsicht weder vernunftbegründet noch universal:

> Die Israeliten haben göttliche *Gesetzgebung*, Gesetze, Gebote [...], um zur zeitlichen und ewigen Glückseligkeit zu gelangen; dergleichen [...] Vorschriften sind ihnen durch Mosen auf eine [...] übernatürliche Weise geoffenbaret worden, aber keine Lehrmeinungen, keine Heilswahrheiten, keine allgemeinen Vernunftsätze. Diese offenbaret der Ewige uns, wie allen übrigen Menschen, allezeit durch *Natur* und *Sache*, nie durch *Wort* und *Schriftzeichen*.[4]

Diese kritische Haltung zu heiligen Schriften hat allerdings selbst christliche Wurzeln. Ausgerechnet im Protestantismus wird die Unmittelbarkeit einer

---

1 Rosa ^{2}2017, 436.

2 Ebd.

3 Vgl. Kant ^{2}1978, 187.

4 Mendelssohn 2005, 90; Hervorhebungen im Original.

Geisterfahrung oft einer vermittelten, also medialen Leseerfahrung vorgezogen. Hier hat der paulinische Ausspruch aus 2 Kor 3,6, dass der Buchstabe töte und nur der Geist lebendig mache, seine Fortsetzung gefunden und dient immer wieder zur Begründung einer Skepsis dem Geschriebenen gegenüber. Dies hat vor Kurzem der Theologe Ingolf Dalferth breit ausbuchstabiert:

> Die Reformationsbewegung des 16. Jahrhunderts stritt für die Freiheit des Glaubens von kirchlicher Bevormundung. Sie beriefen sich dabei auf die Anfänge und das Wesen des christlichen Glaubens, wie sie die Schrift bezeugt. Aber von Anfang an stand die befreiende Orientierung an der Schrift in Gefahr, zu einer gesetzlichen Ausrichtung an der Bibel zu werden. An die Stelle des *sola scriptura* des freien Evangeliumsglaubens trat zunehmend das *tota biblia* einer beengenden Gesetzesfrömmigkeit. Die Orientierung am Geist des Evangeliums verkehrte sich zur Ausrichtung am Buchstaben der Bibel mit weitreichenden fundamentalistischen Folgen. Ein Hauptgrund für diese Verirrungen des Protestantismus in der Moderne ist die unkritische Gleichsetzung von Schrift und Bibel.[5]

Auch hier hört man die Skepsis gegenüber der Textlichkeit von Religion heraus, die das „wirkende Wort Gottes“ nicht auf eine Schrift zu fixieren oder einzuschränken bereit ist.

Angesichts dieses breiten Befundes zur Irrelevanz heiliger Schriften in den Religionen stellt sich die Frage, ob heilige Schriften überhaupt einen Anspruch erheben können, Wesentliches für die religiöse Vermittlung beitragen zu können. Zumindest religionspädagogisch ist dies durchaus eine gewichtige Frage, die in ihrer Beantwortung nicht immer ganz eindeutig ausgefallen ist. So ist gerade heute die subjektorientierte Grundlegung des Religionsunterrichts, in dem die subjektive Erfahrung des Schülers, der Schülerin den didaktischen Ausgang bildet, immer wieder eine bestimmende Richtung.[6] In neuerer Zeit hat sich hier vor allem die konstruktivistische Religionspädagogik stark positioniert und für Diskussionen gesorgt.[7]

Wie es scheint, ist die Entdeckung anderer Religionen, insbesondere von Judentum und Islam, in der Lage, hier andere Akzente zu setzen.[8] Denn es ist zu vermuten, dass die Wahrnehmung religiöser Pluralität in den sozialen schulischen Umfeldern zu einer Neujustierung der religionspädagogischen Valenz heiliger Schriften führen kann. So ist die „Trialogische Religionspädagogik“, wie sie Georg Langenhorst[9] entwickelt hat, eben auch sehr stark an der Tatsache interessiert, dass alle drei „abrahamitischen“ Religionen Buchreligionen sind.

---

5 Dalferth 2018, 117; Hervorhebungen im Original.

6 Vgl. Kunstmann 2004, 275–278; Bahr 2005; Grümme 2018, 16.

7 Vgl. Mendl 2005; Domsgen 2019, 154–160.

8 Bereits Schweitzer (2007), bemerkte, dass der Konstruktivismus in der Religionspädagogik für eine Bibeldidaktik problematisch werden kann. Vgl. auch Stimpfle 2013, wo sehr deutlich wird, dass die Bibel allenfalls in ihrer Idee, nicht in ihrer Textlichkeit wahrgenommen wird.

9 Langenhorst 2016.

Nicht zufällig werden den jüdischen und muslimischen Pendants zur Kinderbibel, Kindertora und Kinderkoran, ein so großes Gewicht beigemessen, dass sie als „neue Chancen für (inter-)religiöses Lernen“[10] begriffen werden und ins Blickfeld der religionspädagogischen Forschung rücken.

Auch eine „Toradidaktik“, wie sie Bernd Schröder[11] gefordert hat, kann darauf hinweisen, dass gerade der unterschiedliche Blick auf die Bibel nicht nur bereichernd sein, sondern auch eine angemessene religionsdidaktische Reaktion auf die religiöse Pluralität darstellen kann. Religionspädagogik im Kontext des interreligiösen Dialogs ermöglicht m. a. W., die einzelnen religiösen Traditionen mit ihren verschiedenen Leseerfahrungen in den Mittelpunkt eines Religionsunterrichtes zu stellen und damit der faktischen religiösen Pluralität gerecht zu werden. Eine interreligiös orientierte Religionspädagogik nimmt die verschiedenen Traditionen mit je eigens konstituierten Leseerfahrungen wahr. Dementsprechend möchte ich diese neueren Ansätze einer christlichen Religionspädagogik aufgreifen und aus jüdischer Perspektive weitere Aspekte hinzufügen, die ausgehend von der Textlichkeit von Religion eine Neubestimmung religiöser Vermittlung ermöglichen können. Zuvor soll zunächst geklärt werden, was Textlichkeit im Judentum überhaupt bedeutet.

1. Vom Kult zum Buch

Das Judentum musste eine tiefgreifende Erfahrung des Verlusts von Tempel und Land verarbeiten, die nur mit dem Rückgriff auf einen Text (die Bibel) möglich wurde, da gerade in diesem die Textlichkeit religiöser Vollzüge bereits vorweggenommen war. Bereits zu biblischen Zeiten ist der erste Jerusalemer Tempel von Nebukadnezar II. um 586 v. d. Z. zerstört worden, und eine erste Exilerfahrung bestand darin, religiöse Vollzüge ohne ein Zentralheiligtum zu begründen.[12] Diese Verlusterfahrung wiederholte sich, als der herodianische Tempel 70 n. d. Z. von den Römern zerstört und das Land als eine staatliche Entität endgültig aufgelöst wurde.[13] Damit wurde aber nicht nur ein Heiligtum zerstört, sondern die altisraelitische Religion als Kultreligion zu ihrem Ende gebracht, da kultische Handlungen nicht mehr möglich waren. Alles religiöse Handeln und Denken um den Tempel – auch die Präsenz Gottes – wurden ihrer Grundlage beraubt. Allerdings zeugt die Bibel bereits davon, dass diese altisraelitische Kultreligion nicht unangefochten war und bereits ein Weiterdenken über den Kult hinaus

---

10 So der Untertitel von Langenhorst / Naurath 2017.

11 Schröder 2015.

12 Zu historischen Fragestellungen vgl. Ben-Sasson ^{6}2017, 155–205; Frevel 2016, 270–277.

13 Vgl. Ben-Sasson ^{6}2017, 295–373; Frevel 2016, 369–377.

ermöglichte. Denn die Kultreligion war eigentlich nur bei den Vorderen Propheten vorausgesetzt. Sie wurde in der Tora in die Vorzeit refiktionalisiert, in den Hinteren Propheten grundständig kritisiert oder, wie bei Ezechiel, in eine Zukunft transzendiert. Mit anderen Worten: Die schriftliche Fixierung von Religion war der Praxis von Religion weit voraus, und gleichzeitig in seinem Kult immer wieder idealisiertes Zentrum.[14]

Für die Entwicklung des Judentums nach 70 n. d. Z. war diese biblische Grundlage, sofern sie schon schriftlich fixiert war, entscheidend. Denn bereits in der Bibel – vor allem in der Tora – war der Kult ins Zentrum gerückt und dadurch mit einer textlichen Entität substituierbar. Ging es noch in der alten Religion um Kulthandlungen, so war es nun möglich, nur noch vom Kult zu lesen und die Schrift selbst zu ritualisieren. Die Bezugsgröße war nicht mehr ein heiliger Bau, sondern ein heiliges Buch. Dies war die intellektuelle Leistung des rabbinischen Judentums, genau diese Substituierung grundgelegt zu haben.[15] Nur mit der Textlichkeit der Religion war es möglich, einen Kult als objektivierte Größe darstellen zu können und ihn dadurch in eine abgeschlossene Vergangenheit zu verfrachten, ohne ihn zu vergessen: Man trägt ihn ja als Schrift immer bei sich.[16]

2. Textlichkeit im Text

Diese Innovation hin zur Textlichkeit wäre den Rabbinen kaum möglich gewesen, wenn es hierfür nicht schon Ansätze in der Bibel gegeben hätte. Es bietet sich deshalb an, einen Schritt weiter zurückzugehen und zu analysieren, wie religiös motivierte Textlichkeit bereits in der Schrift selbst, insbesondere in der Tora, verankert ist. Wir wollen das an nur zwei Beispielen aufzeigen.

Beginnen wir bei der großen Offenbarungsszene am Berg Sinai in Par. Jitro (Ex 19,1–20,26), in der zum ersten Mal das Zehnwort formuliert wird.[17] Hier steht das Medium mündlicher Sprache noch im Mittelpunkt. In Ex 19,5–8 geht es ausschließlich um *Worte*, die *geredet* werden sollen, um *rufen, antworten* und immer wieder um *Worte.*[18]

14 Vgl. Liss 2010.

15 Zur rabbinischen Hermeneutik vgl. Langer 2016, 39–94.

16 Leipziger 2019, 370–401 hat die Transformation von der Bibel zur rabbinischen Literatur genau nachgezeichnet.

17 Für einzelexegetische Beobachtungen vgl. Dohmen 2004.

18 Vgl. ebd., 55.

Aber diese Mündlichkeit, die nur zwischen Gott und Mosche direkt möglich ist, mündet am Ende der Szenerie in den lapidaren Satz:

> Und er [Gott] übergab Moscheh, wie er geendet mit ihm zu reden auf dem Berg Sinaj, die beiden Tafeln des Zeugnisses, Tafeln aus Stein, beschrieben durch Gottes Finger. (Ex 31,18)

War die Mündlichkeit noch ein komplexes kommunikatives Handlungsspiel zwischen Gott, Mosche und Jisrael, bei dem Mosche als Vermittler zwischen Gott und dem Volk fungierte, so wird die Kommunikation nun in einen Text überführt: Gott hat seine Rede beendet und übergibt einen Text auf steinernen Tafeln.

Damit hat der Text zwar die Komplexität der mündlichen Kommunikation mit Gott beseitigt, gleichzeitig aber ein neues generiert: Text benötigt immer Artifizielles, weil er eines Materials bedarf, auf das er geschrieben wird. Wo Gott und Artefakt zusammenkommen, ist aber der Götze nicht weit. Deshalb mündet die Offenbarungsszene, die die steinernen Tafeln zum Ergebnis hatte, in der Geschichte des Goldenen Kalbes (Ex 32,1–25), um den Unterschied zum Götzen deutlich herauszustreichen.

Tafeln und Kalb sind zwar Artefakte. Auch die Tafeln wurden von Mosche behauen. Beide beanspruchen, eine göttliche Sphäre zu generieren. Aber während das Kalb nur auf sich selbst verweisen kann – es ist ein aus Gold fabriziertes Kalb – so tragen die Tafeln den Verweis in (bzw. auf) sich selbst: Sie sind beschrieben und verweisen schon von daher nicht auf sich selbst, sondern auf das Geschriebene und damit auf Inhalte, von denen eine göttliche Herkünftigkeit behauptet wird. Die Steintafeln selbst weisen weder in Form noch in Ästhetik über sich hinaus, sondern haben allein den Zweck, Textträger zu sein. Es ist gerade das Eigentümliche von Text, dass er stets über sich selbst hinaus verweist und eine Realität schafft, die nicht einfach mit dem Artefakt selbst identisch ist. Damit haben die Redaktoren deutlich gemacht, wie die göttliche Sphäre der beiden Tafeln gegen alle Götzen behauptet werden kann. Es ist die Schrift selbst, die das Götzenhafte eines geschaffenen Kultobjektes überwindet.

Konsequenterweise endet Exodus damit, wie Mosche die (zweiten) Tafeln in die Bundeslade legt (Ex 40,20). Damit erhält der ansonsten wort- und schriftlose Kult gerade im Text das eigentliche Zentrum, auch wenn genau dieser Text offensichtlich keine andere Funktion hat, denn als objektives Zeugnis (*ed*) für den Bund zwischen Gott und Jisrael zu dienen.[19] Es wird hier nirgendwo von einer von den Tafeln ausgehenden Lesepraxis berichtet. Damit hat der Text der Tora den Kult gerade in seiner Beschreibung bereits in Ansätzen überwunden, weil er Textlichkeit dort einträgt, wo von der Sache her ein ritualisiertes, kultisches Tun zu erwarten ist.

---

[19] Gertz 2016, 191 weist auf die altorientalischen Gepflogenheiten hin, dass Verträge bei den „Vertragspartnern“ hinterlegt werden sollen.

3. Der Leseakt

Das Buch Deuteronomium verschärft diesen Gedanken der Textlichkeit als religiöses Element weiter. Zunächst wird auch hier Sprache in ihrer Mündlichkeit in den Vordergrund gestellt, insofern die großen Reden Mosches an sein Volk eine direkte Kommunikation ermöglichen. Auch der Bundesschluss (Dtn 29,9–14) ist ein formaler mündlicher Akt, in den alle einzelnen Jisraeliten eingebunden werden.[20]

Da in Dtn die Situation erzählt wird, dass Mosche das Volk nicht mehr in das Land begleiten können wird, geht es gerade darum, die Zukunft des Volkes im Land zu sichern. Dies ist das durchgehende Movens, weshalb Mosche noch einmal so eindringlich auf das Volk einredet und von ihm fordert, all die dargelegten Gesetze einzuhalten. Um genau diese Zukunft im versprochenen Land zu sichern – so der Erzählduktus –, ist nun aber die Mündlichkeit der Rede nicht genug, da sie ja vergessen werden kann.[21] Nun wird es notwendig, alle eben ausgesprochenen Gesetze auch bis ins Einzelne aufzuschreiben, wie dies Dtn 31,9 hervorhebt.[22] Aber nicht nur dies. Die folgenden Verse (Dtn 31,10–13) initiieren einen Leseakt, der die Tora nicht einfach bei den Steintafeln sein lässt, sondern sie in einem siebenjährigen Rhythmus vor das Volk bringt und damit die Existenz des Volkes sichern soll.

War der Text auf den steinernen Tafeln in Exodus noch eher ein Zeugnis dafür, was einstmalen am Berg Sinai geschehen ist, also ein geschichtlicher Rückhalt, so erhält hier der Text die Funktion, die Zukunft des Volkes im neuen Land zu sichern. Durch den Text wird das, worauf das Volk verpflichtet werden soll, in die Zukunft getragen und durch das wiederholte Lesen an Sukkot (am Laubhüttenfest) alle sieben Jahre präsent gesetzt. Dass in diesen Leseakt explizit auch die Kinder eingebunden werden, weist darauf hin, wie zukunftsorientiert der Text verstanden wird. Text überdauert die Existenz einzelner Individuen und entfaltet auch in künftigen Generationen seine Relevanz für das Leben des Volkes. Dieses Prinzip der auch künftigen Gegenwärtigsetzung des Textes haben unsere Rabbinen in schöner Weise zusammengefasst:

> Mosche empfing Tora vom Sinai und übergab sie Jehoschua. Jehoschua den Ältesten, die Ältesten den Propheten, und die Propheten übergaben sie den Männern der großen Synagoge. (Pirke Avot 1,1)

Neben dieser überzeitlichen Funktion kommt aber ein Weiteres dazu: Es findet eine Interaktion zwischen Text und jedem Einzelnen des Volkes statt, so dass der

---

20 Vgl. hierzu Otto 2012, 271.

21 Otto 2012, 269, spricht hier von der Auflösung der Ambivalenz durch Verschriftlichung.

22 Vgl. Otto 2017, 2111–2114. Otto sieht die Verschriftlichung als „Reaktion auf die Katastrophe“ (ebd., 2111) der Tempelzerstörung.

Text selbst nicht einfach ein religiöses Objekt neben anderen ist, sondern zur lebensweltlichen Grundlage für jeden Einzelnen werden soll („Bruderethik"). Es ist interessant zu beobachten, wie sehr Dtn darum bemüht ist, das Individuum innerhalb des Volkes in den Blick zu nehmen: Der Träger des Gesetzes ist nicht ein Kollektiv (Volk) oder eine Elite, sondern eben jeder einzelne Jisraelit innerhalb dieses Kollektivs. Es sind die Einzelnen, die Verantwortung für die Gesetze – von den rein religiösen oder kultischen bis hin zu den sozialen – übernehmen. In Dtn wurde offensichtlich die Erfahrung eingeschrieben, dass staatliche Entitäten keinen Garant für die Grundsicherung religiös-sozialen Lebens darstellen, sondern dass es der Einzelne ist, der als Subjekt der Religion Geltung verschaffen muss.[23]

Damit hat Dtn eine religiöse Textlichkeit verfasst, die ganz im Zentrum des Volkes stehen soll. Entsprechend positioniert es den Text der Tora direkt neben den Aron ha-Qodesch, die Bundeslade, wie Dtn 31,24–27 deutlich machen.[24] Auch wenn der Kult in Dtn eher eine untergeordnete Rolle spielt, so legt dieses Buch den „Sefer Tora" genau in das kultische Zentrum. Nun wird aber der Sefer Tora nicht einfach nur als „Zeuge" (*ed*) dort aufbewahrt, sondern eben auch in einem Leseakt immer wieder vor das Volk gebracht. Dieser Leseakt schiebt sich also an die Stelle des Kultes und bildet eine Mitte, die in den anderen Büchern der Tora noch allein dem Heiligtum zugesprochen wird.[25]

Dass der Leseakt gegenüber dem Kult eine wichtige Rolle einnimmt, zeigt Dtn eindrücklich in der Beschreibung des Königs, der nach Dtn 17,18–20 darauf achten soll, dass er aus einer „Abschrift dieser Unterweisung" (*mischne ha-tora*) die Tora lernen soll, um so ein gelungenes Leben führen zu können.

Die Multiplizität von Textlichkeit unterstreicht diesen Gang hinaus aus dem Heiligtum mitten ins Volk. Denn dadurch wird auch die Unterweisung jedes Einzelnen möglich und notwendig, was gerade im *Schᵉma Jisrael* („Höre Israel" Dtn 6,4–9) deutlich zum Ausdruck kommt. Es geht hier um eine Textlichkeit, die nicht nur einen (lebenslangen) Lernprozess initiiert, sondern Religion im Alltag des Einzelnen ankommen lässt.

---

23 Vgl. Otto 2012, 237.

24 Nach dem talmudischen Traktat Baba Batra (bBB 14a) liegen sowohl eine Torarolle als auch die Steintafeln in der Lade. Damit wird deutlich, dass die gelesene Tora und die Steintafeln eng zusammenzudenken sind. Vgl. auch Otto 2017, 2124–2125.

25 Wenn Otto 2012, 268–274, darauf hinweist, dass Dtn als Auslegung zum Bundesbuch zu verstehen ist, dann ist schon damit die Relevanz von Textlichkeit begründet.

4. Die rabbinische „Mündlichkeit“ der Tora

Dieser Ernst der Textlichkeit, wie er vor allem in Dtn zu erkennen ist, ist letztlich die Grundlage für das rabbinische Judentum, dem die Aufgabe zugefallen war, aus einer altisraelitischen Kultreligion eine intellektuelle Buchreligion zu formen.[26] Gerade der Rückgriff auf den *Sefer Tora*, der dort verankert ist, war eine Möglichkeit, den Kult hinter sich zu lassen und eine Religion zu stabilisieren, die im Wesentlichen auf der Textlichkeit der Überlieferung basiert. Insofern waren die Rabbinen auf die Vernichtung des Kultheiligtums in Jerusalem gut vorbereitet.

Sehen wir uns diesen Vorgang, der sich in Mischna und Talmud (und noch vielen weiteren rabbinischen Schriften) niedergeschlagen hat, genauer an, so fällt auf, dass nun wieder der Begriff der Mündlichkeit auftaucht.[27] Denn alle Ausführungen im weitesten Sinn zur Tora, wie Mischna und Talmud, werden als „mündliche Tora“ (*tora sche-beal-pe*) bezeichnet. Hier kommt – neben der Autoritätsfestigung – zum Ausdruck, dass ein Text an sich noch keine religiöse Realität schaffen kann. Denn während die Textlichkeit der Überlieferung den objektiven Bestand über die Generationen hinaus sichert und dadurch Geschichtlichkeit überhaupt erst ermöglicht, gewährt erst die Mündlichkeit die Textaneignung und damit ein Konkretisieren der „Heiligen Schrift“ im gegenwärtigen religiösen Leben.[28] Die „mündliche Tora“ des rabbinischen Judentums zeigt genau dieses Gegenwärtigsetzen einer verschrifteten Überlieferung auf. Während die Kultvorschriften in der rabbinischen Literatur selbstverständlich noch immer diskutiert werden, als hätten sie nach wie vor Bestand, so rücken immer mehr Vorschriften in den Vordergrund (Schabbat- und Speisegebote), die für das konkrete religiöse Leben der jüdischen Gemeinden elementar werden.

Damit beschreiben die Rabbinen eine Hermeneutik, die das komplexe Zueinander von Textlichkeit und Mündlichkeit bestimmt. Text ohne Vermittlung in die Jetzt-Zeit ist ein toter Text, während Mündlichkeit ohne Text der Subjektivität überlassen wird und dadurch jede Geschichtlichkeit verliert, weil die Generationen keinen gemeinsamen Bezugspunkt mehr haben.

Mit dieser Hermeneutik reflektieren die Rabbinen die Komplexität dieses Übergangs von Textlichkeit zu Lebendigkeit im konkreten religiösen Vollzug. Sie wissen, dass der vorfindliche (heilige) Text eine abgeschlossene Vergangenheit darstellt und daher der aktualisierenden Transformation von kanonischem Text zur lebensweltlichen Wirklichkeit bedarf. Dies haben sie im Begriff

---

26 Ebd., 273 weist darauf hin, dass in der Rechtshermeneutik des Dtn die „Wiege der rabbinischen Schriftauslegung“ zu suchen sei.

27 Zur Mündlichkeit im rabbinischen Judentum vgl. Stemberger ^{9}2011, 43–58; Langer 2016, 40–44.

28 Langer 2016, 56 verweist darauf, dass die auslegenden „Kreationen“ der Rabbinen das Ziel hatten, sie für die „eigene Lebenswelt anwendbar zu machen“.

der Mündlichkeit zum Ausdruck gebracht. Dieser Begriff enthält denn auch nicht nur die Auslegung des Textes im eigentlichen Sinn (Midrasch, Bibelkommentar), sondern darüber hinaus die praktische Religionsausübung der einzelnen jüdischen Gemeinde oder der einzelnen jüdischen Familien.

In diesem Sinn ist die Mündlichkeit der Ausdruck dafür, eine Unmittelbarkeit der religiösen Wirklichkeit herzustellen. Mündlichkeit ist also nicht einfach das rein Gesprochene oder ein sich ereignendes „Wort", sondern grundiert ihre unmittelbare Sprache auf vorgesetzte Textlichkeit.

Dies hat in sehr eindrücklicher Weise Samson R. Hirsch (1808–1888) zum Ausdruck gebracht:

> Dies aber sind die Rechtsordnungen, die du ihnen ausführlich auseinandersetzen sollst. (Ex 21,1)
> *Kommentar Hirsch:* „Es ist damit in der Überschrift dieser Gesetze das Faktum konstatiert, daß die hier folgenden schriftlichen Aufzeichnungen nur kurze, nackte Sätze enthalten, deren genauere Präzision und vollständige Ausführung der mündlichen Überlieferung vorbehalten blieb, wir somit in diesen Sätzen der תורה שבכתב [schriftlichen Tora] nicht schon das Gesetz in seiner Totalität vor uns sehen, wir vielmehr die Vollständigkeit des Gesetzes nur der תורה שבעל פה [mündlichen Tora] zu entnehmen haben [...]."[29]

Hirsch betont in der gegenseitigen Bezogenheit von Textlichkeit und Mündlichkeit besonders die Mündlichkeit, da letztlich nur hier die Offenbarung zum Ausdruck komme.

Auch wenn Hirsch dies gegen die protestantische Bibelkritik formulierte, so kommt hier – mindestens indirekt – ein wesentlicher Aspekt zum Tragen, der gerade die Mündlichkeit in den Blick nimmt: Ein Text gehört grundsätzlich in einen Auslegungskontext, der von einer Auslegungsgemeinschaft hergestellt wird. Mit anderen Worten: Textlichkeit und Mündlichkeit funktionieren nur innerhalb einer Traditionsgemeinschaft, die das Zueinander von Textlichkeit und Mündlichkeit in einer übereinkommenden Weise bestimmt und sich dadurch von anderen Traditionsgemeinschaften, die sich auf dieselben heiligen Texte beziehen können, unterscheidet.

Dieses soziale Moment der Textlichkeit ist entscheidend, da es gleichzeitig die Pluralität des Textverstehens begründet.[30] Die Heilige Schrift der Bibel (Altes Testament) ist also das Fundament des Judentums, bedingt aber gleichzeitig auch andere Textverständnisse, da Auslegungsgemeinschaften immer konkrete, abgegrenzte soziale Bündnisse sind. Dass diese Auslegungsgemeinschaft innerhalb des Judentums zu einer multivalenten Lesart der Grundschriften des Judentums führt und geführt hat, sei nur am Rande erwähnt.

---

29 Hirsch 1996, 222–223.
30 Vgl. Landthaler 2020b.

5. Heilige Schrift als Grundlage religiöser Vermittlung

Religionspädagogisch sind diese Befunde nicht ohne Belang. Denn im Judentum geht es darum, die nachwachsende Generation, wie dies Dtn schon deutlich gemacht hat, in diese Auslegungsgemeinschaft einzuführen, damit die Kinder als künftige Erwachsene zu Trägern dieser Auslegungsgemeinschaft werden können. Damit hat eine jüdische Religionspädagogik mit fünf Elementen zu rechnen:

1. Subjekt des Lernprozesses: individuelle Religiosität in seiner sozialen Beziehung
2. Textlichkeit der Überlieferung: Individuum und Objektivität der Religion
3. Mündlichkeit: Subjektwerden der Textlichkeit
4. Auslegungsgemeinschaft: die soziale Beziehung zum Individuum
5. Gesellschaftlicher Bezugsrahmen: Minderheitenreligion in einer Mehrheitsgesellschaft

5.1 *Subjekt des Lernprozesses: individuelle Religiosität in seiner sozialen Beziehung*

Wie bereits das Dtn sehr deutlich gemacht hat, ist der Einzelne die eigentliche Zielrichtung jeder pädagogischen Arbeit, da nur das Individuum Träger künftiger religiöser Vollzüge sein kann. Dies hat auch rabbinisches Denken vorausgesetzt, weshalb „Lernen" im Judentum eine so zentrale Funktion hat. Damit ist die pädagogische Relation zwischen dem Einzelnen und der religiösen Gruppe benannt. Religionspädagogische Bemühungen zielen nicht allein darauf ab, dass der Einzelne mit der Eröffnung religiöser Dimensionen seine Persönlichkeit bilden oder sein Leben bereichern soll. Bestenfalls wird dies ebenfalls erreicht. Doch dieses persönliche Ziel bleibt in einer jüdischen Religionspädagogik stets eingebettet in der religiösen Herkunftsgemeinschaft, in der der Einzelne verstanden wird. Aus diesem Grund wird in Kerncurricula oder Bildungsplänen für jüdischen Religionsunterricht die Bildung einer „jüdischen Identität" als Ziel des Religionsunterrichtes sehr stark betont.[31] Dies mag christliche Religionspädagogen, die an der Persönlichkeit des einzelnen Schülers, der einzelnen Schülerin und nicht so sehr an deren Konfession orientiert sind, etwas befremden. Doch es fällt mit einer Beobachtung zusammen, die im christlichen Bereich nicht in selber Weise zu machen ist: Jüdische Schüler_innen haben in aller Regel ein sehr deutliches Vorverständnis davon, dass sie jüdisch sind, unabhängig davon, wie religiös sie aufgewachsen sind. Dies liegt am Begriff des „Jüdischen", der mehr

[31] Zur Kritik dieses Begriffs vgl. Landthaler 2020a, 113–114.

beinhaltet als Religion im engeren Sinn und viel damit zu tun hat, welche konkreten Erfahrungen die Vorfahren als Juden oder Jüdinnen machen mussten. Diese familiären Erfahrungen können als Narrative für die irgendwie empfundene *jüdische Identität* bestimmender als der schabbatliche Synagogengottesdienst sein. Aus diesem Grund wird eine jüdische Religionspädagogik stets die eigene Peer Group stärker im Blick haben als eine irgendwie formulierte oder konstruierte individuelle Religiosität in einer säkularen Gesellschaft.

Gleichwohl sollte eine jüdische Religionspädagogik darauf angelegt sein, die Individualität der Schüler_innen in den Mittelpunkt zu stellen. Deshalb sollen sie die Relation zu ihrer eigenen wie immer verstandenen jüdischen Gruppe reflektieren und verantwortet selbst gestalten können. Zu dieser Reflexion und kritischen Observation der eigenen Identität dient die Religion in ihrer Breite als Medium, das inhaltlich orientierte und nicht irgendwie gefühlte Angebote unterbreitet.

5.2 *Textlichkeit der Überlieferung: Individuum und Objektivität der Religion*

Sollen die einzelnen Schüler_innen so gebildet werden, dass sie ihre Relation zu ihrer eigenen jüdischen Gruppe reflektieren und kritisch hinterfragen können, dann ist gerade die Textlichkeit der Überlieferung ein ideales Medium für den Religionsunterricht. Dies hat zunächst mit der Verfasstheit des Judentums zu tun, das sich in den konkreten religiösen Vollzügen ausdifferenziert. Das Judentum ist nicht durch die Frage, wie Gott zu denken sei, sehr plural geworden, sondern wie mit der Tora, mit Talmud und Mischna umgegangen werden soll. Damit bildet die Textlichkeit der jüdischen Religion das, was alle jüdischen Schüler_innen einigen kann: die gemeinsame textliche Basis als objektgewordene Religion.

Textlichkeit hat, neben der gemeinsamen Grundlage, auch den Vorzug, dass mit ihr ganz selbstverständlich eine Fremdheitserfahrung evoziert wird, da der Text der Tora ja selbst eine religiöse Wirklichkeit widerspiegelt, die der eigenen gerade nicht entspricht. Damit können sich Schüler_innen relativ frei zu ihrem eigenen Grundlagentext verhalten bzw. die Relation der eigenen praktizierten oder lediglich gewussten religiösen Praxis und dem eigenen Grundlagentext neu justieren. In der Neuentdeckung dieser Relation hat das religiöse Subjekt die Möglichkeit, sich selbst am Objekt der Texte zu verorten.

5.3 *Mündlichkeit: Subjektwerden der Textlichkeit*

Dies bringt die Mündlichkeit der Textlichkeit ins Spiel: Erst die Anerkennung der Textlichkeit der eigenen Religion macht Schüler_innen für die Erkenntnis sensibel, dass – gerade auch religiöse – Texte einer Auslegung, eines Auslegungskontextes bedürfen, um in irgendeiner Weise gegenwärtig sein zu können. Dies lässt sich an der langen Geschichte des Judentums erkennen, die immer auch eine Geschichte des Ringens mit der textlichen Grundlage des Judentums ist. Hier kommen die vielfältigen jüdischen Literaturen, aber auch die verschiedenen Denominationen, die sich im Laufe der Geschichte des Judentums gebildet haben, zu ihrer Anerkennung und können als die reichhaltige Pluralität des Judentums in den Blick genommen werden. Erst diese Reichhaltigkeit des Judentums ermöglicht es den einzelnen Schüler_innen, sich aktiv als Traditionsträger in diesen Auslegungsprozess einzubringen.[32] Damit hat sich die Frage erübrigt, wie ein jüdischer Religionsunterricht inhaltlich orientiert sein kann, ohne sich denominationell selbst festlegen zu müssen. Es wird damit das Konzept eines Religionsunterrichtes grundgelegt, das die unterschiedlichen jüdischen Traditionen abbilden kann, indem es von der multivalenten Lektüre der Bibel ausgeht und also die Pluralität in der Bibel selbst erkennt.

5.4 *Auslegungsgemeinschaft: die soziale Beziehung zum Individuum*

Gerade die multivalente Lektüre der Bibel macht deutlich, dass Auslegung nicht eine Frage von Richtig oder Falsch ist, sondern in erster Linie eine soziale Zielrichtung hat. Wie mit Text umgegangen wird, bestimmt die religiöse Gruppe, und zwar genau in dieser Doppelung: Die religiöse Gruppe wird von einer bestimmten Art und Weise des Textverstehens und damit – direkt oder indirekt – von der religiösen Lebenspraxis bestimmt und bestimmt selbst wiederum genau dieses Textverstehen. Damit wird für Schüler und Schülerinnen deutlich, dass Religion, auch die jüdische, kein ideologisches System ist, das man für richtig oder falsch halten kann, sondern ein soziales Geflecht eröffnet, in dem religiös agiert wird. Hier können sich Schüler_innen mit ihren eigenen religiösen Lebensvollzügen, wie immer sie davon geprägt sind, einbringen und sie gleichzeitig mit anderen, vielleicht auch gegensätzlichen, konfrontieren, um zu erkennen, dass Judentum nicht eindimensional verstanden werden muss. Hier ist auch

32 Dies setzt ein grundsätzliches Bewusstsein vom „Jüdischsein" voraus. In dieser Hinsicht stehen Schüler_innen nur insofern im Mittelpunkt des Religionsunterrichtes, als sie als Subjekte bereits eine soziale Konnotation erfahren. Anders dagegen Schmitz 2011, 146.

der Ort der Erkenntnis, dass die religiöse Gruppe mit ihrem spezifischen Textverständnis keine feste Größe ist, sondern von den lebenden Akteuren, zu denen sie selbst gehören können, mitbestimmt wird. Schüler_innen, die keine religiöse Präferenz haben und auch nicht daran denken, religiös zu werden, können auf diese Weise mindestens erfahren, dass ihre Gruppe, zu der sie sich grundsätzlich zugehörig fühlen, über das eigene Vorverständnis hinaus eine historische und intellektuelle Voraussetzung hat, vor dessen Hintergrund sie nun als Teil der Gruppe reflektierter agieren können.

5.5 *Gesellschaftlicher Bezugsrahmen: Minderheitenreligion in einer Mehrheitsgesellschaft*

Für jüdische Schüler_innen ist die Erfahrung, eine Minderheit zu sein, selbstverständlich und begleitet sie in der Regel von Jung an, und zwar völlig unabhängig von Antisemitismus- oder Beschneidungsdebatten.

Ein jüdischer Religionsunterricht hat die Aufgabe, diese Minoritätensituation seiner Schüler_innen aktiv zu reflektieren und Minderheitenreligion und Majoritätsgesellschaft immer wieder neu zu bestimmen, um der Gefahr zu entrinnen, eine völlige Binnensicht ohne Außenkontakt zu reproduzieren. Dass die jüdische Schülerschaft nicht in Israel, sondern eben in Deutschland lebt, muss Gegenstand auch einer religiösen Verortung in einer säkularen Gesellschaft sein.[33]

Umgekehrt kann eine solche Verortung deutlich machen, dass auch Minderheitenreligionen für die säkulare Gesellschaft einen Gewinn darstellen können, da die säkulare Gesellschaft nur dann eine wirklich plurale Gesellschaft werden kann, wenn sie auch ihre Minderheitenreligionen in deren Selbstverständnis wahrnimmt. Und dieses Selbstverständnis bringt aus jüdischer Sicht auch den eigenen Bezugsrahmen mit sich: Textlichkeit der Religion. Zwischen Minderheitenreligion und Majoritätsgesellschaft verhandeln nicht nur einzelne Individuen in ihren jeweiligen Befindlichkeiten, vielmehr bringt eine Auslegungsgemeinschaft die eigenen Erfahrungen mit Text und Textlichkeit in den Diskurs ein, und damit eine geschichtliche Dimension, die gerade in einer *Gesellschaft der Singularitäten* (Andreas Reckwitz) langsam verloren zu gehen droht.

Eine säkulare Gesellschaft, die von ihren Minderheitenreligionen erwartet, dass sie sich stromlinienförmig in die Mehrheitsmeinung einpassen und ihre eigenen Schätze verleugnen, fördert keine Pluralität, sondern lediglich verschiedene Ableger ein und derselben Gesinnung und Vorstellung, was Gesellschaft zu sein hat.

Wenn ein Religionsunterricht diese Aufgabe herausstellen und die Schüler_innen darauf vorbereiten kann, an diesem Diskurs von Minderheitenreligion

[33] Vgl. Landthaler 2019.

und Majoritätsgesellschaft verantwortet teilzuhaben, dann könnten jüdische Schüler_innen Teil der Gesellschaft werden, ohne ihr Judentum als Paralleluniversum begreifen zu müssen.

6. Fazit

Religion entspringt nicht der reinen Vernunft. Religion fungiert auch in einer säkularen Gesellschaft als eine Gemeinschaft, die sich in der Geschichte immer wieder zu ihren eigenen heiligen Schriften in Beziehung gesetzt hat. In dieser Hinsicht sind heilige Schriften eine *conditio sine qua non* für gelebte Religion. Dass eine Positionierung zur eigenen heiligen Schrift nicht nur eine historische Dimension, sondern auch die gegenwärtige zu bestimmen hat und deshalb auf Zukunft ausgelegt ist, sollte selbstverständlich sein. Und gerade deshalb sollten heilige Schriften im – jüdischen – Religionsunterricht das Zentrum sein, da nur sie garantieren, dass die gelebte oder erwünschte oder idealisierte Religion ein Korrektiv hat, das immer auch andere Leseerfahrungen zulässt. Pluralität, auch religiöse Pluralität, kann ohne Text nicht ausgehalten werden, da nur der Text es zulässt, immer auch anders verstanden werden zu können.

Literatur

Bahr, Matthias (2005): Religion ereignet sich in der Praxis. Eine religionsdidaktische Sichtung von unterrichtlichen Arbeitsimpulsen, in: Ders. u. a. (Hg.): Subjektwerdung und religiöses Lernen. Für eine Religionspädagogik, die den Menschen ernst nimmt, München, 178–189.

Ben-Sasson, Haim-Hillel ([6]2017): Geschichte des jüdischen Volkes. Von den Anfängen bis zur Gegenwart, München.

Dalferth, Ingolf (2018): Wirkendes Wort. Bibel, Schrift und Evangelium im Leben der Kirche und im Denken der Theologie, Leipzig.

Dohmen, Christoph (2004): Exodus 19–40 (Herders Theologischer Kommentar zum Alten Testament), Freiburg u. a.

Domsgen, Michael (2019): Religionspädagogik (Lehrwerk Evangelische Theologie 8), Leipzig.

Frevel, Christian (2016), Geschichte Israels, Stuttgart.

Gertz, Jan Christian (2016): Mose zerbricht die Tafeln des Bundes am Sinai – Literarhistorisch ausgereizt, aber praxeologisch unterschätzt?, in: Focken, Friedrich-Emmanuel u. a. (Hg.): Metatexte. Erzählungen von schrifttragenden Artefakten in der alttestamentlichen und mittelalterlichen Literatur, Berlin u. a., 177–201.

Grümme, Bernhard (2018): Aufbruch in die Öffentlichkeit? Reflexionen zum ›public turn‹ in der Religionspädagogik, Bielefeld.

Hirsch, Samson R. (1996): Pentateuch. Übersetzt und erklärt, Bd. 2: Exodus, Nachdruck Frankfurt a. M.

Kant, Immanuel ([2]1978): Die Religion innerhalb der Grenzen der bloßen Vernunft, Hamburg.

Kunstmann, Joachim (2004): Religionspädagogik. Eine Einführung, Tübingen u. a.

Landthaler, Bruno (2019): Jüdischer Religionsunterricht und säkulare Gesellschaft, in: Klapheck, Elisa (Hg.): Deutschland braucht jüdischen Religionsunterricht, Berlin, 13–45.
Landthaler, Bruno (2020a): Jüdische Jugend-Bibeln? Religionspädagogische Anmerkungen zu Judentum und Jugend, in: Fricke, Michael u. a. (Hg.): Jugendbibeln - Konzepte, Konkretionen, religionspädagogische Chancen, Freiburg u. a., 105–119.
Landthaler, Bruno (2020b): Tora und die multivalente Lektüre im Judentum, in: Theologie und Glaube 110.1, 4–20.
Langenhorst, Georg (2016): Trialogische Religionspädagogik. Interreligiöses Lernen zwischen Judentum, Christentum und Islam, Freiburg u. a.
Langenhorst, Georg / Naurath, Elisabeth (Hg.) (2017): Kindertora – Kinderbibel – Kinderkoran. Neue Chancen für (inter-)religiöses Lernen, Freiburg u. a.
Langer, Georg (2016): Midrasch, Tübingen.
Leipziger, Jonas (2019): Lesepraktiken im antiken Judentum. Rezeptionsakte – Materialität – Schriftgebrauch, Heidelberg.
Liss, Hanna / Oeming, Manfred (Hg.) (2010), Literary Construction of Identity in the Ancient World, Winona Lake.
Mendelssohn, Moses (2005): Jerusalem oder über religiöse Macht und Judentum, Hamburg.
Mendl, Hans (Hg.) (2005): Konstruktivistische Religionspädagogik. Ein Arbeitsbuch, Münster.
Otto, Eckart (2012): Deuteronomium 1,1–4,43 (Herders Theologischer Kommentar zum Alten Testament), Freiburg u. a.
Otto, Eckart (2017): Deuteronomium 23,16–34,12 (Herders Theologischer Kommentar zum Alten Testament), Freiburg u. a.
Rosa, Hartmut (²2017), Resonanz. Eine Soziologie der Weltbeziehung, Berlin.
Schmitz, Barbara (2011): Von der Fachwissenschaft zur Fachdidaktik dargestellt am Beispiel des Alten Testaments. Bibelhermeneutische Überlegungen, in: Jahrbuch der Religionspädagogik 27, 145–154.
Schröder, Bernd (2015), Toradidaktik, in: Zeitschrift für Pädagogik und Theologie 67, 125–134.
Schweitzer, Friedrich (2007): Wie Kinder und Jugendliche biblische Geschichten konstruieren. Rezeptionsforschung und Konstruktivismus als Herausforderung des Bibelunterrichts, in: Bizer, Christoph u. a. (Hg.): Bibel und Bibeldidaktik, Neukirchen-Vluyn, 200–208.
Stemberger, Günther (⁹2011): Einleitung in Talmud und Midrasch, München.
Stimpfle, Alois (2013), Bibeldidaktik und konstruktivistisches Lernen, in: Zimmermann, Miriam / Zimmermann, Ruben (Hg.): Handbuch Bibeldidaktik, Tübingen, 421–428.

Von der Alltäglichkeit des Heiligen und der Heiligung des Gewöhnlichen. Überlegungen zum biblischen Lernen im Anschluss an Hans Joas

Mirjam Schambeck sf

Dass Jugendliche nicht in der Bibel lesen, kaum an ihr interessiert sind und nur wenige biblische Erzählungen erinnern können, gehört inzwischen zum religionspädagogischen Alltagswissen, auch wenn aktuelle empirische Studien nach wie vor dünn gesät sind.[1] Warum sollte man dann im Religionsunterricht am biblischen Lernen festhalten, zumal Jugendliche die Bibel als langweilig empfinden und es als Qualitätsmerkmal religiöser Bildung ausgeben, wenn es „zum Glück ... nicht so viel mit Bibel [war]"[2]?

Freilich gibt es eine Vielzahl theologischer und damit system-immanenter Gründe, warum das biblische Lernen eine unhintergehbare theologische Aufgabe und einen für religiöse Lern- und Bildungsprozesse nicht vernachlässigbaren Lerngegenstand darstellt. Dennoch sind diese Begründungen als „pro domo-Gründe" zugleich mit dem Vorurteil entschieden, ob man theologischen Argumentationen überhaupt ein Plausibilisierbarkeitspotenzial zutraut oder nicht. Damit aber sind sie nur einem begrenzten Klientel zugänglich. Die folgenden Ausführungen versuchen, den Rahmen deshalb weiter zu spannen und theologische Gründe mit soziologischen, genauerhin mit religionssoziologischen und religionsphilosophischen Angängen zu flankieren, die Hans Joas zuletzt in seinem Werk *Die Macht des Heiligen* vorgelegt hat –, auch um für die Reichweite biblischer Deutungen selbst im postmodernen, religionsambivalenten Horizont zu werben.

Außerdem – und das ist eine weitere Perspektive dieses Artikels – rührt das Nicht-Interesse nicht nur von Jugendlichen an der Bibel an die Frage, warum es überhaupt einer Auseinandersetzung mit dem Heiligen – hier in Form heiliger Texte – bedarf. Genügt es nicht, den Alltag gut zu leben? Braucht es in unseren säkular gestimmten Gesellschaften noch so etwas wie Transzendenz, und wenn ja, wie müsste sie eingespielt werden?

Zugleich soll aber nicht verschwiegen werden, dass die Begründungsfrage biblischen Lernens wie auch die Frage nach Transzendenz und dem Heiligen, die eng miteinander verwoben sind, nicht klein zu redende Einwürfe begleiten: Wenn man

---

[1] Vgl. Theis 2017; differenziert auf die Frage nach Modernitätseinstellungen bzw. zu den Menschenrechten: Ziebertz / Benzing 2012, 155–177; Gennerich / Zimmermann 2020.

[2] Aussage eines Konfirmanden auf die Frage, was ihm am Konfirmand_innenunterricht gefallen habe: Troi-Boeck 2015, 23.

etwas so stark begründen muss und die Sache – wie hier die Bibel – nicht für sich selbst spricht, ist sie dann wirklich so wichtig? Warum sollte man dem Max Weber'schen Narrativ der Religionsgeschichte, das von der Entzauberung spricht, nicht trauen, aber der Gegenfolie von Hans Joas zustimmen? Ist es legitim, ein so umfassendes und detailreiches Werk eines Soziologen, das zudem so etwas wie die Summa seines bisherigen Denkens ausmacht, in eklektischer Auswahl – und anders kann es in einem Artikel nicht der Fall sein – heranzuziehen? Erfolgt durch die religionspädagogische Rezeption nicht zugleich eine Vereinnahmung, die immer auch Verzerrungen transportiert, insofern allein schon der Referenzrahmen gewechselt und damit auch andere, neue Argumentationsmuster eingetragen werden? Und: Ist es überhaupt – und jetzt wird der Blickwinkel umgedreht – sinnvoll und ertragreich, für bibeldidaktische Überlegungen einen sozial- und religionsphilosophisch grundierten Entwurf heranzuziehen?

All diese kritischen Anfragen können durch die folgenden Überlegungen nicht einfach ausgehebelt werden. Sie bleiben vielmehr als Begrenzungen präsent und zeigen von vornherein die Limitierungen der folgenden Schlussfolgerungen auf. Andererseits lohnt es m. E. nicht nur sowieso und selbstverständlich, die klugen Analysen Hans Joas' zu rezipieren, sondern sie auch spezifisch und konkret in religionspädagogische Theorie- und Praxiszusammenhänge zu stellen.[3] Und schließlich ist gerade dies Kennzeichen wissenschaftlichen Diskurses, die je besseren Vernunftgründe herauszufinden und auch ungewohnte Denkmuster auf ihren Ertrag hin zu prüfen. Insofern soll hier zumindest der Versuch gewagt werden, drei der Theoriesäulen im Werk *Die Macht des Heiligen* von Hans Joas knapp zu skizzieren, für die Bedeutung biblischer Texte allgemein und das biblische Lernen im Besonderen zu beleuchten und letztlich mittels der Frage zu verdichten, warum und wie das Heilige das Alltägliche braucht und das Gewöhnliche durch das Transzendente geheiligt wird.

1. Gedeutete Selbsttranszendenz – Die Vierstelligkeit des Erfahrungsbegriffs und der Verweis auf die Qualität des Heiligen als Anknüpfungspunkte für biblisches Lernen

Eine der ausschlaggebenden Setzungen in Hans Joas' Entwurf ist die Behauptung der „anthropologische[n] Universalität der Erfahrungen der ‚Selbsttranszendenz' und der sich daraus ergebenden Zuschreibungen von ‚Heiligkeit'"[4].

3 Für die Pastoraltheologie hat dies in eindrücklicher Weise schon Matthias Sellmann geleistet: Sellmann 2019, 151–166.

4 Joas 2017, 440.

1.1 *Von der Erfahrung des Selbstüberstiegs als Erfahrung des Heiligen*

Die Erfahrungen des Selbstüberstiegs sind nach Joas sowohl urmenschlich als auch doppelt codiert. Als Phänomene der Selbsttranszendierung sind sie allesamt Geschehnisse, in denen der Mensch – oder auch die Sozietät – aus der Selbstkontrolle herausgelöst sind. Selbsttranszendenz steht bei Joas für erlebte „Erschütterungen" des Selbst, also für etwas, das an mir geschieht, das passivisch erfolgt und dem eigenen bewussten Handlungsspielraum entzogen bleibt.[5] Doppelt codiert sind sie, insofern sie sowohl positiv-integrierende Wirkungen entfalten wie im Spiel, in der Entrückung, bei der Pflichterfüllung, als auch negativ-zerstörerische Mechanismen auslösen bzw. durch sie bewirkt worden sind. Beispiele dafür sind Ekstasen, die durch Suchtmittel evoziert werden, Scham, Schockzustände oder auch Gewalt- und Opfererfahrungen.[6] Neben der passivischen Dimension und der doppelten Codierung der Funktionen sind Selbsttranszendenzerfahrungen durch ihren Totalitätsanspruch charakterisiert. Sie betreffen nicht nur etwas am Menschen oder an der Gesellschaft, sondern diese jeweils ganz.

Damit liegt es insgesamt nahe, diesen Prozess des Ergriffenwerdens, die Totalität, mit der er den Menschen bzw. die Gesellschaft angeht, auf die Erfahrung dieser ergreifenden Kräfte hin weiterzudenken. „Etwas [so Joas] muss am Werk sein, wenn Individuen oder Kollektive über die bisherigen stabilisierten Grenzen ihres Selbst hinausgerissen werden."[7] Und genau diese Erfahrungen des Selbstüberstiegs, die die Gewissheit von etwas anderem in sich bergen, führen nach Joas notwendigerweise dazu, sie mit der Qualität des Heiligen zu belegen – wenn auch nicht immer explizit, so doch von der Sache her.

Wichtig ist, dass dieses Heilige nicht unbedingt identisch ist mit dem Guten, Wahren oder Schönen. Auch Diabolisches kann solche Kräfte auslösen bzw. sein – wie es sich in der Geschichte immer wieder auf unselige Weise zeigte, wenn sich totalitäre Regime wie z. B. der Nationalsozialismus zum Heiligen Reich deklarierten und die Menschen in einen mörderischen Selbstüberstieg hinein zwangen. Joas differenziert deshalb, dass zwar jeder Selbstüberstieg auch einen Sakralisierungsprozess auslöst bzw. von ihm begleitet wird, aber nicht jeder Sakralisierungsprozess als Idealbildung gelten kann. Um Idealbildung handelt es sich nämlich nur dort, wo das Sakrale ethisch wird und eine Unterscheidung möglich ist zwischen idealem Gehalt in artikulierter Form und der präreflexiven Erlebnisqualität.[8] Dazu aber mehr, wenn die Idealbildungen näher beleuchtet werden.

---

5 Vgl. ebd., 431.
6 Vgl. ebd., 431–434.
7 Ebd., 434.
8 Vgl. ebd.

1.2 Vom Erleben zur Artikulation

So differenziert allein diese Beschreibungen des *Erlebens* von Erschütterungen des menschlichen Selbst oder des gesellschaftlichen Kollektivs ausfallen, so treibt Joas in Rückgriff auf Charles Taylor bzw. Wilhelm Dilthey seine Analysen des Erfahrungsbegriffs noch weiter. Neben der Ebene der *erlebten Situation* identifiziert Joas die *präreflexive Erfahrung*, die *individuelle Deutung von Erfahrungen* und den *kulturellen Vorrat an Deutungsmustern* als weitere.[9] Diese Ebenen sind nicht immer und unwiderruflich aufeinanderfolgend. Joas wählt vielmehr das Bild vom hermeneutischen Zirkel, um das Ineinander dieser Ebenen und ihre Bezogenheit aufeinander zu beschreiben. Eine Situation zu erleben, braucht zumindest einen Funken Distanz, um als erlebte Situation überhaupt bewusst zu werden; und erst dann ist es möglich, sie zu deuten, also in einen individuellen oder sogar darüber hinausreichenden Zusammenhang einzubetten. Das wiederum geschieht im Rückgriff auf schon vorhandene Sprachformen und Deutungen – also kulturelle Programmatiken – und verweist uns zugleich wieder zurück auf die Situation des Erlebens.

Würden Erfahrungen des Selbstüberstiegs nur auf der Ebene des *Erlebens* verbleiben und nicht in eine zumindest *präreflexive Distanz* rücken, versänken sie im Nichts, weil sie nur beim Einzelnen bzw. der jeweiligen Gesellschaft situiert wären. Sie könnten nicht erzählt, tradiert, verstanden werden. Das ist eine weitere Beobachtung, die Joas an die Erfahrungen der Selbsttranszendenz anlegt: Die alles übersteigenden Erlebnisse müssen in Form gebracht, gedeutet und damit eingeordnet werden. Das geschieht nicht im luftleeren Raum, sondern bedarf des Rückgriffs auf kulturelle Praktiken, Sprachen, vorhandene Deutungen, die eben auch religiöse Deutungen umfassen. Der *Deuteprozess* ist also die *dritte Ebene*, die Joas in den Erfahrungsbegriff einzieht. Bewegt er sich damit auf weithin etablierten Verstehensmustern im Erfahrungsdiskurs, bereichert er die Debatte – wie gesagt im Rückgriff auf Dilthey und Taylor – durch den Hinweis auf noch eine *vierte Ebene*. Nicht nur das *Erleben, die präreflexive Distanz* und das *Deuten* machen eine Selbsttranszendierungserfahrung aus. Sie brauchen auch *Formen des Artikulierens*, also des Ausdrucks in Praxisformen, in Körpersprache, über Symbolisierungen, Rituale u. v. m., um in Erscheinung zu treten, intersubjektive Verständigung zu erreichen und sich real zu konkretisieren.

Gerade diese Auffächerung der Ebenen von Selbsttranszendenzerfahrungen zeigt auf unverdächtige, weil nicht genuin theologische Weise die Bedeutung Heiliger Texte wie der Bibel und dann auch biblischer Lernformen auf.

---

[9] Vgl. ebd., 436.

1.3 *Was sich daraus für die Bedeutung Heiliger Texte gewinnen lässt*

Ist es – wenn man Joas folgt – unstrittig, dass Selbsttranszendierungserfahrungen zum Menschen gehören, dann heißt das in einem zweiten und dritten Schritt auch, dass Deutungen, kulturelle Vorräte und Artikulationsformen zur Verfügung stehen müssen, um das Erlebte in Gestalt zu bringen und intersubjektiv verstehbar zu machen. Gerade dies nun erlaubt, eine Verbindung mit den biblischen Texten und der Frage herzustellen, warum sie nach wie vor von Bedeutung sind.

Als kulturelle und literarische Zeugnisse gehören sie zum Traditionsvorrat, der für den Deuteprozess von Selbsttranszendierungserfahrungen herangezogen werden kann. Die starken Bilder der Bibel, ob zu den Erfahrungen von Glück, Verdanktsein, Staunen oder auch zu den bedrückenden Widerfahrnissen der Zerbrechlichkeit, Verwundbarkeit, ja Vergänglichkeit des Lebens können zu Angeboten werden, das Erlebte in Sprache und damit in Form zu bringen. Insofern müssen sie – und das ist sowohl eine Begründung als auch eine Aufgabe biblischen Lernens – auch erinnert und im kollektiven Gedächtnis wachgehalten werden.

Zum anderen bieten die biblischen Texte nicht nur Deute-, sondern etwa über Ritualangebote, Symbolisierungen, Praktiken und Handlungsweisen auch Artikulationsformen an. Sie zeigen also, wie Ideen, Erlebnisse und Erfahrungen praktisch werden und einen Ausdruck finden müssen. Damit verweisen sie auch darauf, dass jede Zeit stimmige Artikulationsformen finden muss und sich nicht zufrieden geben kann mit dem, was frühere Zeiten für sich als passende Formen gefunden haben. War die Bildsprache eines über allen Welten thronenden Gottes in der Barockzeit vielleicht etwas Tröstliches, weil sie die Menschen als Zusage verstanden haben, dass die Welt, so bedrohlich sie auch daher kommt, nicht im Chaos versinken wird, so reicht eine solche Ästhetik kaum mehr an die Lebenserfahrungen heutiger Menschen heran und müsste neu ausgeformt werden.

In den biblischen Texten und den in ihnen aufgehobenen Erfahrungen spiegelt sich also ein doppelter Vorgang: Sie sind einerseits ein Speicher von gelungenen und gescheiterten Taten und Praktiken und transportieren darüber auch Maßstäbe (Nicht die sind selig, die viel haben, sondern vielmehr die, die sich trauen, alle Sicherheiten in Gott zu suchen; nicht die sind selig, die sich die Dinge notfalls auch mit Gewalt aneignen, sondern die Friedfertigen – so die Diktion der Seligpreisungen in Mt 5,3–12). Sie drängen andererseits zum Handeln und brauchen die Aktuierung, also den Vollzug und die Konkretion. Die Rede vom Reich-Gottes beispielsweise, die die Evangelien durchzieht, weckt eine Reihe von Bildern, wie ein gutes Leben aussehen kann: die Armen hören eine gute Nachricht, die Gefangenen von ihrer Entlassung, den Blinden wird das Augenlicht gegeben, die Zerschlagenen werden in Freiheit gesetzt und für alle wird ein Jahr der

Gnade, des Schuldenerlasses und des Shalom ausgerufen (nach Lk 6,18–19). So freiheitsstiftend allein schon diese Bilder wirken, so wird deren lebensverändernde Kraft erst dort „voll“, wo sie sich auch konkretisieren und erfahrbar werden in verändernden Taten, neuen Freiheitsradien und lebensfreundlicheren Ordnungen. Die Rede vom Reich Gottes drängt also auf das Handeln und bleibt kraftlos, wenn sie vom Handeln losgekoppelt wird.

Bieten die biblischen Texte also einerseits Aktuierungsformen an, von denen man sich für die Kontextuierungen eigener Erfahrungen inspirieren lassen kann, zeigen sie andererseits auch die Notwendigkeit auf, nicht nur im Spiel der Zeichen und damit in einem Möglichkeitsraum zu bleiben, sondern sie zu konkretisieren und damit notwendigerweise auch zu begrenzen. Das hat immer auch etwas Kränkendes, weil die unendlichen Wahlmöglichkeiten eingeschränkt und die eigenen Kontingenzen bewusst werden. Zugleich liegt darin aber die Möglichkeit, der Versuchung suggerierter Unbegrenztheit zu entgehen und dem Esoterischen etwas entgegen zu setzen. Durch die Gerichtetheit auf das Handeln hin wird deutlich, wie notwendig es ist, das Leben in die Hand zu nehmen und die Jetzt-Zeit als die entscheidende Lebenszeit anzuerkennen. Mit anderen Worten vollziehen die biblischen Texte also selbst den Prozess von Selbsttranszendierungserfahrungen – vom *Erlebten* zum *Artikulierten* – als sie auch andererseits das Ausrufezeichen wachhalten, sich zu entscheiden und ins Handeln zu kommen.

Schließlich wird an den biblischen Texten nicht nur ablesbar, dass Erlebtes präreflexiv bewusst, gedeutet und artikuliert werden muss; sie deuten auch den Horizont des Selbstüberstiegs aus und bieten ihn als Referenzrahmen für das eigene Wahrnehmen, Verstehen und Handeln an. Mit anderen Worten ist biblisch gesehen sehr klar, dass nicht jeder Selbstüberstieg schon etwas Gutes oder gar Heiliges ist. Die biblischen Texte halten nämlich die Kräfte, die das Ergriffensein bewirken, nicht offen, schon gar nicht auf das Böse und Diabolische hin. Die Selbsttranszendierungen müssen sich vielmehr messen lassen am Woraufhin des Selbstüberstiegs, das inhaltlich bestimmt ist: umfassend durch Gott und konkret durch alle Erzählungen, Beschreibungen, Handlungen, die aus dem Gotteskonzept des Ich-bin-da-Gottes, der in Jesus Mensch geworden ist, abgeleitet werden. Damit kann niemals ein Selbstüberstieg, wie er z. B. in einem Selbstmordattentat geschieht, etwas Heiliges sein und sei er noch so heroisch inszeniert, weil er dem Gottesverständnis völlig wiederspricht, alle Menschen an jedem Ort dieser Erde als unvertretbar kostbare Geschöpfe Gottes zu respektieren.

Das Heilige – bzw. im Joas'schen Sinn das Ideal – wird biblisch also inhaltlich gefüllt und drängt auf ein Ethos und eine Praxis, die diesem Gottesverständnis entsprechen. Die Aufforderungen zum Teilen, das eigene Herz nicht an den Besitz zu hängen (vgl. Mt 6,19–21), sind beispielsweise als Anstiftungen zu lesen, die entgrenzenden Erfahrungen des Beschenktseins nicht nur bei sich zu lassen, sondern auch anderen, insbesondere den Armen zugutekommen zu lassen.

So gesehen sind biblische Texte nicht nur affirmierende Bestätigungen von Erlebtem, sondern auch provozierender Stachel, die eigenen oder auch gesellschaftlichen Erfahrungen in einen größeren Horizont zu stellen (Reich Gottes) und sich von ihm her kritisieren zu lassen. Das geltend zu machen, also in einen Streit der Deutungen zu treten und den Disput über das, was wahr ist und gelten soll, nicht aufzugeben, markiert eine weitere Aufgabe biblischen Lernens und unterstreicht zugleich, warum es auch heute noch lohnt, diese aufrüttelnden Texte der Bibel nicht ruhig zu stellen. Wurden erste Begründungen für die Bedeutung biblischer Texte und auch Aufgaben biblischen Lernens im Anschluss an Joas' These der Selbsttranszendenz herausgefiltert, sollen im Folgenden noch zwei weitere Theoriesäulen seines Ansatzes beleuchtet werden: die These von der *Universalität der Idealbildung* sowie die Beobachtung zu den *Sakralisierungsprozessen*, die sich daraus ergeben.

2. Von der Universalität der Idealbildung

Eine weitere wichtige Setzung, die unmittelbar aus der Universalität anthropologischer Selbsttranszendenzerfahrungen erfolgt, ist Joas' Annahme, dass faktisch jedem Menschen die *Idealbildung* eigen ist.

2.1 Idealbildungen sind nicht deckungsgleich mit der Attribuierung des Heiligen

Joas geht davon aus, dass auch Menschen, die sich als areligiös oder atheistisch verstehen, „in ihrem Zusammenleben wesentlich von Idealen geleitet sind"[10]. Ideale versteht Joas als „Vorstellungen über das durch und durch Gute und durch und durch Böse"[11]. Damit sind sie – wie oben deutlich wurde – nicht deckungsgleich mit Sakralisierungsprozessen, die auch dämonisch sein können. Idealbildungen wohnt vielmehr nur die Qualität des durch und durch guten, ethisierten Sakralen inne.[12] Menschen binden sich an diese Ideale – affektiv, durch außeralltägliche Erfahrungen oder in ekstatischen, körperlichen Praktiken, auf jeden Fall also vielfältig. Auch wenn über den Inhalt der Ideale gestritten werden kann und soll, so ist die Faktizität von Idealbildungen für Joas Grund genug, um Religion auf diesem Fundament zu verorten.

---

10 Ebd., 421.
11 Ebd.
12 Vgl. ebd., 434.

Für die Religionspädagogik und Theologie insgesamt ist damit eine interessante und plausible Begründung erreicht, Religion nicht als abwegig zu verstehen bzw. sie nur als Phänomen für bestimmte Gruppen und Typen auszuweisen. Mit dem Hinweis auf das *Faktum der Idealbildung* kann argumentiert werden, dass es nicht nur sinnvoll, sondern auch notwendig ist, sich mit diesen Idealbildungen (kritisch) auseinanderzusetzen. Mit anderen Worten sind Theologie, Religionswissenschaft und Philosophie, insofern sie Religion reflektieren, nicht nur ein additives, sozusagen in guten Zeiten mögliches, sondern ein wichtiges, ja notwendiges Geschäft selbst postmoderner Gesellschaften.

Das Faktum von Idealbildungen, ihre enorme historische Vielfalt wie auch kontextuelle Gebundenheit erlauben es wiederum, nicht nur auf die Bedeutung biblischer Texte hinzuweisen, sondern daraus unterschiedliche Aufgaben biblischen Lernens abzuleiten.

2.2 Biblische Texte als Reservoir von Idealbildungen und kritische Instanz

Ebenso wie biblische Texte einen *Speicher an Deutungen* anbieten, um Erlebnisse zu verstehen, können sie auch als *Reservoir von Idealbildungen* interpretiert werden. Sie bergen einen Schatz von Orientierungen und Konstellationen des Guten wie sanktionierender Weise auch des Bösen. Idealbildungen können so nicht nur miteinander verglichen werden. Gerade durch die Vielzahl von Erzählungen, die einen bis an die Schöpfungsanfänge reichenden erzählten Geschichtsraum umfassen, helfen sie auch, auf die Kontextualität und Normativität von Idealbildungen aufmerksam zu machen. Die transportierten Gesellschafts- und Herrschaftsformen, wie sie z. B. in den Königsbüchern (1 und 2 Kön) überliefert werden, sind nicht als Protokolle zu lesen, wie es in Israels Herrscherhäusern von Salomo bis zum babylonischen Exil zugegangen ist. Sie spiegeln vielmehr normative Setzungen wider, was idealerweise für einen guten Herrscher der Fall sein sollte bzw. was zur Verdammnis führte, wenn sich ein König eben nicht an JHWH hielt. Damit sensibilisieren die biblischen Texte dafür, Idealbildungen immer auch kritisch zu begegnen, deren Setzungen zu hinterfragen und daraufhin zu prüfen, was sie für ein gutes Leben (für die Gegenwart) austragen. Biblisches Lernen kann insofern als Möglichkeit gesehen werden, die affektiven Bindungen von Menschen an Ideale aufzudecken, sie zu bearbeiten, mit Deutungen aus dem Glauben anzureichern und Menschen so zu ermöglichen, eine verantwortete und begründete Position zu ihren eigenen Idealbildungen zu erreichen.

3. Sakralisierungsprozesse und die Entgrenzung des Heiligen

Ein dritter für die Bedeutung von biblischen Texten und biblisches Lernen wichtiger Gedanke bei Joas ist seine Reflexion über Sakralisierungsprozesse. Ihn interessiert, wie es in der (Religions-)Geschichte dazu kam, herausragende Erfahrungen im Kollektiv (z. B. Herrscherkrönungen) oder auch im individuellen Leben (s. die ausgeprägten Rituale um Sterben und Tod) zu sakralisieren.

3.1 Sakralisierung zwischen Macht und Säkularität

In den Sakralisierungsprozessen nun erkennt Joas immer auch Machtprozesse: der Älteren über die Jüngeren, der Männer über die Frauen etc.[13] Die Sakralisierung galt für ein bestimmtes Kollektiv, einen bestimmten Raum, eine bestimmte Zeit – den eigenen Stamm, das eigene Territorium, die heilige Zeit[14] – und blieb an feste Ritualisierungen gebunden. Gefährlich wurden diese Sakralisierungen, sobald sie mit der Macht fusionierten: als der Häuptling nicht nur der Priester war, um die Verbindung mit dem Göttlichen herzustellen, sondern selbst an Gottes Stelle trat. Als kultische und politische Macht ununterscheidbar wurden, gab es kaum Möglichkeiten, unrechtmäßiges Verhalten der Herrscher zu sanktionieren. Das ist die eine Tendenz, die Joas im Zuge von Sakralisierungsprozessen ausmacht.

Eine andere sieht er in der zunehmenden Säkularisierung der Sakralisierung, insofern immer mehr der Einzelne und nicht mehr das Volk im Vordergrund steht, jeder Ort (auch das eigene Sofa) und nicht mehr nur der besondere heilig sein kann und jede Zeit heilig ist, sofern sie vom Einzelnen als solche gekennzeichnet wird.

Interessant ist, dass die gefährliche Ununterscheidbarkeit von Sakralisierungen und Macht durch die Individualisierung und zugleich Entgrenzung des Sakralen einen Gegenpol, man könnte auch sagen, eine Therapie erfährt, weil sie einer Dezentralisierung von Macht zuarbeiten. Nicht mehr der sakrosankte Herrscher, der als gottgleich galt, sondern das Individuum als Heiliges und damit jede und jeder Mensch wird in einem bestimmten Sinn zum Machtzentrum. Nicht mehr nur der Tempel, sondern jeder noch so alltägliche Ort wird zum heiligen Bereich, der unantastbar und kaum austauschbar ist.

Die Universalisierung der Sakralisierungen des Menschen wird noch durch einen dritten Aspekt konkret. Es gibt nicht mehr nur eine Form oder ein be-

---

13 Vgl. ebd., 451.

14 Vgl. ebd., 453–454.

stimmtes Ritual, das Heilige auf die Erde zu zwingen bzw. die Selbsttranszendenzerfahrungen zu kodifizieren, sondern viele und sehr unterschiedliche: die Sakralisierung des Körpers ist genauso denkbar wie diejenige des Jungseins, der Potenz, der Person, des Intellekts etc.

3.2 *Heiliges und Alltägliches*

Für eine zeitsensible Theologie stellen sich angesichts dessen vielfältige Aufgaben: Zum einen liegen in Joas Beobachtungen zur Entgrenzung und damit Universalisierung des Heiligen wichtige Anstöße, Heiliges und Alltägliches, Gott und Mensch unter den Bedingungen der Postmoderne verstehen zu lernen. Wie dies durch biblische Motive unterstützt und narrativ ausgedeutet werden kann, soll – wie gesagt – im letzten Punkt aufgegriffen werden.

Zum anderen drängen die Sakralisierungen nicht immer und von sich aus auf das Gute hin. Wie schon oben deutlich wurde, weist Joas darauf hin, dass die ergreifenden Kräfte, die in der Erfahrung des Selbstüberstiegs sichtbar werden, auch Diabolisches transportieren können. Das ist etwa der Fall, wenn sie den Menschen über sich auf das Böse und Niederträchtige hin hinaustreiben wie beispielsweise beim Mord. Insofern gilt es achtsam zu sein, woraufhin die Sakralisierungsprozesse gerichtet sind und zu erkennen, wo sie zu lebensbehindernden Mechanismen mutieren.

Die biblische Gottesrede, die nach christlichem Verständnis im Gekreuzigten ihre Mitte findet, kann hier zum Impuls und Korrektiv werden, die Sakralität des Menschen nicht mit Makellosigkeit zu verwechseln. Wenn nämlich ein Gekreuzigter im Mittelpunkt des Glaubens steht, darf das Scheitern nicht mehr einfach weg- oder gar schöngeredet werden. Es wird vielmehr als Signatur menschlichen Lebens ernst genommen und zugleich nicht zur Letztaussage über den Menschen verabsolutiert, weil die Hoffnung bleibt, dass Gott durch alles Scheitern hindurch rettet. Das bedeutet dann auch, dass nicht erst der junge, dynamische, erfolgreiche Mensch in den Genuss sakraler Identifizierungen kommt, sondern jeder – ob alt und krank, oder jung und gesund. Und gerade dies, nämlich die kollektive Sakralisierung nicht als Idealisierung, sondern als Hoffnungsanspruch angesichts der menschlichen Kontingenzen zu betreiben, ist wohl eine der größten Zusagen, die christliche Deutungen hier beisteuern können.

Damit aber wird auch deutlich, dass biblische Gottesrede nicht nur etwas für die Frommen ist. Sie bleibt Anreiz, Prozesse nicht nur zu überprüfen, inwieweit sie der Humanisierung der Gesellschaft zuträglich sind oder nicht; sondern auch Möglichkeitsraum und Hoffnungsentwurf, diese Humanisierung voranzutreiben.

Wie dies nicht nur in theoretisch-abstrakter Sprache, sondern narrativ, durch eine Fülle von Bildern biblisch betrieben und jeder Zeit zur Interpretation aufgegeben ist, soll abschließend an einem Beispiel dargestellt und am provokativen Bild des himmlischen Jerusalem vor Augen geführt werden.

4. Das himmlische Jerusalem *oder* von der Alltäglichkeit des Heiligen und der Heiligung des Gewöhnlichen

Die Blende auf das himmlische Jerusalem im letzten Buch der Bibel (Offb 21,9–22,5) ist keine zufällige. Die neue Stadt ist das letzte große Bild der Bibel und der Schluss der heiligen Texte der Christ_innen. Schon dadurch bekommt es ein besonderes Gewicht. Ähnlich dem Schlussstein einer gotischen Kathedrale findet der Bogen der erzählten Heilsgeschichte hier zu seiner letzten Verdichtung. Was vorher erzählt, gedeutet, erlitten und erlebt wurde, erhält im Offenbarungsbuch insgesamt und nochmals fokussiert im Bild des neuen Jerusalem so etwas wie einen „Leseschlüssel". Wer diesen gefunden hat, der kann auch die Texte vorher in einem neuen Licht deuten.[15] Insofern ist das Bild des neuen Jerusalem selbst eine narrativ geformte *Idealbildung*.

Aus der Fülle der Deutelinien dieses Bildes vom neuen Jerusalem sollen nun lediglich einige wenige herausgegriffen werden,[16] die auf ihre Art und Weise die von Joas beschriebenen Phänomene der gedeuteten Selbsttranszendenz, der Sakralisierung und der Idealbildung ausdeuten.

Das neue Jerusalem steht für die Universalisierung des Heiligen, und zwar des durch und durch Heiligen und damit eines Ideals. Das Heilige ist nicht mehr an bestimmte Orte wie den Tempel gebunden (Offb 21,22–23). Im himmlischen Jerusalem „durchwohnt" vielmehr die Herrlichkeit Gottes alles und alle. Diese Universalisierung und Omnipräsenz des Heiligen sprengt somit die alten Grenzen zwischen Sacrum und Profanum. Es sind nicht nur die besonderen Situationen oder besonderen Zeiten, die Gottes würdig sind. Überall, selbst im Gewöhnlichen, und zu jeder Zeit, selbst im Alltäglichen, können sich die Erfahrungen der Selbsttranszendenz ereignen – um mit Joas zu sprechen. Damit wird der Alltag aus seiner Banalität herausgehoben und dem Ideal – ebenfalls im Joas'schen Sinn – seine Unerreichbarkeit genommen.

Die Egalisierung des Zugangs zum Heiligen ist so dessen unmittelbare Konsequenz. Der Zugang zum Heiligen ist nicht mehr nur einem bestimmten Klientel vorbehalten. Nicht mehr nur die Priester, sondern alle haben ihren Anteil an Gottes Gegenwart (Offb 21,22–27). Nicht nur die Prachtstraße, auf der die Herrscher und Eroberer einziehen, ist groß und golden, sondern alle Straßen sind gleich breit, gleich kostbar und in gleichem Abstand zur Mitte, weil überall die Mitte ist. Das ist nicht nur ein Kontrapunkt zur Architektur römischer Städte und damit der verhassten Besatzungsmacht, sondern Spitzenbild einer schon

---

15 Vgl. dazu Hieke / Nicklas 2003, 4–5, 14, 112.

16 Vgl. zum Folgenden Schambeck 2017, 259–274.

jetzt zu verwirklichenden Heterotopie, eines Andernorts, der unmittelbar auf die konkrete Praxis zurückspiegelt.

Noch ein Drittes soll hier angemerkt wird. Das neue Jerusalem entgrenzt nicht nur den Ort des Heiligen, also des Ideals, sondern auch die Zeit, in der alle anderen Universalisierungen aufgehoben sind (des Raums, der Güter, des Kults, der Stellung und der Würde). Mit dem neuen Jerusalem beginnt nicht nur eine neue, ganz andere Zeit. Die alten Verheißungen, die zu Beginn der Bibel im paradiesischen Schöpfungsbild erzählt wurden (Gen 1 und 2), werden vielmehr wieder erinnert und neu aktualisiert: Es sind die Zusagen, dass die Welt nicht ins Leere geht, sondern aufgehoben und gehalten ist von Gott; dass der Mensch nicht zur Einsamkeit verdammt, sondern auf Beziehung hin geschaffen ist, dass das Versagen nicht den Schlussstrich darstellt, sondern von Gott hinübergerettet wird in einen neuen Beginn. Der Anfang findet Eingang ins Ende, die vergangene Zeit wird ebenso wie die zukünftige in Gottes ewigem Jetzt aufgehoben. Das Ideal ist hier nicht nur eine Orientierung, sondern ein Bild geworden, das in jede Zeit je neu übersetzt werden will, aber nie verleugnet, und das heißt um seine Schärfe gebracht werden darf.

5. Provozierendes für die Akteure des Sakralen wie des Säkularen

Die Universalisierungen des Ideals nicht nur zu setzen, sondern auch voranzutreiben, ist durchaus auch unbequem: Denn was ist provozierender für die Akteure des Sakralen als zu erleben, dass das Ideal überall und von jedem gefunden und gelebt werden kann. Und was ist aufrüttelnder und kränkender für die Vertreter eines säkularen Horizontalismus, die alles Suchen und Sehnen auf diese Welt einebnen, als erfahren zu müssen, dass Menschen allerorten und immer wieder über die scheinbar beruhigten Fragen hinausfragen: über sich, das Glück und die Erschütterungen des Lebens.

Es könnte also durchaus lohnenswert sein, die Anstachelungen, die in den Heiligen Texten aufgehoben sind, in horizontalisierte Gesellschaften einzutragen, und zwar um der Menschen und der Menschlichkeit willen; denn so unbestreitbar die Möglichkeit des Ergriffenseins des Menschen ist, so sehr ist darüber zu streiten, welche Kräfte es sein dürfen, von denen der Einzelne oder auch eine Sozietät ergriffen werden.

Literatur

Gennerich, Carsten / Zimmermann, Mirjam (2020): Bibelwissen und Bibelverständnis bei Jugendlichen. Grundlegende Befunde – Theoriegeleitete Analysen – Bibeldidaktische Konsequenzen, Stuttgart.

Hieke, Thomas / Nicklas, Tobias (2003): „Die Worte der Prophetie dieses Buches". Offenbarung 22,6–21 als Schlussstein der christlichen Bibel Alten und Neuen Testaments gelesen (Biblisch-Theologische Studien 62), Neukirchen-Vluyn.

Joas, Hans (2017): Die Macht des Heiligen. Eine Alternative zur Geschichte der Entzauberung, Berlin.

Schambeck, Mirjam (2017): Biblische Facetten. 20 Schlüsseltexte für Schule und Gemeinde, Ostfildern.

Sellmann, Matthias (2019): Der Prozess der Idealentstehung – und die produktive Bearbeitung der Idealverfehlung: Religionsphilosophie bei Hans Joas in pastoraltheologischer Weiterführung, in: Kühnlein, Michael / Wils, Jean-Pierre, Der Westen und die Menschenrechte. Im interdisziplinären Gespräch mit Hans Joas, Baden-Baden, 151–166.

Theis, Joachim (2017): Art. Einstellungen zur Bibel, von Jugendlichen, in: Wissenschaftlich-Religionspädagogisches Lexikon, Zugriff am 29.04.2020 https://www.bibelwissenschaft.de/stichwort/100267/

Troi-Boeck, Nadja (2015): Empirische Zugänge: Lesen Jugendliche Bibel? Vorüberlegungen zu einer empirischen Untersuchung der Bibelrezeption Jugendlicher, in: Dies. u. a. (Hg.): Wenn Jugendliche Bibel lesen. Jugendtheologie und Bibeldidaktik, Zürich, 23–33.

Ziebertz, Hans-Georg / Benzing, Tobias (2012): Menschenrechte: Trotz oder wegen Religion? Eine empirische Studie unter jungen Christen, Muslimen und Nicht-Religiösen (Empirische Theologie 25), Berlin/Münster.

Literatur als Begegnungsraum für interreligiöse und interkulturelle Lernprozesse – Wirksamkeit Heiliger Schriften im Alltag

Monika Tautz

1. Literatur als Raum interreligiöser und interkultureller Begegnung

Spielt in der zeitgenössischen deutschsprachigen Literatur Religion im Allgemeinen, Religiosität der Protagonisten im Besonderen, die Frage nach Gott – direkt oder indirekt gestellt – eine Rolle, so werden die Themenfelder als eine „Suche nach religiösem Ausdruck, nach Wegen, Gott der Unbegreifbarkeit zu entreißen, ihn denkerisch und sprachlich fassbar zu machen – bei aller bleibenden Entzogenheit"[1] gestaltet und erzählt. Gemeinsam mit den Protagonisten kann so die Frage nach der Bedeutung von Religion und Gott für das eigene Leben gestellt werden. Sie kann es vor allem auch deshalb, weil Religion ein Teil des Lebens ist, weil die individualisierte Religiosität in unterschiedliche Lebenswelten mit je eigenen und wiederum vielfältigen kulturellen Ausdrucksformen eingebunden ist, weil die Frage nach der eigenen Identität „im Kontext von Konfession oder Religionszugehörigkeit im postmodernen Vielerlei"[2] zur Sprache kommt.

Gerade die im Alltag gelebte Kultur einer Rückbindung, Erinnerung an Religion und einer lebendigen Vergegenwärtigung vermag etwas von der Vielgestalt der Be-Deutung der Heiligen Schriften, die in der jeweiligen Religion intrareligiöse Vielfalt ausmacht, zu spiegeln. Das vermag Literatur gerade deshalb so authentisch ins Wort zu setzen und lebendig werden zu lassen, weil sie eben kein systematisch-theologischer Essay, weil sie keine religionsphilosophische Reflexion[3], weil sie kein religionsdidaktisch konstruiertes Lernmaterial ist. Das ist die

---

1 Langenhorst 2017a, 9.

2 Ebd.

3 Dass Literatur dennoch auf ihre Weise Welt und die Erfahrungen der Protagonisten mit Welt reflektiert – vgl. zur eigenen Rationalität von Literatur im Sinne „[ä]sthetisch-expressive[r] Begegnung und Gestaltung" (Baumert 2002, 113) –, zeigt sich auch im Buch von Lena Gorelik, auf das im folgenden fünften Kapitel eingegangen wird. Die am Rand des Buches angebrachten Kommentare sind ein sehr anschauliches Beispiel für eine literarische Form der Reflexion, die im vorliegenden Fall zusätzlich auf die „freien Diskussionen aus dem Talmud" (Liss 2015b, 120) zurückgehen.

Stärke von Literatur – und sie verliert genau diese Stärke, wenn sie für die Bildungsprozesse funktionalisiert wird. Es gilt also bei der Arbeit mit Literatur, vergleichbar der religionsdidaktisch begründeten Arbeit mit Musik oder Kunst, den Eigenwert zu wahren. Wenn das gelingt, können literarische Texte zu einem Gesprächspartner werden, denn sie halten mehrfacher Nachfrage, irritiertem Nicht- oder Miss-Verstehen, energisch oder zornig vorgetragenen Anfechtungen stand und öffnen sich immer wieder aufs Neue den Perspektiven ihrer Leser_innen.

Der vorliegende Artikel geht von der These aus, dass über Literatur ein Zugang zu eigen-sinnigen religiösen Räumen möglich ist und dass damit interreligiöse Bildungsprozesse angestoßen werden können, ja dass Literatur einen Raum für Begegnung eröffnet, der mehr sein kann als punktuell eingesetztes Begegnungslernen.[4] Dabei soll der Blick darauf gerichtet werden, wie das für eine Religion Bedeutsame der Heiligen Schriften in der Literatur zu Sprache kommt (Kap. 2), und es ist zu klären, inwiefern literarische Sprache erhellend für religiöse Sprache sein kann (Kap. 3) und welche religions- und literaturdidaktischen Anregungen Literatur für interreligiöses und interkulturelles Lernen zu bieten hat (Kap. 4). Abschließend soll an einem Buch von Lena Gorelik aufgezeigt werden, wie Literatur zur Gesprächspartnerin für interreligiöse und interkulturelle Begegnung werden kann (Kap. 5).

2. Heilige Schriften und ihre Bedeutung im Kontext von Literatur

Die gebräuchliche Rede von den „Heiligen Schriften" der Religionen ist problematisch, denn sie suggeriert Gemeinsamkeiten und Vergleichbarkeiten, wo Unterschiede auf verschiedenen Ebenen existieren.[5] Es bedarf daher einer Acht-

---

4 Der Begriff des Begegnungslernens ist im religionspädagogischen Diskurs vor allem durch Stephan Leimgrubers Rede vom Begegnungslernen als dem *Königsweg* interreligiösen Lernens prägend geworden. Mit ihm verbindet sich die Hoffnung, dass die direkte Begegnung von Menschen dazu verhilft, den vielfältigen Herausforderungen pluraler Lebenswelten gerecht zu werden und so Heterogenität (z. B. in interkulturellen, interreligiösen und inklusiven Settings) für Lernprozesse fruchtbar zu machen. Begegnungslernen braucht eine intensive und kontinuierliche Planung, Begleitung und Evaluation von Lernprozessen, die alle Beteiligten einbeziehen. Das ist im Alltag von Schule, aber auch an Hochschulen (nur) unter bestimmten Bedingungen machbar, bspw. wenn Vertreter_innen verschiedener Religionen vor Ort die interreligiösen Bildungsprozesse gemeinsam verantworten. Vgl. Leimgruber 2010, 101–104. Zu Chancen und Grenzen vgl. Boehme 2018, 15–23; Tautz 2018, 24–32.

5 Das gilt es sowohl religionsdidaktisch als auch literaturdidaktisch zu beachten, wenn Heilige Schriften Gegenstand von Lernprozessen mit Literatur sind. Zu theologischen und

samkeit gegenüber den theologischen und religiös-praktischen Unterschieden, um den von der Religionswissenschaft geprägte Begriff auch aus der Binnenperspektive von Religionen angemessen zu verstehen. Religionswissenschaftlich werden unter Heiligen Schriften Texte oder Textsammlungen gefasst, die für eine Religionsgemeinschaft eine besondere Bedeutung haben.[6] Für die abrahamischen Religionen sind das die Hebräische Bibel (der TeNaK[7]), die christliche Bibel mit Altem und Neuem Testament sowie der Koran. Das Heilige der Schriften kommt in vierfacher Weise zum Ausdruck: Es handelt sich erstens um einen von profanen Texten zu unterscheidenden Offenbarungstext, der zweitens bewahrt und erinnert werden will und der daher drittens im Kult bzw. in der Liturgie eingesetzt und grundlegend für das Ethos der jeweiligen Religionsgemeinschaft ist und genau darum viertens gemeinschafts- und identitätsbildend wirkt.

Die je eigenen Heiligen Schriften gelten in den abrahamischen Religionen als Offenbarungsschriften. Sie sind sowohl Grundlage des theologischen Nach-Denkens als auch (kritischer) Referenzraum religiösen Lebens im Alltag hier und heute. Orthodoxie und Orthopraxie richten sich an der jeweiligen Offenbarungsschrift aus und prägen die eigene religiöse Tradition. Das, was das Heilige der Heiligen Schrift und die aus ihr hervorgehende und sich auf sie beziehende Tradition ausmacht, soll im Alltag der Gläubigen lebendig werden.

Das, was das Heilige der Heiligen Schrift und ihrer Tradition ausmacht, kann auch direkt oder indirekt Gegenstand von Literatur sein. In literarischen Texten kann das Heilige zur Sprache kommen, es kann (kritisch) angefragt werden, es kann in seinen alltäglichen Erscheinungsformen innerhalb einer bestimmten (religiösen) Kultur aufleuchten, es kann konterkariert werden usw. So stellt, literaturwissenschaftlich gesehen, die Aufnahme biblischer Motive und Traditionen in literarischen, nicht-religiösen Texten ein Kennzeichen westlicher Literatur dar.[8] Wenn in Literatur heute biblische Motive, religiöse Aspekte, Formen gelebter Religion zur Sprache kommen, geschieht dies den aktuellen pluralen Lebenswelten entsprechend, sodass gesellschaftliche Bezüge und individualisierte Aneignungsweisen des Religiösen in ihren vielfältigen Facetten aufgenommen sind, „womit die ‚Religion‘ den Menschen nur noch im Plural, also in vielerlei Ausgestaltungen und sozialen Kontexten begegnet“[9]. Um die Bedeutung Heiliger Schriften für den Alltag von Menschen heute einordnen zu können, ist die Erfahrung hilfreich, dass nicht ein als heilig eingestufter Text an sich

---

religionspädagogischen Vergewisserungen des Begriffs der Heiligen Schriften vgl. Tautz 2019.

6 Vgl. Wissmann 1995, 1280.

7 Die Bezeichnung TeNaK ist ein Akronym für die drei Teile der Hebräischen Bibel: Tora (Weisungen, fünf Bücher Mose), Neviim (Propheten) und Ketuvim (Schriften). Es gibt auch die Schreibweise Tenach oder Tanach.

8 Vgl. Almog u. a. 2017, 5.

9 Hero 2012, 335.

seine Be-Deutung für eine bestimmte Religionsgemeinschaft aufzeigt, sondern dass erst in der Einbindung der Kon-Texte, der Tradition, der Auslegungs- und Wirkungsgeschichte innerhalb einer bestimmten religiösen Tradition dieser Text seine Bedeutung entfalten kann. Die Pluralität religiöser Lebenswelten in säkularen Gesellschaften wird auf diese Weise erfahrbar, und zwar so, dass die Vielfalt nicht einerlei ist, sondern dass gerade die Traditionsgemeinschaft diese Vielfalt prägt und lebendig hält. Religion ist eben nicht Sache eines Individuums allein, sondern immer an eine Gemeinschaft von Menschen gebunden, die über Raum und Zeit hinweg die Offenbarung Gottes in Liturgie, Ritus und Alltag zu leben und darum immer wieder neu zu verstehen sucht.

3. Religiöse und literarische Sprache als Fremdsprache

Die Rede von religiöser Sprache als Fremdsprache wird oft auf religiöse Texte, so auch auf die Texte der Heiligen Schriften, bezogen. Dabei ist damit mehr als der historisch (garstig) breite Graben zwischen der Sprache zur Entstehungszeit biblischer Texte und heutiger Lebenswelten gemeint. Es geht um die Herausforderung religiöser Sprache allgemein. So ist denn auch die Metapher von der Fremdsprache Religion nicht neu.[10] Sie wird als „Defizitanzeige ‚objektiver' religiöser Sprache (Tradition, Verkündigung, Liturgie, Lehre etc.) sowie als Diagnose fehlender religiöser Sprachkompetenz auf Seiten der Subjekte (und zwar Lernender wie Lehrender in Sachen Religion)"[11] verstanden. Dieser doppelte Fokus eines Sprachverlusts der Religion einerseits und religiöser Sprachlosigkeit der Subjekte andererseits[12] stellt, wenn er selbst auch noch einmal kritisch angefragt werden muss, für (angehende) Religionslehrer_innen eine große Herausforderung dar. Um dieser begegnen zu können, um sich ihr stellen zu können, ist es einerseits wichtig, die Doppelthese kritisch anzufragen, und andererseits ist es im Rahmen hochschuldidaktisch verantworteter Bildung notwendig, gemeinsam Lösungswege zu finden und zu begehen. Die Ergebnisse der Studie von Stefan Altmeyer machen deutlich, dass religiöse Sprache heute – und zwar sowohl bei lernenden Subjekten (Schüler_innen) als auch bei lehrenden Subjekten

---

10 Zur Reflexion dieser Metapher in praktisch-theologischen Publikationen vgl. Altmeyer 2011, 15, hier vor allem Fußnote 7.

11 Ebd., 15.

12 Langenhorst 2017b, 10, spricht von einer „Ohnmachtsspirale religiöser Rede", die aufgrund des Verwobenseins von Sprache und Denken nicht einfach gelöst oder geöffnet werden kann, indem auf die Sprache von Literatur zurückgegriffen wird.

(Predigtautor_innen, aber auch Religionslehrer_innen) – einem „Plausibilitätskriterium der eigenen Erfahrung“[13] entsprechen muss. Wenn also „religiöse Sprache auch theologisch nicht unabhängig von der Praxis religiösen Sprechens gedacht werden kann“[14], eröffnet eine Suche nach religiöser Sprache im Alltag vielleicht einen Weg zur Sensibilisierung für und kritischen Einschätzung von zur Sprache gebrachten Religiosität im Alltag. Denn sicherlich gilt auch für angehende Religionslehrer_innen, „dass der unmittelbare Rückgriff auf überlieferte Formen der Gottesrede ja nicht nur ‚Anfängern‘, sondern auch ‚Fortgeschrittenen‘ in Sachen religiöser Sprache zum Problem geworden ist.“[15] Religiöse Sprache spiegelt die Wahrnehmung von Religion im Leben des Sprechers, sie spiegelt die Bedeutung von Religion in einer Gesellschaft, sie spiegelt Herrschaftsansprüche und Wahrheitsvorstellungen usw. Religiöse Sprache heute ist vielfältig, weil Religiosität heute nicht in einheitliche Formen zu pressen ist, sondern individualisiert und damit pluralisiert gelebt wird. „Religiös zu sein, bedeutet heute unausweichlich interreligiös zu sein.“[16]

Die Auseinandersetzung mit Literatur kann hier insofern einen Weg aufweisen, als genau dieser heterogene und kritische Blick auf die Welt und auf Sprache eine wichtige Dimension und Qualität von Literatur ausmacht.[17] Zu fragen bleibt allerdings, ob die Sprache der Literatur tatsächlich beim Spracherwerb der Fremdsprache Religion behilflich sein kann. Diese Frage ist umso berechtigter, als von Seiten der Literaturdidaktik literarische Sprache ebenfalls als „Fremdsprache“[18] bezeichnet wird. Wenn literarische Sprache als Fremdsprache verstanden wird, bedeutet das auch,

> dass einzelne Begriffe nicht aus dem Text herausgerissen und unter alltagssprachlichen Oberbegriffen ‚gelistet‘ werden dürfen, sondern dass das Bezugssystem eines jeden Textes auf sein genuines Funktionieren und Bedeuten hin zu befragen ist. Dabei ist im Gegensatz zur Alltagssprache das Randständige und auf den ersten Blick Unbedeutende stets als etwas potenziell besonders Bedeutsames zu betrachten.[19]

Im Umgang mit literarischen Texten kann demnach gelernt werden, die Kon-Texte achtsam aufzugreifen und für die eigenen Verstehens- und Deutungsversuche zu nutzen. Es kann gelernt werden, dass die Mehrdimensionalität von Sprache vielfältige, aber eben nicht beliebige Deutungsräume eröffnet. Dabei erweist sich nicht selten das „auf den ersten Blick Unbedeutende“[20] als Zugang zu (neuen) Perspektiven auf das vermeintlich Altbekannte.

---

[13] Altmeyer 2011, 314.
[14] Ebd.
[15] Ebd., 317.
[16] Gellner / Langenhorst 2013, 7.
[17] Vgl. Birkmeyer 2015.
[18] Mitterer / Wintersteiner 2015, 104.
[19] Ebd. Für das im fünften Kapitel aufgegriffene Buch von Gorelik wären das die Kon-Texte der Kulturen, der jüdischen Religion, der Heiligen Schriften usw.
[20] Ebd.

Um dieses Randständige, um das für mich selbst (zunächst) Unbedeutende geht es auch in interreligiösen Lernprozessen. Wenn Begegnung auf zwischenmenschlicher Ebene, wenn Austausch in der Sache und wenn ein gemeinsam gestalteter Lebensraum wichtige Anliegen sind, ist es notwendig, miteinander sprechen zu können. Das heißt dann auch, dass es notwendig ist, zu übersetzen oder die Fremdsprache zu erlernen. Sicherlich bleibt die Fremdsprache auch weiterhin eine Fremdsprache – und doch lässt sich auf diesem Weg kommunizieren. Je besser sich jemand in eine Fremdsprache eindenkt, einfühlt, einspricht, umso vielfältiger, differenzierter und umso lebendiger kann dann der Austausch erfolgen.[21]

Wenn also etwas von der Bedeutung Heiliger Schriften für Menschen heute aufleuchten soll, wenn der Alltag mit all seinen Facetten und pluralen Lebenswelten lebendig werden soll, wenn Religion als *ein* prägender Aspekt des Lebens von Menschen unserer Zeit wahrnehmbar werden soll, dann vermag literarische Sprache – gerade als herausfordernde Fremdsprache – einen Zugang zu bieten: zu den eben auch von Religion durch ihre Heiligen Texte geprägten Lebenswelten sowie zu einer Sprache, die darum ringt, das Ganze menschlichen Daseins in seiner Widersprüchlichkeit, Kontingenz, aber auch Offenheit für vermeintlich Un-Mögliches und das Hier und Jetzt Transzendierende in Worte zu fassen.

4. Religions- und literaturdidaktische Anregungen für interreligiöses und interkulturelles Lernen

Interkulturelles und interreligiöses Lernen überschneiden und ergänzen sich, beide Formen des Lernens sind so sehr miteinander verwoben, dass das eine ohne das andere zu kurz greifen würde – und doch setzen sie je eigene Schwerpunkte[22] und basieren auf unterschiedlichen Formen der Weltwahrnehmung[23]

---

21 Vgl. Tautz 2007, 347–348.

22 Vgl. ebd., 68–69. Auch Schambeck 2013, 29, versteht interreligiöses Lernen gegenüber dem interkulturellen Lernen als komplementären, aber eigenständigen Bereich.

23 Während interreligiöses Lernen sich schwerpunktmäßig mit Problemen konstitutiver Rationalität befasst, hat interkulturelles Lernen seinen Schwerpunkt im Modus der normativ-evaluativen Auseinandersetzung mit Gesellschaft. Die konstitutive (lat. constituere: festlegen, beschließen) Rationalität geht von Axiomen, Grundkategorien (z. B. Gott) aus, die ihrerseits mit bestimmten Erklärungs- und Deutungsmuster (z. B. Schöpfung) verknüpft werden. Damit wird gleichsam ein Koordinatensystem geschaffen, das eine Reflexion über das Ganze von Wirklichkeit möglich macht. Normativ-evaluativ ausgerichtete Rationalität greift auf gesellschaftliche Konventionen, Normen, Grundlagen zurück, die empirisch messbar sind, und vermag somit soziokulturelle Gegebenheiten, Formen der

und deren Rationalität. Interkulturellem Lernen geht es darum, die Vielfalt von Kulturen wie auch die Vielschichtigkeit innerhalb einer jeden Kultur aufleuchten zu lassen. Vergleichbar will interreligiöses Lernen (fremde) Religion in ihrem pragmatischen und pluralen Charakter erfassen, wobei hier zusätzlich die Frage nach der Wahrheit, nach dem Heiligen, nach dem Proprium der Religion bedeutsam wird. Die Arbeit an und mit Literatur wiederum vermag dazu zu verhelfen, mit all ihren Facetten und Blickwinkeln komplexe kulturelle wie auch religiöse Vielschichtigkeit authentisch darzustellen, indem das Zu- und Miteinander von Form und Gehalt, von Sprache und Inhalt in den Blick genommen wird. Sowohl religionsdidaktische als auch literaturdidaktische Ansätze wollen zur persönlichen Begegnung anregen, zu einem Perspektivenwechsel auffordern und auf diese Weise identitätsorientierend wirken. Das kann allerdings nur gelingen, wenn die Begegnung eine streitbare sein darf. Das Widerständige des Fremden muss lebendig bleiben, denn die Andersartigkeit des Anderen zu vergleichgültigen heißt, den Stachel des Fremden zu entschärfen oder die widersprüchliche Pluralität miteinander konkurrierender Strömungen innerhalb ein und derselben Religion zu harmonisieren.[24]

Kaspar H. Spinner hat 2006 elf Aspekte literarischen Lernens benannt und erläutert,[25] die in der Literaturdidaktik breit rezipiert werden,[26] die aber auch für religiöse Bildungsprozesse mit Literatur allgemein anschlussfähig sind. Nach Spinner kann es beim literarischen Lernen nicht ausschließlich um kognitive Zugänge zum literarischen Text gehen. Vielmehr sind auch emotionale und imaginative Lernprozesse zu integrieren, denn die von Spinner betonten emotionalen Aspekte beim Lesen literarischer Texte verweisen auf eine besondere Haltung dem Text gegenüber, die als „ästhetische[r] Modus“[27] bezeichnet wird. Der ästhetische Modus achtet auf die Lebendigkeit und Eigenheit des Textes, nimmt diese bewusst wahr, sodass kognitive, emotionale oder auch leibliche Aspekte der Lektüre zu einer *ganzheitlichen* Wahrnehmung des Textes führen. Es geht also durchaus auch darum, sich in diskursiver Form auf textorientierte Verstehensprozesse einzulassen,[28] aber eben auch ästhetische Formen der Textbegegnung möglich zu machen. Die ästhetische Erfahrung stellt sich über die und mit der Imaginationskraft ein und ist an die Lebenswelt des lesenden Subjekts gebunden

---

Gemeinschaftsbildung zu beschreiben und zu reflektieren. Damit wird deutlich, dass (inter-)religiöse Bezüge in Literatur nicht einfach unter (inter-)kulturellen subsumiert werden können. Vgl. hierzu die vier Modi der Weltbegegnung bei Baumert 2002, 113.

24 Vgl. Gellner / Langenhorst 2013, 361; Tautz 2007, 364–367.

25 Vgl. Spinner 2006.

26 Vgl. hierzu die Auflistung bei Maiwald 2015, 85.

27 Mitterer / Wintersteiner 2015, 101. Die Autor_innen kritisieren, dass „die grundlegende Differenz des ästhetischen Modus gegenüber dem Alltagslesen ebenso bekannt und selbstverständlich, wie […] in der literaturdidaktischen Praxis folgenlos bleibt.“

28 Vgl. Maiwald 2015, 86.

und daher von außen nicht herstellbar. Die ästhetischen Erfahrungen verschiedener Leser_innen eröffnen eine Fülle an lebendigen Zugängen zum Text. Ermöglicht wird dies durch eine intensive und in hermeneutischen Zirkeln sich vollziehende Begegnung zwischen Text und Leser_in, wobei die Routinen des Fühlens und Denkens auf Seiten des lesenden Subjekts durch den Text gleichsam unterwandert werden. Damit eröffnen sich in Form ganzheitlicher Wahrnehmung neben Identifikationsmöglichkeiten eben auch Möglichkeiten der Entfremdung,[29] wobei das Fremde, das Andere auch weiterhin in seiner Widerständigkeit wirksam bleibt. Auf diese Weise können die Fraglichkeiten, die Spannungen, die Leerstellen, die der Text anbietet, wahrgenommen werden. Erst auf dem „(Ab)Grund dieser Ungewissheiten"[30] kann sich ein literarisches Gespräch entwickeln. Der Hinweis Jens Birkmeyers darauf, dass literarisches Lernen eine kulturelle Praxis darstellt, „die Selbstbildung befördert und nicht in modellierte partikulare Teilfertigkeiten [sic!] aufgeht"[31], macht deutlich, dass ein sich dem oben beschriebenen ästhetischen Modus öffnendes literarisches Lernen vergleichbar dem interreligiösen Lernen darauf ausgerichtet ist, eine Begegnungshaltung einzuüben, die sich nicht zuletzt im geduldigen Zuhören, Nachfragen und im Bemühen um weitere Informationen zeigt.

5. Lena Goreliks Buch „Lieber Mischa ..." als literarischer Gesprächspartner für interreligiöse und interkulturelle Begegnung

5.1 *Einige Hinweise zur Autorin und zum Inhalt des Buches*

Das Buch „Lieber Mischa ... der Du fast Schlomo Adolf Grinblum geheißen hättest, es tut mir so leid, dass ich Dir das nicht ersparen konnte: Du bist ein Jude ..." von Lena Gorelik[32] bietet sich aus vielen Gründen für interreligiöse und interkulturelle Bildungsprozesse an – und gleichzeitig entzieht es sich einer didaktisierenden Vereinnahmung. Denn die Protagonistin des Buches macht in ihren Briefen, die sie an ihren noch ganz jungen Sohn Mischa schreibt, deutlich, dass sie nicht kategorisiert werden will in verschiedene Facetten einer Identität, die zwar zu ihr gehören, deren Zu- und Miteinander sich aber gerade nicht mithilfe

---

[29] Vgl. Frederking ⁹2010, 414–451. Es sind gerade solche Erfahrungen der Fremdheit, die Fragen an die eigene Identität aufrufen und damit Prozesse der Identitätsförderung und -orientierung voranbringen können. Vgl. hierzu ebd., 423.

[30] Mitterer / Wintersteiner 2015, 104.

[31] Birkmeyer 2015, 30.

[32] Gorelik ^{3}2016.

der Analyse ihr von außen aufgezwungener Identitätszuschreibungen erklären lässt. Vielmehr bilden die verschiedenen Facetten die ganz individuellen Erfahrungen dieser Protagonistin. Sie gehören so zu ihr, dass gerade in deren verwobenen Strukturen die Individualität der Person zum Ausdruck kommt. Zentral – nicht nur in diesem Werk Goreliks – ist die Frage nach der eigenen Identität im Kontext von Migration, Interkulturalität, Intra- und Interreligiosität. Damit lädt die Autorin ihre Leser_innen indirekt dazu ein, die Frage nach der eigenen Identität im Raum pluraler Lebenswelten zu stellen.

Die Autorin stammt aus einer jüdischen Familie, die bis zur Migration nach Deutschland (1992) als sogenannte Kontingentflüchtlinge in der ehemaligen Sowjetunion, im heutigen Sankt Petersburg, gelebt hat. In ihren Werken erzählt sie von den Erfahrungen von Migration, von Interkulturalität auf unterschiedlichen Ebenen, von religiöser Heimat und Fremdheit, der Identitätssuche in pluralen Lebenswelten. Solchen Erfahrungen von Migration begegnen nicht wenige Menschen mit Stereotypen, vielleicht um auf diese Weise die Komplexität des Lebens zu beherrschen. Die Werke Goreliks tragen daher zwar autobiographische Züge, bearbeiten die Themen allerdings in fiktional-literarischer Weise. Genau das macht ihre Werke denn auch für interreligiöse und interkulturelle Bildungsprozesse interessant, denn die Leser_innen können die Perspektive der Schreiberin der Briefe, aber auch des in den Briefen angesprochenen Sohnes einnehmen.

Das Buch ist ein Briefroman eigener Art, was sich schon an dem überaus langen Titel zeigt. Die Eigenart macht das Werk zu einem „verrückte[n] Buch“[33], das ein Leben zwischen unterschiedlichen Lebenswelten zum Thema macht, diese sprachlich geschickt zu Wort kommen lässt und dabei bzw. gerade darin die Identität der Protagonistin – die für diese selbst eine frag-würdige ist – zum Ausdruck bringt. Die Leser_innen tauchen beim Lesen in die private Sphäre der Briefe ein und der eine oder die andere wird sich dabei ertappen, sich zumindest hin und wieder als *Du* angesprochen zu fühlen. Auf diese Weise wird eine doppelte Bewegung von Erfahrungen der Identifikation und solcher der Fremdheit in Gang gesetzt, die in Lernprozesse überführt werden kann, einerseits eine dem Anderen und Fremden gegenüber offene Begegnungshaltung einnehmen zu können und andererseits sich mit eigenen Identitätskonstrukten reflektiert auseinanderzusetzen.[34]

Die Briefe folgen keiner zwingenden Chronologie, sie greifen einzelne Themen aus dem Alltag der Protagonistin auf und spiegeln den Leser_innen in ironischer Weise, z. T. satirisch zugespitzt, die Verrücktheiten der Begegnung von Menschen tatsächlich oder vermeintlich fremder Kulturen und Religionen und

---

33 Gellner / Langenhorst 2013, 153.

34 Eine solche Bewegung didaktisch zu begleiten, ist Aufgabe eines identitätsorientierten Literaturunterrichts und es ist ebenso Aufgabe eines interreligiösen Lernens in Anlehnung an die Komparative Theologie. Zur religionspädagogischen Relevanz Komparativer Theologie vgl. Altmeyer / Tautz 2015, 121–140. Tautz 2022, 3–8.

den je eigenen Vorurteilen und Stereotypen. Gorelik erzählt von den Freuden, aber auch den (ärgerlichen oder zu Zorn bewegenden) Herausforderungen, die sich angesichts anderer kultureller, weltanschaulicher und religiöser Grunderfahrungen beim Zusammentreffen unterschiedlicher Lebenswelten ergeben. So wie die Protagonistin ihren kleinen Sohn Mischa mit den Briefen in die spannende (spannungsvolle) und lebendige Welt einführt, so fühlen sich auch die Leser_innen durch die humorvolle Art und Weise des Erzählens und durch das Du der Briefe zumindest phasenweise selbst direkt angesprochen.

5.2 *Exkurs: Die Tora im jüdischen Alltag*

Mit der autoritativen Geltung der Heiligen Schrift, mit der Unveränderlichkeit des ursprünglichen bzw. kanonisierten Wortlautes ist die Notwendigkeit verbunden, die Texte unter sich verändernden Lebensbedingungen, in veränderten Kultur- und Sprachräumen zu kommentieren.[35] Denn Heilige Schriften, die nicht verständlich sind, können trotz des ihnen zugeschriebenen heiligen Charakters nur bedingt als eine das Leben der Menschen hier und heute existenziell betreffende Offenbarung wahrgenommen werden. Daraus ergibt sich die Notwendigkeit, den Sinngehalt der Texte kommunikativ zu erschließen. Das erfolgt im jüdischen Kontext vor allem über die rabbinische Auslegungstradition, die sowohl die schriftliche als auch die mündliche Tora umfasst.

Die theologische Relevanz der Heiligen Schrift im Judentum zu erläutern, stellt vor die große Herausforderung, der Heterogenität jüdischer Gruppen gerecht zu werden, die einen je eigenen Umgang mit den religiösen Schriften pflegen. Ein Grund dafür liegt in der Unterscheidung zwischen der schriftlichen und der mündlichen Tora. Zunächst werden mit der Tora die fünf Bücher Mose verbunden. Sie bilden das Zentrum der Heiligen Schriften des Judentums. In einem erweiterten Sinne wird dann aber auch von der gesamten Hebräischen Bibel, dem TeNaK, und noch einmal darüber hinaus von der gesamten hebräischen (aramäischen) religiösen Literatur als der Tora gesprochen. In diesem Sinne bezieht sich das Judentum auf die Tora in ihrer rabbinischen Auslegung.[36] Allerdings ist das Zu- und Miteinander der sogenannten schriftlichen und mündlichen Tora nicht einfach zu klären und hat im Laufe der Geschichte jüdischer Bibelauslegung unterschiedliche Wege genommen.[37] In Abgrenzung zum christlichen Verständnis der Bibel als Gottes Wort in Menschenwort spricht Hanna Liss

---

35 Vgl. Wissmann 1995, 1281–1282; vgl. zum Exkurs auch Tautz 2019.

36 Vgl. Liss 2015a, 16, die festhält: „Das rabbinische Judentum zeigt von Anfang an einen sehr selbstbewussten und für heutige Bibelleser manchmal eigenwillig anmutenden Umgang mit der Heiligen Schrift. Insofern wird der schriftlichen Offenbarung (*Thora she-bikhtav*) die sogenannte mündliche Überlieferung (*Thora she-be-al pe*) gleichwertig an die Seite gestellt."

37 Vgl. Liss 2014, 337–352.

von „Gottes Wort in Menschenform“[38], womit sie auf die vielfältigen Formen der Auslegung verweist. Der formale Unterschied zum christlichen Verständnis der Bibel als Gottes Wort in Menschenwort liegt vor allem darin, dass die Tora zuerst als schriftlich fixierte Form der von Gott an sein Volk erlassenen Gesetze verstanden wird, die innerhalb der jüdischen Denominationen entweder als formales Gesetzeswerk (orthodoxes Judentum) oder als Grundlage für ethisches Handeln (liberales Judentum) gilt. Daher wird die Tora eher als Rechtskorpus denn als eine Sammlung von Erzählungen verstanden.[39]

5.3 *Beispiel zum Begegnungslernen mit Literatur*

Der ironische, humorvolle, anekdotische Erzählstil Goreliks führt dazu, die Briefe (zunächst) als unterhaltsame Literatur bzw. Erzählung zu verstehen. Erst beim zweiten Blick wird deutlich, dass gerade in der ironischen Brechung das *Heilige* aufscheint: der Schatz der Tradition, die Achtsamkeit der jüdischen Rede von und über Gott, die auch in der Schreibweise sichtbar wird: „G''tt“.

Begriffe aus dem jüdischen Alltag, religiöse Gebrauchsgegenstände und Riten werden bei Lena Gorelik einerseits selbstverständlich verwendet, andererseits aber auch am Rand des Textes durch Notizen, Kommentare oder kleine Anekdoten ergänzt. Diese Art des Kommentierens eines Textes – immer wieder gibt es einen „Kommentar zum Kommentar“[40] oder sogar einen „Kommentar zum Kommentar zum Kommentar“[41] oder auch Kommentare anderer Personen als der Briefeschreiberin[42] – ist an die talmudische Kommentartradition angelehnt. Dass die Autorin auf ein Glossar verzichtet – das sich z. B. in jüdischer Kinder- und Jugendliteratur durchaus findet[43] –, kann als ein Hinweis darauf verstanden werden, dass diese Begriffe und die mit den Begriffen umschriebenen Traditionen zur jüdischen Identität der Erzählerin ganz selbstverständlich hinzugehören und dabei gleichzeitig doch auch erklärungsbedürftig sind. Das Ringen um die eigene Identität als Jüdin, die sich aus der Tradition heraus versteht

---

38 Ebd., 356.

39 Die hier in grober Kürze als Exkurs angerissenen Informationen müssen im Rahmen interreligiösen Lernens an und mit Literatur im Lernprozess selbst Raum finden. Das kann in der Hochschuldidaktik gut über Texte jüdischer Autor_innen (Binnenperspektive) geschehen.

40 Gorelik [3]2016, 21–22, 42, 50, 56, 70, 101–102, 105, 112–113, 124, 134, 140, u. ö.

41 Ebd., 22, 50, 101.

42 Ebd., 55 (ein Kommentar der Großmutter), 97 (Kommentar von Mischas Vater).

43 Vgl. z. B. die Bilderbücher von Eva Lezzi und Anna Adam, die von Beni und seiner Familie erzählen, z. B. Lezzi, Eva / Adam, Anna (2015): Beni und die Bat Mitzwa, Berlin, oder Lezzis von den Freundinnen Rebekka und Samira erzählender Jugendroman: Lezzi, Eva (2016): Die Jagd nach dem Kidduschbecher, Berlin.

und sich in die Tradition eingebunden weiß, die aber ihre Eigenart auch aus anderen Weltbezügen schöpft, wird in den Erläuterungen im Fließtext wie in den Kommentaren am Textrand geradezu greifbar.[44]

So sind die Glaubenswelten Teil der Lebenswelten, ohne sich in ihnen aufzulösen. Ihre prägende Kraft wird im vorliegenden Buch Goreliks in jeder Zeile lebendig, sodass die Wirksamkeit Heiliger Schriften im Alltag sprachlich, handelnd und Welt ordnend aufscheint. Das soll im Folgenden an zwei Briefen aufgezeigt werden, die in exemplarischer Weise Literatur zum Begegnungsraum für interreligiöse und interkulturelle Lernprozesse werden lassen. Wie oben bereits gesagt, stimmen einzelne Aspekte der Biographie der Erzählerin mit denen der Autorin überein, ohne aber den fiktionalen Charakter aufzuheben. Die biographische Authentizität einerseits und die literarische Offenheit andererseits vermögen den Begegnungsraum in besonderer Weise zu gestalten. Auf die Leser_innen wirkt es einladend, die Perspektive einer fiktiven Person einzunehmen, und die Begegnung wirkt gerade aufgrund der sich in den Briefen der Erzählerin spiegelnden realen Lebenserfahrungen der Autorin für die Leser_innen authentisch.

Das Kapitel „Oj vej“[45] kann als eine Art Kurzbeschreibung der Biographie der Protagonistin gelesen werden. Wie schon im Titel des Buches angeklungen, geht es der Erzählerin darum, ihrem Sohn in den Briefen zu beschreiben, was es heißt, ein Jude zu sein. Zum Ende des Kapitels erklärt die Mutter ihrem Sohn, was es für sie selbst bedeutet, jüdisch zu sein:

> Jüdisch zu sein heißt für mich, eine jüdische Mutter zu haben, die mir Essen per Post schickt (und die mich für diesen Satz enterben wird). Jüdisch sein heißt, dass ich jüdische Literatur liebe, Klezmermusik eher weniger, dafür aber jüdischen Humor. Jüdisch zu sein heißt für mich, dass ich gerne möchte, dass auch Du dieses Gefühl kennst und ich Dir deshalb ein paar Dinge erklären will, ein paar Dinge, die ich mit einem ‚oj vej‘ werde einleiten müssen, ein paar Dinge, die schön-nervtötend-melancholisch-komisch-gemein-absurd-rassistisch-wunderbar-verrückt-erzürnend-wahnsinnig-klug-unwichtig-lebensbejahend-todtraurig- einfach-schwierig-jüdisch sein werden.[46]

Diese sprachlich auffallende, ungewöhnlich lange und durch Bindestriche aneinander gebundene Reihung von Adjektiven entspricht dem, was durch ein „oj vej“ zum Ausdruck kommt. Das Oj vej erscheint wie eine Kurzform jüdischer Identität, was sich in der Reihung der Adjektive auch daran ablesen lässt, dass sie mit „jüdisch“ endet und damit die Bedeutung, die Färbung vorgibt. Die vermeintliche Widersprüchlichkeit verweist auf Erfahrungen von Gegensätzen im

---

44 Wie die Arbeit mit dem Buch in einem religionspädagogischen Seminar an der Universität zu Köln gezeigt hat, fühlen sich Studierende für das Lehramt im Fach Religion davon eingeladen, mit der Erzählerin – auch mit ihrem Sohn – ins Gespräch zu kommen und dabei auch über eigene Identitäts- und Fremdheitserfahrungen im Kontext christlicher Glaubenswelten nachzudenken.

45 Gorelik ^{3}2016, 17–22.

46 Ebd., 22.

Alltag des Einzelnen wie in der Geschichte des Judentums und macht damit die Identität von Jüdischkeit aus. Deutlich wird das auch, wenn die Protagonistin von den zwei Herzen spricht, die in ihrer Brust schlagen. Schlägt das weltoffene Herz laut und selbstbewusst, so schlägt das jüdische Herz „leiser, unregelmäßiger"[47], nimmt verschiedene Perspektiven ein und wägt Urteile ab, weshalb anstelle eines schlagenden Geräuschs ein leiseres und abwägendes „aber, aber, aber"[48] oder eben auch Oj vej zu hören ist.

Identität in pluralen Lebenswelten kann sich selbst immer nur plural entwickeln. Dass religiöse Identität dabei aber nicht beliebig ist, dass Inhalte sich in der Form gemeinsam tradierter und gelebter Religiosität zeigen, dass auch eine „Kulturjüdin"[49] jüdisch-religiös ist, vermag das Buch in Form der kaleidoskopähnlichen Erzählungen zum Alltag der Protagonistin zu zeigen. Ihre selbstkritische Einschätzung „unreligiös"[50] zu sein, der Zweifel an der Ernsthaftigkeit und Richtigkeit der eigenen Religiosität, der sich in der direkt und indirekt immer wieder aufgenommenen Frage (auch in ironische Brechung) zeigt, was eine „echte Jüdin"[51] ausmacht, fordert Leser_innen geradezu auf, sich mit der Frage der eigenen Religiosität und deren Rückbindung an ihre Religion auseinanderzusetzen. Damit bieten die Briefe eine Fülle an Gesprächsanlässen zwischen den Leser_innen und der Protagonistin, die im Sinne des literarischen Gesprächs Identifikations- und Entfremdungsmöglichkeiten eröffnen und damit identitätsorientierend[52] wirken können. Sie bieten ebenso eine Fülle an Gesprächsanlässen für ein im Sinne mikrologischen Vorgehens gestaltetes komparativ-theologisches Zuhören, Nachfragen, Mitdenken, um auch auf diesem Feld religiöser Weltanschauung das widerständig Fremde und das im Eigenen widerhallende Fremde gleichermaßen wahrnehmen zu können. Die Schreiberin der Briefe ist bei diesem Prozess nicht nur ihrem Sohn, sondern auch den Leser_innen ein gutes Vorbild im unterscheidenden Vergleich, in der wohlwollenden Zuwendung, in der kritischen Abgrenzung und vor allem im durchgängigen Bemühen, dem näher zu kommen, was das Heilige, das zu bewahrende und lebendig zu haltende der eigenen Religion ist oder sein soll und wie es im Alltag heute gelebt werden kann.

Das zeigt sich besonders deutlich im letzten Brief – „Der wieder mal nicht gelungene Versuch einer kurzen Zusammenfassung"[53] –, wenn die Protagonistin einerseits in ironischer Weise über das Schma Israel nachdenkt und andererseits – wiederum (selbst-)ironisch – schreibt:

---

47 Ebd., 63.

48 Ebd.

49 Hieber 2011: Mit diesem Begriff umschriebt Jochen Hieber die Autorin.

50 Gorelik ^{3}2016, 142.

51 Ebd., 24.

52 Vgl. Frederking ^{9}2010, 414–451.

53 Gorelik ^{3}2016, 183–185.

> Und ich, die ich mich darüber lustig mache? Ich stehe jeden Abend brav an Deinem Bett und sage ‚Schma Israel', weil Du es noch nicht kannst, weil wir es unsern Kindern sagen sollen. Jeden Abend tue ich es, obwohl ich außer dem ersten Satz keinen weiteren verstehe, nur Worte vor mich hin brabbele, so wie man als Kind englischsprachige Lieder mitgesungen hat, ohne den Sinn zu verstehen. Jeden Abend sage ich ‚Schma Israel' und weiß nicht, warum ich es tue, weiß nur, dass ich ruhiger bin, wenn ich es tue. // Vergiss nicht ‚Schma Israel'.[54]

Das Heilige der Heiligen Schrift kommt im Schma Israel in besonderer Weise zum Ausdruck. So besteht die Heiligkeit für jüdische Menschen darin, die Weisungen Gottes zum Leben zu *hören* und *im Alltag umsetzen* zu können, sie sind also auf eine entsprechende Rezeption angewiesen.

Mit dieser Aufforderung an Mischa, der selbst noch nicht sprechen kann, endet der letzte Brief des Buches. Für interreligiöse Bildungsprozesse allgemein, insbesondere aber für diejenigen von angehenden Lehrer_innen, bietet das Buch von Gorelik vielfältige Zugänge.

Literatur

Almog, Yael u. a. (2017): Einleitung, in: Dies. (Hg.): Heilige Texte in der Moderne. Lektüren, Praktiken, Adaptionen (Interjekte 11), Berlin, 5–6.

Altmeyer, Stefan (2011): Fremdsprache Religion? Sprachempirische Studien im Kontext religiöser Bildung (Praktische Theologie heute 114), Stuttgart.

Altmeyer, Stefan / Tautz, Monika (2015): Der Religionsunterricht als Ort Komparativer Theologie? Auf dem Weg zu einer fundamentalen und konkreten Didaktik des Lernens, in: Burrichter, Rita u. a. (Hg.): Komparative Theologie: Herausforderung für die Religionspädagogik. Perspektiven zukünftigen interreligiösen Lernens, Paderborn, 113–140.

Baumert, Jürgen (2002): Deutschland im internationalen Bildungsvergleich, in: Killius, Nelson u. a. (Hg.): Die Zukunft der Bildung, Frankfurt a. M., 100–150.

Birkmeyer, Jens (2015): Die Bedingungen der Möglichkeiten literarischen Lernens - Anmerkungen zu Kaspar Spinners Thesen, in: Leseräume. Zeitschrift für Literalität in Schule und Forschung 2.2, 28–45.

Boehme, Katja (2018): Fächerkooperierendes Interreligiöses Begegnungslernen, in: Religionspädagogische Beiträge 79, 15–23.

Frederking, Volker (⁹2010): Identitätsorientierter Literaturunterricht, in: Ders. u. a. (Hg.): Taschenbuch des Deutschunterrichts. Bd. 2: Literatur und Mediendidaktik, Baltmannsweiler, 414–151.

Gellner, Christoph / Langenhorst, Georg (2013): Blickwinkel öffnen. Interreligiöses Lernen mit literarischen Texten, Ostfildern.

Gorelik, Lena (³2016): Lieber Mischa ... der Du fast Schlomo Adolf Grinblum geheißen hättest, es tut mir so leid, dass ich Dir das nicht ersparen konnte: Du bist ein Jude ..., Berlin.

Hero, Markus (2012): Religiöse Sozialisationsinstanz im Wandel. Wer vermittelt die „neue" oder „alternative" Religiosität?, in: Owetschkin, Dimitrij (Hg.): Tradierungsprozesse im Wandel der Moderne. Religion und Familie im Spannungsfeld von Konfessionalität und Pluralisierung (Veröffentlichungen des Instituts für soziale Bewegungen 53), Essen, 335–358.

[54] Ebd., 185.

Hieber, Jochen (2011): Mutterwitz mit Telefon, in: Frankfurter Allgemeine Zeitung, Zugriff am 25.05.2020 https://www.faz.net/aktuell/feuilleton/buecher/rezensionen/belletristik/lena-gorelik-lieber-mischa-mutterwitz-mit-telefon-1628168.html

Langenhorst, Georg (2017a): Hinführung, in: Ders. / Willebrand, Eva (Hg.): Literatur auf Gottes Spuren. Religiöses Lernen mit literarischen Texten des 21. Jahrhunderts, Ostfildern, 9–31.

Langenhorst, Georg (2017b): Über den Glauben Auskunft geben? Nachdenken über Chancen und Grenzen religiöser Rede, in: Kontakt 12, 10–15.

Leimgruber, Stephan (2010): Interreligiöses Lernen, München.

Liss, Hanna (2014): Hebraica veritas? Jüdische Bibelauslegung, wissenschaftliche Bibelforschung und die alt-neue Frage nach ihrer Kommunikation, in: Lehmann, Karl / Rothenbusch, Ralf (Hg.): Gottes Wort in Menschenwort. Die eine Bibel als Fundament der Theologie (Quaestiones Disputatae 266), Freiburg i. Br., 337–356.

Liss, Hanna (2015a): Die Heilige Schrift des Judentums: der TeNaK, in: Sajak, Clauß Peter (Hg.), Heilige Schriften. Texte – Themen – Traditionen. Sekundarstufe I und II, Lernen im Trialog, Paderborn, 15–19.

Liss, Hanna (2015b): Die Tora im Judentum, in: Zeitschrift für Pädagogik und Theologie 67.2, 113–124.

Maiwald, Klaus (2015): Literarisches Lernen als didaktischer Integrationsbegriff Spinners „Elf Aspekte" als Struktur und Denkrahmen für weiterführende Modellierung(en), in: Leseräume. Zeitschrift für Literalität in Schule und Forschung 2.2, 85–95.

Mitterer, Nicola / Wintersteiner, Werner (2015): Literarische Erfahrung. Ästhetischer Modus und literarisches Lernen, in: Leseräume. Zeitschrift für Literalität in Schule und Forschung 2.2, 96–108.

Schambeck, Mirjam (2013): Interreligiöse Kompetenz. Basiswissen für Studium, Ausbildung und Beruf, Göttingen.

Spinner, Kaspar H. (2006): Literarisches Lernen, in: Praxis Deutsch 200, 6–16.

Tautz, Monika (2007): Interreligiöses Lernen im Religionsunterricht. Menschen und Ethos im Islam und Christentum (Praktische Theologie heute 90), Stuttgart.

Tautz, Monika (2018): Begegnungslernen – ein schillernder Begriff, in: Religionspädagogische Beiträge 79, 24–32.

Tautz, Monika (2019): Heilige Schriften. Theologische und religionspädagogische Vergewisserungen eines problematischen Begriffs, in: Kontakte 14, 17–19.

Tautz, Monika (2022): Komparativ-theologische Religionspädagogik als Beitrag für einen zukunftsfähigen Religionsunterricht, in: Notizblock 71, 3–8.

Wissmann, Hans (1995): Art. Heilige Schriften, in: Lexikon für Theologie und Kirche[3] 4, 1280–128.

Nach der Schrift
Der Jesusroman im Horizont bibelhermeneutischer Interpretationspraxis (Philip Pullman: *The Good Man Jesus and the Scoundrel Christ*, 2010)

Andreas Mauz

1. Die gleiche Geschichte, anders. Zur Einleitung

Nikos Kazantzakis' *Die letzte Versuchung* (1952) ist wohl einer der bekanntesten Jesusromane des letzten Jahrhunderts. Diese Stellung verdankt sich wesentlich einer markanten Rezeptionsform, die mittlerweile historisch geworden ist: Aufgrund seines mutmaßlich blasphemischen Gehalts wurde Kazantzakis' Roman 1954 auf den Index der verbotenen Bücher der römisch-katholischen Kirche gesetzt.[1] Das römische Urteil scheint aber nur ein besonders deutlicher Beleg für einen generellen Sachverhalt zu sein: Theologie und Kirche können zum Genre des Jesusromans kein anderes als ein ambivalentes Verhältnis haben. Die kanonische Geltung der biblischen Schriften, die Überzeugung, dass die Bibel als Heilige Schrift ein oder das einzige maßgebliche Zeugnis des „Wortes Gottes" darstellt, muss mit einer gesteigerten Aufmerksamkeit für literarische Aneignungen biblischer Stoffe einher gehen. Die normative Grundierung dieser Aufmerksamkeit geht aber besonders deutlich aus Reaktionen auf Nacherzählungen des theologisch kardinalen Jesus-Stoffs hervor. Wenn diese Geschichte aus christlicher Sicht an sich nicht nur erzählt werden darf, sondern *soll*, so unterliegt ihre Reproduktion zugleich einem mehr oder weniger rigiden Reinheitsgebot.[2]

Als der britische Autor Philip Pullman (* 1946), bekannt für seine umfang- und erfolgreichen Fantasyromane (u. a. *His Dark Materials*-Trilogie, 1995–2000),

---

1 Der Index wird seit dem Zweiten Vatikanum nicht mehr weitergeführt. Vgl. May 1968, 547–571. Für eine prägnante theologische Interpretation von Katzankazis' Roman: Vgl. von Sass 2022.

2 Das gilt selbstredend nicht nur für Jesus*romane*, sondern für Aneignungen des Stoffs in beliebigen Medien. Die mediale Korrespondenz im Fall von klassischer buchförmiger Bibelausgabe und klassischem buchförmigem Roman führt allerdings zu einer spezifischen Konstellation (im Fall des nachstehend diskutierten Romans etwa zu einer sakralisierenden Buchästhetik; s. u.).

2010 für viele unerwartet den Jesusroman *The Good Man Jesus and the Scoundrel Christ*[3] veröffentlichte, bekam er dies deutlich zu spüren. In Gerald O'Collins ausführlicher theologischer Kritik verfällt der Roman dem Verdikt eines klar negativ bewerteten „picking, choosing, changing“[4]. Es handle sich bei dem Buch, summa summarum, um „a nasty travesty“[5]. Diese akademische Schelte, auf die unten im Einzelnen zurückzukommen sein wird, ist aber nur das eine. Auch beim breiten Publikum stieß Pullmans Buch teilweise auf deutliche Ablehnung. Sein Verlag Canongate hat nicht ohne Kalkül die Videoaufzeichnung einer Lesung zugänglich gemacht, die einen charakteristischen Wortwechsel präsentiert.[6] Dieser ist umso aufschlussreicher, als die Sensibilität der Materie nicht anhand des Romans, sondern nur anhand seines als anstößig empfundenen *Titels* zur Sprache kommt. Pullman wird mit der Publikumsbemerkung eines (gemäß Selbstbezeichnung) „ordinary Christian“ konfrontiert, die Bezeichnung des Sohnes Gottes als „scoundrel“ – Schurke – sei „offensive“, „a shocking thing“. Dass der Verlag gerade diese Szene für Werbezwecke eingesetzt hat, ist offensichtlich Pullmans programmatischer Replik geschuldet:

> Yes, it was a shocking thing to say. And I knew it was a shocking to say. But no one has the right to live without being shocked. No one has the right to spend their live without being offended. Nobody has to read this book. Nobody has to pick it up. Nobody has to open it. And if they open it they don't have to like it. And if you read it and you dislike it you don't have to remain silent about it. You can complain about it. You can write to the publisher. You can write to the papers. You can write your own book. You can do all those things. But there your rights stop. No one has the right to stop me writing this book. No one has the right to stop it being published, sold, bought or read. That's all I have to say about the subject.[7]

Ein Autor könnte sich kaum nachdrücklicher auf die Freiheit der Kunst wie die Freiheiten der Leserin/des Lesers beziehen. *Christliche* Leser_innen machen angesichts gewisser Jesusromane von der Freiheit, „all those things“ zu tun, gerade offensiven Gebrauch. Sie negieren kaum das Recht, ein Buch dieser Art zu schreiben. Eine Nacherzählung des Stoffs ist, im Gegenteil, durchaus erwünscht – solange sich die nacherzählende Variation innerhalb gewisser Grenzen hält. Die eine Geschichte darf durchaus anders erzählt werden, aber nicht *zu* anders; sie muss das Geschäft des „picking, choosing, changing“, das bereits aufgrund der pluralen Jesus-Überlieferung des Neuen Testaments ohnehin unvermeidlich ist, in der ‚richtigen' Weise betreiben. – Wo genau die Grenzen zwischen *legitimer Nacherzählung* und *illegitimer Umerzählung* liegen, ist dabei selbstverständlich

---

3 Pullman 2010. Dt.: Ders. ²2011. Ich zitiere den Roman im Folgenden nach der englischen Taschenbuchausgabe (Edinburgh 2011) im Fließtext.

4 O'Collins 2011, 16.

5 Ebd., 72.

6 Buchpräsentation Sheldonian Theatre, Oxford, 28.3.2010, Zugriff am 27.10.2020 https://www.youtube.com/watch?v=HQ3VcbAfd4w.

7 Ebd.

nicht ein für alle Mal fixiert. In den Debatten, die angesichts eines neuen Jesusromans oder -films alle paar Jahre aufbrechen, werden sie vielmehr immer neu ausgehandelt (wobei, wie im Fall von Pullmans Statement, jeweils weniger ein Konsens angestrebt wird, sondern – und legitimerweise – zunächst eine Klärung der Positionen).

Wenn es im Einzelfall durchaus verschiedene Punkte sind, die zu einem naturgemäß vielstimmigen kirchlichen und theologischen Zu- oder Widerspruch führen, so lässt sich doch sagen, dass das Reinheitsgebot bestimmte Elemente des Jesus-Stoffs stärker betrifft als andere. Wie auch das Beispiel Kazantzakis' zeigt, sind die Spielräume bei der Gestaltung von Kreuzigung und Auferweckung besonders eng. Hier liegt der kritische Einspruch, es handle sich bei einer „Veränderung" um eine „Verfälschung" aus offensichtlichen Gründen besonders nahe: Zumindest im Horizont klassischer soteriologischer Modelle sind Kreuz und Auferweckung die zentralen heilsstiftenden Ereignisse.[8]

Nun ist es an dieser Stelle weder möglich noch nötig, die dogmatischen und bibelhermeneutischen Überzeugungen, die dazu führen, dass der Jesusroman unter erheblicher Beobachtung steht, im Einzelnen zu entfalten.[9] Der Beitrag möchte vielmehr am Beispiel von Pullmans Roman exemplarische Bruchlinien zwischen einem etablierten literarischen Genre und bestimmten bibelhermeneutischen Prämissen nachgehen, die ebenso im Roman selbst wie in dessen Rezeptionszeugnissen (konkret v. a.: die zitierte Studie Gerald O'Collins') greifbar werden. Um das zu tun, muss zunächst in aller Kürze exponiert werden, was und wie verschiedenes unter dem Gattungsbegriff „Jesusroman" verstanden wird. Vor diesem Hintergrund lässt sich exemplarisch zeigen, worin die theologische Produktivität des Jesusromans im Allgemeinen und von Pullmans Roman im Besonderen liegt: Durch sein ‚Überschreiben' der Evangelien, seine genuin intertextuelle Poetik, stellt der Jesusroman eine exegetische Ressource ersten Ranges dar. Der Wert dieser Ressource steht und fällt allerdings mit dem Grad, in dem seine Stellung „nach der Schrift" text- wie bibelhermeneutisch reflektiert wird. In texthermeneutischer Hinsicht kann diese Reflexion insbesondere von Impulsen der Intertextualitätstheorie profitieren.[10] In bibelhermeneutischer Hinsicht kann sie, wie ausblickend gezeigt wird, durch die Rede von einer *literarischen Exegese* bzw. einer *narrativen Christologie* programmatische Qualität annehmen.

---

8 Für eine Fallstudie vgl. Mauz 2018a.

9 Vgl. aus dem evangelisch-theologischen Kontext exemplarisch: van Oorschot / Focken 2020; Dalferth 2018; Körtner 2015.

10 Die Intertextualität wurde, wenn ich richtig sehe, bislang erstaunlicherweise noch nicht in den Status einer primären Bezugstheorie erhoben (was auch hier nicht der Fall ist). Für die neuere Forschung vgl. u. a. Forest 2019; Lecourt 2018; Thibault 2017; Maczynska 2015; Holderness 2015; Hock Soon 2013; Crook 2011; Ramey 2011; Langenhorst 2007.

2. Der Jesusroman: gattungstheoretische Prolegomena

Die Rede von „Jesusromanen" bzw. „Jesus novels" ist ebenso dies- wie jenseits des Atlantiks fest im wissenschaftlichen Diskurs etabliert. Der Gattungsbegriff ist vertraut, weil es nicht nur einige wenige, sondern eine kaum überschaubare Menge längerer Prosatexte gibt, die mehr oder weniger plausibel unter diesem versammelt werden können. Folgt man einer Zählung, die in der englischsprachigen Forschung kursiert, waren es im vergangenen Jahrhundert mehr als 400 Romane.[11] Der Gattungsbegriff lässt sich freilich in verschiedenster Weise fassen und gibt damit nur eine summarische Beschreibung von Texten, die sich unter Umständen in vielerlei Hinsicht unterscheiden.[12] Um das Feld in seiner Breite zu eröffnen und den Blick für signifikante Differenzen zu schärfen, sollen zunächst in aller Kürze zwei Definitionsvorschläge präsentiert und diskutiert werden. Ein Hinweis auf die gängigen typologischen Unterscheidungen führt dann zurück zum Beispiel Pullmans.

2.1 *Eine enge Bestimmung: Zeba A. Crook (2011)*

Wie etabliert das in Frage stehende Genre ist, zeigt auch der Umstand, dass im *Blackwell Companion to Jesus* (2011) ein Artikel zum Jesusroman zu finden ist. Dieser Beitrag bietet einen guten Einstieg, weil sein Autor – Zeba A. Crook – die Gattungsbestimmung ausdrücklich mit Erwägungen zu ihrer Funktion verbindet – *Jesus Novels: Solving Problems with Fiction.*[13] Welche Probleme Crook dabei im Blick hat, wird gleich deutlich werden.

> A Jesus novel is [...] a long and sustained fictional account of the life of Jesus. Other criteria that I would set are that a Jesus novel must have Jesus as a main character, must be set in the first century, and must attempt to cover most of his life. A Jesus novel might look like the Gospel of Mark, in that it lacks a birth narrative and post-death accounts, but as long it purports to cover most of the rest of his life, I consider it a Jesus novel. I do not include in the category of Jesus novel a work that imports the character Jesus into a foreign setting (such as twentieth-century Los Angeles) or one in which Jesus appears only at the fringes of the story.[14]

---

11 Vgl. Ramey 2011, 7.

12 Für die Gattungsproblematik unentbehrlich: Zymner 2016 (vgl. bes. Teil 1: Aspekte der literaturwissenschaftlichen Gattungsbestimmung, 7–46).

13 Crook 2011. Vgl. ferner Crook 2007.

14 Crook 2011, 504.

Dass der Autor die Gattung nicht nur positiv bestimmt – *ein Jesusroman ist …* –, sondern auch negativ – *ein Jesusroman ist nicht …* –, zeigt an: Er ist sich bewusst, dass der Begriff auch in alternativen Bestimmungen kursiert. Dass Crook disziplinär der neutestamentlichen Forschung angehört, macht seine Option für eine enge Bestimmung nachvollziehbar. Als „Jesusroman" gelten ihm nur ‚vollständige' biographische Darstellung. Der Jesusroman ist, so verstanden, nichts anderes als ein „Leben Jesu", das zumindest äußerlich betrachtet die betreffende Gattungstradition des 19. Jahrhunderts fortschreibt (im deutschsprachigen Kontext etwa Karl Heinrich Georg Venturinis *Natürliche Geschichte des großen Propheten von Nazareth*, 1806).

Damit ist zugleich der Horizont gesetzt, innerhalb dessen Crook den Jesusroman als Problemlösung thematisiert. Das Problem, das mittels Jesus-Fiktionen gelöst werden soll, ist das bekannte der Pluralität der neutestamentlichen Überlieferung, die diversen „Disharmonien", die bereits im frühen Christentum zu Projekten von Evangelienharmonien geführt haben (Tatians *Diatessaron*, um 170). Das globale Problem widersprüchlicher Daten – etwa die abweichenden Auskünfte der Evangelien zum Geburtsort Jesu oder zu seinen letzten Worten – wird hier auf diese oder jene Weise bereinigt. An die Seite dieser primär textimmanent greifbaren Abweichungsprobleme treten, primär textextern, Probleme ideologischer Art. Die Schwierigkeiten, die gleichfalls „with Fiction" gelöst werden sollen, sind einerseits der Antijudaismus im Neuen Testament[15] und andererseits vor dem Hintergrund neuzeitlicher Rationalitätsansprüche aber auch die sogenannten Wundergeschichten.[16] Crook vertritt daher die Auffassung, das Genre stelle insgesamt eine kritische, von einer Verdachtshermeneutik geleitete Unternehmung dar:

> Very commonly, however, the selection of material reflects a hermeneutic of suspicion: generally, and this includes even some novels written by evangelical authors, Jesus novels reflect suspicion concerning official or traditional church versions of the story.[17]

Ein letzter Punkt, der von Crook nicht ausdrücklich thematisiert wird: Wenn er die Fiktion als Lösungsmedium installiert, wird damit zugleich – und nur implizit – eine textontologische Differenz eingeführt. Seine Argumentation insinuiert, dass die Texte, in denen die genannten Probleme auftauchen, nicht *ihrerseits* „Fiction" sind. Was sie sind, bleibt im Sinn einer positiven Bestimmung ganz offen, ist aber implizit deutlich erkennbar. Die neutestamentlichen Texte werden mit dem theologischen Gemeinsinn als „heilig" verstanden, und diese Heiligkeit impliziert zumindest nicht zentral das Prädikat der Fiktivität/Fiktionalität. Wenn dem so wäre, ließe sich die Fiktion nicht als Differenzqualität installieren.

---

15 Vgl. Kampling 2016.

16 Die Problemlösungen, die Crook diskutiert sind, mit anderen Worten, apologetische, genauer: säkularisierende und ethisierende.

17 Ebd., 505. Crook akzentuiert hier, anders gesagt, was Ramey als „competing gospel rewrites" bezeichnet – im Gegensatz zu „complementing gospel rewrites" (Ramey 2011, 8–33).

2.2 *Eine offenere Bestimmung: Andrew Ng Hock Soon (2013)*

Eine komplexere Bestimmung liefert der Literaturwissenschaftler Andrew Ng Hock Soon in einem Aufsatz von 2013, weil er – ohne diesen Punkt zu betonen – eine stärker systematische Perspektive einnimmt:

> What qualifies a work as a ‚Jesus novel'? [...] There are few narratives that provide clear hints to identify themselves as Jesus novels. Most works depend on the reader's knowledge of the Gospels and also his or her aptitude for drawing equivalents between the historical Jesus and a character (or characters) to make the link. And [...] many Christ figures pursue moral actions that contradict Christ's and may sometimes prevent easy comparisons, requiring instead a more nuanced interpretation to establish the relationship between the character and Jesus. It seems, therefore, that the criteria for a Jesus novel is fundamentally unclear and is highly dependent on the reader's ability to identify parallels. When considering a Christ figure in twentieth-century literature, it is important to recognize that parallels with the historical Jesus are not limited to just resemblances. Ziolkowski's observation of the twentieth-century Christ figure's transgressive moral positions suggests that connections should also be established by juxtaposing the narrative's Christ with the historical Jesus. Indeed, there are some Christ figures that, arguably, function as a parody of, or an antithesis to, the prototype; there are others whose metaphorical association with Christ will only become apparent as the narrative unfolds or nears its conclusion. A useful clue that links these variants of the Christ figure with the historical Jesus is the sense of mission or destiny that he or she undertakes, the final goal of which is usually other-centered. Whether the individual acts as a parody or an inversion of the historical Jesus, that s/he will, in the end, sacrifice her- or himself so that others may live, serves as one of the most important indicators of the Christ figure's presence, which by extension, designates the narrative as a Jesus novel.[18]

Was Hock Soon faktisch entfaltet, sind zwei unterschiedliche Antwortstrategien, die sich anhand des texthermeneutisch geläufigen Begriffspaars von *Textanalyse* und *Textinterpretation* reformulieren lassen.[19] Die erste Strategie orientiert sich – textanalytisch – an der ausdrücklichen globalen Selbstbeschreibung der in Frage stehenden Romane. Sie verweist auf das paratextuelle Element des Titels bzw. Untertitels, der im Modus der „markierten" Intertextualität auf seine neutestamentlichen Bezugstexte verweist.[20] Was auf den Titel folgt, ist das Leben eines Jesus, einer Figur, die dann eben auch so heißt. Die privilegierte Bezugsgröße innerhalb der literarischen Kommunikation ist hier der *Text*. Die zweite Strategie orientiert sich dagegen – textinterpretatorisch – an der Bezugsgröße *der Leserin/des Lesers*, an deren höchst individueller Kapazität und Bereitschaft, bestimmte Elemente der erzählten Welt, als (unmarkierte) intertextuelle Verweise auf den Jesus-Stoff wahrzunehmen. Was man hier vor sich hat, allenfalls nur anhand ausgewählter Szenen, ist das Leben einer Jesus-*Figur*, die irgendeinen

---

18 Hock Soon 2013, IX.

19 Diese Differenz wäre ihrerseits genauer zu entfalten. Für problematisierende Hinweise vgl. u. a. die betreffenden Arbeiten Tom Kindts, etwa: Kindt 2015.

20 Um ein neueres Beispiel zu nennen: Huizing 2012. Zum theoretischen Aspekt der Markierung: Helbig 1996.

Namen trägt und auch nicht zwingend männlichen Geschlechts ist. (In intertextualitätstheoretischer Hinsicht ließe sich diese Differenz anhand der basalen Unterscheidung von „materialer“ und „struktureller“ Intertextualität weiter bearbeiten.[21])

Man muss sich, wie auch Hock Soons Darstellung zeigt, sicher nicht für diese oder jene Strategie entscheiden; aber unterscheiden sollte man sie. Denn primär diesen oder jenen Zugriff zu wählen, hat eine Reihe von Folgen. Wie Hock Soon gleichfalls bemerkt, führt die textanalytische Argumentation zu einer trennscharfen kategorialen Unterscheidung von Jesusromanen und anderen Erzähltexten.[22] Die Gattung schrumpft dadurch auf vergleichsweise wenige Texte zusammen. Das Erzählmodell „Evangelium“ wird unmittelbarer Bezugspunkt; es konstituiert die Gesamtidentität des betreffenden Textes. Verfolgt man die textinterpretatorische Linie, wird die Subsumption unter den Gattungsbegriff in vielen Fällen strittig, doch auch flexibler und auf eine größere Zahl von Kandidaten anwendbar – was wiederum produktiv sein kann, um ein reicheres Gattungstableau zu etablieren.[23] Die Evangelien rücken als Bezugstexte in diesem Fall etwas weiter weg; sie konstituieren nur eine Teilidentität des Textes. Wie aus dem Zitat hervorgeht, liegt Hock Soon in diesem weiteren Horizont zugleich an einer gewissen Einschränkung, die auf eine intuitive Plausibilität zielt. Daher schlägt er vor, das Motiv der Stellvertretung als zentralen Indikator zu nehmen.

Bereits diese kurze Umschau hat einige zentrale Gesichtspunkte deutlich gemacht, die in Varianten auch bei anderen Definitionsvorschlägen auftauchen. Insgesamt scheint es aber so, dass systematisch profiliertere Beiträge weniger in die Explikation des Gattungsbegriffs investieren als in den Aufbau typologischer Unterscheidungen. Argumentationspraktisch konzentrieren sie sich also auf einen zweiten Schritt, der den ersten als geklärt voraussetzt. Auch wenn dies nicht immer der Fall ist und die generische Abgrenzung diffus bleibt, sind diese Typologien auf jeden Fall nützlich. Sie führen näher an die Machart der jeweiligen Quellentexte heran und sensibilisieren für die Varianz der formalen Präsentation des Jesus-Stoffs. Mit diesen Modellen tritt allerdings die Frage, ob es sich in einem gegebenen Fall um einen Jesus*roman* oder um einen literarischen Jesus-Text anderer Art handelt (etwa ein Passionsgedicht oder eine Jesus-Novelle), in

---

21 „Im einen Fall werden, prototypisch im wörtlichen Zitat, Teile eines Prätextes übernommen, im anderen abstraktere Relationen zwischen Teilen des Prätexts wie etwa die Grundkonstellation von Aktanten und der Verlauf einer Handlung.“ Böhn 2007, 205. Vgl. Plett 1991.

22 Natürlich, auch hier ist die Regel das eine und ihre Anwendung ein anderes: Soll auch ein Untertitel wie *The Gospel according to Gore Vidal* als explizite Gattungsbestimmung gelten?

23 Zur Illustration der Konsequenzen des lektürebezogenen textinterpretatorischen Zugriffs: Theodore Ziolkowski subsumiert in seiner einschlägigen Studie von 1972 so unterschiedliche Texte wie Ernest Hemingways *The Old Man and the Sea*, Albert Camus' *The Stranger* and Franz Kafkas *The Trial* unter dem Begriff der „Jesus novel“. Vgl. Ziolkowski 1972.

den Hintergrund.[24] Die Unterscheidungen, die nun schlaglichtartig zu präsentieren sind, hängen nur bedingt an der Prosagattung größeren Umfangs.

2.3 Typologische Vorschläge

Ein verbreitetes Modell geht von drei Grundtypen des Jesusromans aus: dem *klassischen Jesusroman*, dem Modell des *Jesus redivivus* und dem der *Imitatio oder Transfiguration.*[25]

Der *klassische Jesusroman* präsentiert, wie bereits angesprochen, ein literarisches „Leben Jesu" (vgl. u. a. Anne Rice, *Christ the Lord*, 2005/2007; Gerald Messadié, *L'homme qui devint Dieu*, 1988).

Das Modell des *Jesus redividus* verschiebt die einschlägigen historischen wie geographischen Koordinaten: Jesus von Nazareth tritt nicht im ersten Jahrhundert in Galiläa auf, sondern an anderem Ort und in späterer Zeit, um eine moderne Variante seines Lebens- und Leidensweges zu erfahren (u. a. Fjodor Dostojewskis, *Der Großinquisitor*, 1879; Upton Sinclaire, *They call me the Carpenter. A Tale of the Second Coming*, 1922).

Während die Nähe im Fall der beiden Typen in der Identität des „historischen Jesus" besteht, sind sich die Typen des Jesus redividus und der *Imitatio* durch ihre offene raumzeitliche Situierung nahe: Im Fall der Imitatio kommt nicht ein Leben Jesu, sondern ein *jesushaftes* Leben zur Darstellung, ein Nachfolger/eine Nachfolgerin, die/der, mit Charles M. Sheldons Titel gesprochen, „in his steps" geht (Gerhard Hauptmann, *Der Narr in Christo Imanuel Quint*, 1910; Charles M. Sheldon, *In his Steps. What would Jesus do?*, 1896).

Innerhalb dieser Dreigliederung erfordert vor allem der erste Typus feinere Unterscheidungen, die stärker an der Eigenart der erzählerischen Vermittlung orientiert sind, dem Erzähldiskurs. In diesem Fall lassen sich wenigstens fünf verschiedene Modell erkennen, die immer wieder aktualisiert werden:

1. die Autobiographie Jesu: In diesem Fall tritt Jesus nicht nur als dargestellter, sondern auch als darstellender Charakter auf (Norman Mailer, *Das Jesus-Evangelium*, 1997; Laabs Kowalski, *Ich Jesus, Scharlatan*, 2003);[26]
2. die Darstellung aus der Sicht einer biblisch bezeugten Spiegelfigur (Friedrich Dürrenmatt, *Pilatus*, 1949; Pär Lagerkvist, *Barrabas*, 1950);

---

[24] Für eine materialreiche Übersicht zur neueren deutschsprachigen Literatur vgl. Kuschel / Langenhorst ²2000. Zum Christusdrama des 19. Jahrhunderts die ausgezeichneten Beiträge Andrea Polascheggs, u. a. Polaschegg 2018.

[25] Vgl. Langenhorst 1997; Hurth 1993.

[26] Da mit dem Protagonisten auch die Erzählinstanz stirbt, ergeben sich aus dieser Anlage erhebliche Konsequenzen für die Darstellung der gängigen Handlungsfolge: Der Jesus-Stoff kann von Jesus zumindest nicht im Modus eines aktualen Erzählens vermittelt werden (d. h. einer ‚Live'-Zeitlogik, in der – anders als im klassisch-retrospektiven Erzählen – die Ereignisse und deren Rapport weitgehend zusammenfallen).

3. die Darstellung aus der Sicht einer biblisch nicht bezeugten Spiegelfigur (Philipp Vandenberg, *Das fünfte Evangelium*, 1993; Wilton Barnhardt, *Der dreizehnte Apostel*, 1993);
4. die Zeitreise: In diesem Fall wird das Schicksal des historischen Jesus innerhalb einer Rahmenerzählung präsentiert, die so oder anders einen Zugang zur historischen Zeitstufe eröffnet (vgl. Gore Vidal, *Live from Golgotha: The Gospel According to Gore Vidal*, 1993; Juan José Benítez, *Operation Jesus. Der Augenzeugenbericht eines Zeitreisenden von den letzten elf Tagen des Jesus von Nazareth*, 1984);
5. die Montage: Während das Modell der Zeitreise eine narrative Rahmenkonstruktion bildet, wird die Erzählung in diesen Fall durch dazwischen geschaltete Einheiten unterbrochen bzw. die Weiterführung motiviert durch Rückfragen (Gerd Theissen, *Der Schatten des Galiläers. Historische Jesusforschung in erzählender Form*, 1986).

Im Sinn einer Zwischenbilanz lässt sich an diesem Punkt festhalten: Alle genannten Differenzen sind, wie spätestens bei ihrer Applikation auf die Quellen deutlich wird, mit erheblichen bibelhermeneutischen Implikationen verbunden. Die Nähe oder Ferne zum „historischen Jesus“ oder auch zum Wortlaut der kanonischen Evangelien bleiben immer als so oder anders gewichtige und funktionalisierte Referenzpunkte präsent und führen zu grundlegenden erzählpraktischen Entscheidungen: Lässt man Jesus selbst zu Wort kommen? Wenn ja: wie? Und wie nah an den Evangelien oder einem bestimmten Evangelium? Oder lässt man – vorsichtiger – andere über ihn sprechen? Wenn ja: wie? Und wie nah an den Evangelien oder einem bestimmten Evangelium? Bleibt man im historischen Setting? Oder überträgt man den Stoff – vorsichtiger – in die Gegenwart? Tentativ lässt sich vermuten, dass die stärksten Kontroversen dort aufbrechen, wo der historische Jesus, die bekannte zeitliche Situierung und der Wortlaut der oder eines Evangeliums enge Bezugspunkte bilden. In diesen Fällen besteht das größte Konflikt- oder ‚Blasphemie‘-Potential.

3. Pullmans Roman: das *making of* eines Evangeliums und der Kirche[27]

In typologischer Hinsicht hat Pullman einen klassischen Jesusroman vorgelegt, eine evangelienähnliche Darstellung des Jesus-Stoffs im bekannten historischen Setting, präsentiert durch einen Erzähler, der selbst nicht eine Figur der erzählten Welt ist, sondern diese souverän überblickt. Der Text besteht aus 54 meist

[27] Ich nutze in diesem Abschnitt Material aus einem bereits erschienenen kurzen Beitrag zu Pullmans Roman: Mauz 2018b.

kurzen (d. h. ein- bis dreiseitigen) perikopenähnlichen Einheiten, die mehrheitlich mit einschlägigen Titeln versehen sind: *Mary and Joseph*, *The Birth of John*, *The Conception of Jesus* etc.[28] Nicht mehr ganz so klassisch ist freilich die konkrete Ausgestaltung des Stoffs hinsichtlich seines Protagonisten. Pullmans Grundidee geht bereits aus dem Titel des Buches hervor: Was theologisch zusammengehalten werden muss – Jesus und Christus –, wird hier auf zwei Figuren verteilt: „Suppose there was not one character, but two: how would the story work then?" (259)[29] Pullman erzählt die Jesusgeschichte als Brudergeschichte, als Geschichte sehr ungleicher Brüder: Jesus ist der „good man", Christus dagegen ein „scoundrel", ein Schurke. Dieser ist der Impulsive, der intuitiv Handelnde, von allen geschätzt; jener ist reflektiert, distanziert, ein Muttersöhnchen.

Entscheidend ist nun, dass die grundsätzlich auktorial vermittelte Handlung stark an *einer* der beiden Figur orientiert ist, nämlich Christus. Die Schilderung der Taten Jesu erfolgt primär über dessen Wahrnehmung. Christus rückt, wie man sagen könnte, ein in die Rolle eines familiären Evangelisten. Und seine Wahrnehmung dieser Funktion – die erzählende Dokumentation von Ereignissen durch das Medium der Schrift – wird eben zum Kernmoment der Romanhandlung. Parallel zu den Ereignissen kommt immer auch die Genese eines Evangeliums als Ergebnis von Schreibakten zur Darstellung. Der Akzent liegt dabei, wie zu erwarten, auf der losen Verbindung von Ereignis und Erzählung bzw. Verschriftlichung, auf der gestaltenden Arbeit des Zeugen Christus.

Für die Erzählbewegung ist nun entscheidend: Christus wird im Laufe der Zeit vom treuen Chronisten immer mehr zum selbstbewusst eingreifenden Redaktor oder gar Autor:

> The statements need to be edited, the meanings clarified, the complexities unravelled for the simple-of-understanding. [...] Keep a record of what your brother says, and I shall collect your reports from time to time, so that we can begin the work of interpretation. (74)

3.1 *Der Fremde, Wahrheit und Historie*

Dieses „I" bzw. „we" muss erläutert werden. Denn es ist, obwohl seinem Naturell entsprechend, nicht Christus' Idee, die Worte und Taten Jesu redaktionell nachzubessern. Den Anstoß zu den Eingriffen gibt ein anonymer „Fremder", der Christus wiederholt besucht. Dass er diesem verbunden ist, hat seine Gründe: Der Fremde hat ihn vor dem wütenden Mob gerettet, der Christus für einen römischen Spion hält, da er während der Bergpredigt Jesu Notizen macht. Der

[28] Die Erstausgabe (des Originals wie der deutschsprachigen Übersetzung) nutzen auch die Buchästhetik zur Andeutung der religiösen Sphäre, die der Roman adressiert: Die goldene Typographie auf schwarzem Grund verweist offensichtlich auf die Materialität von Sakralliteratur.

[29] So Pullman in seinem Nachwort, 247–265.

Fremde zerstreut diesen Verdacht, indem er die Schreibarbeit als affirmative Dokumentation ausweist.

Die Identität des Fremden ist nicht nur für die Leserinnen und Leser unklar, sondern auch für Christus. Zunächst vermutet dieser, es handle sich um ein Mitglied des jüdischen hohen Rates, der Daten sammeln lässt, um sie später vor Gericht gegen Jesus verwenden zu können. Mit der Zeit kommt Christus jedoch zum Schluss, der Fremde müsse ein Engel sein. Auf der Handlungsebene ist entscheidend: Der Fremde flüstert Christus die Programmatik ein, die seine Redaktionsarbeit leiten soll, nämlich eine Poetik der „Wahrheit", die „die historische Wirklichkeit" *legitimerweise* überformt:

> There is time, and there is what is beyond time. History belongs to time, but truth belongs to what is beyond time. In writing of things as they should have been you are letting truth into history. (99)
>
> [H]e is the history and you are the truth, said the stranger. (125)

Die „Wahrheit" verdankt sich hier aber einer schlichten praktischen Abzweckung. Die Aufzeichnungen müssen die längerfristig brauchbare Grundlage einer Institution bilden: der christlichen Kirche. Analog zur Überlieferung des Matthäus-Evangeliums wird Petrus im wahrsten Sinn des Wortes eine Sonderrolle zugeschrieben. Christus notiert zunächst, was ihm sein Informant über das Gespräch zugetragen hat, aber ...

> Then a thought came to him, and he wrote something new. Knowing how highly Jesus regarded Peter, he wrote that Jesus had praised him for seeing something that only his father in heaven could have revealed, and that he had gone on to make a pun on Peter's name, saying he was the rock on which Jesus would build his church. [...] When he had written these words, he trembled. He wondered if he were being presumptuous in making Jesus express the thoughts that he himself had put to his brother in the wilderness, about the need for an organization that would embody the Kingdom on earth. Jesus had scorned the idea. But then Christ remembered what the stranger had said: that in writing like this, he was letting truth from beyond time into history, and thus making history the handmaid of posteriority and not its governor; and he felt uplifted. (103–104)

Gut lutherisch lässt sich sagen: Die Kirche ist hier effektiv eine *creatura verbi*. Und wenn die vorher zitierte Rede des Fremden in den an Christus gerichteten Spitzensatz „You are the word of God" mündet (99), dann verschlingt sich die neutestamentlich-christologische Metapher von Christus als dem Fleisch gewordenen „Wort Gottes" zutiefst mit Christus' Schreib- und Redaktionspraxis.

Aufgrund dieser kurzen Hinweise wird plausibel, was Rowan Williams – damals Erzbischof von Canterbury – als kritisch-affirmativer Rezensent prägnant als Charakteristik des Romans herausgestellt hat: „It is a fable through which Pullman reflects on Jesus, on the tensions of organized religion – and indeed on the nature of storytelling."[30] Diese Praxis eines, wie man genauer sagen kann,

[30] Williams 2010.

erzählkritischen Erzählens soll nun einer exemplarischen Szene weiter verfolgt werden. Die Darstellung von Pullmans Version von Passion und Auferweckung wird nachvollziehbar machen, weshalb der Roman auch jenseits der Zwillingsidee zu kontroversen Einschätzungen Anlass geben musste.

3.2 Passion und Auferweckung

Pullman ist überaus findig in der erzählerischen Transformation des neutestamentlichen Materials, er setzt starke Pointen. Wie aus dem letzten Zitat beiläufig hervorging, wird innerhalb der Versuchungsgeschichte etwa die Rolle „Satans" umbesetzt: An seine Stelle tritt Christus. Eine ähnliche Zuspitzung liegt darin, die Verklärung nicht etwa, wie man vermuten könnte, als beglaubigende „Erfindung" darzustellen; sie ereignet sich effektiv, dies allerdings am Fremden bzw. Engel, um dann im Zuge der Verschriftlichung von Christus aus strategischem Kalkül auf Jesus übertragen zu werden.

Der theologische Höhepunkt des Buches findet sich aber in Pullmans Variation der Gethsemane-Erzählung. Wenn sich der Konflikt von Vater und Sohn in der neutestamentlichen Überlieferung in wenigen Gebetsworten verdichtet – „Mein Vater, ist's möglich, so gehe dieser Kelch an mir vorüber; doch nicht wie ich will, sondern wie du willst!" (Mt 26,39 par) –, so baut der Autor diese Szene aus zu einer *zehnseitigen* Gottesanklage:

> Where are you? Are you out there among the stars [...] Busy making another world, perhaps, because you are sick of this one? [...] The psalm says ‚The fool has said in his heart: There is no God.' Well, I understand that fool. You treated him as you are treating me [...]. [...] You say nothing. / God, is there an difference between saying that and saying you're not at all? (192–193, 195)

Und nur innerhalb dieser Rahmung formuliert Jesus eindrücklich *seine* Wahrheit:

> You made this world, and it's lovely, every inch of it. [...] Lord, if I thought you were listening. I'd pray for this above: that any church set up in your name should remain poor, and powerless, and modest. That it should wield no authority except that of love. That it should never cast anyone out. [...] Does the tree say to the sparrow ‚Get out, you don't belong here?' Does the tree say to the hungry man ‚This fruit is not for you?' (193, 199, 200)

Doch dieser Wendepunkt, diese Gotteskrise Jesu, bleibt für das weitere Geschehen gänzlich folgenlos. Er tangiert nicht die ganz anderen und handfest ins Werk gesetzten Absichten Christi und seines Mentors. Durch die Einsicht in die Notwendigkeit des Projekts Kirche übernimmt Christus dann auch die Funktion des Judas. Und er wehrt sich nur halbherzig, als die Helfer des Fremden vollziehen, was zum festen Bestand aufklärerischer Christentumskritik gehört: Der Leichnam Jesu wird aus dem Felsengrab entwendet. Damit sind die Voraussetzungen gegeben, dass Christus kurzzeitig eine neue und öffentliche Rolle übernehmen kann, die des Auferweckten. „You are the missing part of Jesus [...]. Jesus and Christ together will be the miracle.“ (225)

Die gewählte Strategie erweist sich als erfolgreich: Christus begegnet den Jüngern, was deren Glauben und Missionswillen stärkt; und nach der Einführung der Idee des heiligen Geistes verhalten sie sich prompt, „as if a holy spirit had entered them [...], they even managed some healing miracles, or at least things happened that could be reported as miracles“ (226). Pullman zeigt aber auch – und das scheint entscheidend –, dass das Medium, das die beiden Kirchengründer gewählt haben, unweigerlich eine Eigendynamik entwickelt: Die Jesus-Geschichten werden zu Christus-Geschichten; der Auferweckungsbericht wird ausgeschmückt um die Thomas-Episode, etc.

Pullmans Roman erzählt den Jesus-Stoff also gewissermaßen als doppeltes *making of*: Das *making of* der schriftlichen Jesusüberlieferung wird zur Basis des *making of* der christlichen Kirche bzw. der Kirche von Christus. Als Bindeglied fungiert die Manipulation an der Lehre Jesu im Namen einer kirchlich dienlichen „Wahrheit“. Manipuliert wird aber nicht nur die Lehre; manipuliert werden auch die Ereignisse, die diese wundersam beglaubigen: Kreuz und Auferweckung.

Das erste dieser beiden *making of* – die texgenetische Dimension – lässt sich nun auch in der Begrifflichkeit der Intertextualitätstheorie reformulieren. Sie erlaubt es, genauer zu benennen, wie sich die Poetik von Pullmans Roman von der einer Mehrheit des Genres unterscheidet: Während vor allem der klassische Jesusroman grundsätzlich auf der Intertextualität der System*aktualisierung* beruht, geht Pullman durch die Darstellung des *making of* eines Evangeliums darüber hinaus in die Sphäre intertextueller System*referenz*[31]. Die Genese eines Evangeliums wird im (literarischen) ‚Evangelium‘ selbst thematisch:

> I want to play with it [the story of Jesus]: I want to give it a better shape; I want to knot the details together neatly to make patterns and show correspondences, and if they weren't there in life, I want to put them there in the story. For no other reason than to make a better story. (244)

4. O'Collins' Pullman-Kritik

Gerald O'Collins' Pullman-Kritik nimmt innerhalb der wissenschaftlichen Rezeption bereits durch ihren Umfang eine Sonderstellung ein. Der langjährige Inhaber eines Lehrstuhls für Systematik und Fundmentaltheologie an der Gregoriana hat seine oben durch Schlagworte eingeführten Anfragen an Pullmans Roman in

[31] Zu dieser Terminologie und den auch für den Jesusroman produktiven Möglichkeiten ihrer Ausdifferenzierung vgl. Fendler 2004, 221–222.

einer schmalen Monographie ausführlich dargelegt.[32] Die folgende Analyse seiner Argumentation beschränkt sich auf ausgewählte Passagen, die für die anvisierte Fragestellung besonders aufschlussreich scheinen. An ihnen zeigen sich die bibelhermeneutischen Überzeugungen, die O'Collins dazu veranlassen, Pullmans Roman, unter dem Strich, nicht für „a retelling of the history of Jesus" zu halten, sondern für „a rewriting of that history that begins and ends in fantasy, a radical misinterpreation of the greatest story ever told" (XI).

4.1 *Dargestellte Textgenese und historische Evangelienforschung*

Ihrer romaninternen Dominanz entsprechend kommt auch O'Collins auf den Aspekt der dargestellten Textgenese zu sprechen; er – Pullman – würde diese „central to his whole plot" machen (55). O'Collins' Kommentierung betrifft dann aber vor allem Zusammenhänge, die sich sehr weit von textanalytischen Befunden am Roman entfernen. Er versieht seine Anfrage, die den Titel des betreffenden Kapitels bildet – *Only one source for the Gospels?* – zwar mit einem Fragezeichen. Doch er ist sich sicher, auf diese nicht nur mit einem entschiedenen „Nein" antworten zu können; er geht zudem davon aus, dass diese Frage auch für Pullman eine wesentliche sei. Aus dem Umstand, dass der Roman die Entstehung *einer* schriftlichen Jesus-Überlieferung zur Darstellung bringt, leitet O'Collins ohne vermittelnde Argumentationsgänge ab, es liege Pullman daran, die *historische* These einer Genese der Evangelien aus *einer* Quelle zu vertreten. Gegen diese bringt er dann ausführlich die historische Evangelienforschung in Stellung: „If Pullman had read such outstanding authors in the historical Jesus as Richard Bauckham, James Dunn, Martin Hengel [...] and N. T. Wright, he would have been alerted to the fact that, whatever their debates about details, all agree that multiple sources fed into the four Gospels." (58)

Da der Roman textintern keinerlei Hinweise zur Pluralität von Jesusüberlieferungen bzw. zum gesamten Problemkomplex einer Theologie des Kanons gibt, muss sich O'Collins' Beharren auf diesem „fact" einer anderen Bezugsgröße verdanken. Und diese ist auch leicht erkennbar: Es ist die wiederum durch den Interpreten an den Text herangetragene Gattungsbestimmung der „historical fiction". Diese Bestimmung bildet den Hintergrund, der O'Collins allererst motiviert, der genannten Frage ein eigenes Kapitel zu widmen. Genauer: Es ist eine ganz bestimmte Auffassung von „historical fiction", die das Problem allererst

---

[32] O'Collins 2011 (Zitatnachweise im Folgenden direkt im Haupttext). Für eine Kurzfassung von O'Collins' Kritik vgl. Flood 2010. Die Monographie bietet im Anhang eine hilfreiche Übersicht der Autoreninterviews und Rezensionen, die im Anschluss an die Publikation erschienen sind. Vgl. O'Collins 2011, 101–102. Im Bereich der wissenschaftlichen Forschung ansonsten besonders instruktiv: Maczynska 2015, 15–36.

erzeugt. Nach O'Collins' Überzeugung schließt der betreffende Gattungspakt autorseitig die Verpflichtung zu historisch „überzeugenden" Details ein: *„[D]etails invented in the cause of any historical fiction need to be convincing."* (55)[33] Erst diese Annahme erlaubt es ihm, unter dem Titel einer „‚one-source' theory" (62 und passim) Pullmans ein Konkurrenzverhältnis zu etablieren, das an der erzählten Welt des Romans selbst keinerlei Anhalt hat.

Bibelhermeneutisch instruktiv sind O'Collins' Ausführungen, weil sich an ihnen ein intrikates Autoritätsverhältnis ablesen lässt: In Verbindung mit einem hochnormativen Verständnis des Historischen – hinsichtlich der Evangelien wie der „historical fiction" – ergibt sich eine sekundäre Autorität der historischen Evangelienforschung. Die historische Forschung zehrt von der Autorität des Erforschten und wird so auch für den Jesusroman zur verbindlichen Maßgabe.

4.2 Vollständigkeitsgebot

O'Collins Kritik rückt ferner auch Pullmans Auslassungen in den Fokus. Er geht davon aus, dass eine literarische Bearbeitung nicht nur in dem Sinn dem Text verpflichtet ist, dass sie dessen Episoden relativ treu nachzuerzählen habe, sondern auch – insofern grundsätzlicher –, dass die „signifikanten" Episoden überhaupt zur Darstellung kommen. Dieses Vollständigkeitsgebot sieht O'Collins vor allem durch Absenzen in den „teachings of Jesus" verletzt. Hier würde „significant material" ausgelassen, namentlich die „‚difficult teachings', those passages where Jesus implied that he possessed an authoriy that puts him on a par with God" (37). Tatsächlich kommen die vollmächtigen Verlautbarungen Jesu – „Ich aber sage Euch ..." – bei Pullman nicht vor. Weshalb sie das nicht tun, wird von O'Collins aber nicht bedacht, ebenso wenig wie er das Vollständigkeitsgebot bzw. das Selektionskriterium des „signifikanten Materials" entfaltet.

Nimmt man aber die oben exponierte Programmatik des Romans zur Kenntnis und auch ernst, so ist leicht nachvollziehbar, weshalb diese starken O-Töne nicht vorkommen: Innerhalb von Pullmans Darstellungsprogramm gehören diese nicht in das Register von Jesus, sondern von Christus. Wenn ein „Ich aber sage Euch ..." vorkäme, dann allenfalls in einer der Aussagen, die ausdrücklich von der redaktionellen Nachbearbeitung der *ipsissima vox* handeln.

---

33 Hervorhebung im Original. Vgl. zur Gattungsfrage auch 96. Studien wie Gengembre 2006 oder Nünning 1995 zeigen, wie unselbstverständlich O'Collins These auch jenseits des höchst individuellen normativ-ästhetischen Kriteriums der „überzeugenden" Details ist.

4.3 *Wunderhermeneutik*

Zu den Eigenarten des Genus des Evangeliums gehört zentral das Subgenre der Wundergeschichte, und dieses zählt, wie auch aus den zitierten gattungstheoretischen Hinweisen Crooks hervorging, unter den Bedingungen neuzeitlich-aufklärerischer Rationalität zu den Problemzonen der Evangelien. Daher muss O'Collins' Studie auch bei Pullmans Umgang mit den Wundergeschichten einen Akzent setzen. Er registriert dessen durchgängige und kaum überraschende Tendenz, die Wunder als ,Wunder' zu erzählen, nämlich als Ereignisse, deren Status schillernd ist und Erklärungen ebenso erheischt wie Eindeutigkeitserwartungen düpiert. In O'Collins' negativer Beschreibung: „Pullman is not able (or willing?) to entertain the possibility of such genuine miracles that signal the divine kingdom being powerfully present in the person and work of Jesus." (45) O'Collins' Kritik ist in ihrer Durchführung also auch aufschlussreich, weil er es nicht bei einer bloßen textnahen Beschreibung belässt, sondern Pullmans wunderkritische Wundergeschichten auf der Folie eines affirmativen Wunderverständnisses bewertet. Am Beispiel der Bearbeitung des Weinwunders von Kana (Joh 2,1–12) will O'Collins zeigen, weshalb er für die Faktizität von „genuine miracles" einsteht und diese Wahrnehmung auch für allgemein plausibel hält.

Wie also stellt sich Pullmans Gestaltung des Kana-Wunder dar? Er macht aus dem ,grossen' Wunder eines Substanzwandels das ,kleine' eines Gesinnungswandels: der Empfindung von Reue. Dass plötzlich Wein vorhanden ist, verdankt sich der durch Jesus ermöglichten Ehrlichkeit des Kellners, den Wein herauszugeben, den er verborgen hatte, um ihn später zu verkaufen. Das zumindest ist das ,Wunder', das in O'Collins Paraphrase genannt wird. Und diese Erklärung sei, wie er seinerseits in bester rationalistischer Manier argumentiert, eben gänzlich unplausibel:

> John writes of six stone jars, containing twenty to thirty gallons each. Someone might have concealed behind a curtain a small skin full of wine. But how could the steward have successfully hidden six large jars containing 120 or 180 gallons of wine? As often happens when confronted with forced, rationalist ,explanations' of episodes in the Gospels, it seems easier to accept what the text says and, in this case, imagine that Jesus did change the water into wine. (47)

Zu dieser These wäre viel zu sagen. Es seien nur die zwei wichtigsten Punkte notiert: O'Collins' Argument lebt davon, dass er den neutestamentlichen Referenztext in den Roman hineinliest. Johannes schreibt tatsächlich von „sechs steinernen Wasserkrügen" (2,6); Pullman dagegen notiert nur, dass der Wein ausging, dass Jesus den „chief steward" beiseite nahm, um mit ihm zu reden – „and soon afterwards the servants discovered more wine" (61). O'Collins hilft seinem Argument also auf die Sprünge, indem er einen quasi-empirischen Beweis anstrebt, der (1.) die dafür notwendige Quantität bei Johannes entlehnt und (2.) ein Versteck imaginiert, das mit dieser unvereinbar ist. Bei Pullman findet sich (s. u.)

kein Hinweis auf ein Versteck „behind a curtain"; auch in diesem Fall trägt der Interpret selbst eine Konkretion ein, die die Grundlage seiner Kritik abgibt.

Aber wichtiger noch: Um seinen Punkt möglichst stark zu machen, darf O'Collins nicht erwähnen, dass Pullman durch den Rapport der Augenzeugenberichte ein „genuines Wunder" keineswegs kategorial ausschließt, sondern als eine Möglichkeit unter anderen gerade subtil bestehen lässt. Die Passage lautet im Zusammenhang:

> Jesus took the chief steward aside and spoke to him, and soon afterwards the servants discovered more wine. Some said, Jesus had created it out of water by means of magic, but others said that the steward had hidden it, hoping to sell it, and Jesus had shamed him into honesty; and yet others only remembered the rough way Jesus spoke to his mother. (61–62)

Was Jesus in rauem Ton zu seiner Mutter sagt, ist schließlich ein weiteres konstitutives Element, das zu O'Collins Darstellungsinteresse nicht unmittelbar passt. Daher lässt er unerwähnt, dass Pullmans Jesus in der Rede an Maria selbst *ausdrücklich* die zwiespältige Wundererwartung thematisiert: „Are you like my brother, that you want me to perform a miracle?"(61).[34] Dass die Wunderskepsis des Autors Pullman in der Wunderskepsis der Jesus-Figur reflektiert wird, diese Skepsis aber auch an neutestamentliches Erzählmaterial anschließt (vgl. Mt 16,1–4), sind Zusammenhänge, die weder erwähnt noch entfaltet werden.

5. Bilanz: das intertextuelle Genre und der Sinn für das Zwischen

Vor dem Hintergrund der diskutierten Passagen kann nun bilanzierend formuliert werden, was an O'Collins' Umgang mit Pullmans Roman problematisch erscheint, in dieser Problematik aber auch Aufschluss gibt über die Bibelhermeneutik, die im Hintergrund wirksam ist.

Der Jesusroman lebt generell von seinem mittelbaren oder unmittelbaren Bezug auf die plurale Jesusüberlieferung des Neuen Testaments. Er wäre ohne diesen nicht das, was er ist. O'Collins beweist für diesen genuin intertextuellen Charakter des Genres nur wenig Sensibilität. In seiner Wahrnehmung lebt zumindest dieser Jesusroman *auf Kosten* der Evangelien, die er daher in ihrem Eigenrecht verteidigen zu müssen meint. Das Eigenrecht der literarischen Bearbeitung des Stoffs verliert er dabei weitgehend aus dem Blick; er verpasst, dass der literarische Reiz wie der theologische Wert auch dieses Jesusromans in einer *transformierenden* Aneignung des Jesus-Stoffs liegt.

---

[34] Vgl. den Wortwechsel zwischen Jesus und Christus in der Versuchungserzählung (The Temptation of Jesus in the Wilderness), O'Collins 2011, 37–45.

Die produktive Lektüre eines Jesusromans hängt demnach zunächst schlicht an der Bereitschaft, sich auf diese Transformationen, auf den Zwischen-Status des Genres einzulassen. Diese text- wie bibelhermeneutische Voraussetzung ist bei O'Collins insofern nicht gegeben, als das konstitutive Zwischen durch eine Parteinahme für den autoritativen biblischen Prätext (und sekundierende Positionen der Forschung) nicht wirklich entfaltet wird. Der literarische Posttext wird vielmehr nur mit diesem abgeglichen – mit dem Ergebnis, dass jede Differenz als *schlechte* Differenz erscheinen muss: als Problem und Verlust. So ist denn auch O'Collins' Vokabular fern von einer textanalytischen Neutralität. Er spricht nicht etwa von „imaginativer Variation" oder ähnlichem, sondern von „failure[s] in imagination" (52); Formen der Fortschreibung erscheinen als „something not found in Mark's text" (50). Das beherzte Einstehen für den Prätext, das den Posttext vor allem als Bedrohung wahrnimmt, verhindert weitgehend eine entspannte Bearbeitung seiner Faktur, die es auch erlaubt, dessen produktiven Aspekte in den Blick zu nehmen. Der Interpret registriert in erster Linie, was Pullman nicht oder anstößig anders bringt, jedoch kaum, was er *stattdessen* bringt. Dass die Umschreibung des Vermehrungswunders in Pullmans Version zu einem Wunder des Teilens wird, kommt nur als Defizit in den Blick (vgl. *Feeding the Crowd*, 89–90); dass gerade durch die mitlaufende Folie eines „genuinen Wunders" eine prekäre Alltagspraxis in ungeheurer Weise (jesuanisch) geadelt wird, bringt O'Collins nicht zur Geltung. Auf die bemerkenswerte Verschiebung der Dramatik der Kreuzigung in eine – theologisch gehaltvolle – Dramatik der Gethsemane-Szene wird nicht verwiesen. In diesem Sinn bleibt der Interpret seiner einleitend aufgestellten Opposition eines – positiv besetzten – „*retelling* of the history of Jesus" und eines – negativ besetzten – „*rewriting* of that history" in fataler Weise treu.

Allgemeiner und mit Bezug auf die Lektürepraxis reformuliert: Wer Abweichungen von der in sich bereits pluralen neutestamentlichen Überlieferung per se als bedrohlich empfindet, hat nur ein geringes Zutrauen in die Kompetenz der Lesenden, die Abweichung als solche zu erkennen, sie allenfalls ästhetisch wertzuschätzen, ohne in jedem Fall gleich auch die theologische resp. theologiekritische Stoßrichtung der Passage zu affirmieren. (Dass O'Collins auch seinen Leserinnen und Lesern wenig vertraut, zeigt nichts deutlicher als sein recht plumper Versuch, diesen eine Paraphase zu verkaufen, die den Pullmanschen Text für die eigenen Zwecke großzügig zurichtet.)

Man könnte insofern sagen, dass O'Collins durch sein implizit bleibendes bibelhermeneutisches Credo den Jesusroman (Pullmans) *zugleich* über- wie unterschätzt. Er überschätzt ihn, weil er ihn, seine intertextuelle Faktur *dogmatisch*-theologisch übersteigernd, als – besseres – Evangelium im Vollsinn wahrnimmt. Damit schreibt er dem Roman einen Anspruch zu, den er dann wiederum vehement zurückweisen kann. Er unterschätzt den Roman, weil er ihn, seine intertextuelle Faktur *exegetisch*-theologisch vernachlässigend, nicht als Sekundärliteratur wahrnimmt.

6. Ausblick: Literarische Exegese, narrative Christologie

Will man die angedeutete produktive Dimension klarer konturieren, so bietet es sich an, vom Begriff der *literarischen Exegese* auszugehen. Denn aufgrund ihrer intertextuellen Signatur sind Jesusromane eben dies: literarische Auslegungen des biblischen Zeugnisses von Jesus/Christus. Darin liegt ihr theologischer Wert, der umso unverzichtbarer ist als er zu den Spielarten bibelwissenschaftlicher Exegese hinzu und zumindest nicht prinzipiell in Konkurrenz tritt (und der praktischen – nacherzählenden – Exegese in der Predigt nahesteht). Diese literarischen Exegesen auszulassen oder, negativer noch, wie O'Collins anhand der schlichten Opposition von biblisch-„true" vs. literarisch-„made up" (21) weit unter Wert zu verkaufen, ist aber aus einem noch spezifischeren Grund zum Schaden der wissenschaftlichen Exegese. Die Verfahrensweisen des Jesusromans sind theologisch besonders produktiv aufgrund ihrer Diskursform: Als Erzählungen helfen sie, die Narrativität als primäre formale Eigenschaft der Evangelien noch einmal anders in den Blick zu bekommen.

Dass die Evangelien biographisch-kerygmatische Erzählungen darstellen und als solche auszulegen sind, ist selbstredend keine originelle Erkenntnis; vielmehr gibt es bereits einen eigenständigen Forschungszweig, der an dieser Eigenschaft arbeitet.[35] Längst nicht ausreichend erschlossen scheint dagegen die Zusammenschau der Erzählpoetik der Evangelien mit denjenigen des Jesusromans. Als Verbundbegriff, der eher auf die Gemeinsamkeiten denn die Differenzen verweist, kann in diesem Fall die *narrative Christologie* dienen. Während diese Fügung im angelsächsischen Raum bereits seit Jahrzehnten in verschiedensten Besetzungen kursiert,[36] wird in den letzten Jahren erfreulicherweise auch im deutschsprachigen Raum ihr Potential ausgelotet.[37] Pullmans *The Good Man Jesus and the Scoundrel Christ* ist in diesem Kontext von besonderem und längst nicht ausgeschöpftem Interesse,[38] weil er – anders als andere Jesusromane – mit seiner Poetik des doppelten *making of* eine klare Programmatik verfolgt. Durch die Darstellung der Genese einer Jesus-Überlieferung verweist er nachdrücklich zurück auf die Evangelien als Produkte von Erzähl- und Schreibprozessen, die unvermeidlich interessengeleitet sind und daher immer in mehr als einer Weise erfolgen können. Was Zeba A. Crook für den Jesusroman notiert, gilt nicht weniger für die Evangelien: „They tell largely the same story, but each in a unique way."[39]

---

35 Exemplarisch: Fewell 2016, bes. 296–350.

36 Für eine ausgezeichnete Systematisierung der Diskussion vgl. Dinkler 2017.

37 Nebst unserem eigenen Band (s. Anm. 1) vgl. u. a. Fuchs 2020; Hofius 2005; Konradt 2004. Für den weiteren Forschungskontext zum Bibelwissenschaften und Fiktionstheorie u. a. Landmesser / Zimmermann 2017; Eisen / Müllner 2016; Luther u. a. 2015.

38 Ich denke hier u. a. an hermeneutisch kardinalen Komplex der (Beglaubigung durch) Augenzeugenschaft. Vgl. Zimmermann 2015.

39 Crook 2011, 505.

Literatur

Böhn, Andreas (2007): Art. Intertextualität, in: Anz, Thomas (Hg.): Handbuch Literaturwissenschaft. Bd. 2 Methoden und Theorien, Stuttgart, 204–216.

Crooks, Zeba A. (2007): Fictionalizing Jesus: Story and History in Two Recent Jesus Novels, in: Journal for the Study of the Historical Jesus 5, 33–55.

Crook, Zeba A. (2011): Jesus Novels: Solving Problems with Fiction, in: Burkett, Delbert (Hg.): Blackwell Companion to Jesus, Somerset, 504–518.

Dinkler, Michal Beth (2017): A New Formalist approach to narrative Christology: Returning to the structure of the Synoptic Gospels, in: HTS Teologiese Studies / Theological Studies 73.1, 1–11.

Dalferth, Ingolf U. (2018): Wirkendes Wort. Bibel, Schrift und Evangelium im Leben der Kirche und im Denken der Theologie, Leipzig.

Eisen, Ute E. / Müllner, Ilse (Hg.) (2016): Gott als Figur. Narratologische Analysen biblischer Texte und ihrer Adaptionen, Freiburg i. Br.

Fendler, Ute (2004): Intermedialität, in: Lüsebrink, Hans-Jürgen (Hg.): Französische Kultur- und Medienwissenschaft. Eine Einführung, Tübingen, 213–231.

Fewell, Danna Nolan (Hg.) (2016): The Oxford Handbook of Biblical Narrative, Oxford.

Flood, Alison (2010): Jesuit priest accuses Philip Pullman of waging war on Christianity, in: The Guardian, 12.8.2010, Zugriff am 09.02.2021 https://www.theguardian.com/books/2010/aug/12/priest-accuses-philip-pullman-christianity

Forest, Shannon (2019): Challenging secularity's posthistorical „destination": J.M. Coetzee's radical openness in the Jesus Novels, in: Journal of Modern Literature 42.4, 146–164.

Fuchs, Monika E. u. a. (Hg.) (2020): Unterwegs in die Fremde. Narrative Christologie im Gespräch der Disziplinen, Stuttgart.

Gengembre, Gérard (2006): Le roman historique, Paris.

Helbig, Jörg (1996): Intertextualität und Markierung, Heidelberg.

Hock Soon, Andrew Ng (2013): Introduction: Incarnations of Christ in Twentieth Century Fiction, in: *Studies in the Literary Imagination* (Special Issue), 46.2, V–XVII.

Hofius, Otfried (2005): Die Auferweckung des Lazarus. Joh 11,1-44 als Zeugnis narrativer Christologie, in: Zeitschrift für Theologie und Kirche 102.1, 17–34.

Holderness, Graham (2015): Re-writing Jesus. Christ in 20th-century fiction and film, London.

Huizing, Klaas (2012): Mein Süßkind. Ein Jesus-Roman, Gütersloh.

Hurth, Elisabeth (1993): Von der Evangelienparaphrase zum historischen Jesusroman. Untersuchungen zum Problem der Literarisierung des leben-Jesu-Stoffes, Frankfurt a. M.

Kampling, Rainer (2016): Antijudaismus im Neuen Testament – Zur Erkundung der Relevanz einer theologischen Kategorie, in: ZNT 37, 3–10.

Kindt, Tom (2015): Deskription und Interpretation. Handlungstheoretische und praxeologische Reflexionen zu einer grundlegenden Unterscheidung, in: Lessing-Sattarie, Marie u. a. (Hg.): Interpretationskulturen. Literaturdidaktik und Literaturwissenschaft im Dialog über Theorie und Praxis des Interpretierens, Berlin, 93–112.

Konradt, Matthias (2004): Die Sendung zu Israel und zu den Völkern im Matthäusevangelium im Lichte seiner narrativen Christologie, in: Zeitschrift für Theologie und Kirche 101.4, 397–425.

Körtner, Ulrich H. J. (2015): Arbeit am Kanon. Studien zur Bibelhermeneutik, Leipzig.

Kuschel, Karl Josef / Langenhorst, Georg (^{2}2000): Jesus, in: Schmidinger, Heinrich (Hg.): Die Bibel in der deutschsprachigen Literatur des 20. Jahrhunderts, Mainz, 326–396.

Landmesser, Christof / Zimmermann, Ruben (Hg.) (2017): Text und Geschichte. Geschichtswissenschaftliche und literaturwissenschaftliche Beiträge zum Faktizitäts-Fiktionalitäts-Geflecht in antiken Texten, Leipzig.

Langenhorst, Georg (1997): Jesus ging nach Hollywood. Die Wiederentdeckung Jesu in Literatur und Film der Gegenwart, Düsseldorf.

Langenhorst, Georg (2007): „Niemand wie Er!" Jesus in der Literatur des 21. Jahrhunderts, in: Herder Korrespondenz Spezial – Jesus von Nazareth, 49–53.

Lecourt, Sebastian (2018): Prophets Genuine and Spurious: The Victorian Jesus Novel and the Ends of Comparison, in: *Representations* 142.1, 33–55.
Luther, Susanne u. a. (Hg.) (2015): Wie Geschichten Geschichte schreiben. Frühchristliche Literatur zwischen Faktualität und Fiktionalität, Tübingen.
Maczynska, Magdalena (2015): The Gospel According to the Novelist. Religious Scripture and Contemporary Fiction, London.
Mauz, Andreas (2018a): Golgatha erzählen. Das Sterben Jesu von Nazareth zwischen neutestamentlicher Überlieferung und literarischer Moderne, in: Diegesis 7.2, 19–46, Zugriff am 27.10.2020 https://www.diegesis.uni-wuppertal.de/index.php/diegesis/article/view/329/527
Mauz, Andreas (2018b): Transformation und Vergegenwärtigung, Philipp Pullmans ‚The Good Man Jesus and the Scoundrel Christ' (2010), in: Neue Wege 112.6, 17–20.
May, Georg (1968): Die Aufhebung der kirchlichen Bücherverbote, in: Siepen, Karl u. a. (Hg.): Ecclesia et ius. Festgabe für Audomar Scheuermann, Paderborn, 547–571.
Nünning, Ansgar (1995): Von historischer Fiktion zu historiographischer Metafiktion. Bd. 1: Theorie, Typologie und Poetik des historischen Romans (Literatur - Imagination – Realität 11), Trier.
O'Collins, Gerald (2011): Philip Pullman's Jesus, Mahwah (NJ).
Plett, Heinrich F. (1991): Intertextualities, in: Ders. (Hg.): Intertextuality, Berlin, 3–29.
Polaschegg, Andrea (2018): Passionsspiele der Postrevolution. Christusdramatik und Volksbühnenpolitik im Nachmärz, in: Gamper, Michael / Schnyder, Peter (Hg.): Dramatische Eigenzeiten des Politischen, Hannover, 255–276.
Pullman, Philip (2010): The Good Man Jesus and the Scoundrel Christ, Edinburgh.
Pullman, Philip (2011): The Good Man Jesus and the Scoundrel Christ, Edinburgh.
Pullman, Philip (^{2}2011). Der gute Herr Jesus und der Schurke Christus, Frankfurt a. M.
Ramey, Margaret E. (2011): The Quest for the Fictional Jesus. Gospel Rewrites, Gospel (Re)Interpretation, and Christological Portraits within Jesus Novels, Zugriff am 27.10.2020 https://research-repository.st-andrews.ac.uk/handle/10023/1861
Thibault, Bruno (2017): Un Jésus postmoderne. les récritures romanesques contemporaines des Évangiles, Leiden.
van Oorschot, Frederike / Focken, Friedrich-Emanuel (Hg.) (2020): Schriftbindung evangelischer Theologie, Leipzig.
von Sass, Hartmut (im Druck, 2022): Letzte Versuchungen. Nikos Kazantzakis und der wahrhaft historische Christus, in: Gellner, Christoph / Mauz, Andreas (Hg.): Literarische Exegese, narrative Christologie. Der Jesus-Roman in systematisch-theologischer, neutestamentlicher und literaturwissenschaftlicher Perspektive, Tübingen.
Williams, Rowan (2010): The Good man Jesus und the Scoundrel Christ by Philip Pullman, in: The Guardian, 3.4.2010, Zugriff am 09.02.2021 https://www.theguardian.com/books/2010/apr/03/good-jesus-christ-philip-pullman
Zimmermann, Ruben (2015): „Augenzeugenschaft" als historisches und hermeneutisches Konzept – nicht nur im Johannesevangelium, in: Luther, Susanne u. a. (Hg.): Wie Geschichten Geschichte schreiben. Frühchristliche Literatur zwischen Faktualität und Fiktionalität, Tübingen, 209–251.
Ziolkowski, Theodore (1972): Fictional Transfigurations of Jesus, Princeton.
Zymner, Rüdiger (Hg.) (2016): Handbuch Gattungstheorie, Stuttgart.

Die sogenannte „Mao-Bibel“ und einige ihrer Folgen

Jörn Laakmann

Medias in res: Das Nachrichtenmagazin „Der Spiegel“ berichtet 1969 unter dem Rubrum „Theologen“ und der Überschrift „Rote Bibeln“ von einer theologischen Tagung an einer westdeutschen Universität:

> Sie sangen die Internationale und grölten ‚Jesu, geh voran‘ – bis ihnen gegen Mitternacht der Text ausging. [...] 200 Theologen und Theologiestudenten hielten letzte Woche in Bochum eine viertägige Konferenz ab. Das ‚Hauptziel‘ nannte der Frankfurter Vikar Rolf Trommershäuser, 29: ‚Die Zerstörung des Kapitalismus. Die Zerschlagung der Kirche ist nur ein erwünschtes Nebenziel.‘[1]

Eine Szene aus der Studentenbewegung, der „Außerparlamentarischen Opposition“ 1968/69. Weiter schildert der „Spiegel“ die „aufsässige[n] Theologen“ so: „Mit erhobener Faust und skandiertem ‚Mao Tse-tung‘-Gebrüll“ tagten sie „in Gummistiefeln und Hausschuhen, hatten Maos rote Bibel in der Tasche und trugen Lenins Konterfei am Revers, trugen Vollbart und schulterlange Haartracht“.

„Maos rote Bibel“ – die sogenannte Mao-Bibel ist hier ein charakteristisches, schon ikonisches Attribut der revolutionär gestimmten Studenten. Der volle Titel des Buches lautet „Worte des Vorsitzenden Mao Tse-tung“; es wurde, in nicht einmal einem Jahrzehnt, in etwa einer Milliarde (!) Exemplaren gedruckt[2] und ist wohl nach der „Bibel“ das weltweit meistgedruckte Buch.[3]

Im Mittelpunkt dieses Aufsatzes stehen nicht die Gedanken Mao Zedongs. Vielmehr werden wir uns kurz den historischen Hintergrund vor Augen führen

---

1 „Theologen / Opposition: Rote Bibeln“ 1969, 65.

2 Die Zahlen schwanken zwischen 1,02 und 1,05 Milliarden. Vgl. Leese 2018, 95.

3 Die hierzulande eingeführte Bezeichnung der „Worte des Vorsitzenden“ als „Mao-*Bibel*“ scheint ein deutschsprachiges Phänomen zu sein, vielleicht auch Ausdruck einer Denkweise. In den anderen europäischen Sprachen wird offenbar eher die rote Farbe des Einbands als charakteristisch empfunden. Die gängigen Bezeichnungen sind frz. „Petit livre rouge“, engl. „Little Red Book“, dän. „Maos lille røde“, portug. „O Livro Vermelho“, ital. „Libretto rosso“ (oder „Il libro delle Guardie rosse“). Selbst in der Esperanto-Version der „Wikipedia“ gibt es einen Artikel über das „Ruĝa Libreto“. – Bezeichnenderweise findet sich die englische Bezeichnung „Mao Bible“, soweit ich sehe, nur an einer Stelle, nämlich im Aufsatz eines angelsächsischen Forschers, der sich der Verbreitung des Buches im geteilten Deutschland widmet. Vgl. Slobodian 2014, 207: „[...] what was called, on both sides of the border, the ‚Mao Bible.‘“ In der Regel wird auch hier vom „Little Red Book“ oder von „Mao’s book of Quotations“ gesprochen.

und dann auf die Rezeption des Werkes im Westen blicken – unter besonderer Berücksichtigung zeitgeschichtlicher und religiöser Koinzidenzen.[4]

1. Die „Große proletarische Kulturrevolution"

China war seit 1949 eine sozialistische „Volksrepublik" – nach einem langen Bürgerkrieg, der vor dem zweiten Weltkrieg begonnen hatte. Beherrschende Kraft im neuen Staat war die Kommunistische Partei Chinas (KPCh); deren dominierender Politiker war Mao Zedong (1893–1976)[5], 1921 Mitbegründer der Partei, ab Mitte der 1930er Jahre einer ihrer führenden Männer, Anführer des „Langen Marsches" im Bürgerkrieg, 1945 Vorsitzender der KPCh, schließlich Staatschef seit 1949.

China war bereits in den 1960er Jahren mit etwa 700 Millionen Einwohnern das bevölkerungsreichste Land der Welt. Unter kommunistischer Führung (und sehr großen Opfern) entwickelte sich das von einer durch den Bürgerkrieg verwüstete und den Japanern im Zweiten Weltkrieg besetzte Land vom Entwicklungs- zum Schwellenland und schließlich zu einer auch in internationalen Konflikten agierenden Großmacht. So unterstützte sie in den 1950er und 1960er Jahren die sozialistischen Staaten Nordkorea und Nordvietnam gegen die von den USA protegierten Nationen Südkorea und Südvietnam.

Von der Sowjetunion als führendem kommunistischen Staat begann sich die KPCh seit dem Ende der 1950er Jahre zu distanzieren; Mao war der Ansicht, dass Stalins Nachfolger Chruschtschow gegenüber den „Imperialisten", also den USA, zu nachgiebig sei, er kritisierte beispielsweise dessen Nachgeben in der Kuba-Krise. Die KPCh nahm für sich in Anspruch, den Marxismus-Leninismus in besserer und reinerer Form zu vertreten als die KPdSU.

Wesentlicher Bestandteil der politischen Kultur in China war der Personenkult um den „Großen Steuermann" Mao Zedong. Legendär ist sein öffentliches Langstreckenschwimmen im Jangtse-Fluss, mit dem der schon alte Mann in den 1960er Jahren Gesundheit und Kraft demonstrierte. Im Jahre 1961 veranlasste Verteidigungsminister Lin Biao, dass täglich ein kurzes Zitat aus den zahlreichen Reden Mao Zedongs in der Armeezeitung „Jiefangjun bao" gedruckt werden

---

4 Vgl. zum literarhistorischen Hintergrund v. a. Bauer 2020, zur internationalen Wirksamkeit v. a. die Beiträge in Cook 2014, zur Rezeption in der westdeutschen Studentenbewegung und Politik v. a. Jaspers u. a. 2018, zur Rezeption in der französischen Linken Nivelle 2016.

5 Zur Biografie Mao Zedongs vgl. Schmidt-Glintzer 2017. Zur Schreibweise des Namens: Die heute gebräuchliche Umschrift ist „Mao Zedong". In Zitaten folgen wir der zitierten Schreibweise, so auch bei dem Titel des Buches „Worte des Vorsitzenden Mao Tse-tung".

sollte.[6] Lin Biao galt als Freund des Einsatzes kurzer Merksätze in der militärischen Ausbildung, die sich den Adressaten leicht einprägen sollten.

> Lin Biaos Auftrag setzte die Redaktion der Zeitung unter erheblichen Druck. [...] Obgleich bis zu diesem Zeitpunkt kein Verzeichnis von Maos Arbeiten vorlag, hatten die Redakteure das Glück, von einem Katalog Kenntnis zu erlangen, in dem Maos Zitate nach bestimmten Themen wie ‚Massenlinie', ‚Volkskrieg' oder ‚Klassenkampf' zugeordnet worden waren.[7]

Dieser relativ kontingente Katalog von Aussprüchen Mao Zedongs wurde zur Keimzelle des späteren Werks. Im Mai 1964 erschien die erste Ausgabe der „Worte des Vorsitzenden Mao Tse-tung". Die Auflage von etwa 4,2 Millionen (!) Exemplaren war an die Soldaten adressiert.

In einer Phase drohenden innenpolitischen Machtverlustes inszenierte Mao ab 1966 die sogenannte „Große proletarische Kulturrevolution". Eine Mobilisierung der Massen sollte die staatlichen Institutionen zerschlagen und die politische Macht „direkt" in die Hände der durch den Personenkult auf Mao eingeschworenen Volksmassen bringen – ein einmaliges politisches Ereignis, das (nach unterschiedlichen Schätzungen) 1,5 bis 1,8 Millionen[8] Menschen das Leben kostete und eine totale Umwälzung der Gesellschaft bewirkte. Arbeiter und Arbeiterinnen verließen die Produktionsstätten, um zu demonstrieren, Funktionäre wurden „in die Produktion" geschickt, verbannt oder ins Gefängnis geworfen, Professorinnen und Professoren ihres Amtes enthoben – das wichtigste Stichwort war „Selbstkritik", zu dem die jeweiligen „Mächtigen" von den „revolutionären Massen" genötigt und gezwungen wurden. Die wichtigsten Propagandamaterialien der Kulturrevolution waren Plakate mit dem Konterfei Mao Zedongs und das hier verhandelte Buch. 1968 müsste statistisch jeder Chinese mit einem Exemplar ausgestattet gewesen sein.

Diese Ereignisse wurden im benachbarten Ausland und auch im entfernten „Westen" mit Neugierde und Besorgnis verfolgt. In einem damals vertraulichen Protokoll der Unterredung zwischen dem deutschen Kanzler Kurt Georg Kiesinger und dem Vorsitzenden des birmanischen Revolutionsrates Ne Win aus dem November 1967 wird letzterer (ein Sozialist!) so zitiert:

> Die Hintergründe der Kulturrevolution in China schienen ihm darin begründet, daß Mao versuche, mindestens auf gleicher Ebene gesehen zu werden wie Marx und Lenin oder sich gar als der größte Philosoph und Ideologe des Kommunismus durchzusetzen. [...] Da es Mao bis vor zwei Jahren nicht gelungen sei, den Parteiapparat in seine Hand zu bekommen, habe er neue Kräfte ins Leben rufen müssen, die für ihn arbeiteten, das heißt die Roten Garden. Dies habe dazu geführt, dass zu einem gewissen Zeitpunkt man in den chinesischen Großstädten schon fast von einem Chaos habe sprechen können. Der Parteiapparat sei fast ausgeschaltet und Mao führe das Land mit Hilfe von nur wenigen Männern.[9]

6 Hier und im Folgenden vgl. Leese 2018.
7 Ebd., 75–76.
8 Vgl. ebd., 79.
9 „Gespräch des Bundeskanzlers Kiesinger [...]" 1998, 1532 f.

Aber auch in der westlichen Öffentlichkeit fand die Kulturrevolution Aufmerksamkeit. Das Magazin „Der Spiegel“ hatte ihr bereits im Herbst 1966 eine Titelgeschichte unter der Schlagzeile „Maos Rote Garde / Bürgerkrieg in China?“ gewidmet. Dort lesen wir:

> Es ist Maos Rote Garde, die Sturmtruppe, mit der Chinas greiser gelber Gott sein letztes Gefecht schlagen will – die ‚Große Proletarische Kulturrevolution‘. In meist blauen oder olivfarbenen Uniformen, am rechten Arm eine rot-goldene Binde, verließen sie Fabriken und – mitten in der Ernte – Volkskommunen. Die jungen Arbeiter fluteten als Rotgardisten zu Zehntausenden durch Städte und Gemeinden. Sie lärmten Tag und Nacht mit Sprechchören und revolutionären Songs [...]. Unter diesen Klängen stürzten sie alte Götter jeder Art: Sie schlugen Buddha-Statuen die Köpfe ab, verwandelten Pekings größte Moschee in einen weltlichen Kulturpalast, rissen Christenkreuze von den Wänden [...].
> Die roten Stürmer verbrannten Bücher, die nicht von Mao stammten [...]. Ihre jüngste Parole verlangt, die christliche Zeitrechnung aufzuheben. Der neue Chinesen-Kalender soll mit dem Jahr 1818 beginnen, dem Geburtsjahr des Deutschen Karl Marx. [...]
> [Im Zug sitzende Studenten schwenkten] aus allen Fenstern [...] das Brevier ihres Ordens, [...] ein in revolutionäres Rot gebundenes Buch, mit geprägtem rotem Stern auf dem Plastik-Einband und einem Mao-Bild auf der ersten Seite [...].
> Mit den Millionen roten Bibeln und den Millionen roten Gardisten will Mao den neuen kommunistischen Menschen schaffen und die Welt umkrempeln [...].[10]

Unübersehbar sind hier die direkten, aber auch die metaphorischen Bezüge dieses Berichts der politischen Entwicklung in China in den religiösen Bereich. Direkt: der Bildersturm gegen „andere“ Religionen wie Buddhismus, Islam, Christentum und Judentum; indirekt: das Buch der „Worte des Vorsitzenden“ Mao („greiser gelber Gott“) wird als „Bibel“, als „Brevier“ eines „Ordens“ bezeichnet. Auch von einer „Hexenjagd“ der Roten Garden ist die Rede.[11] Auffällig sind ebenso die Hinweise auf eine „Sturmtruppe“ und die Bücherverbrennung, die die Vorgänge in die Nähe des Nationalsozialismus rücken. – Die Verunsicherung über die Zustände im bevölkerungsreichsten Land der Welt ist groß. Unumwunden artikuliert der Artikel im „Spiegel“ eine europäische Angst vor dem „Gespenst asiatischer Horden“[12], das nun durch die Chinesische Kulturrevolution auf Europa zukommen möge.

Nicht nur die Publikumspresse, auch der Buchmarkt reagierte auf die Ereignisse in China. Nur kurz seien die sprechenden Titel einiger damals aktueller Publikationen genannt: *Große Mauer, Große Methode* (J. Schickel, Stuttgart: Klett, 1968); *Revolution in China* (C. P. Fitzgerald, Frankfurt: Europäische Verlagsanstalt, 1968); *Mao und die rote Garde. Eine Dokumentation über Chinas Kulturrevolution* (H. Dollinger, München: Heyne1968). Letzteres mit der Schlagzeile auf dem Umschlag: „Wir bringen das Chaos!“.

---

10 „China/Kulturrevolution: Brutal sein“ 1966, 116–118.
11 Vgl. ebd., 125.
12 Ebd., 117.

2. Máo Zhǔxí Yǔlù: „Der Katechismus der 700 Millionen“

Das Werk mit dem Titel „Worte des Vorsitzenden Mao Tse-tung“ (orig. „Máo Zhǔxí Yǔlù“) ist ein in der 1966 erschienenen chinesischen Ausgabe 244 Seiten, in der 1967 publizierten deutschen Ausgabe 373 Seiten umfassendes kleinformatiges Buch.[13] Die deutsche Ausgabe von 1967 wurde ebenfalls in China hergestellt („Verlag für fremdsprachige Literatur, Peking“), wie zahlreiche Ausgaben in etwa zwanzig anderen Sprachen auch. Die Bücher dienten als Propagandamaterial der revolutionären Volksrepublik China.

Abbildung 1: Chinesische Ausgabe der „Worte des Vorsitzenden“, Peking 1966. Einband roter Kunststoff, Typographie und Verzierung goldfarben, Vignette farbig, geprägt. 9 x 13 cm.

Die chinesische Originalausgabe wie auch die Exportausgaben haben einen charakteristischen roten Kunststoffeinband, sind also flexibel wie Taschenbücher und doch zugleich haltbar für den täglichen Gebrauch. Diese Ausgaben sind allerdings nicht ohne Aufwand gestaltet: die chinesische Ausgabe 1966 mit Goldprägung und Mao-Porträt auf dem rot glänzenden Einband sowie 15 Seiten Farbtafeln vor Beginn des Werkdrucks mit dem Text. Die Abbildungen zeigen den

[13] Vgl. Mao 1966 und Mao 1967a.

Verfasser – als Staatsmann, als jungen Mann, als Redner, allein oder mit Weggefährten. Die deutsche Ausgabe von 1967 und deren seitenidentische „Miniaturausgaben" in kleinerem Format 1968 und 1971 verzichten auf diese Farbtafeln. Aber auch sie zeigen aufwendige Ausstattungsdetails wie mehrfarbige Titeleien mit Schmuckrahmen, vorangestellten Porträts Mao Zedongs (die durch ein Blatt Seidenpapier geschützt werden) und haben rote Lesebändchen. Die Bücher sind handlich: sie haben eine Rückenhöhe 12,8 cm bei der Ausgabe 1966 bzw. 10,5 cm bei den späteren Ausgaben 1967 und 1971. Diese „Miniaturausgaben" sind also weniger hoch, aber etwas breiter als ein *iPhone 5* und passen in jede Tasche. Die Bücher sind auf dünnem Papier (ca. 50–60 g/m^2) gedruckt, das auch Bibeldruckpapier genannt wird.

Parallel zu den günstig abgegebenen Ausgaben des „Verlags für fremdsprachige Literatur" erschienen 1967 zwei Ausgaben in deutschen Verlagen (was für die Annahme eines Marktpotentials spricht). Zum einen, herausgegeben von dem Bonner Ministerialdirigenten und China-Experten Fritz C. Steinhaus, im Marienburg-Verlag eine aus dem Englischen übersetzte Ausgabe (Quelle war die Ausgabe „Quotations from Chairman Mao Tse-tung" der „Foreign Language Press, Peking, 1966", also des „Verlags für Fremdsprachige Literatur"). Die von Steinhaus herausgegebene Edition erschien unter dem in unserem Zusammenhang vielsagenden Titel „Das Mao Tse-tung Brevier. Der Katechismus der 700 Millionen" – apostrophiert das Buch also als religiöse Unterweisungsschrift. Die zweite westdeutsche Ausgabe erschien im April 1967 als Fischer Taschenbuch in der Reihe „Informationen zur Zeit", trägt als Haupttitel „Das rote Buch" und als Untertitel „Worte des Vorsitzenden Mao Tse-tung". Herausgeber dieser Ausgabe war Tilemann Grimm, Professor für Sinologie in Bochum und bereits Herausgeber der „Ausgewählten Schriften Mao Tse-tungs" in einer deutschen Ausgabe 1963. Die Ausgabe des „Roten Buches" bei Fischer erreichte bis Juni 1971 immerhin eine Auflagenhöhe von 102.000 Exemplaren

Beide Ausgaben sind mit Vorworten der Herausgeber versehen, die Maos Schrift in den Zusammenhang der aktuellen Kulturrevolution in China stellen. Steinhaus schreibt: „Was an dieser Schrift zunächst auf größtes Interesse auch in der westlichen Welt stoßen müsste, ist die Tatsache, daß hier zum ersten Male ein Überblick über den politischen und theoretischen Gehalt des Wirkens Mao Tse-tungs gegeben wird. Die Essenz [...] wird [...] kurz, knapp und eindringlich dargeboten."[14] Schickel erläutert: „Das ‚rote Buch' nennen wir es, weil es in roten Kunststoff eingeschlagen so unübersehbar in den Händen der jungen Menschen die ‚rote' revolutionäre Begeisterung zu sein scheint, die wir überall in den Städten und auf dem Lande in der Gestalt von Plakaten und Fahnen zu sehen bekommen. Rot ist in China die Farbe der Lebensfreude, der Jugend und des Frühlings."[15]

---

14 Mao 1967b, 6.

15 Mao 1967c, 7.

Die deutschsprachigen Ausgaben aus dem Pekinger „Verlag für internationale Literatur“ verzichten auf eine volkskundliche Einführung. Ihnen ist ein Vorwort Lin Biaos beigegeben, des Initiators der täglichen Zitate in der Armeezeitung 1961. Hier folgt auf das Porträt Maos eine Seite in chinesischer Kalligraphie, die auf der Recto-Seite übersetzt wird:

> Studiert die Werke des Vorsitzenden Mao Tse-tung, hört auf seine Worte, handelt nach seinen Anweisungen und seid seine guten Kämpfer! (*Lin Biao)*

In seinem fünfseitigen Vorwort lässt Lin Biao keine Zweifel an der Bedeutung der Gedanken Maos, wenn er sie nicht nur zur Waffe im revolutionären Kampf erklärt, sondern schlechthin als Grundlage des ganzen gesellschaftlichen Lebens:

> Genosse Mao Tse-tung ist der größte Marxist-Leninist unserer Zeit. In genialer, schöpferischer und allseitiger Weise hat Genosse Mao Tse-tung den Marxismus als Erbe übernommen, ihn verteidigt und weiterentwickelt; er hat den Marxismus-Leninismus auf eine völlig neue Stufe gehoben.
> Die Ideen Mao Tse-Tungs sind der Marxismus jener Epoche, in welcher der Imperialismus seinem totalen Zusammenbruch und der Sozialismus seinem weltweiten Sieg entgegengeht. Die Ideen Mao Tse-tungs sind eine mächtige ideologische Waffe im Kampf gegen den Imperialismus, eine mächtige ideologische Waffe im Kampf gegen Revisionismus und Dogmatimus. Die Ideen Mao Tse-tungs sind das Leitprinzip für die gesamte Tätigkeit der ganzen Partei, der ganzen Armee, des ganzen Landes.
> Demzufolge ist es die grundlegendste Aufgabe in der politischen und ideologischen Arbeit unserer Partei, immer das große rote Banner der Ideen Mao Tse-tungs hochzuhalten, das ganze Volk mit den Ideen Mao Tse-tungs zu wappnen und sich unbeirrbar bei jeder Tätigkeit von den Ideen Mao Tse-tungs leiten zu lassen.[16]

Das Buch „Die Worte des Vorsitzenden“ besteht aus 425 Zitaten Mao Zedongs, die insgesamt 118 verschiedenen Aufsätzen und Reden aus den Jahren 1926 bis 1964 entnommen sind. Es ist in 33 römisch nummerierte, thematisch orientierte Kapitel gegliedert, beispielsweise „I. Die Kommunistische Partei“, „V. Krieg und Frieden“, „IX. Die Armee des Volkes“, „XII. Die politische Arbeit“, „XXI. Selbstvertrauen und harter Kampf“, „XXII. Denkweise und Arbeitsmethoden“, „XXIV. Berichtigung falscher Ansichten“, „XXXI. Die Frauen“.

Unter diesen Überschriften werden unterschiedlich lange, oft sehr kurze und prägnante Zitate mit genauer Quellenangabe versammelt, exemplarisch etwa über „Die Kommunistische Partei“:

> Die kommunistische Partei Chinas ist der führende Kern des ganzen chinesischen Volkes. Gäbe es keinen solchen Kern, könnte die Sache des Sozialismus nicht siegen.
> Rede bei dem für die Delegierten des III. Landeskongresses des Neudemokratischen Jugendverbandes Chinas gegebenen Empfang (25. Mai 1957).[17]

---

16 Mao 1967a, I–II.
17 Ebd., 7.

Es handelt sich zuweilen um Parolen, die die revolutionäre Ideologie in einfachen Worten und Metaphern formulieren, wie etwa die berühmt gewordene Bezeichnung der „Imperialisten“ und „Reaktionäre“ als „Papiertiger“:

> Alle Reaktionäre sind Papiertiger. Dem Aussehen nach sind sie furchterregend, aber in Wirklichkeit sind sie nicht so mächtig. Auf lange Sicht haben nicht die Reaktionäre, sondern das Volk eine wirklich große Macht.[18]

Dieses einfache Bild kann allerdings höchst dialektisch differenziert werden, wie man an der folgenden Passage sieht, in der strategisches und taktisches Denken gelehrt wird:

> Ebenso wie es nichts auf der Welt gibt, das nicht eine Doppelnatur hätte (das ist eben das Gesetz der Einheit der Gegensätze), so haben auch der Imperialismus und alle Reaktionäre eine Doppelnatur: sie sind wirkliche Tiger und zugleich Papiertiger. [...] Das chinesische Volk brauchte, um die Herrschaft des Imperialismus, des Feudalismus und des bürokratischen Kapitalismus in China zu liquidieren, mehr als hundert Jahre, und Dutzende Millionen Menschen mussten ihr Leben lassen, ehe im Jahre 1949 der Sieg errungen war. Sehen Sie, waren das nicht lebendige Tiger, eisenharte Tiger, echte Tiger? Letzten Endes aber haben sie sich in Papiertiger, in tote Tiger, in butterweiche Tiger verwandelt. Das sind historische Tatsachen. Hat man denn das alles nicht gesehen und gehört? Wahrlich tausendmal und aber tausende Male! In Tausenden und Zehntausenden von Fällen! Somit muss man von ihrem Wesen her, aus einer langen Perspektive, in strategischer Hinsicht den Imperialismus und alle Reaktionäre als das betrachten, was sie in Wirklichkeit sind – als Papiertiger. Darauf müssen wir unser strategisches Denken gründen. Andererseits sind sie aber wiederum lebendige, eisenharte, wirkliche Tiger, die Menschen fressen können. Darauf müssen wir unser taktisches Denken gründen.[19]

Oft handelt es sich um ganz praktische Anweisungen, die in sehr einfacher und klarer Sprache formuliert werden; ein Beispiel aus dem Kapitel „Die Disziplin“:

> Die drei Hauptregeln der Disziplin lauten:
> 1. Gehorche dem Kommando in allem, was du tust.
> 2. Nimm den Massen nicht eine Nadel, nicht einen Faden weg.
> 3. Liefere alles Beutegut ab.
>
> Die acht Punkte zur Beachtung lauten:
> 1. Sprich höflich.
> 2. Zahle für das, was du kaufst, den angemessenen Preis.
> 3. Gib zurück, was du entliehen hast.
> 4. Bezahle für das, was du beschädigt hast.
> 5. Schlage und beschimpfe niemanden.
> 6. Beschädige nicht die Ackerbaukulturen
> 7. Belästige nicht Frauen.
> 8. Mißhandle nicht Gefangene.[20]

---

[18] Ebd., 87.
[19] Ebd., 87–88.
[20] Ebd., 302.

Und gelegentlich sind es kurze Sentenzen, die so klar und deutlich sind, dass man sie sowohl als trivial wie auch als philosophisch tiefgründig bezeichnen könnte. Im Kapitel über „Denkweise und Arbeitsmethoden“ heißt es:

> Die Dinge in der Welt sind kompliziert, sie werden von allen möglichen Faktoren bestimmt. Man muss die Probleme von allen Seiten betrachten und nicht nur von einer einzigen.[21]

Im Ganzen handelt es sich um eine heterogene Mischung politischer und lebenspraktischer, historischer und sehr konkret auf die Gegenwart bezogener Texte bzw. Ausschnitte. Der Ton ist väterlich, an der philosophischen und strategischen Weitsicht des Autors bleibt kein Zweifel. Manches ist dröge und formal, anderes durchaus literarisch bis poetisch, weil Mao sehr klare Bilder für abstrakte Sachverhalte findet, wie oben die „Tigerkunde“ bezüglich des Imperialismus und deren Konsequenzen für Strategie und Taktik. Dabei entbehrt es nicht der Wiederholung und einer gewissen Monotonie, die den Leser und die Leserin auch in anderer Hinsicht „gefangen nehmen“ kann; es ist ohne Zweifel in erster Linie das ideologische Vademecum, als das Lin Biao es für seine Soldaten gedacht hatte. „Um die Maotsetungideen wirklich zu meistern“, schreibt Lin Biao im Vorwort, „muss man viele der grundlegenden Ansichten des Vorsitzenden Mao Tse-tung immer wieder studieren; am besten ist es, einige seiner Sentenzen auswendig zu lernen.“[22]

3. Rezeption in der Studentenbewegung

Dieses chinesische Instruktionsbüchlein für Milizionäre eines totalitären Staates also trugen die eingangs beschriebenen revolutionären westdeutschen Theologiestudenten in der Tasche – und viele andere auch. Das Buch wurde zur Ikone der Protestbewegung und ist es geblieben. So trug eine Ausstellung über „Die sechziger Jahre in der Bundesrepublik“ 2013, also fünf Jahrzehnte später, den plakativen Titel „Mini, Mofa, Maobibel“[23] und bezeugt damit den Symbolcharakter dieses Buchs. Im Text des Ausstellungskatalogs wird es klein abgebildet und inhaltlich nicht weiter behandelt, aber als Titel und Symbol funktioniert es offenbar.

Es ist aus der Rückschau nicht einfach zu verstehen, was die Faszination des Kleinen Roten Buches für die westlichen Leserinnen und Leser, dabei vor allem für die Protestbewegung der späten 1960er Jahre ausmacht. Für eine wirkliche Information über die chinesische Revolution taugen die oft aphorismenhaften

---

21 Ebd., 254.
22 Ebd., III.
23 Vgl. Müller 2013.

Sentenzen kaum – hier konnte man sich eher in den ebenfalls in deutscher Sprache erhältlichen monografischen Schriften Mao Zedongs kundig machen. Auch für die konkrete politische Arbeit waren Maos „Theorie des Guerillakrieges oder Strategie der Dritten Welt“ (1966) oder die 1967 ff. auch auf Deutsch erscheinenden mehrbändigen „Ausgewählten Werke“ Mao Zedongs sicherlich informativer. Das „Kleine Rote Buch“ bietet *prima vista* wenig konkrete Hilfestellung zur Überwindung des von der Studentenbewegung als reaktionär empfundenen politischen Systems der Bundesrepublik. Und doch wurde es gelesen oder wenigstens besessen.[24]

Movens der Studentenbewegung war einmal ein genereller libertärer und antikapitalistischer Impuls, zum anderen der Protest gegen die als skandalös empfundene Kontinuität einer nationalsozialistischen Führungselite aus dem Dritten Reich in das bundesrepublikanische System – und schließlich die Empörung über den Vietnamkrieg als grausame Realität eines westlichen, kapitalistischen Imperialismus.

Hier liegt wohl ein Schlüssel für die Attraktivität des maoistischen chinesischen Regimes für die Protestbewegung: Die Chinesen stellten sich dem amerikanischen Imperialisten entgegen, sie unterstützten das (nord-)vietnamesische Volk. Die Chinesen, kurz gesagt, boten den USA die Stirn.

Dazu wird ein romantisch-exotisches Moment gekommen sein. China war weit weg, und die Berichte von der chinesischen Kulturrevolution waren sicherlich aufregender, spannender und interessanter als das, was man aus der stabileren, aber auch ernüchternd langweiligen Sowjetunion als Zentrum des „real existierenden Sozialismus“ erfuhr. Da mögen die Berichte über eine „Kulturrevolution“, die das System als Ganzes in Frage stellte und die Funktionäre entmachtete, attraktiv erschienen sein: *Wenn schon Revolution, dann bitte richtig.*

Hans-Christian Ströbele, in den späten 1960er Jahren linker Anwalt, Strafverteidiger der RAF, Mitbegründer der „tageszeitung“ und Bundestagsabgeordneter der „Grünen“, erinnert sich 2016:

> Es war nicht so, dass ich mit dem Buch in der Hand auf Demonstrationen gegangen bin. Wir waren sehr wenig informiert über das, was da in weiter Ferne passierte. [...] Von heute aus gesehen, hätten wir früher wahrscheinlich vieles anders gesehen und auch anders reagiert, wenn wir gewusst hätten, was da tatsächlich passierte.[25]

Die Maoisten waren eine Strömung unter anderen in der unübersichtlichen progressiven Landschaft der späten 1960er Jahre. Der Historiker Gerd Koenen beschreibt in seiner Monografie über „Das rote Jahrzehnt“ mit dem schönen Untertitel „Unsere kleine deutsche Kulturrevolution 1967–1977“ die verschiedenen Gruppen um 1968:

---

[24] Zur Rolle des Buches in der erstdeutschen Studentenbewegung vgl. zuletzt Sepp 2018.

[25] Ströbele 2016.

> Außer eingeschriebenen KP-Leuten und ausgefuchsten Antiautoritären gab es linke Sozialdemokraten und JUSOS mit gespaltener Loyalität, Linkssozialisten verschiedenster Couleur, Trotzkisten (mindestens drei bis vier Tendenzen) genuine Neoleninisten, diverse Maoisten (in der Pop- und in der Parteiversion), Guevaristen und Anarchisten, Pazifisten und christliche Sozialisten, Kommunarden und Drogenfreaks.[26]

Maoisten „in der *Pop-* und in der *Parteiversion*" – diese Formulierung Koenens deutet darauf hin, dass „der Maoismus" in den späten 1960er Jahren durchaus auch unpolitische, romantische, modische Züge hatte. – Im Register des Buches über „das rote Jahrzehnt" verzeichnet Mao mit Abstand die meisten Einträge – deutlich mehr als „Che Guevara", „APO", „Ulrike Meinhof" oder die „Rote Armee Fraktion" (die sich in ihren Bekennerschreiben auch gerne Sentenzen Maos bediente).

4. Weitere kleine, meist rote Bücher

Die massenhafte Verbreitung und der ikonische Charakter der „Worte des Vorsitzenden Mao Tse-tung" zeitigten unmittelbar weitere Bücher, die sie in politischer oder satirischer Absicht imitierten oder auch einfach nur „modischer" Weise nachahmten, unmittelbar in den Jahren 1968 bis 1970, aber auch bis in unsere Jahre hinein. Viele dieser Bücher bedienen sich dabei im Titel der Formel „Worte des Vorsitzenden ...". Exemplarisch seien genannt:

- Aus dem direkten Kontext des Vietnamkriegs 1968: „Quotations from Chairman LBJ" [d. i. Lyndon B. Johnson, Präsident der USA] (New York 1968, dt. Übers. u. d. T. „Worte des Vorsitzenden LBJ" Darmstadt 1968), in dem durch Zitate der kapitalistische, undemokratische und imperialistische Charakter des Führers der „Freien Welt" und Oberbefehlshabers der amerikanischen Truppen in Vietnam herausgestellt werden sollte.
- Die „Worte des Vorsitzenden Heinrich" (Gräfelfing 1968), eine Zusammenstellung von Zitaten des deutschen Bundespräsidenten Heinrich Lübke, der für seine unglücklichen Formulierungen berühmt-berüchtigt war (angeblich, beim Staatsbesuch in Liberia: „Meine Damen und Herren, liebe Neger"; oder – ebenso angeblich – zur englischen Königin vor Beginn einer Veranstaltung: „equal goes it loose").
- Die „Worte des Vorsitzenden Klaus" [d. i. Klaus Schütz, Regierender Bürgermeister Westberlins] (Berlin 1968), eines klaren Feindbildes der Studentenbewegung.

---

[26] Koenen 2001, 124.

- „Worte des Vorsitzenden Gustav“ [d. i. Gustav Heinemann] (Hamburg 1969), eine durchaus sympathisierende Darstellung des ersten sozialdemokratischen Bundespräsidenten der Bundesrepublik.
- „Worte des Vorsitzenden Franz Josef“ [d. i. Franz Josef Strauß, Vorsitzender der CSU] (Hamburg 1972), eine Sammlung, mit der die antidemokratischen bis – aus der Sicht der Herausgeber – faschistoiden Ansichten des konservativen Politikers dokumentiert werden sollten und auf seine Gefährlichkeit hingewiesen wurde.

Diese Reihe lässt sich fortführen bis zu den „Worte[n] des Vorsitzenden Gregor Gysi“ (Berlin 2015), in dem die Freunde und Mitarbeiter des meinungsfreudigen Politikers zum Abschied vom Fraktionsvorsitz charakteristische Zitate versammeln und schließlich zu den „Quotations from Chairman Trump“ (New York 2016), mit denen eine amerikanische Publizistin im Jahr der US-amerikanischen Präsidentschaftswahl auf den widersprüchlichen, zwielichtigen und zuweilen einfach simplen Charakter des Kandidaten Donald Trump aufmerksam machen wollte. Ohne Erfolg, wie man weiß.

Abbildung 2: „Quotations from Chairman Trump“, New York 2016. Bezogener Pappband, rot, Typographie und Verzierung goldfarben, Vignette farbig, geprägt. 11 x 16 cm.

Nicht alle, aber viele dieser Derivate orientieren sich an der Buchausstattung der „Mao-Bibel“: Das Buch über Gysi ist im Originalformat der „Miniatur-Ausgabe“ von 1968 und in rotem Kunststoffeinband erschienen, der für seine satirische Literatur bekannte Eulenspiegel-Verlag firmiert hier (auch in der Typographie nachgeahmt) als „Eulenspiegel-Verlag für deutschsprachige Literatur, Berlin“, und auch das Autorenportrait in „übertriebenen“ Farben wie in der Vorlage fehlt nicht. Das Buch über Donald Trump 2016 ähnelt im Umschlag bis ins Detail der chinesischen „Originalausgabe“ von 1966: goldene Typographie auf rotem Grund, Portrait des Verfassers als Vignette, umrahmt vom ebenfalls goldenen Strahlenkranz im Prägedruck.[27]

5. Direkte theologische Derivate

Neben den politischen Werken, welche die „Worte des Vorsitzenden“ in ihrer äußeren Form oder ihrem Stil als Zitatsammlung imitieren, gibt es auch Bücher aus dem religiösen bzw. theologischen Bereich. Vier Beispiele seien genannt.

Der Internationale Gideon-Bund verlegte 1969 seine an Interessenten kostenlos abgegebene und vielfach gedruckte Ausgabe von „Das Neue Testament unseres Herrn und Heilandes Jesus Christus“ im selben Kleinoktav-Format wie die „Worte des Vorsitzenden“ 1968. Der Einband ist rotes, narbiges Kunstleder mit Goldprägung. Dasselbe Buch war 1967 noch in gleicher Ausstattung, aber in größerem Format und mit dunkelblauem Bezug erschienen. Das mag ein schöner Zufall sein. Ein umso schönerer Zufall ist es dann, dass der Titel in einer späteren Ausgabe, 1979, wiederum in gleicher Ausstattung und in sattem Grün erschien. Das „rote Jahrzehnt“ war zu Ende, das „grüne“ begann; 1979/80 wurden die ersten Landesverbände der gleichnamigen Partei gegründet.

Ein zweites Beispiel, das sich nicht nur an der Farbgebung orientiert, sind die „Worte des Christus Jesus“, erschienen in erster und sofort in zweiter Auflage 1970. Auch hier der plakative rote Umschlag und das kleine Format. Das Buch enthält in 24 Abschnitten auf gut 170 Seiten wörtliche Zitate aus dem Neuen Testament; in der Abteilung „Revolutionäre Thesen“ findet sich beispielsweise Mt 20,25–28: „[...] Ihr wisst, dass die Fürsten der Völker sie knechten und die Großen über sie Gewalt üben. Unter euch soll es nicht so sein [...]“[28]. Direkte Zitate aus der „Mao-Bibel“ aber finden sich in diesem Buch in den Paratexten: Als Motto vorangestellt lesen wir:

> Hört auf das Wort des Christus Jesus! Handelt nach seinen Weisungen und seid seine treuen Nachfolger![29]

---

27 Hier werden nur einzelne Beispiele kurz benannt. Das „Kleine Rote Buch“ provozierte mehr als zwei Dutzend weiterer Publikationen. Auch gibt es Reflexionen des Buches in der schönen Literatur ebenso wie in der Musik, im Hörspiel, im Film und in der bildenden Kunst.

28 Wiegand 1970, 106–107.

29 Ebd., 4

Mancher Zeitgenosse mag hier an die Leseanweisung in der „Mao-Bibel“ gedacht haben, wo das Motto vor dem Vorwort lautet:

> Studiert die Werke des Vorsitzenden Mao Tse-tung, hört auf seine Worte, handelt nach seinen Anweisungen und seid seine guten Kämpfer![30]

Im Vorwort dieser „Worte des Christus Jesus“ wird ebenfalls Lin Biao paraphrasiert. Dieser hatte im Vorwort geschrieben:

> Man muss die Werke des Vorsitzenden Mao Tse-tung *im Zusammenhang mit praktischen Fragen* studieren, in Verbindung mit der Praxis lernen und das Gelernte in der Praxis anwenden [...]. Um die Ideen Mao Tse-Tungs wirklich zu meistern, muss man viele der grundlegenden Ansichten des Vorsitzenden Mao Tse-Tung immer wieder studieren; *am besten ist es, einige seiner Sentenzen auswendig zu lernen, sie wiederholt zu studieren* und wiederholt anzuwenden.[31]

Und im Vorwort der „Worte des Christus Jesus“ heißt es nun:

> Man muss diese Fragen *im Zusammenhang mit den Fragen des Alltags* betrachten und sich von dem Wort des Christus Jesus leiten lassen in seinen persönlichen Fragen und in den Entscheidungen, die jeder zu treffen hat. *Es ist empfehlenswert, möglichst viele Worte Jesu Christi auswendig zu lernen, sich wiederholt mit ihnen zu beschäftigen* und als gegenwärtige Zeugen des lebendigen Herrn weiterzugeben.[32]

---

30 Mao 1968, vor S. I (auf der Rückseite der Kalligraphie von Lin Biao). In den „Miniaturausgaben“ 1968/1971 übrigens erweitert gegenüber der ersten dt. Ausgabe 1967, wo es kürzer und prägnanter heißt: „Studiert die Werke des Vorsitzenden Mao Tse-tung, hört auf seine Worte und handelt nach seinen Weisungen!“.

31 Lin Biao, Vorwort, in: Mao 1968, S. II–III; Hervorhebungen J.L.

32 Wiegand 1970, S. 10; Hervorhebungen J.L.

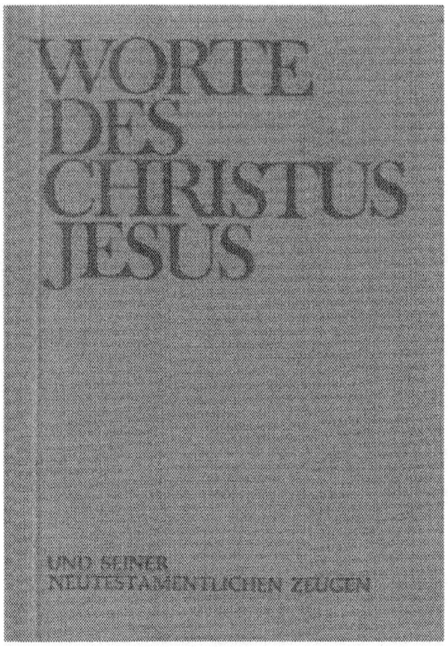

Abbildung 3: „Worte des Christus Jesus", Wuppertal 1970. Broschur, rot, Typographie schwarz. 7,5 x 11 cm.

Abbildung 4: „Worte des Vorsitzenden Mao Tse-Tung", Peking 1968. Einband Roter Kunststoff, Typographie goldfarben. 7,5 x 10,5 cm.

Ein drittes Beispiel ist die Schrift „Die Jesus-Revolution. Ausgewählte Worte des Jesus Christus", erschienen 1971. Selbstredend rot mit goldener Schrift auf dem (Kunststoff-)Umschlag ist es im Format der 1966er Ausgabe Maos gedruckt. Auf wiederum etwa 170 Seiten werden, ohne eine inhaltliche Gliederung, Zitate Jesu Christi versammelt. In einem, wie es heißt, „notwendigen Vorwort" wird ein Zusammenhang mit der „Aktion Christ-People" in den USA hergestellt, einer aus der Flower-Power-Bewegung hervorgegangenen religiösen Bewegung.

> Das neue Erwachen der Jugend für Christus geht in den USA, was die Hippie-Gruppen angeht, im Pop-Gewand einher. Es gibt Posters, Anstecknadeln und Autoaufkleber mit Jesus-Werbung, christliche Kaffeehäuser und sogar ‚christliche Night-Clubs'. [...] An die telefonischen Seelsorgestellen der neuen Jesus-Bewegung wenden sich insbesondere Rauschgiftsüchtige, die sich durch einen neuen Glauben von der Sucht befreien wollen.[33]

Das euphorische und engagierte Vorwort wagt einen Blick in die nahe Zukunft: „In den europäischen Städten werden sich 1971–1973 ähnliche Vorkommnisse abspielen, wie sie heute bereits für die USA typisch sind."[34] Und blickt darüber hinaus:

> Es ist wahrscheinlich, dass die Christ-People-Bewegung wie ihre Vorläuferin, die Flower-Power der Hippies, nach drei bis vier Jahren in eine andere Bewegung übergeht, aber in welche? Große christliche Konfessionen sind in vielen Ländern bemüht, die marxistisch-kommunistische Revolution mit Christus als Guevara-Typ ‚links zu überholen'. Zu dieser Art der Bewegung gehört die Christ-People-Bewegung jedoch nicht. Sie ist kein religiöser

33 „Die Jesus-Revolution" 1971, 9–10.

34 Ebd., 12.

> Versuch, in die Politik einzugreifen, sondern bis heute eine echte religiöse Bewegung mit der Absicht, den einzelnen zu veranlassen, durch die Abkehr von der bisherigen ‚Sünde‘ (Drogen, Porno, Sex) als neuer Mensch ein neues Leben in Christus zu beginnen.[35]

In Klammern sei bemerkt, dass sich unter den Anzeigen am Schluss des Buches ein Hinweis auf die auch im Vorwort erwähnte Rockoper „Jesus Christ Superstar“ (1971, verfilmt 1973) findet. Das „Doppelalbum mit 2 LP's und umfangreicher Text- und Bildbeilage“ wird so beworben: „Seit 2000 Jahren zum ersten Mal Nr. 1 in den LP-Hitlisten“[36].

Ein viertes Beispiel sind die „Worte des Vorsitzenden Jesus“ (1971, zuerst engl. als „Quotations from Chairman Jesus“ 1969). In rotes Plastik gebunden und im kleinen Format bietet das Buch auf gut 180 Seiten Zitate Jesu, geordnet in sechs Kapiteln, überschrieben etwa: „Die Sache Jesu: Veränderung gesellschaftlichen Lebens“, „Gott und die Revolution“ oder „Die neue Weltzeit“. Die beiden katholischen Herausgeber David Kirk und Daniel Berrigan sind bekannte Bürgerrechtler und Friedensaktivisten: Berrigan beteiligte sich an der öffentlichen Verbrennung von Einberufungsbefehlen während des Vietnam-Krieges und stand zeitweise auf der „FBI's Ten Most Wanted List“[37], Kirk wurde gemeinsam mit Martin Luther King Jr. verhaftet.[38]

In seiner Einleitung motiviert Kirk die Titelgebung des Buches: diese „Abwandlung eines neuen Schlagwortes“ bedeute:

> ‚Jesus ist der Vorsitzende.‘ Damit wollen wir sagen: auf ihn allein lassen wir uns ein in den Entscheidungen unseres Gewissens und in unserem Streben nach einer wirklich brüderlichen Gesellschaft. Was wir Nixon geben (oder wer immer Präsident oder Vorsitzender in unserem Lande sein mag), geben wir ihm nur vorläufig, nur auf Zeit; immer nur unter der Bedingung, dass die Forderungen seiner Macht unserem Gewissen, unserer Macht nicht widersprechen. – Die beste Darstellung der Evangelien ist ohne Zweifel unser eigenes Leben. Aber diese ‚Übersetzung‘ muß gemeinsam erarbeitet werden.[39]

Sind in diesem Buch die ersten sechs Kapitel Zitaten Jesu' vorbehalten, so kommen im siebten die Kirchenväter zu Wort. Unter der Überschrift „Die Väter der Revolution“ skizzieren die Herausgeber die frühkirchliche Situation mit aktuellen politischen Begriffen.

---

35 Ebd., 17–18.

36 Ebd., nicht paginiert, letztes Blatt (i. e. S. 176)

37 Vgl. http://www.ignatianspirituality.com/ignatian-voices/20th-century-ignatian-voices/ daniel-berrigan-sj/ (Zugriff am 31.08.2020).

38 Vgl. https://en.wikipedia.org/wiki/David_Kirk_(activist) (Zugriff am 31.08.2020).

39 Kirk 1971, 15.

> Die frühe Kirche war sozialistisch im weitesten Sinne: Die Christen hielten nichts von privatem Eigentum. Sie besaßen alles gemeinsam; die Armen erhielten das zum Leben Notwendige aus dem Gemeinschaftsbesitz. [...] Die Befreiung der Armen und Unterdrückten war einer der Hauptgrundsätze christlichen Handels. [...] Der Geist Christi zwingt uns zum Widerstand gegen eine Lebensauffassung, die die Unterdrückung als notwendiges Übel duldet. Wir müssen radikal umdenken; wir müssen auf radikale Veränderung hin arbeiten![40]

6. Pietistisches Nachspiel im Herbst 1971

Die politisch-literarische Zeitschrift „Kursbuch" als wichtiges Organ der Studentenbewegung hatte seit ihrer Gründung 1965 immer wieder chinesische oder maoistische Themen in den Mittelpunkt gerückt und sogar ein Gedicht des Vorsitzenden abgedruckt.[41] Die Ausgabe 25 im Herbst 1971 stand unter dem Thema: „Politisierung: Kritik und Selbstkritik". Hier wurde die „Kaderproduktion" thematisiert, wurden Gesprächsprotokolle mit „lesenden Arbeitern" gedruckt, wurde aber auch über die „Studentenbewegung als kleinbürgerliche Massenbewegung" reflektiert. Also ein Versuch der (Zwischen-)Bilanz der Außerparlamentarischen Opposition.

Das „Kursbuch" veröffentlichte seinerzeit als grafische Beilage sogenannte „Kursbögen" – dem Heft eingelegte, gefalzte Plakate zum jeweiligen Thema (sehr schön für die WG-Küche). Der Kursbogen des Heftes 25 hieß schlicht „Der breite und der schmale Weg"; er ist im Inhaltsverzeichnis benannt, aber nirgends kommentiert und weist auch keinen Verfasser aus.[42]

---

40 Ebd., 166–167.

41 Vgl. etwa die Beiträge in Kursbuch Heft 2, 1965: „Von China aus gesehen"; Heft 6, 1966: „Erzählungen aus einem chinesischen Dorf"; Heft 9, 1967: „Dialektik in China. Mao Tsetung und die Große Kulturrevolution"; Heft 15, 1968: „Lu Hsün: Vier Schriften über Literatur und Revolution", ebd: „Dossier: China. Kultur Revolution Literatur", ebd.: „Mao Tsetung: Ein unveröffentlichtes Gedicht".

42 Ich beziehe mich auf ein Exemplar in Privatbesitz; in den Bibliotheksexemplaren des Kursbuches ist die Beilage regelmäßig unauffindbar. Die DNB verzeichnet in ihrem Datensatz: „Teilweise ungezählte Beilage: Kursbogen", vgl. http://d-nb.info/010049010 (Zugriff am 01.09.2020).

Abbildung 5: „Der breite und der schmale Weg“ in einer Fassung aus dem 19. Jahrhundert.

„Der breite und der schmale Weg“ – unter diesem Titel präsentiert sich ein vierfarbiger Bogen von 48,5 x 62,8 cm. Der Titel ist in einer etwas antiquierten Type auf dem unteren Rahmen zu lesen, und das Bild zeigt eine hügelige Landschaft mit einem breiten Weg (auf der linken Seite) und einem schmalen Weg (auf der rechten). Auf dem ganzen Bild sind Personen zu sehen, die sich „auf dem Weg“ befinden, weg vom Betrachter in Richtung Horizont. Im Vordergrund sind in einer Mauer zwei Durchgänge zu sehen: ein breites Tor links und eine schmale Pforte rechts. Das mächtige Tor links führt auf eine breite Straße mit prächtigen

Gebäuden, endet allerdings in Darstellungen von Krieg, Feuer und Inferno. Der schmale, bescheidene Weg rechts beginnt mit einer „engen Pforte“ und führt wenige Menschen in ein offenbar paradiesisches Reich.

„Der breite und der schmale Weg“ ist nicht irgendein Bild, sondern ein im württembergischen Pietismus weit verbreitetes Andachtsbild der Stuttgarterin Charlotte Reihlen,[43] das Jesu’ Rede in Mt 7,13–14 veranschaulicht:

> Tretet ein durch das enge Tor! Denn weit ist das Tor und breit ist der Weg, der ins Verderben führt, und viele sind es, die auf ihm hingehen. Aber eng ist das Tor und schmal der Weg, der ins Leben führt, und wenige sind es, die ihn finden.

Der 1867 erstmals veröffentlichte Druck ist beschriftet mit Bezeichnungen für bestimmte Lebensstile. So führt der breite Weg elegant vorbei an „Theater“, und „Maskenball“, am „Gasthof zum Weltsinn“ und einer „Spielhölle“, der schmale an der „Sonntagsschule“, der „Kinderrettungsanstalt“ und dem „Diakonissenhaus“. Vor allem aber ist es übersät mit Bibelstellen. So steht neben der Pfandanstalt auf dem breiten Weg der Hinweis „Hiob 24,9“ („Sie [...] nehmen den Säugling des Armen zum Pfand“), neben dem einsamen Wanderer auf dem schmalen Weg „Luk. 9, 23“ („Wer mir nachfolgen will, der verleugne sich selbst und nehme täglich sein Kreuz auf sich [...]“) Die Botschaft ist klar: „Alle, die das Bild betrachten, sehen sich vor die Entscheidung gestellt, wie sie ihr Leben führen möchten.“[44] Das Bild wird bis heute – in etwas abgewandelter Form – vom „Christlichen Plakatdienst e.V.“ als „besonderes Motiv für die evangelistische Arbeit“ angeboten und kostenlos als Poster und Flyer vertrieben.[45]

Dieses Bild wird nun im „Kursbogen“ 1971 modifiziert: sämtliche Bibelstellen werden durch Zitate aus der „Mao-Bibel“ ersetzt und die Bezeichnungen der Gebäude deuten ein zeitgemäßes dichotomisches Weltbild an. Der linke, breite Weg führt an der „Börse“, dem „Hotel zum Kapital“, der „Industrielobby“ und dem „Parlament“ vorbei ins Unheil und Verderben, der rechte, schmale, über „Betriebsarbeit“ und „Schulung“ vorbei am „Prolet. Kinderladen“ und dem „Sozialistischen Zentrum“ ins Glück. Unverändert wie 1867 führt der schmale Weg ins „Neue Jerusalem“ mit goldenem Lamm. In der Originalfassung wird verwiesen auf „Offenb. 14,1“, „Hebr. 12,22“ und „Offenb. 21“ – im Kursbogen von 1971 ist die Heilsbotschaft nun: „Dieses unendlich strahlende, dieses höchste Zukunftsideal“ mit dem Nachweis „Vors. III, 30“. (Das ist redundant, denn das römisch gezählte Kapitel müsste nicht genannt werden, um die Seite zu finden, aber die sprachlich rhythmische Nähe zur üblichen Zitierweise der Theologen liegt auf der Hand.) Grafisch wurde das Bild 1971 kaum verändert (aus dem Kirchenschiff ragt allerdings nun ein Fabrikschornstein), doch an einer zentralen

---

43 Vgl. Lang 2010. – Das Bild ist online einsehbar unter https://de.wikipedia.org/wiki/Datei:Der_breite_und_der_schmale_Weg_2008.jpg (Zugriff am 13.08.2021).

44 Lang 2019.

45 Vgl. https://www.c-plakat.de/schmaler-und-breiter-weg-p33.html (Zugriff am 25.10.2020).

Stelle markant. Mitten über der ganzen Szenerie, wo im 19. Jahrhundert blauer Himmel und das Auge des trinitarischen Gottes waren, prangt nun ein großer, roter, fünfzackiger Stern mit der Erläuterung „Die Zukunft ist glänzend. *Vors. V, 84*“.

Abbildung 6: „Neues Jerusalem“ in der Fassung des Kursbogens von 1971. (Hammer und Sichel anstelle der Krone.)

Abbildung 7: „Neues Jerusalem“ in der Originalfassung 1867.

„Politische Theologie" – spiegelt sich die abflauende Protestbewegung drei Jahre nach ihrem Höhepunkt selbstironisch in diesem Bild? Ja und nein. Einerseits ist die Belustigung über eine verbreitete „gläubige" Verehrung des Großen Vorsitzenden unabweisbar deutlich, andererseits mochte sich mancher auch denken: Stimmt doch – der eine Weg führt ins Verderben, der andere ins Heil, und das Bild somit, wenn auch amüsiert, für wahr nehmen. Alles eine Frage des jeweiligen Standpunkts, und auf den kommt es bekanntlich an, denn: *Keinen richtigen politischen Standpunkt haben bedeutet keine Seele haben.*[46]

Literatur

Bauer, Wolfgang (2020): Art. „Mao Zedong, Mao zhuxi yulu", in: Kindlers Literatur Lexikon Online, Zugriff am 26.04.2020 http://www.kll-online.de/

„China / Kulturrevolution: Brutal sein", in: Der Spiegel, H. 48/1966, 114–131.

Cook, Alexander (Hg.) (2014): Mao's Little Red Book. A Global History, Cambridge.

„Der breite und der schmale Weg". ‚Kursbogen' zu Kursbuch 25, Oktober 1971.

Die Bibel (2012): Herder-Übersetzung mit Kommentaren und Erläuterungen von Johannes Franzkowiak, Darmstadt.

Die Jesus-Revolution. Ausgewählte Worte des Jesus Christus [Ausgew. von Nanny Albin; apokryph. erg. u. kommentiert von Hanns Kurth.], Düsseldorf/Wien 1971.

„Gespräch des Bundeskanzlers Kiesinger mit dem Vorsitzenden des birmanischen Revolutionsrates, Ne Win, in Rangun, 23. November 1967", in: Blasius, Rainer u. a. (Hg.) (1998): Akten zur Auswärtigen Politik der Bundesrepublik Deutschland, 1967, München, 1532–1536.

Jaspers, Anke u. a. (Hg.) (2018): Ein kleines rotes Buch. Die Mao-Bibel und die Bücher-Revolution der Sechzigerjahre, Berlin.

Kirk, David (1971): Worte des Vorsitzenden Jesus. Mit einem Vorwort von Daniel Berrigan, Freiburg i. Ue. u. a.

Koenen, Gerd (2001): Das rote Jahrzehnt. Unsere kleine deutsche Kulturrevolution, 1967-1977, Frankfurt a. M.

Lang, Gustav Friedrich (2010): Geschichte und Konzeption von Charlotte Reihlens Zwei Wege-Bild, in: Blätter für Württembergische Kirchengeschichte 110, 305–368.

Lang, Gustav Friedrich (2019): Das Bild – Der breite und der schmale Weg. Württembergische Kirchengeschichte online, Zugriff am 02.05.2020 https://www.wkgo.de/cms/article/print/64

Leese, Daniel (2016): Die chinesische Kulturrevolution 1966–1976, München.

Leese, Daniel (2018): Ein einziger Funke. Ursprünge und Verbreitung des Kleinen Roten Buches in China, in: Jaspers, Anke u. a. (Hg.): Ein kleines rotes Buch. Die Mao-Bibel und die Bücher-Revolution der Sechzigerjahre, Berlin, 65–98.

Mao Zedong (1966): Máo Zhǔxí Yǔlù, Peking.

Mao Zedong (1967a): Worte des Vorsitzenden Mao Tse-tung, Peking.

Mao Zedong (1967b): Das Mao Tse-tung Brevier. Der Katechismus der 700 Millionen. Herausgegeben und eingeleitet von Fritz C. Steinhaus, Würzburg.

Mao Zedong (1967c): Das Rote Buch. Worte des Vorsitzenden Mao Tse-tung. Eingeleitet und herausgegeben von Tilemann Grimm, Frankfurt a. M.

Mao Zedong (1968): Worte des Vorsitzenden Mao Tse-tung, Peking. [„Erste Miniatur-Ausgabe"]

Mao Zedong (1971): Worte des Vorsitzenden Mao Tsetung, Peking. [„Erste Miniatur-Ausgabe / 1. Nachdruck"]

[46] Mao 1967a, 169.

Müller, Siegfried (Hg.) (2013): Mini, Mofa, Maobibel. Die sechziger Jahre in der Bundesrepublik, Bielefeld/Berlin.
Nivelle, Pascale (2016): Histoire du petit livre rouge, Paris.
Schmidt-Glintzer, Helwig (2017): Mao Zedong. „Es wird Kampf geben“. Eine Biografie, Berlin.
Sepp, Benedikt (2018): Schwenken, Schütteln und Studieren. Die Mao-Bibel in der westdeutschen Studentenbewegung, in: Jaspers, Anke u. a. (Hg.): Ein kleines rotes Buch. Die Mao-Bibel und die Bücher-Revolution der Sechzigerjahre, Berlin, 99–116.
Slobodian, Quinn (2014): Badge books and brand books. The Mao Bible in East and West Germany, in: Cook, Alexander (Hg.): Mao's Little Red Book. A Global History, New York, 206–224.
Ströbele, Hans-Christian (2016): Wir waren sehr wenig informiert. Deutschlandfunk Kultur, 16.12.2016, Zugriff am 02.05.2020 https://www.deutschlandfunkkultur.de/50-jahre-mao-bibel-wir-waren-sehr-wenig-informiert.2156.de.html?dram:article_id=374156
„Theologen / Opposition: Rote Bibeln“, in: Der Spiegel, H. 48/1969, 65.
Tse-tung *siehe Mao.*
Wiegand, Wilfried (1970): Worte des Christus Jesus und seiner neutestamentlichen Zeugen. Eine Auswahl neutestamentlicher Texte in der Zürcher Übersetzung, Wuppertal.
Zedong *siehe Mao.*

(Nur mit ihrem Titel illustrierend erwähnte Literatur wurde nicht aufgenommen.)

Abbildungen

Abb. 1–4, 6, 7: Archiv J. Laakmann
Abb. 5: Bildrechte: http://www.luziusschneider.com/php/bsweg/deutsch/bswegd.php, Public Domain.

Knockin' on Heaven's Door: Popkultur und heilige Schriften

Stefan Greif

Als Gegenkultur bringt Pop zwar keine eigenen heiligen Schriften hervor, setzt sich aber auf künstlerisch vielfältige Weise mit Glaubensinhalten und spirituellen Erfahrungen der großen Weltreligionen auseinander. In westlichen Ländern gehören hierzu individuelle Erweckungserlebnisse, die Bearbeitung poetischer Bibeltexte sowie die Aneignung einzelner Heiligenlegenden. Auf theologischer Ebene werden darüber hinaus grundlegende Themen wie das Schöpfungs- oder Wundermotiv reflektiert, aber auch das Theodizeeproblem, Konflikte zwischen den Religionen oder die Frage nach dem Sinn des Glaubens in einer weitgehend säkularen Gegenwart.[1] Dass sich Pop dabei nicht um kirchliche Lehrmeinungen schert, sondern bisweilen mit blasphemischen Äußerungen provoziert, gehört zum subversiven Potential eines nunmehr siebzigjährigen Protests. Von Anfang an global ausgerichtet erachtet die Popkultur kulturelle Crossover für notwendiger als nationale oder religiöse Befindlichkeiten. Auch ethische Widersprüche gilt es auszuhalten, denn Popstars sind weder Erlöser noch Himmelsstürmer, die sich an politischen Umstürzen beteiligen. Als Elvis Presley beispielweise 1956 seine *Blue Suede Shoes* besingt, feiert ihn die damalige Jugend als Sprachrohr eines weltweiten Aufbegehrens. Einen weiteren Grundstein für seinen eben auch millionenschweren Ruf als ‚King of Rock'n'Roll' legt er dann im Dezember des gleichen Jahres mit seiner Interpretation des Gospels *Just a little Talk with Jesus.* Hedonismus und Rebellion schließen sich im Pop folglich ebenso wenig aus wie Glaubenseifer und das Verletzen „religiöse[r] Gefühle".[2] Harsche Reaktionen seitens der Kirchen sind damit vorprogrammiert. Als Madonna im Sommer 2006 in Hannover auftritt, begründet die Hannoversche Landesbischöfin Margot Käßmann ihren Aufruf zum Boykott der *Confessions*-Tour mit den Worten, wer als „alternder Star" vom Kreuz herab singe, leide an einer „Selbstüberschätzung ungeheuren Ausmaßes".[3] Die zahlreich erscheinenden Fans lassen sich die Infragestellung einer männlich dominierten Religiosität freilich nicht entgehen.

Solche Tabubrüche haben in der kulturwissenschaftlichen Forschung eine lange Debatte über die Authentizität popästhetischer Botschaften und die Vereinbarkeit von Subversion und Kommerz ausgelöst. Bisweilen wird dabei aber

---

1 Zu den biblischen Motiven vgl. Theißen 2003, 285-287; Lindner 2016.

2 Deutsche Presse-Agentur (dpa) 2006.

3 Ebd.

übersehen, dass Pop in seiner ursprünglichen Grundausrichtung strikt antiautoritär ist und sich demzufolge auch nicht auf weltanschaulich ‚korrekte' Verhaltens- und Renitenzkodizes einlässt. Für diese Einschätzung mag einleitend ein weiteres musikalisches Beispiel sprechen. Gemeint ist Bob Dylans Rockballade *Knockin' on Heaven's Door* aus dem Jahr 1973. Ursprünglich als Begleitmusik für Sam Peckinpahs Western *Pat Garrett and Billy the Kid* geschrieben, zitiert das Lied ein ‚Damaskuserlebnis', ohne es jedoch religiös weiter auszudeuten. Mehr nämlich als vom Wunsch des sterbenden Hilfssheriffs, kampfesmüde seine Waffen niederzulegen, erfahren die Hörer nicht. Selbst die berühmte Zeile, mit der Dylan zum Refrain überleitet, liefert keine Antwort auf die Frage, warum es dem Hilfssheriff nur so vorkommt, als klopfe er an die Himmelspforte: „feels I'm knockin' on heaven's door", heißt es im Original.[4] Vergleicht das lyrische Ich die imaginierte Nähe zur Mutter mit dem Eintritt ins Himmelreich? Oder ist doch dem Frankfurter Theologen Knut Wenzel zuzustimmen, der die These vertritt, mit dem Song reagiere der Musiker auf John Lennons „imagine there's no heaven but only sky"?[5] Worauf Wenzel mit seinem Hinweis abzielt, ist Dylans sogenannte Jesus-Phase. Indem der Singer/Songwriter es ablehne, den „religiös aufgeladene[n] Himmel", auf den Lennon mit seinem ‚heaven' anspielt, ausdrücklich aufzugeben, verweigere sich der Rockrebell einem eher säkularen Universum.[6] Für das Verständnis von Dylans Religiosität mag diese Argumentation durchaus hilfreich sein, bei der Interpretation von *Knockin' on Heaven's Door* erweist sie sich dagegen als weniger zielführend. Denn als Anspielung auf das christliche Glaubensmotiv appelliert das Lied schon deshalb nicht an das Gottvertrauen des Einzelnen, weil sich solche Zuversicht mit dem Tod ja abrupt in Frage gestellt sieht. Es fühlt sich eben nur so an, als klopften wir zu guter Letzt doch noch an die Himmelstür. Sollte diese Lesart zutreffen, motiviert das Lied nicht nur ‚zur Bibel', sondern provoziert auch Zweifel an deren Autorität in Jenseitsfragen. Für den Umgang mit heiligen Schriften wäre diese Desillusionierung insofern wegweisend, als Pop nie den Anspruch vertreten hat, das moderne Leben übersichtlicher zu gestalten. Stattdessen wird Dogmen und Amtsträgern das Recht streitig gemacht, unser Leben mit jenseitsschweren Versprechungen zu beschwichtigen. Ganz in dieser antiautoritären Tradition äußert sich Bob Dylan anlässlich des Erscheinens seines Albums *Time out of Mind* (1996): „I don't adhere to rabbis, preachers, evangelists, all of that. I've learned more from the songs than I've learned from any of this kind of entity. [...] I believe the songs."[7]

Um nun den Stellenwert heiliger Schriften in der Popkultur genauer ergründen zu können, seien noch weitere Vorüberlegungen gestattet. Allen voran sei darauf hingewiesen, dass sich die Popkultur nicht nur musikalisch erkunden

---

4 Ergänzend zu den vielen Varianten des Verses heißt es auf Dylans Homepage: „I feel like I'm knockin' on heaven's door". Vgl Dylan 1973.

5 Wenzel im Interview mit dem christlichen Magazin *Pro*. Vgl. Schumacher 2016.

6 Ebd.

7 Gates 1997.

lässt. Allein die Zusammenschau ihrer künstlerischen Ausdrucksformen und Medien erfasst jene Vielfalt eines Widerstands, der etablierte Wahrnehmungsweisen um alternative Deutungsofferten erweitert. Ohne diesen ‚Komplexitätszuwachs' ließe sich die für den Pop konstitutive Aufwertung des selbstständig urteilenden Publikums nur schwerlich durchhalten. Was Rock, Punk oder Hip-Hop außerdem verbindet, ist das Zitieren, Collagieren, Sampeln oder Remixen vorgefundenen Materials. Solche Schnitt- und Montageverfahren erlauben einen ästhetisch gebrochenen Umgang mit den jeweiligen Inhalten und Motiven, wobei deren ironischer oder satirischer Gebrauch weitgehend verpönt bleibt. Immerhin setzt das Verspotten sozialer Missstände die Akzeptanz sittenfester Maßstäbe voraus. Pop jedoch lehnt die Belehrung in gleichem Maße ab wie das Moralisieren. Aus diesem Grund sollte Pop auch nicht mit der Popular- oder Massenkultur verwechselt werden. Denn während Pop die Grenze zwischen Hoch- und Alltagskultur abschaffen will und dafür eigene Deutungs- und Darstellungsweisen entwickelt, affirmiert das Populäre nicht nur das Bestehende, sondern verpackt es in triviale Themen wie Liebesleid oder Feierlaune. Auch wenn die Grenzen zwischen Subkultur und Mainstream hier fließend sind, befürwortet Pop demgegenüber im doppelten Wortsinn den Widerspruch – den Widerspruch als intellektuellen Einwand und das Widersprüchliche als Signum einer Epoche, in der unser Subjektsein entweder an sozialer Bindung verliert oder sich im Engagement gegen verordnete Gewissheiten bewährt.

Die nun folgenden Ausführungen gliedern sich in vier Kapitel. Am Beispiel von Allen Ginsberg, Andy Warhol und Reggae soll zunächst dargelegt werden, wie sich Pop mit biblischen Sujets auseinandersetzt oder alt- und neutestamentliche Stilmittel adaptiert. Den Abschluss bildet ein Exkurs zu den rechten Rändern der Popkultur, wo sich aus Vorbehalten dem Christentum gegenüber eine alles andere als heilige Protestkultur entwickelt hat.

1. Being on the Beat

In den 1950er Jahren wagt eine Clique junger Künstler, die sich mit Bebop-Jazz, Sartre, Zen-Buddhismus und Drogen beschäftigt, den Schritt in eine Subkultur jenseits der zeitgenössischen Gesellschaft. Viele von ihnen leben als Vagabunden auf der Straße und gehen dort in Form von spontanen Liveauftritten ihren kreativen Ambitionen nach. Jack Kerouac hat dieses Aussteigerleben in seinem Schlüsselroman *On the Road* beschrieben, und William S. Burroughs schildert in *Naked Lunch* die Sex- und Drogenexzesse der Beatniks. Deren grundstürzende Wut schreit Allan Ginsberg in seinem Langgedicht *The Howl* heraus. Zu dieser Verweigerungshaltung fügen sich Gedankensprünge, Ellipsen und abrupte Satzabbrüche sowie als weiteres Stilmerkmal der Beatliteratur das sogenannte Cut up-Verfahren. Angeregt vom Verzicht zeitgenössischer Jazzmusiker auf Harmoniefolgen werden bei dieser Schreibtechnik einzelne Textpassagen ‚zerschnitten' und zu neuen, aber nicht immer logischen Botschaften arrangiert.

Mit dem 1959 veröffentlichten *Kaddish* knüpft Ginsberg an die Tradition des jüdischen Heiligungsgebets an. Ohne hier die Geschichte dieser vermutlich im 9. Jahrhundert entstandenen Fürsprache eingehender würdigen zu können, sei darauf hingewiesen, dass es neben dem gottesdienstlichen Kaddisch seit dem 11. Jahrhundert ein Totengebet gibt, das als Waisen-Kaddisch bezeichnet wird und von einem der nächsten Anverwandten eines Verstorbenen in den ersten elf Monaten nach dessen Tod täglich zu beten ist. Ohne diesen Beistand, so die Überlieferung, könne die Seele nicht zu Gott auffahren. Überhaupt gehört das Kaddisch nach jüdischem Selbstverständnis zu den wirkmächtigsten Gebeten, was auch erklären mag, warum es nach der Shoah eine „bemerkenswerte Renaissance" erlebt und bis heute bei öffentlichen Andenken an die Opfer der Naziverbrechen rezitiert wird.[8] Auch in den Künsten avanciert das Waisen-Kaddisch nach 1945 zu einem „Symbol für das Erinnern an die Verstorbenen" und spielt eine besondere Rolle bei der ästhetischen Vermittlung jüdischer Identität.[9] Ginsberg scheint mit beiden Traditionslinien vertraut, denn explizit widmet er sein Totengebet der Mutter Naomi Ginsberg, gleichzeitig zieht er immer wieder Verbindungen zum Nationalsozialismus.

Formal setzt sich Ginsbergs *Kaddish* aus zwei unterschiedlich langen Abschnitten zusammen, in die neben Anrufungen Gottes mehrere „*religiöse [...] Rauschgedichte*" eingearbeitet sind.[10] Während die vielen Hoheitstitel aus dem „hebräischen Nationallied" an Naomis religiöse Herkunft erinnern, beleuchten die Drogenreime das gespannte und widersprüchliche Verhältnis des lyrischen Ich zu Gott.[11] In den entsprechenden Passagen werden auch die Mechanismen benannt, mit denen Staat und Kirche auf das Bewusstsein des einzelnen Menschen zugreifen. Ferner finden sich verschiedene Selbstbeobachtungen, in deren Mittelpunkt die teils schockierenden Reaktionen eines Beatniks auf Alltags- und Todeserfahrungen stehen. Bereits die ersten Zeilen veranschaulichen, wie sich das Andenken an die Mutter mit Impressionen subjektiver Befindlichkeit vermischt:

> Seltsam an dich zu denken, du, ohne Augen und ohne Mieder
> verschollen, während ich auf dem sonnigen Gehsteig
> in Greenwich Village dahingeh'

8 Lehnardt 2012.
9 Ebd.
10 Ginsberg 1962, 141.
11 Ebd., 73.

> dann im Herzen Manhattans, klarer Wintermittag, die ganze Nacht
> saß ich wach, redend redend, den Kaddisch laut lesend,
> Ray Charles schrie blind seine Blues auf dem Plattenspieler.[12]

Wer Ginsbergs *Kaddish* als biographisch motivierte Totenklage liest, mag sich über lange Abschnitte wundern, in denen das lyrische Ich geradezu hasserfüllt mit dem Tod abrechnet. Vieles spricht jedoch dafür, dass sich der Betende mit seinen Wutausbrüchen vor dem Schicksal seiner Mutter zu schützen versucht. Von ihr nämlich wird erwähnt, als überzeugte Kommunistin habe sie ihren Sohn zwar für den Kampf gegen den „Ausbeuterladen" erzogen.[13] Seit ihrem vierzigsten Geburtstag leide sie jedoch an Depressionen und einer fortschreitenden Geisteskrankheit. Diese ambivalente Erinnerung an die Mutter wird in *Kaddish* nicht kausal entwickelt, sondern sprunghaft aufgearbeitet. So wird leitmotivisch Naomis Schwester Elanor erwähnt, daneben tauchen die Namen einiger Stummfilm-Stars auf, und etwas umfänglicher wird einer „Anhaltertour" mit mehreren „Jungsozialistenmädels" gedacht.[14] Solche Passagen sind den glücklichen Jahren der Mutter gewidmet, enden jedoch abrupt mit fehlerhaften Sätzen, die Naomis ausbrechende Psychosen nachgestalten: „Keine Erinnerung mehr deiner Mutter".[15]

Um sich vor solch schleichendem Gedächtnisverlust zu bewahren, empört sich das lyrische Ich über zerstörte Landschaften, getötete Ureinwohner, Kriegsindustrie und Konsumterror, erinnert sich an seine Geschwister, formuliert die Ängste eines Heranwachsenden und streut in seine Tiraden religiöse Merkworte ein, die schon Kinder auf ihr Sterben einstimmen sollen. Warum der Satz: „Bereite Dich Vor Deinen Gott Zu Sehen", kaum dazu angehalten ist, einen kleinen Jungen zu trösten, wird im Verlauf des *Kaddish* ebenso anschaulich herausgearbeitet wie das Halbwissen der Mutter über jüdische Jenseitsvorstellungen und Totenklagen.[16]

Im Verlauf seiner Abrechnung mit der McCarthy-Ära konfrontiert der Betende den amerikanischen Traum mit einer vulgären Vision seiner eigenen Homosexualität. Auf dem Höhepunkt dieser Eruptionen wird die elektrische „Schockbehandlung" der Mutter schließlich auch auf jene „Polizisten des Wahnsinns" zurückgeführt, die mit ihrem Kommunistenhass sogar die Medizin infiltrieren.[17] In diesem zynischen Kontext sind auch die mehrfach eingestreuten Religionsbezüge zu lesen. Angelegentlich fragt sich das lyrische Ich beispielsweise, ob es mit dem letzten Atemzug bereit sei, sich zu seiner jüdischen Herkunft zu

---

12 Ebd.
13 Ebd., 81.
14 Ebd., 79.
15 Ebd.
16 Ebd., 99.
17 Ebd., 97, 117.

bekennen: „Shema Y'Israel – ich bin Svul Avrum – [aber auch] im Tod?"[18] Abgesehen von der Wahl eines eigenen jiddischen Namens weiß der Betende ganz offensichtlich um die ethischen Widersprüche, in die sich weltlich Denkende manövrieren können, wenn sie allein an der Hoffnung auf ein ewiges Leben festhalten. Mit all diesen Zweiflern erklärt sich das lyrische Ich alsbald solidarisch und nimmt Gott in die Pflicht, irdischen Jenseitsspekulationen eine klare Absage zu erteilen. Nur unter solchen Bedingungen sei Naomis Sohn bereit, seiner „Erlösung aus der Einöde" zuzustimmen.[19] Warum der eigene Tod dennoch weder Gott noch seinem Volk gehören kann, wird im Weiteren mit den Worten begründet:

> In der Welt, gegeben, Blume, verrückt, kein Utopia gebaut,
> unter dem Fichtenholz, eingeschlossen, veralmost der Erde, einbalsamiert in der Einsamkeit, Jehova, nimm an.
> Namenloser, vom Einzigen Antlitz, auf Allezeit unerreichbar, ohn' Anfang ohn' Ende, Vater im Tod. Obgleich ich nicht dort bin bei dieser Voraussage, ich bin unverheiratet, ich hab' keinen Gesang, ich hab' keinen Himmel, ich hab' keinen Kopf, in der Seligkeit würde ich dennoch
> Dir Ehre bezeugen, Himmel, nach dem Tod, Einziger, selig im Nichts [...]
> Nimm dieses, diesen Psalm, von mir [...]
> – um Dich zu loben – außer dem Tod. [...]
> Tod, halt an deine Schattenrosse![20]

Indem das lyrische Ich sowohl traditionelle als auch zeitgenössische Heilshoffnungen ablehnt, bekennt es sich zu einem unorthodoxen Selbstbewusstsein, das sich weder patriotisch noch religiös vereinnahmen lassen will. Insbesondere sei es ihm „nicht mehr möglich, *nationale[r]* Dichter zu sein", schreibt Ginsberg 1962 in einem Brief an Anselm Hollo und begründet seine Ablehnung mit dem Argument, die „allmähliche Erweiterung unserer Sinne und Fähigkeiten" fordere ein globales Denken jenseits regionaler „Hirngewohnheiten".[21] Vor diesem Hintergrund ist *Kaddish* nicht nur eine jüdisch inspirierte Totenklage auf die Mutter, sondern Bekenntnis zu einer Protestkultur, die bereits in ihren Anfängen alle Staatsgrenzen hinter sich lässt. An diesem transkulturellen Anspruch müssen sich bei Ginsberg auch Gott und Altes Testament messen lassen, deren ‚Erlösungsbedürfnis' sich im Hinterfragen der eigenen Herkunft erschließt. Zitiert Ginsberg gegen Ende seines Langgedichts jedenfalls noch zwei Zeilen des hebräischen Kaddisch im Original, so darf nicht übersehen werden, dass beide Verse eine Strophe unterbrechen, in der Naomi als verletzliche „Gebärmutter allen

18 Ebd., 117.
19 Ebd., 83.
20 Ebd.
21 Ebd., 141.

Anfangs“ gewürdigt und trotz ihres „verrückte[n] Idealismus“ zugleich als unwillentlich verletzendes „Ungeheuer“ beschrieben wird.[22] In diesem Zusammenhang Gott zu segnen und seinen Namen zu ‚verschönern‘, nimmt insofern derbe Züge an, als eine ‚Bracha‘ oder Segnung im Hebräischen zwar das ‚Herunterbiegen‘ Gottes in die Realität bezeichnet. Statt ihn aber in seiner Allgegenwart wahrzunehmen, konfrontiert Ginsberg den mehrfach gesegneten Herrn mit dem deformierten Leib der Mutter, zwingt ihn, die „Narben [ihrer] Operationen“ zu betrachten, und bezweifelt seine Hilfsbereitschaft schließlich mit dem Argument, ein „Junggeselle“ sei kaum in der Lage, sich der Menschen und ihrer auch familiären Nöte anzunehmen.[23]

Mit ihrer Dirty Speech und Cut up-Poesie gehört Ginsbergs Bearbeitung eines jüdischen Gebets bis heute zu den schonungslosesten Attacken auf den Glauben. Wird dem Beten des Kaddisch mit Ray Charles (s. o.) ein damals gerade aufstrebender afroamerikanischer Musiker gegenübergestellt, so steht das Heilige in einer kulturpolitischen Opposition, die für den Pop stilbildend wird.

2. Heaven and Hell are just one Breath away

Der Maler, Graphiker und Filmemacher, um den es jetzt gehen soll, hat den Pop wie nur wenige beeinflusst. Neben den *Campbell's Soup-Cans* oder dem *Triple Elvis* gehört das *Marilyn*-Porträt aus dem Jahr 1967 zu den berühmtesten Arbeiten Andy Warhols. Weniger bekannt ist seine tiefe Religiosität, auf die jüngst wieder die britische Journalistin Adelaide Mena in ihrem Online-Artikel *Popkünstler, Provokateur - und Katholik: Wer war Andy Warhol?* aufmerksam gemacht hat. Wie Mena (2017) darlegt, pflegte der griechisch-katholisch oder genauer: ruthenisch erzogene Künstler ein enges Verhältnis zu seiner New Yorker Gemeinde, organisierte dort regelmäßig Armenspeisungen und vertraute seinen Tagebüchern zahlreiche persönliche Glaubenserfahrungen an. Ferner sei diesen Aufzeichnungen zu entnehmen, dass Warhol seine Kunst als „Suche nach Gnade in einer gebrochenen Welt“ verstand.[24]

Obwohl sich Warhol nicht mit heiligen Schriften im engeren Sinne beschäftigt, verrät seine Auseinandersetzung mit dem theologischen Bildprogramm älterer Meister doch viel über die popkulturelle Neucodierung vertrauter Motive. Im letzten Lebensjahrzehnt entstehen unter dem Titel *Details of Renaissance* hunderte Skizzen und Bilder, die sich auf Kirchengemälde etwa Paolo Uccellos oder Sandro Botticellis beziehen. Allerdings werden sie nur in Ausschnitten zitiert und ikonographisch wiedererkennbare Figurenattribute so weit reduziert, dass

22 Ebd., 109.
23 Ebd.
24 Mena 2017.

es den Betrachtern überlassen bleibt, den verbleibenden Bildraum mit spirituellem Sinn aufzuladen. Einen kompositorisch verwandten, popästhetisch aber radikaleren Weg beschreitet Warhol in seinem letzten Gemäldezyklus, der Leonardo da Vincis Fresko *Das letzte Abendmahl* gewidmet ist. Berühmt ist dieses Wandgemälde aus dem Refektorium des Mailänder Dominikanerklosters Santa Maria delle Grazie wegen seiner zentralperspektivischen Leistungen und des Bemühens, Judas in die entsetzte Apostelrunde zu integrieren. Für den Pop Art-Künstler bleiben solche kunsthistorischen Würdigungen jedoch von untergeordnetem Interesse. Statt das Fresko vor Ort in Augenschein zu nehmen, kauft sich Warhol für seinen *Last Supper*-Zyklus eine billige asiatische Postervorlage, die er in Teilen abfotografiert oder nachmalt und diese Kopien dann mittels Siebdruck verfremdet. Insbesondere der Christuskopf steht dabei im Mittelpunkt, beispielsweise wenn Warhol ihn nach Maßgabe früherer Staradaptionen (Marilyn Monroe) stark stilisiert, dann beliebig vervielfältigt und abschließend zu raumgreifenden Installationen zusammensetzt.

Solche Serialisierungen können mit Markennamen ergänzt werden, die medial ein bestimmtes Lebensgefühl suggerieren. In Warhols *Last Supper: Camel 57* prangt auf der rechten Bildhälfte beispielsweise das Logo einer bekannten Zigarettenmarke, links ist das Emblem der Firma Heinz Ketchup zu sehen, die mit dem Slogan ‚57 Varieties' für ihre Produkte wirbt. Dass die Zahl in der Quersumme 12 ergibt und damit exakt die Jünger beziffert, dürfte kein Zufall sein. Über solche Anspielungen hinaus kommt Camel und Heinz aber noch eine symbolträchtigere Funktion im Bild zu. So steht ein Ring gewöhnlich für zwischenmenschliche Verbundenheit. Doch die von Warhol gewählte Platzierung des Markenzeichens verbindet zwar Petrus und Johannes, unterstreicht aber gleichzeitig Jesu körperliche Abkehr vom Geschehen zu seiner Rechten. Dass er auf Distanz zu seinen beiden wichtigsten Jüngern geht – immerhin zum Fels, auf dem er seine Kirche errichten will, und zum Sinnbild gelebten Glaubens –, hat freilich noch einen weiteren triftigen Grund. Wo nämlich nach Leonardos Vorgabe eigentlich Johannes sitzen müsste, ist deutlich eine Frau zu sehen. Mit dieser Bildkorrektur löst Warhol das unter Kunsthistorikern diskutierte Rätsel, warum Leonardo seinen Johannes so feminin dargestellt hat. Ob es nun Maria Magdalena sein soll, die sich auf *Last Supper: Camel 57* so innig an Petrus schmiegt, lässt sich allerdings nicht mit Sicherheit bestimmen.

Weniger dramatisch scheint das auf den Schultern von Philippus und Matthäus stehende Kamel in die Abendmahlszene einzugreifen. Einerseits verheißt das Tier im Islam und Judentum ein gutes Omen, andererseits umschreibt das Gleichnis von Kamel und Nadelöhr nach Augustinus ein demutsvolles christliches Leben, dem das Himmelreich offensteht. Spannender als diese beiden Deutungsangebote scheint indes die Anordnung des Zigarettenemblems im Gemälde, denn Warhol schließt mit Hilfe des Wüstenschiffes die auf der rechten Bildseite zwischen Philippus und Matthäus entstandene Lücke. Grund für diese Dynamik in der Personenanordnung ist jene Ungläubigkeit, mit der Philippus auf Jesu Ankündigung des bevorstehenden Verrats reagiert. Einmal mehr fällt es dem Jünger schwer, die Tragweite einer Prophezeiung zu verstehen. Fassungslos ist er aufgesprungen, um sich mit Jakobus auszutauschen. Auch Matthäus wendet sich weg vom Mittelpunkt der Abendtafel, um mit Thaddäus und Simon den Sinn des soeben Vernommenen zu debattieren. Indem diese beiden Apostel nun das Zigarettenemblem schultern, weisen sie auf ein Firmenimperium voraus, das in *Last Supper: Camel 57* alles zu überstrahlen scheint. Warum diese amerikanische Erfolgsstory aber auch kritisch betrachtet werden kann, deutet Warhol mit einer kleinen Finesse an. Zum einen ist Matthäus der Schutzheilige der Bankkaufleute und verkörpert mit dem Streben nach finanziellem Erfolg ein amerikanisches Lebensideal. Zoologisch betrachtet wirbt Camel zum anderen mit einem Dromedar, dem Warhol allerdings einen weiteren Höcker verliehen hat. Erst im Bild wird aus dem Markenlogo folglich ein Kamel, das in der Warhol bestens vertrauten Bibel nur zweimal auftaucht: Auf das Jesus-Gleichnis wurde bereits hingewiesen, und bei Jeremia heißt es, wie eine brünstige Kamelstute jage Israel dem Baalskult hinterher (Jer 2,23).

Andy Warhol, The Last Supper: Camel 57; Bildrechte: 2021 The Andy Warhol Foundation for the Visual Arts, Inc. / Licensed by Artists Rights Society (ARS), New York.

Wie sich öffentliche Debatten provozieren lassen, dokumentiert die Installation *Ten Punching Bags*, die Warhol gemeinsam mit dem Graffitikünstler Jean-Michael Basquiat entworfen hat. Zu sehen sind überdimensionierte Sandsäcke, auf die Warhol wiederum die Umrisszeichnung des Christuskopfes gemalt hat. Ergänzt wird das minimalistische Portrait um verschiedene Geheim- und Copyright-Zeichen, mit denen Basquiat ansonsten seine städtischen ‚Tags' und ‚Writings' signiert. Dass Jesus in dieser Arbeit als Sparringspartner auftritt, stellt schon eine visuelle Herausforderung dar. Aber auch das auf jeden Sandsack gepinselte Wort ‚judge' trägt zur allgemeinen Verunsicherung bei. Immerhin bleibt unklar, ob Jesus hier als künftiger Richter oder als bereits Gerichteter dargestellt ist. Für die zweite Option sprechen angedeutete Beulen und blaue Augen, die ihn als Schmerzensmann charakterisieren. Doch ‚judge' hat im Englischen noch eine dritte Bedeutung, denn imperativisch gelesen ermuntert es das Publikum, auf das Konterfei einzuschlagen und somit über einen ohnehin angezählten Christus zu richten.

Solche Appelle an unsere niederen Instinkte markieren den absoluten Gegenpol zu jener christlich grundierten Humanität, die seit zweihundert Jahren zu den vornehmsten Aufgaben bürgerlicher Kunst gehört. „Edel sei der Mensch / Hülfreich und gut", so hatte es Goethe noch in seiner Ode *Das Göttliche* (1783) formuliert und dieser Hoffnung die explizite Bitte folgen lassen: „Heil den unbekannten / Höhern Wesen, / Die wir ahnden! / Sein Beispiel lehr' uns / Jene glauben."[25] Angesichts mehrerer Boxsäcke schleichen sich indes Zweifel am Projekt des sich vergöttlichenden Menschen ein. Dazu mag ein Antlitz beitragen, dessen Leiden zwar humanitäre Skrupel weckt, aber einer gewinnerorientierten Hochkultur auch fremd geworden ist. Goethe hatte dieses ambivalente Ethos noch als „Nützlich" bezeichnet.[26] Warhol und Basquiat legen mit ihrer Installation demgegenüber offen, wie fern sich Edelmut und kruder Pragmatismus stehen können.

3. Get up, Stand up

Als Bob Marley 1973 mit *Get up, Stand up* seinen ersten großen Hit landet, wird die Musik der jamaikanischen Rastafaris schnell weltberühmt. Auch die Uraufführung des Songs im gleichen Jahr auf Haiti trifft den politischen Zeitgeist einer ganzen Generation. In einer Militärdiktatur „get up, stand up, stand up for your rights"[27] zu singen, verlangt jedenfalls künstlerischen Mut und begründet Marleys Ruf, den Roots Reggae besonders engagiert zu interpretieren. Weshalb seine Musik für Lebensbejahung und Toleranz steht, wird in *Get up, Stand up* mit dem biblischen Weisheitsmotiv begründet. Gleich in der ersten Strophe heißt es diesbezüglich, nicht für die von der Kanzel gepredigte Weltverdammnis lohne es zu kämpfen, vielmehr verdiene jede Kreatur hohen Respekt. Auch das Hoffen auf Erlösung oder das Sterben im Namen Jesu werden mit dem Argument zurückgewiesen, beiden Formen der Weltverachtung ignorierten das von einer an sich guten Schöpfung ausstrahlende Licht. Im weiteren Verlauf wendet sich Marley dann jenem „ism-skism game" zu, das Zweifel an der göttlichen Weitsicht anmeldet und mit seinen Politprogrammen religiöse Glaubensspaltungen provoziert.[28] Unter Berufung auf einen allmächtigen Gott legitimiert Marley sein Misstrauen in Ideologien mit den Worten: „You can fool some people sometimes

---

25 Goethe 1998, 64.
26 Ebd., 65.
27 Marley / Tosh 1973.
28 Ebd.

/ But you can't fool all the people all the time".[29] Abgesehen davon, dass dieses Bonmot keinem Geringeren als Abraham Lincoln zugeschrieben wird, den viele Afroamerikaner als Sklavenbefreier verehren, konkretisiert das Zitat, wogegen es sich zu kämpfen lohnt: Im Grunde ist nach Marley jede Gesellschaftsform abzulehnen, die Gottes Weisheit und das Recht auf eine freie Menschheit ignoriert.

Um diesen Auftrag glaubensgeschichtlich zu perspektivieren, vergleichen sich die jamaikanischen Rastafaris mit den Juden im babylonischen Exil und begegnen dem westlichen Denken mit scharfer Ablehnung. In dieser Traditionslinie wird Gott als Jah (Jahwe) bezeichnet und den Jah-People der Rang eines neuen auserwählten Volks zugesprochen. Zum ‚Movement' gehören aber auch afrikanische Bräuche, Ernährungsgewohnheiten und Formen des sozialen Zusammenlebens, darüber hinaus gründeten die ersten Rastafaris in den 1940er Jahren ländliche Kommunen, die bis heute nach dem Subsidiaritätsprinzip organisiert sind. Mit Rücksicht auf diesen Glaubenskontext warnt der Afrikawissenschaftler Volker Barsch daher auch vor der „pauschale[n] Identifizierung von Reggae mit Rastafari".[30] Letztere nämlich lehnen die heiligen Motive im Reggae als Verrat an den Kommerz ab. Ob nun der Reggae oder dieses jamaikanische Kommunardenleben das Entstehen weltweiter Rastafari-Enklaven begünstigt hat, lässt sich nicht mehr zweifelsfrei entscheiden. Fest steht indes, dass Reggae in der westlichen Welt auch als exotische ‚Ästhetik des Widerstands' wahrgenommen wird, was in den jeweiligen Szenen heftige Debatten über die ethische Ausrichtung ihrer Reggaeadaptionen ausgelöst hat. Gleichwohl setzt sich in den 1990er Jahren ein Conscious Reggae durch, der beispielsweise Elemente des Hip-Hop und heutigen R&B aufnimmt und daher weltanschaulich als besonders anschlussfähig gilt. Inhaltlich rücken damit globale Gesellschaftskonflikte und Umweltprobleme in den Fokus. Musikalisch erstreckt sich das Spektrum dieser Globalisierung von deutschem Pop- und Blödel-Reggae (Spliff, Hans Söllner) über Marcia Griffiths Samba-Anleihen bis hin zu Matisyahus chassidischem Reggae aus Brooklyn.

International erfolgreich sind mehrere afrikanische Reggae-Bands, die sich musikalisch dem kongolesischen Soukous anschließen oder südafrikanischen Township Jive mit Sprechgesang kombinieren. Bemerkenswert dürfte die Sprachenvielfalt dieser Interpreten sein, denn Bands und Solokünstler wie Bongo Muffin, Black Dillinger oder Tiken Jah Fakoley singen nicht nur Englisch und Französisch, sondern verwenden auch mehrere afrikanische Sprachen und Dialekte. Politisch klingen in ihren Beiträgen proisraelische Themen an, oder der Protest richtet sich gegen politische Eliten und das Beschneiden weiblicher Genitalien. Hinzu kommen neoliberale Globalisierungskonzepte und ein wiedererstarkender Rassismus – wohlgemerkt: in den eigenen Reihen wie in den westlichen Gesellschaften. Geradezu prototypisch vereinen sich all diese Aspekte im

29 Ebd.

30 Barsch ^{7}2018, 102.

Œuvre des ivorischen Sängers Alpha Blondy. 1953 in Dimbroko geboren spricht er unter anderem Hebräisch, und dies vorzugsweise bei Auftritten in arabischen Ländern. Als Sohn eines Christen und einer Muslimin geht es in seinen Liedern um polizeiliche Willkür oder die Schönheiten der göttlichen Schöpfung. Theologisch öffnet sich Alpha Blondy seit den 1980er Jahren darüber hinaus transreligiösen Fragestellungen und interpretiert den Gott der drei monotheistischen Glaubensrichtungen als völkerverbindendes Verständigungsmedium. Von dieser weltumspannenden Perspektive bleibt auch der Umgang mit heiligen Schriften nicht unberührt. So gesteht Alpha Blondy im 1986 veröffentlichten Song *Jerusalem* seine Liebe zur Vielvölkerstadt und schildert das harmonische Zusammenleben von Juden, Christen und Muslimen als humanitäres Vorbild. Um diese Botschaft gebührend einzuleiten, stimmt Alpha Blondy bei Liveauftritten vorab den Hirtenpsalm (Ps 23) an. Gesungen werden aber nur jene Verse, in denen der Betende sein Vertrauen auf den guten Hirten und das Wissen um dessen Beistand in allen Lebenslagen erklärt. Die abschließenden Psalmenzeilen, die Gott als guten Gastgeber vorstellen, bleiben also unerwähnt. Verglichen mit dieser einleitenden Interpretation des Weisheitsmotivs mag sich der mehrsprachige Text des nachfolgenden *Jerusalem* literarisch schlichter ausnehmen. Gerade aber das Zusammenspiel von Bibelzitat und politischer Vision verleiht der Stadt eine historische Dimension, die der Vorwegnahme religiöser Aussöhnung ihre Daseinsberechtigung verleiht. Demgemäß erfüllt sich mit dem Song eine uralte Prophezeiung: „From the Bible to the Coran / Revelation in Jerusalem / [...] / You can see Christians, Jews and Muslims / Living together and praying / Amen". Von diesem Friedensort aus erklärt der Künstler seinen Hörern: „here I am".[31]

4. Sympathy for the Devil?

Vorbehalte einer christlichen Erziehungspraxis gegenüber haben in der Popkultur eine lange Tradition. Wie deutlich werden sollte, zielt diese Kritik weniger auf den Glauben an sich als auf Vorurteile, Scheinheiligkeit und die Ablehnung der Spaßkultur. Wie sich Religionskritik ins Antichristliche steigern lässt, demonstriert hingegen der norwegische Black Metal. Mit ihm entwickelt sich eine Musikszene, die überdies subkulturelle Strategien des Pop nutzt, um sich erfolgreich in den Untergrund zurückzuziehen. Historisch gehört diese Stilrichtung zur zweiten internationalen Welle des Black Metal und entsteht zu Beginn der 1990er Jahre. Hatten Bands wie Barthory, Hellhammer oder Venom zuvor mit der Optik und Symbolik schwarzer Messen kokettiert, um kirchliche Rituale zu verspotten, melden sich mit Burzum, Emperor oder Darkthrone nun Schwarzmetaller zu Wort, die sich auch privat zu Anton Szandor LaVeys *Church of Satan*

---

31 Alpha Blondy 1988.

bekennen und in ihren Liedtexten zu Hass und Gewalt aufrufen. Als dann um 1994 die ersten Kirchen brennen, mehrere Menschen getötet und Friedhöfe geschändet werden, wandern einige Wortführer und Fans ins Gefängnis. Fortan weigern sich anerkannte Plattenfirmen, Black Metal-Bands unter Vertrag zu nehmen oder ihre öffentlichen Auftritte zu betreuen. In der Folge organisiert man sich weitgehend autonom, entwickelt eigene Vertriebswege und kommuniziert über illegale Fanzines sowie das Internet. In den nächsten Jahren entstehen auch in anderen Ländern entsprechende Gruppierungen, die bestens miteinander vernetzt sind und sich inzwischen als *National Socialist Black Metal* definieren.

In ihrer Abhandlung *Lords of Chaos* haben Michael Moynihan und Didrik Søderlind die Geschichte dieser Subkultur aufgearbeitet und zugleich Gründe angeführt, warum sich nicht alle Vertreter und Rezipienten des Genres als Neonazis oder Rassisten einstufen lassen. Gleichwohl hat die radikale „Umkehrung kultureller Werte" zunächst eine verquaste Mischung aus Teufelskult und Nihilismus begünstigt, an die später die Verherrlichung germanischer Götter und rassistischer Nazi-Mythen anknüpfen konnte.[32] Wie Interviews mit Black Metal-Bands belegen, wird diese neue „Heiden-Front" rückblickend als jugendliche Provokation verklärt.[33] Bürgerliche Kritiker müssen sich zudem den spöttischen Einwand gefallen lassen, sie hätten den Einsatz von SS-Runen und nordischer Götterdämmerung nicht als ästhetisches Spiel durchschaut. Was solche Rechtfertigungen freilich verschweigen, ist jene politische Naivität, mit der sich die Szene schrittweise von rechten Kräften vereinnahmen ließ. Als sozial ‚Entfremdete' haben ihre Mitglieder nicht nur den Kontakt zur Hochkultur als weltanschauliche Reibungsfläche abgebrochen, sondern auch die im Pop zentrale Bereitschaft radikalisiert, die Lösung anstehender Konflikte nicht allein bürgerlichen Institutionen zu überlassen. Statt sich also auf der Basis einer demokratischen Grundordnung für mehr Toleranz und Weltläufigkeit zu engagieren, propagiert Black Metal einen paganen Extremismus, dem eine nicht nur lokal beschränkte Blut-und-Boden-Mentalität korrespondiert.

Noch einmal übertragen auf das Thema ‚Pop und heilige Schriften' läge es nun nahe, Black Metal als Ausdruck einer Suche nach Spiritualität zu deuten. Für eine kritischere Herangehensweise scheint es jedoch aussichtsreicher, die subversiven Kräfte der Popkultur zu stärken und dafür den marktwirtschaftlichen Sichtungsapparat, also Lektoren, Produzenten, Musikkritiker, mit einzubeziehen. Wie das Beispiel des Unblack Metal zeigt, lässt sich auf diese Weise ein politischer und musikalischer Widerstand mobilisieren, der die Menschenverachtung unter Schwarzmetallern erfolgreich unterläuft. Als vor etwa zwanzig Jahren erste Bands auftauchen, die sich musikalisch am norwegischen Black Metal, inhaltlich jedoch am Christentum orientieren, werden ihre frühesten Gehversuche noch als alberne Parodie belächelt. Innerhalb weniger Jahre behauptet sich

---

32 Moynihan / Søderlind [11]2008, 270.

33 Ebd., 191.

jedoch eine Unblack Metalszene, die mit martialischem Rock die Faszination des höllischen Weltbilds ausleuchtet, dabei aber auch die Möglichkeiten ihrer Infragestellung thematisiert. Unter Satanisten stößt diese Gegenwehr auf heftigen Unmut. Seit aber Bands wie Drottnar, Horde oder Admonish weltweit unter Vertrag genommen werden und auf inzwischen viel beachteten Festivals wie dem Heilbronner *Blast of Eternity* spielen, bewegen sich die rivalisierenden Gruppierungen schrittweise aufeinander zu und verfolgen erste gemeinsame Projekte. Ihre divergenten Glaubensperspektiven geben beide Metal-Fraktionen deshalb nicht auf. Aber es ist ja auch nicht das Ziel popästhetischen Widerstands, gegenteilige Überzeugungen möglichst auszumerzen. Optional bauen Ungehorsam und Vernunft in der Popkultur auf die Qualität ihrer Argumente und die Entscheidungsfähigkeit eines Millionenpublikums.

Ob dieser Wettbewerb auch Gott zu einer Wesensänderung auffordert, soll abschließend noch am Beispiel des *Psalm of an Unborn* der deutschen Band Sacrificium angedeutet werden. Formal setzt sich der Liedtext aus zwei größeren Abschnitten zusammen, wobei der einleitende Teil mit „Mortal Fear" und der folgende mit „Psalm 51" überschrieben ist.[34] Da in beiden Hälften verschiedene Seelenqualen benannt werden, die in tiefste Dunkelheit führen können, knüpft *Psalm of an Unborn* einerseits an das biblische Glaubensmotiv an, das eben auch den Verlust des Gottvertrauens kennt. Als das lyrische Ich um Vergebung aller Sünden bittet, aber keinen Lohn für seine Reue erwartet, klingt andererseits das schon im Hard Rock beliebte Thema himmlischer Gerichtsbarkeit an. Um beide Bibelbezüge parallel abhandeln zu können, lässt Sacrificium im Song noch einen weiteren Schwarzmetaller zu Worte kommen. Demgemäß zählt ein Black Metalist im Verlauf des Stückes die realen Schreckenstaten der norwegischen Rockszene auf, während ihm ein Unblack Metalist darlegt, warum Schlachtopfer und Brandschatzung von einem zerbrochenen Geist zeugen. Ganz im Duktus der biblischen Vorlage bleibt dabei zunächst unklar, wessen mentale Defizite hier gemeint sind. Im Dienste christlicher Barmherzigkeit dürfte diese Einsicht auf den ersten Sprecher bezogen werden und das Mitgefühl für einen Verirrten wecken. Doch im antiautoritären Pop erlaubt die teils wörtliche Bibelentlehnung eine weitere Deutung. Denn mit Rücksicht auf den Songtitel und den abschließenden Bußpsalm mündet der Wechselgesang in einen Erkenntnisprozess, an dessen Ende der betende Unblack Metalist die beschriebenen Verbrechen als noch ungeborene Taten begreift. Damit sie nun nicht das Licht der Welt erblicken, wird der Gott der Schlachtopfer als instabiles Wesen durchschaut. An ihn wendet sich der hellsichtige Metal-Psalmist mit der Forderung, für sein Aufbegehren gegen Angst und Schrecken erwarte er einen Himmelsrichter, der ab sofort bei klarem Verstand über Buße oder Vergebung entscheidet.

Mit dieser nicht gerade bescheidenen Forderung und ihrem Aufbegehren gegen zumindest szeneintern heilige Texte veranschaulicht Sacrificium noch

34 Sacrificium 2002.

einmal jene Subversivität, die konstitutiv für den Umgang des Pop mit hochkulturellen Glaubenssätzen und Autoritäten ist. Wie auch die anderen musikalischen, bildkünstlerischen und literarischen Beispiele zeigen sollten, versucht Pop sein Publikum nicht mit billigen Mitteln häretisch zu bekehren, wohl aber muss sich das als heilig Überlieferte am popästhetischen Freiheitsversprechen messen lassen.

Literatur

Alpha Blondy (1988): „Jerusalem". *Jerusalem*. Kingston: Tuff Gong Studios.

Barsch, Volker ([7]2018): Rastafari: von Babylon nach Afrika, Mainz.

Deutsche Presse-Agentur (dpa) (2006): Landesbischöfin Käßmann ruft zum Boykott von Madonna auf, Zugriff am 04.12.2019 https://www.welt.de/print-welt/article146855/Landesbischoefin-Kaessmann-ruft-zum-Boykott-von-Madonna-auf.html

Dylan, Bob (1973): Knockin' On Heaven's Door, Zugriff am 04.12.2019 http://www.bobdylan.com/songs/knockin-heavens-door/

Gates, David (1997): Dylan Revisited, Zugriff am 04.12.2019 https://www.newsweek.com/dylan-revisited-174056

Ginsberg, Allen (1962): Kaddisch. Gedichte, Wiesbaden.

Goethe, Johann Wolfgang v. (1998): Das Göttliche, in: Apel, Friedmar u. a. (Hg.): Goethes Werke in sechs Bänden (Bd. 1), Frankfurt/M., 64–66.

Lehnardt, Andreas (2012): Art. Kaddisch-Gebet, in: Alkier, Stefan u. a. (Hg.): Das wissenschaftliche Bibellexikon im Internet (www.wibilex.de), Zugriff am 04.12.2019.

Lindner, Heike (2016): Art. Biblische Motive in der Popkultur, in: Wissenschaftlich-Religionspädagogisches, Zugriff am 04.12.2019 https://www.bibelwissenschaft.de/wirelex/das-wissenschaftlich-religionspaedagogische-lexikon/wirelex/sachwort/anzeigen/details/biblische-motive-in-der-popkultur/ch/e954d875755b8c95ff1a36d499524156/

Marley, Bob / Tosh, Peter (1973): „Get up stand up". Burnin'. Kingston: Tuff Gong & Island Records.

Mena, Adelaide (2017): Popkünstler, Provokateur – und Katholik: Wer war Andy Warhol?, Zugriff am 04.12.2019 https://de.catholicnewsagency.com/story/popkunstler-provokateur-katholik-wer-war-andy-warhol-0024

Moynihan, Michael / Søderlind, Didrik ([11]2008): Lords of Chaos. Satanischer Metal: Der blutige Aufstieg aus dem Untergrund, Wittlich.

Sacrificium (2002): „Psalm of an Unborn". *Cold Black Piece of Flesh*. Chemnitz: Whirlwind Recordings.

Schumacher, Jörn (2016): Bob Dylan: Pilger ohne Ziel, Zugriff am 04.12.2019 https://www.pro-medienmagazin.de/kultur/musik/2016/12/09/bob-dylan-pilger-ohne-festes-ziel/

Theißen, Gerd (2003): Zur Bibel motivieren. Aufgaben, Inhalte und Methoden einer offenen Bibeldidaktik, Gütersloh.

Autor_innen

Dina El Omari ist Professorin für Interkulturelle Religionspädagogik am Zentrum für Islamische Theologie der WWU Münster. Sie ist zudem seit 2019 Projektleiterin am Exzellenzcluster „Religion und Politik" der WWU Münster mit dem Projekt „Die Ambiguität der islamisch-emanzipatorischen Diskurse in Geschichte und Gegenwart". Sie hat 2021 zum Thema „Das Menschenpaar im Koran in Schöpfung und Eschatologie – Versuch einer historisch-literaturwissenschaftlichen Kommentierung" an der Uni Köln habilitiert. Ihre Forschungsschwerpunkte sind derzeit: Koran und Koranexegese; Feministische Koranexegese; Islamischer Feminismus; Interreligiöses Lernen und Interreligiöser Dialog.

Stefan Greif ist Professor für Neuere deutsche Literaturwissenschaft an der Universität Kassel. Zu seinen Forschungsfeldern gehören die Literatur des 18. Jahrhunderts, die Popkultur und das Wechselverhältnis der Künste.

Mirja Kutzer ist Professorin für Systematische Theologie mit dem Schwerpunkt Dogmatik und Fundamentaltheologie am Institut für Katholische Theologie an der Universität Kassel. Forschungsgebiete: Theologie und Kulturwissenschaft, Theologische Hermeneutik, Theologische Anthropologie, Theologie und Literatur, feministische Theologie/Gender Studies.

Jörn Laakmann, Studium der Neueren deutschen Literatur und der Philosophie in Konstanz, Dissertation über ein Thema der westdeutschen Nachkriegsliteratur. Berufliche Stationen in Verlagen in Ostfildern, Darmstadt, Stuttgart und Göttingen. Lehraufträge an den Universitäten Stuttgart, Köln und Göttingen zu den Themen des Verlagswesens und der Buchgeschichte.

Bruno Landthaler ist wissenschaftlicher Mitarbeiter für Religionspädagogik an der Hochschule für Jüdische Studien in Heidelberg. Er hat, zusammen mit Professorin Hanna Liss, die Kindertora „Erzähl es deinen Kindern" herausgegeben und arbeitet seitdem im Bereich der jüdischen Religionspädagogik.

Hanna Liss ist seit 2004 Professorin für Bibel und Jüdische Bibelauslegung an der Hochschule für Jüdische Studien Heidelberg. Studium der Altorientalistik, Bibelwissenschaft und Judaistik in (u. a.) München, Berlin und Jerusalem. Promotion im Fach Jüdische Studien 1995 (Freie Universität Berlin), Habilitation 2002 im Fach Jüdische Studien an der Martin-Luther-Universität Halle-Wittenberg. Forschungsschwerpunkte sind mittelalterliche jüdische Bibel- und Kommentarliteratur, Bibelcodices in Westeuropa, Masoraforschung sowie moderne jüdische Bibelauslegung und ihre Hermeneutik.

Christl M. Maier ist Professorin für Altes Testament am Fachbereich Evangelische Theologie der Philipps-Universität Marburg und Professor Extraordinary der subject group Old and New Testament an der Theologischen Fakultät der Universität Stellenbosch, Südafrika. Sie forscht zu Jeremia, Prophetie, Weisheitsliteratur und Feministischer Hermeneutik.

Andreas Mauz ist evangelischer Theologe und Literaturwissenschaftler und lebt in Basel. Seine Forschungsinteressen liegen u. a. im Bereich der Hermeneutik und der Erzähltheorie.

Ilse Müllner ist Professorin für Katholische Theologie/Biblische Theologie mit dem Schwerpunkt Altes Testament am Fachbereich Geistes- und Kulturwissenschaften der Universität Kassel. Forschungsschwerpunkte sind die Samuelbücher, biblische Narratologie, feministische Theologie/Gender Studies und biblische Ethik.

Marcello Neri ist Professor für Ethik und Deontologie an der Pädagogischen Fachhochschule „Giuseppe Toniolo“ in Modena, und Mitglied des Exellenzclusters „Recht und Pluralismus“ an der Jura-Fakultät der Universität Milano-Bicocca.

Silke Petersen ist außerplanmäßige Professorin für Neues Testament am Fachbereich Evangelische Theologie der Universität Hamburg. Schwerpunkte ihrer Veröffentlichungen sind unter anderem Maria aus Magdala, das Johannesevangelium, Genderfragen und die apokryph gewordenen Schriften des frühen Christentums.

Annegret Reese-Schnitker ist Professorin für Religionspädagogik und ihre Fachdidaktik am Institut für Katholische Theologie an der Universität Kassel. Forschungsgebiete: Empirische Unterrichtsforschung, Genderforschung, Sexualisierte Gewalt als Thema im Religionsunterricht, Interdisziplinäre und Interreligiöse Lehrer_innenausbildung.

Mirjam Schambeck sf ist Professorin für Religionspädagogik und Didaktik des Religionsunterrichts an der Katholisch-Theologischen Fakultät der Albert-Ludwigs-Universität Freiburg. Forschungsschwerpunkte: Interreligiöses Lernen, die Gottesfrage in der Postmoderne kommunizieren, Biblisches Lernen, das Verhältnis von Religion und Bildung, Zukunftsfragen des Religionsunterrichts, Konfessionslosigkeit und Religionsunterricht.

Andrea Taschl-Erber ist Professorin für Exegese und Theologie des Neuen Testaments am Institut für Katholische Theologie an der Universität Paderborn. Sie promovierte 2006 an der Universität Wien und habilitierte sich 2018 an der Universität Graz in Neutestamentlicher Bibelwissenschaft und Biblischer Theologie. Zu ihren aktuellen Forschungsschwerpunkten zählen frühchristliche Identitätsdiskurse, Eikon-Christologie, die Deuteropaulinen sowie Genderforschung.

Monika Tautz war bis Oktober 2021 als Studienrätin im Hochschuldienst am Institut für Katholische Theologie, Fachbereich Religionspädagogik und -didaktik, der Universität zu Köln tätig.

Knut Wenzel ist Professor für Fundamentaltheologie und Dogmatik am Fachbereich Katholische Theologie der Goethe Universität Frankfurt. Forschungsgebiete: Theologische Anthropologie, Theologische Ästhetik, Theologische Hermeneutik, Religionsphilosophie, Religion und Pop-Kultur.